山东大学儒学高等研究院教授自选集

杜诗的阐释与接受

孙微 著

山东大学出版社
SHANDONG UNIVERSITY PRESS
·济南·

图书在版编目（CIP）数据

杜诗的阐释与接受/孙微著. —济南：山东大学出版社，2024. 2
（山东大学儒学高等研究院教授自选集）
ISBN 978-7-5607-7710-8

Ⅰ. ①杜... Ⅱ. ①孙... Ⅲ. ①杜甫（712-770）-人物研究-文集②中国文学-古典文学研究-唐代-文集
Ⅳ. ①K825. 6-53②I206. 42-53

中国版本图书馆 CIP 数据核字（2022）第 254305 号

责任编辑　肖世伟
封面设计　王秋忆

杜诗的阐释与接受
DUSHI DE CHANSHI YU JIESHOU

出版发行　山东大学出版社
社　　址　山东省济南市山大南路 20 号
邮政编码　250100
发行热线　（0531）88363008
经　　销　新华书店
印　　刷　山东新华印务有限公司
规　　格　880 毫米×1230 毫米　1/32
　　　　　17 印张　420 千字
版　　次　2024 年 2 月第 1 版
印　　次　2024 年 2 月第 1 次印刷
定　　价　82. 00 元

总 序

山东大学素以文史见长，人文学科为山东大学学术地位和学术声誉的铸就做出了极为重要的贡献。而在目前山东大学的人文学科集群中，2012年重组的儒学高等研究院当之无愧地位于第一方阵，是打造“山大学派”的一支生力军。山东大学儒学高等研究院已成为目前国内规模最大、实力突出的国学研究机构。而儒学高等研究院的前身和主体是2002年成立的文史哲研究院。如此说来，儒学高等研究院已然走过了20年的岁月，恰如一个刚刚走出懵懂、朝气蓬勃的青年。

在这20年的生命历程中，儒学高等研究院锻造形成了鲜明的学术特色，即以中国古典学术为重心，以古文、古史、古哲、古籍为主攻方向。本院学者在中国古典学术领域精耕细作，取得了一批具有时代高度的标志性成果，受到学术界广泛赞誉。这一学术特色使儒学高等研究院积极融入了当代学术主流。20世纪90年代以降，中国人文学术发展的大趋势是从西方化向本土化转型，而古典学术是实现本土化的一项重要资源。儒学高等研究院顺应时势，合理谋划，全力推进，因此成为近20年来中国古典学术研究复兴与前行的重要参与者和推动者。

儒学高等研究院的另一特色是横跨中文、历史、哲学、社会学（民俗学）四个一级学科，并致力于打破学科壁垒，在合理分工的基础上力求多学科协同融合。儒学高等研究院倡导和推行的儒学研究实质上是广义的国学，不以目前通行的单一学科为限。在这种开放多元的学术空间中，本院学者完全依据自身的兴趣和能力进行自主探索、自由创造，做到术业有专攻。目前，本院在史学理论、文献学、民俗学、先秦两汉文学、杜甫研究等若干领域创获最丰，居于海内外领先地位。今后的工作重点是在学科协同和学科整合上做进一步探索尝试，通过以问题为轴心的合作研究产生新的学术优势和学术生长点。

在20年的发展中，儒学高等研究院一方面继承前辈山大学者朴实厚重、精勤谨严的学风，一方面力图贯彻汉宋并重、考据与义理并重、沉潜与高明并重、传世文献与出土文献并重、国学与西学并重、历史与现实并重、基础研究与开发应用并重、个人兴趣与团队合作并重、埋头做大学问与形成大影响并重的科研方针，致力于塑造一种健康、合理、平衡的新学风。本院学者中，既有人沉潜于古籍文献的整理考释，也有人从事理论体系的创构发明，他们能够得到同等的尊重和支持。古典学术研究的学派或机构具有自身特色或专长无可厚非，但必须克服偏颇和极端倾向，摒弃自大排他心态。唯有兼顾各种风格、路向的平衡，才能更好地契合学术发展规律，更大限度地释放学术创造力。

当下，古典学术研究正面临五四以来百年未有的历史机缘。中央高度重视中华优秀传统文化的创造性转化、创新性发展，注重发挥传统文化在提升国家文化软实力、推动世界文明交流互鉴、为社会治理提供历史智慧等方面的独特功用。儒学高等研究院将顺势而为，与时俱进，将现有的学术优势与国家重大需求相对接，在古典文献整理研究、儒家思想理论阐释、传统文化精华推广普及等领域齐头并进，努力为古典学术研究的全面繁荣做出新的贡献。

2005 年的"山东大学文史哲研究院专刊"第一辑出版说明中曾提出："'兴灭业，继绝学，铸新知'，是本院基本的科研方针；重点扶持高精尖科研项目，优先资助相关成果的出版，是本院工作的重中之重。"这是当年我们这项学术事业"筚路蓝缕，以启山林"时的初心。而今机构名称虽已更易，但初心不变。"山东大学儒学高等研究院教授自选集"即是这一事业的赓续和拓延。这套书是本院 33 位专家学者历年学术成果的集中盘点和展示，有的甚至是毕生心血之结晶。这同时也是对文史哲研究院成立 20 周年暨儒学高等研究院重组 10 周年的一个纪念。期待学界同行的检阅和批评。

山东大学儒学高等研究院
教授自选集编辑委员会
2022 年 10 月

自 序

若从研究生时期算起，我从事古典文学研究已有二十余年。二十多年来，我的研究一直是围绕着杜甫及其诗歌展开的。本书所选录的文章，主要集中于三个方面：杜诗学研究、杜甫及其诗歌研究、唐代文学研究。因其内容大都与杜甫及其诗歌的阐释与接受问题有关，故权以《杜诗的阐释与接受》名之。

杜甫及其诗歌的阐释与接受总是与时代的脉搏息息相关，不同时代的阐释者对杜诗的解读都会产生新的变异，因而使得杜诗阐释史各具时代特色。当然，除了时代因素之外，阐释与接受者的个性差异亦造成了杜诗学史的不同特色，例如清初张潮的杜诗接受，除了时代因素之外，便更多的与其个性因素有关。

本书第一部分主要是从杜诗注本的角度对各个时期的杜诗学情况进行研讨，涉及的文献有吴若本《杜工部集》、赵次公《杜诗先后解》、董养性《杜工部诗选注》、丁耀亢《杜诗说略》、许之溥《庶庵说杜》、顾宸《辟疆园杜诗注解》、潘柽章《杜诗博议》、朱鹤龄《杜工部诗集辑注》、纪容舒《杜律详解》等。除了文献注本的个案研究之外，还有一些关于杜诗学现象的综合考察，诸如杜诗校勘史上的“以意改字”现象、明清的杜诗白文本、清代杜集序跋的学术价值、《四库全书总目》所体现的杜诗学等等。

本书第二部分所收篇目，对杜甫生平事迹及诗歌解读提出了一些新见。例如通过对《奉赠韦左丞丈二十二韵》“早充观国宾”的辨析，提出杜甫是开元十三年(725)玄宗封禅泰山的亲历者；从杜甫子女的出生时间逆推，同意洪业先生提出的杜甫天宝十一载(752)四十一岁结婚说；通过梳理杜甫生前诗名及赋名的表现，提出论杜甫生前诗名为赋名所掩的观点，认为这才是唐人选唐诗不选杜诗的根本原因；将汉代品评人物的谣谚与杜甫《饮中八仙歌》进行对比，认为《饮中八仙歌》的文体形式源于汉代谣谚；等等。

本书第三部分是关于唐代文学的数篇论文，涉及杜审言佚文《大周故朝散郎检校潞州司户参军琅邪王君墓志铭并序》的考释、陈子昂“怒碎胡琴”故事的文献解读、《明皇杂录》佚文拾遗、《唐诗鼓吹》的版本问题等等。

这些论文的写作时间跨度较大，记录了我在杜甫及唐代文学研究领域跋涉的足迹，希望能对推进学术的发展尽一点绵薄之力。限于个人的能力和水平，错误之处在所难免，敬请读者批评指正。

孙　微

2022年7月1日于山东大学

目　录

杜诗学研究

杜甫生平及诗歌研究

唐代文学研究

杜诗学研究

吴若本《杜工部集》研究*

吴若本杜集是历代杜诗注本中迄今为止最为神秘的本子，围绕该本的真伪、存佚、优劣等问题，学界曾展开过无数次激烈争论，然而至今尚未达成一致意见。因此有必要对此本追根溯源，综合学界现有的成果和进展，再对其本进行必要的研究考证，以期厘清该本的真相。本文拟分别从以下几个方面对此本涉及的相关问题进行研讨。

一、吴若其人及吴若本的刊刻

吴若，字季海，荆溪（今属江苏宜兴）人。《三朝北盟会编》卷四十二则云："吴若，字秀海，相州（今河南安阳）人。以上舍释褐①，

---

* 本文原载于《图书情报知识》2010 年第 3 期，为教育部人文社科研究规划基金项目"杜诗校勘、注释与评点学史研究"系列成果之一。

① "上舍释褐"是宋代科考中一种特殊的入仕途径，指经由太学上舍生释褐考试直接步入仕途。上舍生试入上等者方可直接释褐授官，人数非常少，通常只有数人。上舍释褐的难度大于进士及第，上舍释褐者享有与进士登第者同等甚至更高的待遇。其详可参见祖慧：《两宋"上舍释褐"考述》，《文史》2007 年第 4 期。

官修职郎。文学优赡，议论慷慨，娶张邦昌侄女，尝劝张邦昌谏上皇花石事，邦昌不听，乃言于邦昌之妻（邓氏），妻骇然曰：‘吴郎风邪，何忽如此！’除太学正，上书谓敏之救邦彦乃是救蔡攸，其端可见矣。书闻，人人传观，上不欲拂邦彦、吴敏之意，故斥吴若，与合入差遣，即日出城，若欣然而去，颇为士林所惜。”此事亦见《建炎以来系年要录》卷二十一。《三朝北盟会编》卷四十称“适有学官吴若上书得罪”，即指此事而言。《三朝北盟会编》卷四十一尚存吴若上书之文。又朱鹤龄《杜工部诗集辑注》于吴若《杜工部集后记》后注曰：“若，字幼海，钦宗朝除太学正，上书论李邦彦、吴敏奸邪，被斥。”陈亮《中兴遗传序》云：“其七曰直士，若陈东、欧阳澈、吴若。”可见吴若在当时颇以直节称。《建炎以来系年要录》卷二十一载，南宋渡江之初，吴若为迪功郎，以上言守江之策迁承奉郎，后为建康府通判。《宋史·吕祉传》云：“（绍兴）三年，升直龙图阁、知建康府。祉到官，与通判府事吴若、安抚司准备差遣陈充共议，作《东南防守利便》三卷上之。”吕祉到任在绍兴三年（1133）九月。此前六月，建康府学校刊《杜工部集》二十卷成，吴若有《杜工部集后记》记其事云：“右杜集，建康府学所刻板也。初教授刘亘常今，当兵火瓦砾之余，便欲刻印文籍。得府帅端明李公行其言，继而枢密赵公不废其说。未几，赵公移帅江西，常今亦以病丐罢，属府倅吴公才德充，察推王闾伯言嗣成之。德充、伯言为求工外邑，付学正张巽、学录李鼎，要以必成。逾半年，教授寿朋耆朋来，乃克成焉。盖方督府宣帅鼎来，百工奔走趋命不暇，刀板在手，夺去者屡矣。一集之微，更岁历十余君子始就。呜呼，事业之难兴如此。常今初得李端明本，以为善，又得抚属姚宽令威所传故吏部鲍钦止本，校足之。末得若本，以为无恨焉。凡称樊者，樊晃小集也；称晋者，开运二年官书也；称荆者，王介甫《四选》也；称宋者，宋景文也；称陈者，陈无己也；称刊及一作者，黄鲁直、晁以道诸本也。虽然，子美诗如五谷六牲，人皆知味，而鲜不为异馔所移者，故世之出异意、为异说以乱杜诗之真者甚多。此本虽未必皆得其真，然求不为异者也。他日有加是正者重刻之，此学者之所望也。”《杜工部集后记》作于绍兴三年六月。据此，则所谓“吴若本”，实为数种杜集（包括王洙、王琪本）合校而成，其自称“若本”者，只是其中之一种耳，似宜称为“南宋建康府学刻本”。

二、吴若本真伪问题争议始末

吴若本在明以前的诸家书目中都未见著录，直到明初方有刻本。邵章《四库全书简明目录标注》云：“北宋小字本，版心刊‘净芳亭’三字，绍兴中吴若本；曾见明初刊本，十二行，行二十字，版心有‘净芳亭’三字。”周采泉在《杜集书录》中指出：“邵章一则曰北宋本，再则曰明初本，误。编者初亦以为邵氏所见多，其言当可信；嗣见黄裳同志《古书的作伪》一文，始知‘净芳亭’为许宗鲁斋名，则邵氏所见仅为明刻小字本。”[1]此本下落不明。明末清初钱谦益《钱注杜诗》自称以吴若本为底本，沿袭了吴若本的杜诗排列和编年次序，并对其本做了一些删改。《钱注杜诗·注杜略例》云：“杜集之传于世者，惟吴若本最为近古，他本不及也。题下及行间细字，诸本所谓公自注

① 周采泉：《杜集书录》，上海古籍出版社 1986 年版，第 38 页。

者多在焉,而别注亦错出其间。余稍以意为区别:其类于自者,用朱字;别注则用白字,从《本草》之例。若其字句异同,则一以吴本为主,间用他本参伍焉。”钱谦益同时人朱鹤龄、计东、钱曾都对吴若本言之凿凿。然钱氏所据之吴若本,毁于绛云楼一炬,后人已不得见。其族孙钱曾《述古堂藏书目》卷二曾著录该本,乃宋本影抄,二十卷,四本。而吴若《杜工部集后记》、朱鹤龄《杜工部集辑注》、仇兆鳌《杜诗详注》均附录。对于《钱注杜诗》所据吴若本的真伪问题,后人存在较大的争议,最早提出疑义的是洪业。1940年,他在《杜诗引得序》中提出了十个质疑,否认吴若本的存在,认为此本乃是钱谦益伪造的古本。其云:“初,友人或劝《杜诗引得》宜用钱氏本,业以疑钱氏本已久,卒不敢用;其用郭知达编九家集注本者,以王洙、王琪编订之本既不可得,则南宋人编订之本而尚存者,当以郭本为最早。”而《宋本杜工部集》于1957年由商务印书馆影印问世,书后有张元济跋。张氏将钱注本及其所附吴若后记,与《宋本杜工部集》相较,以为“若合符节,是必吴若刊本无疑义,吴记作于绍兴三年六月,当即刻于是时,两地雕版,异地同时”,并针对洪业《杜诗引得序》所持疑义驳论道:“近人之疑吴本为乌有而深讥虞山之作伪者,观此亦可冰释。”此论一出,《钱注杜诗》所据底本确为吴若本的说法又开始为学界所认可,比如萧涤非先生主编的《杜甫全集校注》便准备以《宋本杜工部集》(包括部分吴若本)为底本。① 1986年,萧涤非先生的博士生林继中在整理《赵次公先后解》时即认为赵次公注的底本为吴若本,

① 参见张忠纲:《〈杜甫全集〉校注工作情况介绍》,《唐代文学研究年鉴(一九八四)》,陕西人民出版社1985年版,第266页。

其云:“赵注抄本正文是最接近南宋初之‘浙本’或‘吴若本’的,‘旧注’即它本所谓‘王洙注’;那么同时具有此条件的‘吴若注本’作为赵注底本的可能性最大。”[①]蔡锦芳《吴若本与〈钱注杜诗〉》一文,更进一步确认了钱氏所据吴若本之真实性。[②] 当洪业先生得知张元济影印《宋本杜工部集》中有吴若本的消息后,对该本进行了校考,嗣后他也改变了此前的看法,于其晚年出版之《再说杜甫》中即承认了自己《杜诗引得序》中怀疑吴若本为钱氏伪造的错误。[③] 至此,吴若本的真伪问题似乎已经水落石出、尘埃落定。

然而,事情远没有这么简单,自商务印书馆影印《续古逸丛书》之《宋本杜工部集》后,关于其中吴若本真伪的讨论就已经开始,只是这些研究成果较少受到学界关注而已。较早对此问题进行研究的有元方,他在《谈宋绍兴刻王原叔〈杜工部集〉》[④]中认为,张元济根据《宋本杜工部集》中第二本的异文与吴若《杜工部集后记》提到的体例一致,就确认其为吴若本有些草率,他以为这个问题仍然需要再研究。元方“以全书与钱笺所举的吴若本对校过一遍”后,得出《宋本杜工部集》中第二本不是吴若本的结论。黑川洋一《关于王洙本〈杜工部集〉

---

① 杜甫撰,赵次公注,林继中辑校:《杜诗赵次公先后解辑校》,上海古籍出版社 1994 年版,“前言”。

② 参见蔡锦芳:《吴若本与〈钱注杜诗〉》,《杜甫研究学刊》1990 年第 4 期。

③ 参见洪业:《再说杜甫》,《洪业论学集》,中华书局 1981 年版,第 427—428 页。

④ 元方:《谈宋绍兴刻王原叔〈杜工部集〉》,《文学遗产》增刊第十三辑,中华书局 1963 年版,第 96—104 页。

的流传》一文[1],也对张元济之跋提出了疑问。黑川文在元方考证的基础上,推测出第二本的刊刻时间约在绍兴末年。此外,曹树铭撰有《宋本杜工部集非吴若本考》一文[2],也将《续古逸丛书》本《宋本杜工部集》"吴作某"者与《钱注杜诗》进行了对校,发现二本的校勘文字及题下注多有不合,从而认为"《宋本杜工部集》断非吴若本,而是吴若本以后的另一个版本,其中只采纳了一些吴若本的异文"。不过后来聂巧平指出:"曹氏疏忽了其考证的大前提,即二十卷《宋本杜工部集》并非完全出自吴若本,吴若本只占四分之一(即卷十至卷十四),余下卷次为翻刻之王琪刻印王洙本。曹氏同样也疏忽了张元济先生的考证,误将《宋本杜工部集》全部当成吴若本,遂作此长篇大论,实为徒劳。"[3]关于吴若本真伪问题的研讨并没有至此结束,到 1999 年,岳珍又撰写了《吴若本杜工部集刻工考》一文[4],指出张元济《宋本杜工部集跋》"此本刻工有杨茂、言清、言箠、王祐、熊俊、黄渊、杨诜、郑珣、翟庠等,尚未见于他书"的说法并不准确。上述九人中,至少有五人曾经参与南宋时期其他书籍的刊刻。岳珍文详细考证了黄渊、郑珣、杨诜、杨茂、王祐等五人的活动,特别指出杨茂、王祐二人的活动延至宝庆、开庆年间,上距绍兴三年已有一百二十余年,他们绝无可能参加绍兴三年吴若本的刊刻。因此,商务印书馆影印《宋本杜工部

① [日]黑川洋一:《杜甫之研究》,东京:创文社 1977 年版。

② 曹树铭:《杜集丛校》,中华书局香港分局 1978 年版,第 112 页。

③ 聂巧平:《"二王本"〈杜工部集〉版本的流传》,《广州大学学报》(综合版)2000 年第 4 期。

④ 岳珍:《吴若本杜工部集刻工考》,《杜甫研究学刊》1999 年第 4 期。

集》中卷十至卷十四不可能是吴若本,充其量是吴若本的翻刻本。其实早在三十六年前,元方在《谈宋绍兴刻王原叔〈杜工部集〉》中就已经对《宋本杜工部集》的刻工情况进行研究,他说:“第二本的刻工有杨茂、张清、黄渊等七人,张(元济)跋云:‘未见于他书。’这点前曾由友人高熙曾同志查出:王祐曾刻《四明续志》,黄渊、杨诜曾刻《青山集》(避完构字慎字不避),黄渊、郑珣曾刻《昌黎先生集》(避覯字),其余四人,尚未发见。而且《青山集》其他刻工陈震、毛用曾刻乾道八年姑苏郡斋本《两汉博闻》。联系起来,足以证明其刻时刻地。由此可见,第一本确乎是绍兴翻刻嘉祐王琪本,第二本也是绍兴刻本。”①由此看来,《续古逸丛书》之《宋本杜工部集》之卷十至卷十四不是吴若本的可能性大大增加。总之,学界对吴若本真伪的争论一直在继续,正反两方的观点有不断尖锐化的趋势。笔者以为,洪业先生虽然晚年承认了吴若本的真实性,但是并未对《杜诗引得序》中提出的十个质疑逐一作出澄清,因此我们仍有必要结合《宋本杜工部集》的文本对洪业当年所质疑的十个问题及张元济《宋本杜工部集跋》详加辨析,以期彻底澄清吴若本的真伪问题。

三、洪业《杜诗引得序》对吴若本质疑之辨析

洪业在《杜诗引得序》中对吴若本是否存在提出十个质

---

① 元方:《谈宋绍兴刻王原叔〈杜工部集〉》,《文学遗产》增刊第十三辑,中华书局 1963 年版,第 101 页。

疑,最终认为吴若本乃钱谦益伪造之本。此论虽屡为后来的学界所否定,然而对其质疑,学界尚乏有力的回应,以下我们对洪业《杜诗引得序》的十个质疑分别进行辨析。

洪业质疑之一:樊晃《杜工部小集序》仅赖吴若本得以保存,然此序存在疑问。樊序云:杜甫以至德初拜左拾遗。此至德初,当即至德元载(756),然据杜甫《述怀》诗,其拜左拾遗在至德二载(757)夏,则樊序"宜云至德中,何云至德初也"?另外,"樊序既云:文集六十卷,行于江汉之南,何不亦序而行之于江左?倘谓樊于当时未有甫之正集,然又何从而采其遗文二百九十篇,分六卷以行乎?且其曰文、曰篇,谓诗乎?文乎?抑并有之乎"?

按,至德为唐肃宗年号,共持续三年,即756—758年。不管是"至德初"还是"至德中",时差至多只有一年。樊晃虽然知道有六十卷本的杜集"行于江汉之南",但并未能亲见,只能根据润州周围流传的杜诗加以整理而成《杜工部小集》,这其中是没有什么矛盾的,因为樊晃在序中已经提到当时他所在的江左地区流传着一些杜甫的"戏题剧谈"之作。即使樊晃未能亲见《杜甫全集》,他也不乏编撰《杜工部小集》的材料。至于称杜诗为"文""篇",并不说明《杜工部小集》是诗文并收的,笔者认为所谓"文""篇",只是樊晃对所收诗歌的一种笼统称谓,均是指诗歌。而洪业所论的言外之意是怀疑樊晃《杜工部小集序》系伪撰,故对《杜工部小集序》中的文字进行吹求,其实这种怀疑是多虑的。樊晃《杜工部小集》在宋代尚未散佚,诸家书目多有著录,如《崇文总目》卷五载:"《杜工部小集》六卷,杜甫撰、樊晃集。"《新唐书·艺文志》载:"《杜甫集》六十卷,《小集》六卷,润州刺史樊晃集。"宋王应麟《玉海》卷五十九

《艺文略》载:“《(杜甫)小集》六卷,樊晃集。”不过樊晃《杜工部小集序》后来仅赖吴若本得以保存,而吴若本被焚毁后又仅赖《钱注杜诗》得以流传,因此《杜工部小集序》的文字并无他本可供互相参校,若果真钱氏作伪,后人亦无从辨别判断,难怪洪业先生会对《杜工部小集序》中的文字作如此怀疑。

洪业质疑之二:吴若其人有可能是子虚乌有,吴若本也有可能是后人伪造。理由如下:首先,吴若《杜工部集后记》后署名“荆溪吴若季海”,朱注又称其“字幼海”,“通判建康”,《三朝北盟会编》则云:“吴若,字秀海,相州人。”诸家记载字号既殊,籍贯复别,不能不让人生疑。其次,吴若任“通判建康”之说,检《三朝北盟会编》《景定建康志》,均未见记载。再次,吴若《杜工部集后记》称:“赵公移帅江西,常今亦以病丐罢,乃属府倅吴公才德充,察推王闾伯言嗣成之。德充、伯言为求工外邑,付学正张巽、学录李鼎,要以必成。逾半年,教授寿朋耆朋来,乃克成焉。”而《景定建康志》载,赵鼎移知洪州在绍兴三年三月,吴若《后记》作于六月,中间只差三个月,这和《杜工部集后记》“逾半年乃成”的记载有矛盾。最后,吴若《杜工部集后记》中部分文字和蔡梦弼《草堂诗笺》之《识语》几乎相同,因此有可能是后人盗取蔡梦弼《识语》剪裁而成吴若《杜工部集后记》,因而所谓吴若本也是捏造的。

按,吴若本非名宦,除了其直言傥论外,史书中对其事迹少有记载,这种情况是正常的。若因此怀疑其人,似大可不必。至于吴若《杜工部集后记》中记载的成书时间与赵鼎移知洪州时间存在三个月的差异问题,确实是难以解释的矛盾,在没有其他文献佐证的情况下不好轻易做出判断。不过古人作序往往早于刊刻时间,少则数月,多则数年,刊刻时将落款时间更改一下也是常见的。至于吴若《杜工部集后记》和蔡梦弼《草堂诗笺》之《识语》中有部分文字几乎相同的问题辨析,见后文对“洪业质疑之八”的解释。

洪业质疑之三:吴若《后记》简称此本为“杜集”,应该包括杜文,《钱注杜诗》卷十九、卷二十所收杜文中亦间载吴若本异文可证。既然《钱注杜诗》以建康本为主,则《景定建康志》所引杜诗应该与钱注本相同。然《景定建康志》所列藏书之目仅有《杜工部诗》,未及其文;所藏书版之数亦称“《杜工部诗》五百二十版”,仅称诗集而未称文集,似未附刻文集。又《景定建康志》中引《送许八拾遗归江宁觐省》诗题与钱注多有不同,且全无校文,与钱注中有多则校文差异明显。

按,《景定建康志》卷三十三《书籍门》称:“《杜工部诗》五百二十版,《花间集》一百七十七版。”①其所著录《杜工部诗》的书名及藏版书名均未称“《杜工部集》”,或著录有误,也不能断然否认收录杜文的可能。另外,虽然吴若本确实是“以建康本为主”,但吴若《杜工部集后记》中已经明言又参校了数种杜集,则吴若本文字与“建康府学本”之间定有很多不同,因此不能据《景定建康志》征引的唯一一首杜诗来和钱注本进行对校,进而怀疑其本的存在。叔英指出,刻工郑珣见于绍兴十八年建康郡斋刻本《花间集》,足证吴若本即建康刻本,钱氏笺注即据此本。②

洪业质疑之四:钱谦益于《注杜诗略例》中已经说明其《读

① 马光祖修,周应合纂:《景定建康志》,中华书局编辑部编:《宋元方志丛刊》第2册,中华书局1990年版,第1889页。

② 参见叔英:《杜甫诗集的几种较早刻本》,《杜甫研究论文集》第三辑,中华书局1963年版,第347页。

杜小笺》《读杜二笺》也以吴若本为主。然洪业将《钱注杜诗》的诗题次序与《读杜小笺》《读杜二笺》对校后发现,《读杜小笺》《读杜二笺》选诗次序和《钱注杜诗》相比“前后颠倒错乱”。洪业进而发现《读杜小笺》《读杜二笺》除了少数篇目外,完全从鲁訔所编定之次序。① 鲁訔《编次杜工部诗序》载蔡梦弼《杜工部草堂诗笺》卷首,该序作于绍兴二十三年(1153)五月,距吴若《杜工部集后记》的绍兴三年已经有二十年,那么“吴本何能从鲁本之次序乎”?

按,钱谦益《读杜小笺》《读杜二笺》只是其笺注杜诗的最初成果,是为《钱注杜诗》的基础。其中《读杜小笺》笺诗 60 首,《读杜二笺》笺诗 35 首,笺诗数量非常少,因此只能算是一个选本。其次序的“颠倒错乱”也在情理之中。洪业以此选本的录诗次序以求吴若本全集的次序,无异于缘木求鱼,当然是得不出准确结论的。另外,蔡梦弼《杜工部草堂诗笺》的编次乃从鲁訔之编次,蔡梦弼、鲁訔二人均晚于吴若,其当然有参校吴若本之可能。既然吴若本不能从鲁訔之编次,那么后人鲁訔很可能是从了吴若本之编次。蔡梦弼本中参校的吴若本异文,极有可能是依据鲁訔《编次杜工部诗》进行的转录。因此,洪业这条怀疑存在时间逻辑上的倒置。既然蔡梦弼本晚于吴若本,本应怀疑后出的蔡本抄袭吴本,起码二者均存疑问。然洪氏因心存成见,偏执地怀疑吴若本抄袭蔡本,因而得出吴若本乃后人据蔡梦弼本伪造的结论。因此,这一条质疑实难成立。

洪业质疑之五:吴若本,钱谦益又称为“草堂诗笺元本”,

---

① 鲁訔《编次杜工部诗》已佚,蔡梦弼《杜工部草堂诗笺》即依“鲁訔编次”,因此洪业所据当为蔡梦弼《杜工部草堂诗笺》本。

洪业因此怀疑其即为蔡梦弼《杜工部草堂诗笺》。周采泉曰："窃意钱氏原以蔡书(蔡梦弼《草堂诗笺》)为底本,故其原序亦称《草堂诗笺》,其后又得吴若本,故编次悉从吴本。"①蔡锦芳指出,钱谦益笺注杜诗始终依据的都是吴若本。"草堂诗"即杜诗的代称,而非指蔡梦弼的草堂本。② 洪业举出了几个例子证明吴若本出于蔡本,如《信行远修水筒》"何假将军盖"句下注云:"高丽本作'佩'。"这个高丽本指蔡梦弼《草堂诗笺》之高丽翻刻本。然而洪业却发出了这样的疑问:"岂吴若本亦名《草堂诗笺》而亦有高丽本哉?"邓绍基称洪业这样的疑问是"由于心存成见,就故意找岔子……这就是洪氏的不客观态度"。同时,他还指出:"钱氏笺杜,虽称以'吴若本为主',但也说'间用他本参伍焉'。钱笺又经过钱氏门生和钱曾等人参与,补充,所以也出现一些较为复杂的情形,比如不严格地以吴本为底本,间有改字情况,再如诗题或诗句下的双行注文,每每不标明是吴若原有还是钱氏等人所加,这都是钱笺本的缺点……他(指洪业)确也发现了钱笺本的一些缺点,只是在这方面也作出了不切实际的论断。"③

洪业质疑之六:通过将《钱注杜诗》卷十八末所载杜甫逸诗和蔡梦弼《草堂诗笺》卷末所收《逸诗拾遗》相比较,发现其中存在很大差异。特别是《钱注杜诗》称有四首诗"见吴若本"者,洪氏乃质疑道:"此四首者,见于吴本何处?见于正编耶?何不载十八卷中?见于吴本逸诗耶?何不在附录第二段中?"

---

① 周采泉:《杜集书录》,上海古籍出版社1986年版,第157页。

② 参见蔡锦芳:《吴若本与〈钱注杜诗〉》,《杜甫研究学刊》1990年第4期。

③ 邓绍基:《关于钱笺吴若本杜集》,《江汉论坛》1982年第2期。

这又涉及《钱注杜诗》对吴若本之编订问题。钱注并不是原封不动地按照吴若本进行编排,而是根据蔡梦弼本的编次进行了较大的调整。洪业所举出的不同,正是钱注调整的地方,因此洪业的质疑正好问到了问题的关键。现在我们如果明白了钱注所做的调整改动,也就不难理解为什么钱注和吴若本又有许多不同之处。因此,不能简单地把钱注本和吴若本等同起来,必须进行认真的辨析才能下结论。日人长谷部刚《简论〈宋本杜工部集〉中的几个问题——附关于〈钱注杜诗〉和吴若本》一文从杜诗的文字异同、注文、杜诗的排列三个方面考证《钱注杜诗》是否保留了吴若本的原貌,其结论是:“《钱注杜诗》并没有完全照摄吴若本的原貌。换言之,钱谦益虽以吴若本为《钱注杜诗》的底本,但他也对此做了某种程度的删改。”①

洪业质疑之七:据吴若《后记》,知其杜集文本中刊载了许多杜诗异文,未云其别有注解。然钱笺中多次引“吴若本注”云云,洪氏经过考察后认为,其中有些注是伪王状元本所引“彦辅曰”、《分门集注》本之“洙曰”、《九家注》本所引杜田《补遗》、《草堂诗笺》本之谢客家语,因此洪业怀疑吴若注乃窃他人之说为己有。其实此条怀疑在时间逻辑上是存在问题的,因为伪王状元本、《分门集注》本、《九家注》本、《草堂诗笺》本均晚于吴若本,既然注本中都有和吴若本雷同的文字,当然首先应该怀疑后出之注乃抄袭前人之书,而不是反之。另外,洪业指出《重过何氏五首》之吴若注乃引伪苏注,这和吴若本校勘体例不提苏氏亦有矛盾。其实伪苏注和吴若本几乎产生于同

① [日]长谷部刚:《简论〈宋本杜工部集〉中的几个问题——附关于〈钱注杜诗〉和吴若本》,李寅生译,《杜甫研究学刊》1999年第4期。

时，成书于绍兴四年至十七年，赵次公注已经提到了伪苏注[①]，因此吴若本中存在伪苏注亦是正常的。

洪业质疑之八：吴若《杜工部集后记》和蔡梦弼《杜工部草堂诗笺跋》中都有一段交代校勘体例的话，这两段话极其相似。吴若本曰：

> 凡称樊者，樊晃小集也；称晋者，开运二年官书也；称荆者，王介甫《四选》也；称宋者，宋景文也；称陈者，陈无己也；称刊及一作者，黄鲁直、晁以道诸本也。

蔡梦弼《杜工部草堂诗笺跋》曰：

> 凡校雠之例，题曰樊者，唐润州刺史樊晃小集本也；题曰晋者，晋开运二年官书本也；曰欧者，欧阳永叔本也；曰宋者，宋子京本也；王者，乃介甫也；苏者，乃子瞻也；陈者，乃无己也；黄者，乃鲁直也。刊云一作某字者，系王原叔、张文潜、蔡君谟、晁以道及唐之顾陶本也。

我们看到这两段文字确实有相似之处，洪业揣摩作伪者的心理，认为蔡梦弼之校勘体例文字比之吴若本要复杂一些，因而推想作伪者必是“避难而就易”，意即取蔡本伪造吴若本较易于操作。这当然是牵强附会的猜想。不过，洪业又进一步论证

---

① 莫砺锋先生认为，“伪苏注”产生于绍兴十五年前后，其后三十多年是其广为流传的时代。参见莫砺锋：《杜诗“伪苏注”研究》，《唐宋诗歌论集》，凤凰出版社 2007 年版，第 47 页。

了这种猜想的合理性:“今取蔡书以校吴本固不可全为依据;唯参校百余条以后,即可知凡钱氏笺注本所注异文、某作某者,大略可得之于蔡书;其不可得者、疑是作伪者所臆造而已。”既然将吴本和蔡本异文进行了校对,发现钱注中有些异文并不见于蔡本,那么怎么能够说明吴若本即是根据蔡梦弼本伪造呢?洪业将这些差异之处一律归为“作伪者所臆造”,是先入为主的成见造成的,故而是一种不负责任的态度,实在是难以令人信服的。

洪业质疑之九:钱谦益《绛云楼书目》中未录吴若本,钱曾《述古堂藏书目》著录该本,称“宋本影抄”,据《读书敏求记》,大概是钱谦益将绛云楼余烬赠予遵王之故。然此本不知其究竟从何处影抄,因此前从未见著录有宋本吴若本,故其依据颇令人怀疑。钱曾其后清人公私藏书目录亦未见著录吴若本,此述古堂藏本亦不知最终流传何处。因来龙去脉不明,颇启人疑窦。因此,洪业认为:“夫作伪书者,伪刻一书则劳,伪写一本则易。”①意即钱曾此来历不明的影抄吴若本,有极大的作伪嫌疑。

按,洪业此论确实切中肯綮,伪书往往都喜欢假托古代抄本的形式以欺世。此身世不清的抄本是否真的存在一个宋本为底本,的确值得怀疑。不过,洪业也注意到蔡梦弼《草堂诗笺》中已经提到吴若本,然而他却武断地认为其“仅是批校之本”,轻易地否定了宋本吴若本的存在,因而才得出吴若本为钱谦益或钱曾伪书的论断。倘若进一步从蔡梦弼《草堂诗笺》提供的线索详考,当不会如此轻下判断。然而,作为一个经验

① 洪业:《杜诗引得》,上海古籍出版社 1985 年版,第 65 页。

丰富的杜诗版本学家,洪业遍检历代公私书目不见著录吴若本,而于《述古堂藏书目》中突见此本,自然而然地会产生上述怀疑,因此洪业此条质疑不仅有些道理,而且也是可以理解的。还需要指出的是,钱曾《述古堂藏书目》著录的“影抄宋本”杜集如今藏于国家图书馆,《北京图书馆古籍善本书目》著录,1957年商务印书馆影印的《宋本杜工部集》部分文字都是依据此本(详见下文),因此钱曾《述古堂藏书目》著录的“影抄宋本”其实并不是吴若本。洪业因未亲见该书,仅根据著录进行想当然的判断,故而致误。

洪业质疑之十:钱谦益“虽才华美富,而行己无耻,三百年来,早有定评。即就彼与朱鹤龄愤争注杜一事,所作之序文及函件观之,已可见其为人,外谦而内倨,似辨而旨伪”①,因此不能排除其“为伪书以欺世”的可能。

按,从钱氏人品不端进而怀疑其作伪书,这种心情当然是可以理解的,然而若从论证方法来看则是不严谨的,因为其论据并不能支撑其论点。故洪业的此番怀疑,只是无端的猜疑而已,并不足为据。其所举大量校勘异文,证明钱氏并未依据吴若本,同样也是错误的,因为现在我们已经知道,洪业所举异同之处都是对《钱注杜诗》的体例未加深究造成的误解。其实钱谦益的《钱注杜诗》并未完全依据吴若本,从校勘上亦参校他本,择善而从,因而和吴若原本有着不少差异。洪业指出的相异之处,恰恰是钱谦益对吴若本的改动之处。邓绍基先生还指出,果如洪业所言,钱谦益的《钱注杜诗》中就出现了这样的矛盾,钱氏一方面“作伪”,另一方面却又驳斥自己“作伪”的本

① 洪业:《杜诗引得》,上海古籍出版社1985年版,第67页。

子,这无疑是难以说通的。例如,吴若本《草堂》诗“布衣数十人,亦拥专城居”,吴若注云:“即杨子琳、柏贞节之徒。”洪业指出:“伪王本及分门本皆指为‘洙曰’者之注也。”然钱谦益驳斥道:“王洙、梁权道辈,以为永泰元年避崔旰之乱。而吴若本于‘布衣’、‘专城’之下注云:‘即杨子琳、柏贞节之徒。’是时严武已没,公下峡造楚,何尝复归草堂哉!注家唯黄鹤能辨之。”[①]假如钱谦益确实伪造了吴若本,那他又为什么会驳斥自己造假的本子呢?这是讲不通的。不过莫砺锋先生指出,钱谦益为了达到和朱鹤龄注争胜的目的,在《钱注杜诗》中存在伪造吴若本注的嫌疑。例如,杜诗《奉同郭给事汤东灵湫作》“旷原延冥搜”句,钱注引吴若注曰:“昆仑东北脚名。”朱鹤龄《愚庵小集》卷十《与李太史论杜注书》即曾对此提出怀疑:“‘旷原’出《穆天子传》,今妄益云:‘原昆仑东北脚名。’此出何典乎?”既然当日馆钱氏家塾时钱谦益曾将吴若本举以相付,朱鹤龄肯定曾亲见是书,则钱氏所云确实值得怀疑。再联系上文洪业的怀疑,钱氏在征引吴若本时的真伪问题,便显得特别值得警惕。

总之,洪业《杜诗引得序》中对吴若本及钱谦益的怀疑,多数没有充足的依据,其判断存在明显的偏颇和失误。然其质疑中举出的大量例子有些仍体现了严谨的学风,其质疑对认清吴若本的真面目,起到了重要作用。正是通过对洪业错误认识的不断驳正,学界才逐渐明晰了认识,统一了看法,因而洪业所论在认识吴若本和钱注关系的过程中起到了过渡作用,功不可没。邓绍基云:“洪氏当年诋吴若本为赝品,论说流于主观武

① 邓绍基:《关于钱笺吴若本杜集》,《江汉论坛》1982年第2期。

断,不仅从整体上不足凭信,即使是局部论说,也不可盲从。”①所论未免有些过于苛责。笔者以为洪业的研究方法和所举论据,仍值得引起相当重视,洪业所论对我们判断《宋本杜工部集》是否真为吴若本也同样具有重要的启发意义。不过洪业撰《杜诗引得序》二十九年后,终于放弃了自己的看法,转而相信张元济的说法,认为《宋本杜工部集》中的部分内容乃是吴若本残卷。其于《再说杜甫》中检讨道:“我在《杜诗引得序》中,曾细论明末清初钱谦益笺注《杜诗》之经过。举出十端可疑诘问其所独用绍兴三年(1133)建康府学所刻的吴若校注之本;恐怕或是钱氏所伪造。一九五七年十二月上海商务印书馆影印发行《宋本杜工部集》六册,带有张元济菊生先生长跋一文;考定其六册为合二种版本而成。一种为南宋初年浙江覆刻嘉祐四年(1059)王琪增刻宝元二年(1039)王洙编订原本。又一种则正是钱谦益所谓吴若校刻之本。我买得六册,重复校考之后,不得不变更前此二十九年我的旧说。我错误猜疑了钱谦益伪造其吴若校本。实则钱氏于吴本辄有增削挪移而不说明,遂使我疑吴本不至如此而已。”②这又涉及钱注杜诗到底在多大程度上保存了吴若本旧貌的问题。由以上所论可知,钱谦益《钱注杜诗》虽将吴若本作为底本,但也作了较大的改动,具体表现在篇目的增删、吴若原注的删削、编次的前后调整、文字校勘的参校他本等几个方面。

---

① 邓绍基:《关于钱笺吴若本杜集》,《江汉论坛》1982年第2期。

② 洪业:《再说杜甫》,《洪业论学集》,中华书局1981年版,第427—428页。

四、《宋本杜工部集》之卷十至卷十四到底是不是吴若本?

《宋本杜工部集》为毛氏汲古阁所藏宋本,为两种相俪之南宋刻本,现存上海图书馆。毛扆《宋本杜工部集跋》云:"先君昔年以一编授扆,曰:'此《杜工部集》,乃王原叔洙本也。余借得宋板,命苍头刘臣影写之,其笔画虽不工,然从宋本抄出者。今世行杜集,不可以计数,要必以此本为祖也。汝其识之!'扆受书而退,开卷细读,原叔记云……二十卷末有嘉祐四年四月望日姑苏郡守王祺(琪)后记,此后又有补遗六叶,其《东西两川说》仅存六行而缺其后,而第十九卷缺首二叶。扆方知先君所借宋本乃王郡守镂板于姑苏郡斋者,深可宝也,谨什袭而藏之。后廿余年,吴兴贾人持宋刻残本三册来售,第一卷仅存首三叶,十九卷亦缺二叶,补遗《东西两川说》亦止存六行,其行数、字数悉同,乃即先君当年所借原本也。不觉悲喜交集,急购得之,但不得善书者成此美事,且奈何!又廿余年,有甥王为玉者教导其影宋甚精,觅旧纸从抄本影写而足成之。"1957年商务印书馆据此影印出版,列为《续古逸丛书》第四十七种。其缺页数处,悉据国家图书馆所藏钱抄本配补,学人始得获见此稀世珍本。全书线装六册,共二十卷,其中诗十八卷,卷一至八为古体诗,卷九至十八为近体诗,共1410首;末二卷为文赋,计28篇。前有王洙记,末附元稹《唐故工部员外郎杜君墓系铭》、王琪后记、裴煜补遗9篇、毛扆跋、张元济跋。张氏跋云:"毛氏汲古阁所藏宋本,递传至于潘氏滂喜斋,今归上海图书馆。相传为嘉祐间刊，然以讳字避至完、构观之，是刻当在南宋初矣。检校全集，计二十卷、补遗一卷。宋刻两本相俪，缺叶为毛氏抄补，亦据两本。其一存卷一第三、四、五叶，卷十七至二十及补遗。每半叶十行，行十八至二十一字。毛氏抄补自卷一第六叶起至卷九、卷十五、卷十六，每卷先列子目，目后衔接正文。其二为卷十至十二，每半叶十行，行二十字；毛氏抄补卷十三及十四。每卷先列子目，目后重衔书名、卷次及诗体首数各一行。两本字体、纸墨均甚相似，骤不易辨。但从行款、注例审之，显有不同……其卷一王记之宋刊，卷十二第廿一后半叶，卷十九第一、二叶及补遗第七、八叶之钱抄，均据北京图书馆藏本照补。”由此可见，《宋本杜工部集》是由数种版本组合而成的，并不是一个完整的宋刻本。而对各本的认识颇不一致。张元济跋考定毛氏汲古阁所藏两种相俪之南宋刻本，一为南宋初年浙江复刻嘉祐四年王琪增刻王洙编订原本，一为绍兴三年(1133)吴若校刊本。如前所述，有学者对此提出疑义，安东俊六在《“甲本=重刻王琪本”说质疑》一文中认为，《宋本杜工部集》的“第一本”并不是王洙、王琪本的重刻，而是晚于“二王本”的名为“目录本”的翻刻本，该本刻于绍兴末年。①

张元济先生解释了自己认定第二本为吴若本的原因，其云：

> 复考配本(第二本)，间有“樊作某”“晋作某”“荆作某”“宋景文作某”“陈作某”“刊作某”“一作某”等，与钱牧斋谦益《笺注》所载吴若《后记》云：“凡称‘樊’者，樊晃

① 参见[日]安东俊六：《杜甫研究》，东京：风间书房1986年版。

> 小集也。称'晋'者，开运二年官书也。称'荆'者，王介甫'四选'也，称'宋'者，宋景文也。称'陈'者，称'刊'及'一作'者，黄鲁直、晁以道诸本也。"若合符节，是必吴若刊本可无疑义。

前文已述，元方、黑川洋一等人认为，"第二本"只是与吴若本极为相近，当是时间更晚的吴若本的翻刻本。黑川洋一指出了两点：第一，以吴若本为底本的《钱注杜诗》没有第二本中的注语，也不包括王安石、黄庭坚、苏轼等北宋名家的注语；第二，《钱注杜诗》中没有注语，但有误注及常识性的注释等。这从侧面证明第二本是在吴若本之后删去了一些不适当之处，把新的北宋名家之注附刻的重刊本。

五、吴若本的体例特色和文献价值

既然我们已经确定了《宋本杜工部集》中的第二本不是吴若本原刻，而《钱注杜诗》确实是以吴若本为底本，在较大程度上仍保存了吴若本旧貌，那么我们若要考察吴若本的具体情况，首选的文献依据当然应该是《钱注杜诗》。蔡锦芳曾通过考察钱注本总结了吴若本的基本情况。① 她指出，第一，从编次来看，吴若本是分体编次的，其中古体在前，近体在后。吴若本未给杜诗严格系年，只是在每卷目录之后、正文之前指出作

① 参见蔡锦芳：《吴若本与〈钱注杜诗〉》，《杜甫研究学刊》1990年第4期。以下所论多依蔡文。

诗之时地，这种做法正是对“二王本”的沿袭承继。第二，从文字校勘来看，吴若本的正文文字很多与诸家注本相异。特别是和“二王本”相比，吴若本正文多与之相左，吴若本标出的异文恰多是“二王本”之正文。第三，吴若本在杜诗题下行间的注文有很多内容《宋本杜工部集》和郭知达本没有，或者虽有但内容出入较大。蔡锦芳认为这些注文是一种集诸家注，只是很一般很简单的注释文字，既不多也不精，并无什么重要价值。钱注和朱注都对吴若本注的错误做过很多辨正，然而钱谦益对吴若本注的价值是肯定的，以为“诸家所谓公自注者多在焉”。蔡锦芳指出，实际上这些注文绝大多数非杜甫自注。即使如此，如果我们要考察早期杜集中保存杜甫自注的基本情况，吴若本还是我们必须参考的本子。而且不管怎样，吴若本中的少量注释通过蔡梦弼、郭知达、赵次公诸家注本得以留存下来，并对后代注家产生了不小的影响。

吴若本最大的文献价值就是保存了南宋初年杜集编纂的原始面貌。吴若本由于刻成后流传不广，在明代以前似乎一直没有得到什么关注，这反而使它基本保持了原貌，故而成为杜诗版本史上的活化石，对杜集的版本校勘具有重要的参考价值。而其他受到关注的宋本杜集，在代代辗转流传的过程中，其底本难免被诸家随意增删改易，颇多讹夺，甚或附以伪注谬解，其原貌反而渐不为人所知，“二王本”就是如此。而吴若本稍出于“二王本”之后，并在编纂中参考了“二王本”。故而当“二王本”在后代几至于散佚的情况下，吴若本便可以作为考察“二王本”的一个重要的参照系。所以，明末清初钱谦益在编纂《钱注杜诗》的时候，在不知“二王本”尚存天壤的情况下，选择“最为近古”的吴若本，是有着独到的眼光的。如杜诗《戏赠阌乡秦少府短歌》,诗题中的"秦少府",陈浩然、郭知达本均作"少翁",吴若本则作"少公"。朱鹤龄指出:"少公,即少府。《国史补》:张旭为常熟尉,有老父过状,判去。不数日,复至,乃怒责之。老父曰:'实非论事,睹少公笔迹奇妙,贵为箧笥之珍耳。'可证唐人称尉为少公也。《太白集》有《秋日饯阳曲王赞公贾少公赴上都序》。"(《杜工部诗集辑注》卷五)可见,相对于诸家注本而言,吴若本在很大程度上仍保持着杜集编纂之初的面貌,故而极具校勘价值。再者,吴若本保存了较早杜集中的杜甫自注,对于厘清"公自注"与后人之注具有重要的参考价值。如《宋本杜工部集》卷十《晚出左掖》"骑马欲鸡栖"后注云:"朱仲卿车如鸡栖马如狗。""骑马欲鸡栖"的典故见《后汉书·陈蕃传》,是东汉朱震之事。朱震,字伯厚,并非字仲卿,仲卿是西汉朱邑之字,事见《汉书·循吏传》。谢思炜《〈宋本杜工部集〉注文考辨》指出,这个典故在宋代是个熟典,因此宋代注家绝对不可能犯这个错误,这个错误只能是杜甫在自注时所犯。杜甫因手边无书可查,凭借记忆作注从而造成失误。① 由此可见,此注应是杜甫自注,幸赖吴若本的保存方流传至今,使后人得窥早期杜集的面貌。又因如此,吴若本和"二王本"一样,基本保留了早期杜集的原始形态,这对于我们研究杜诗版本学具有珍贵的价值。不过元方曾认为吴若本虽实有其书,并非钱氏伪,但是个"劣本"。② 于是,问题由"真伪"转到了"优劣"的争论。元方认为"二王本"的价值在于它

---

① 参见谢思炜:《唐宋诗学论集》,商务印书馆 2003 年版,第 110—111 页。

② 参见元方:《谈宋绍兴刻王原叔〈杜工部集〉》,《文学遗产》增刊第十三辑,中华书局 1963 年版,第 101 页。

保留较多“自注”,他说:“所以王本的可贵,不仅是刻时较早的珍本,而同时对于了解杜甫的诗篇也有更大的作用。”①但看他举出的六个例子,检吴若本也同样有这些“原注”,因此这是“二王本”和吴若本的共同优点。因此,邓绍基指出:“如果在这方面论说吴本之‘劣’,是不能服人的,因为这正是吴本和其他早期宋本共有的长处。”②另外,吴若本保存了唐润州刺史樊晃《杜工部小集序》。樊晃《杜工部小集》后世已经失传,然吴若当时不仅参校了樊晃《杜工部小集》,而且在书内保存了其《杜工部小集序》,此文不见于其他宋本杜集,仅赖吴若本以传,因而文献价值殊为珍贵,使得后人能够得窥杜集最早的编纂流传情况,吴若之功可谓大矣。

六、结论

钱谦益《钱注杜诗》确实是以吴若本为底本,洪业当年对其作伪的怀疑纯属误解。然而吴若本的原本已经完全失传,仅有翻刻本保存下来。《钱注杜诗》虽然从很多地方对吴若本的原貌进行增删改动,却是目前为止最大限度地保留了吴若本原貌的本子,也是目前我们考察吴若本最为可靠的依据。另外,从校勘、刻工、收诗数量等方面进行仔细核对后发现,《宋本杜工部集》中的第二本不是吴若本原本,但其有可能是和吴若本

① 元方:《谈宋绍兴刻王原叔〈杜工部集〉》,《文学遗产》增刊第十三辑,中华书局 1963 年版,第 101 页。

② 邓绍基:《关于钱笺吴若本杜集》,《江汉论坛》1982 年第 2 期。此文后来收入邓绍基:《杜诗别解》,中华书局 1987 年版,第 40—46 页。

版本渊源较近的翻刻本，因此张元济《宋本杜工部集跋》中的判断有失之草率之嫌，洪业《再说杜甫》对张元济的论断也有些轻信。这些问题的最终解决则得益于后来学者如元方、黑川洋一、曹树铭、岳珍、邓绍基等人的大量严谨细致的考据工作。而上述学者通过严谨考证得出的真知灼见则有被掩盖的趋势，以致学界仍对吴若本真伪的判断存在模糊的认识，这给谬见流传提供了一定的市场，现在已经到了需要彻底澄清这一问题的时候。《赵次公先后解》所用底本是否为吴若本的问题也较为复杂，目前看来，赵注底本也不一定是吴若本，很有可能是“二王本”的翻刻本，然此翻刻本似乎参校了吴若本异文，当然这已经是另外一个问题。陈尚君《喜读〈杜诗赵次公先后解辑校〉》一文，已经质疑了林继中提出的赵次公注以吴若本为底本的说法，读者可以参看。①

① 陈尚君：《喜读〈杜诗赵次公先后解辑校〉》，《杜甫研究学刊》1996年第2期。

赵次公《杜诗先后解》考论*

一、赵次公生平及著述考证

赵次公的生平不见史传记载。《分门集注杜工部诗·集注姓氏》称:“西蜀赵氏次公,字彦材,著《正误》。”而《东坡诗集注·集注姓氏》则称:“西蜀人赵彦材,字次公。”二者对赵氏名与字的记载恰恰相反。所谓西蜀,乃嘉州龙游(今四川乐山)。隆兴年间,赵次公曾任隆州司法参军。与邵溥、晁公武交游(《东坡诗集注》卷四《芙蓉城》诗注),著有《解东坡诗》。林希逸《题徐少章和注后村百梅诗》云:“在昔闻人有注前人诗者,有和前人诗者,未有且注且和者,独赵次公于坡老为然。数十卷之诗,和尽而注又特详,此人所难能也。”①可见赵次公还曾和苏诗全帙,可惜已佚。孔凡礼辑撰《宋诗纪事续补》辑其诗二首,《和东坡海棠》云:“露气熏微带晓光,枝边灿焕映回廊。细看素脸元无玉,初点燕脂驻靓妆。”《和东坡定惠院海棠》云:“化工妙手开群木,酷向海棠私意独。殊姿艳艳杂花

---

* 本文系与王新芳合作,原载于《图书情报工作》2010年第19期。王新芳,齐鲁师范学院教授。

① 林希逸:《竹溪鬳斋十一稿续集》卷十三,四川大学古籍所编:《宋集珍本丛刊》第83册,线装书局2004年版,第491页。

里,端觉神仙在流俗。睡起胭脂懒未匀,天然腻理还丰肉。繁华增丽态度远,婀娜含娇风韵足。岂惟婉娈彤管姝,真同窈窕关雎淑。未能奔往白玉楼,要当贮以黄金屋。顾虽风暖欲黄昏,脉脉难禁倚修竹。可怜俗眼不知贵,空把容光照山谷。此花本出西南地,李杜无诗恨遗蜀。高才没世孰雕龙,后辈补亡难刻鹄。貂裘季子客齐安,相逢忽慰羁人目。当年甫白君可继,为花重赋阳春曲。把酒因浇垒块胸,搜句辄倾空洞腹。多情恐作深云收,儿童莫信来轻触。"其诗中明显可见学杜的痕迹。他在《衡州送李大夫赴广州》诗注中说:"次公善学杜诗者,止学其用意及格。"傅增湘《宋代蜀文辑存》卷九十八收其文《杜工部草堂记》《黄鹿真人碑记》二篇及附传。赵次公对杜甫评价很高,其《杜工部草堂记》云:"六经皆主乎教化,而诗尤关六经之用,是故易以尽性,而情性寓之咏,则诗通乎易,书以导事,而事变达之词,则诗通乎书,诗兴而礼立乐成,无诗则礼乐无以发挥,诗亡而后有春秋,有诗则春秋无复勤圣人之笔削,然则诗之旨不其大乎?故孔子删诗之后,而为二百四十二年之褒贬,孟子尤长于诗,而有七篇之书,其与风雅明教化无异也。自孔孟微言之既绝,而诗之旨不传,区区惜别,已失于汉,华丽委靡又失于六朝,唐自陈子昂、王摩诘沉涵醇隐,稍为近古,而造之未深,其明教化者无闻焉。至李杜号诗人之雄,而白之诗多在于风月草木之间,神仙虚无之说,亦何补于教化哉?惟杜陵野老,负王佐之才,有意当世,而肮脏不偶,胸中所蕴,一切写之以诗。其曰:'许身一何愚,自比稷与契。'又曰:'致君尧舜上,再使风俗淳。'此其素愿也。至其出处,每与孔孟合。'尚怜终南山,回首清渭滨',则有迟迟去鲁之怀;'勋业频看镜,行藏独倚楼',则有皇皇得君之意。晚依严武，未惬素心，枉驾再顾，赴期肯来，礼数非不宽也，而卒未免于嫌忌，致同袍有《蜀道难》之悲。我公以甫气味之同，神交于今日，而况闾阎有揖逊之风，松竹无荒芜之叹，在甫所得为多，则甫之精爽凛然，宜安新宫之爽垲而乐之矣。傥甫无恙，其遇公也受知之笃始终不渝，严公视之，得无怍乎？彼之畴昔论诗，孰与今者刻诗之意也，天下后世由是识曲阜之履，爱甘棠之木，诵其诗以知教化之原，岂不自我公发之邪！"

二、赵次公《杜诗先后解》残卷的体例

赵次公注约成于宋高宗绍兴四年至十七年（1134—1151）。宋晁公武《郡斋读书志》卷四上载："蔡兴宗编杜甫诗二十卷，赵次公注杜诗五十九卷。"赵次公注全本已佚，只残存二十六卷，计末帙七卷、成帙十一卷、已帙八卷。末帙、成帙、已帙当是丁、戊、己三帙，系书贾涂改以泯其迹。诗以编年为序，自《宴戎州杨使君东楼》始，至《聂耒阳书致酒肉疗饥荒江》止。每卷首行署"新定杜工部古诗近体诗先后并解"，次行署卷次，后有一段文字考述杜甫年岁及行迹，某月至某月所存之诗。次乃录本诗，诗题下皆注明"古诗"或"近体诗"，后间有"次公曰"一段文字，类似题解。诗正文后低一格标注，题"次公曰"云云。于每一首诗，逐句诠释，全诗之后，又有长言概论，最为详备。虽略显繁冗，但资料丰富翔实。赵次公注为今存最早之杜集编年注本，然该书自南宋中叶以后逐渐亡佚，有学者在推测亡佚的原因时指出，其卷帙太繁，不适合市场需求，其后嗣又

无高官显贵，未能重刊，日久遂湮没无闻。① 该书残本今存有二：一为明抄本，今藏国家图书馆。半叶十二行，行二十一字，棉纸精抄十巨册，钤有“广运之宝”“臣东阳印”“青宫太傅”“大学士章”等印。该本有1916年沈曾植跋，云：“赵次公《杜诗注》五十九卷，独著录于晁氏《郡斋读书志》中，《直斋书录》无之，《宋史志》亦无之。虽其说散见于蔡梦弼、黄鹤、郭知达书中，而本书则明以来罕有见者。钱受之评宋代诸家注云：‘赵次公以笺释文句为事，边幅单窘，少所发明，其失也短；蔡梦弼捃摭子传，失之杂；黄鹤考订史鉴，失之愚’云云，语若曾见次公书者。然检绛云书目，无之，而逸诗附录且沿旧本之误，书赵次公为赵次翁，则受之固未见也。次公此注，于岁月先后，字义援据，研究积年，用思精密，其说繁而不杂。诸家节取数语，往往失其本旨，后人据以纠驳，次公受枉多矣。要就全书论之，自当位蔡、黄两家之上。埋沉七百年，复见于世，沅叔（傅增湘）其亟图鼎镌，毋令黎氏《草堂》（指黎庶昌刻蔡梦弼《杜工部草堂诗笺》）专美也。”沈跋前尚有丰润张允亮记，云：“乙亥冬至前四日，小饮沈无梦斋中，酒后过藏园，获观宋本《水经注》《柳柳州外集》《东坡前后集》及是书，皆孤本也。同观者至德周立之叔弢叔侄。”此外，赵次公注另有一清康熙抄本，乃重抄明抄本，今藏成都杜甫草堂博物馆，为安徽省文史馆所赠，亦十巨册。此本末帙卷三末署“辛巳（康熙四十年，1701）仲春重抄”，成帙卷十一末署“右杜诗先后解宣和原刻，共十本，丙寅（康熙二十五年，1686）孟春重抄”，已帙卷八署“辛巳重抄”。

---

① 参见廖仲安、王学泰：《〈杜诗赵次公先后解辑校〉述评》，《首都师范大学学报》（社会科学版）1995年第3期。

封里有许承尧题记云:“赵解采入《千家注》为多。钱牧斋言:‘《千家注》不可尽见,略具诸集注本中,大抵芜秽舛陋,中彼善于此者三家:赵次公、蔡梦弼、黄鹤也。’又言:‘次公注以笺释文句为事,然少所发明。’是牧翁虽不满赵解,仍推为较善,且固未见赵解全书也。《四库提要》言:‘宋以来注杜诸家,鲜有专本传世,遗文绪论,赖《千家注》以存。’是亦未见赵解全书也。今无意得此,虽残仍可贵。”“次公蜀人,于蜀中地理最详,分析杜诗先后自可信。且为注杜最古之书,惜神龙但见尾耳。”末署“庚辰十月疑翁许承尧记”。今人林继中在明抄本残卷的基础上广为辑佚,成《杜诗赵次公先后解辑校》一书,于1994年由上海古籍出版社出版,最大限度地恢复了赵注原貌。

三、赵次公《杜诗先后解》的特色和成就

(一)秉持“无两字无来处”的注杜思想

赵次公云:“余喜本朝孙觉莘老之说,谓‘杜子美诗无两字无来处’。又王直方立之之说,谓:‘不行一万里,不读万卷书,不可看老杜诗。’因留功十年,注此诗。稍尽其诗,乃知非特两字如此耳,往往一字繁切,必有来处,皆从万卷中来。至其思致之妙,体格之多,非唯一时人所不能及,而古人亦有未到焉者。若论其所谓来处,则句中有字、有语、有势、有事,凡四。两字而下为字,三字而上为语,拟似依倚为势,事则或专用、或借用、或直用、或翻用、或用其意,不在字语中。于专用之外,又有展用、有倒用、有抽摘参合而用,则李善所谓‘文虽出彼而意殊,不以

文害’也。又至用方言之稳熟,用当日之事实者。又有用事之祖、有用事之孙。何谓祖?其始出者是也。何谓孙?虽事有祖出,而后人有先拈用或用之别有所主而变化不同,即为孙矣。杜公诗句皆有焉。世之注解者,谬引旁似,遗落佳处固多矣。至于只见后人重用、重说处,而不知本始,是谓无祖。其所经后人先捻用,并已变化,而但引祖出,是谓不知夫舍祖而取孙。又至于字语明熟混成,如自己出,则杜公所谓‘水中着盐,不饮不知’者,盖言非读书之多,不能知觉,尤世之注解者弗悟也。”(林希逸《竹溪鬳斋十一稿续集》卷三十引)赵次公基于孙觉“杜诗无两字无来处”的说法,产生了“往往一字紧切,必有来处”的认识,这在当时杜诗学界是影响深远的看法。因此,我们看到赵注中广征博搜,引经据典,于字句出处之追寻考稽,用力尤勤。如杜诗《卜居》:“浣花溪水水西头,主人为卜林塘幽。已知出郭少尘事,更有澄江销客愁。无数蜻蜓齐上下,一双鸂鶒对沉浮。东行万里堪乘兴,须向山阴上小舟。”赵次公曰:“虽‘无数’‘一双’字,至易至熟,若无所出,而‘无数’字,如《礼》云‘哭踊无数’及云‘修爵无数’也。‘一双’字,如‘赐虞卿白璧一双’也。‘蜻蜓’‘上下’,今水面多然,乃二月已有之矣。梁简文帝《晚春》诗曰:‘花留蛱蝶粉,竹翳蜻蜓珠。’此蜻蜓之见于前人也。《吴都赋》云:溪鶒鹔……泛滥其上,此溪鶒之见于前人也……若齐上下、对沉浮,其‘上下’字,神农时,雨师至昆仑山,随风而上下,‘沉浮’字,虽祖出《诗》云:‘泛泛杨舟,载沉载浮。’而连字则《吴都赋》之言:‘鱼云葺鳞镂甲……喚喁沉浮。’亦欲使学者知公无两字无来处矣。”(丙帙卷之一)这里赵次公对杜诗中寻常写景的诗句,都努力在前代的文献中一一寻找到出处,并想以此证明杜诗“无两字无来处”的真理,这无疑是滑稽可笑的。但是，在坚信“老杜作诗，退之作文，无一字无来处”（黄庭坚《答洪驹父书》）的宋代，这是一种普遍的现象，有着深刻的社会文化背景。王夫之在《姜斋诗话》卷下中说，宋人注杜“总在圈缋中求活计”，正是对此类注杜倾向一针见血的批评。

赵次公又把杜诗用典区分为“祖孙”，也就是原始出处和后人运用时的变化。他认为既要重视典故的原始出处，又要兼顾后人运用时在字面和用意上的变化，只有做到“祖孙”并重，才能真正读懂诗意。他还将字句出处又区分为“字、语、势、事”四类，“两字而下为字，三字而上为语，拟似依倚为势”，“势”是指渲染气氛，造成行文气势的出处，“事”则专指用典，又分为专用、借用、直用、翻用、袭意等。宋代其他注家虽然也都重视钩稽杜诗的用典和语词出处，但是都没有像赵次公这样做如此细致的分类。赵次公在具体的注释中基本贯彻了这些原则，不仅做到了对典故出处的尽量搜罗，而且能够不拘泥字面含义，结合诗歌的具体语境来阐释典故，这就在一定程度上避免了穿凿附会的弊端。

（二）校勘精审的范例

宋晁公武《郡斋读书志》卷四载：“近时有蔡兴宗者，再用年月编次之；而赵次公者，又以古律杂次第之，且为之注。两人颇以意改定其误字，人不善之。”也许正因为如此，后人又称赵次公注为《杜诗正误》或《杜诗证误》。时人对蔡、赵二人“以意改字”颇不以为然，其实蔡兴宗、赵次公对杜诗的校勘取得的成绩是很大的，晁公武的评价难称公允之论。赵次公注释杜诗的准确性，首先就是建立在精审的校勘之上的。如赵注丙帙卷四《少年行二首》之一云:“莫笑田家老瓦盆,自从盛酒长儿孙。倾银注玉警人眼,共醉终同卧竹根。”其中的“倾银注玉”,一作“倾银注瓦”。南北宋之际的韩驹已经指出“注瓦”同首句“老瓦盆”相重,赵次公更进一步分析道:

> 银、玉皆盛酒之器。公有诗云:“指点银瓶索酒尝。”又云:“瓷罂无谢玉为缸。”银、玉,贵富家之物,所以指言少年也。旧本作“注瓦”,非特叠字,而与“银”字相类乎?此诗乃少年携酒器过田家,而田家语少年之所云,故言或倾之于银,或注之于玉。非不警人眼也,其与田家自瓦盆中吃酒,而共于一醉,终同卧在竹根之旁耳。

赵次公认为,从遣词用字来看,作“倾银注瓦”之“瓦”不仅和“老瓦盆”的“瓦”字重复,而且“瓦”和“银”字不相类;另外,从诗意来看,少年自带银、玉制的精美酒器至田家饮酒致醉,这和田家用“瓦盆”吃醉一样,没有什么区别。可见赵次公的校勘是相当审慎的。再如杜诗《从人觅小胡孙许寄》:“人说南州路,山猿树树悬。举家闻若咳,为寄小如拳。预哂愁胡面,初调见马鞭。许求聪慧者,童稚捧应癫。”赵次公云:“合移断章‘童稚捧应癫’作第四句,却于‘许求聪慧者’下云‘为寄小如拳’,则一篇意义浑全,亦成对偶。”①赵次公认为《从人觅小胡孙许寄》中存在“错简”,应将第四、八句对换。莫砺锋先生指出:“无论从对仗来看,还是从全诗的意脉来看,如果把第四句和

① 此段赵注乃佚文,其见宋刘昌诗《芦蒲笔记》卷十“杜诗句差”条征引。

第八句对换一下，这样的一种文本结构比我们现在看到的这种文本结构更加合理。”①赵次公能够不拘泥于文本，而是从诗意分析出发，得出这样合理的结论，堪称创见，非常值得引起杜诗校勘者的重视。此外，对他人的杜诗校勘成果，赵次公亦能充分予以吸收，这都为其准确地注释杜诗奠定了良好的基础。比如蔡兴宗的《杜诗正异》对杜诗字句的考订，多有可取之处，赵次公便对其成果多加吸收。如杜诗名篇《北征》中的“阴风西北来，惨淡随回纥”，正文作“回鹘”，一作“胡纥”。蔡兴宗的《杜诗正异》曰：“‘阴风西北来，惨淡随回纥。’‘纥’字从一作；‘鹘’，唐史：德宗朝始改名回鹘，正文非也。”蔡兴宗据唐史改为“回纥”，甚确。据《新唐书·回鹘传》载：回纥，其先匈奴也，元魏时亦号高车部，或曰敕勒，讹为铁勒，其部落有袁纥、薛延陀、骨利干、仆骨、同罗、浑等十五种。而袁纥，亦曰乌护，又曰乌纥，至隋曰韦纥，大业中，韦纥乃并仆骨、同罗等，自称回纥。唐德宗贞元四年(788)，回纥第四代可汗即合骨咄禄可汗与唐和亲，特遣使至长安，表请改“回纥”为“回鹘”。纥、鹘谐声，鹘为猛禽，“言捷鸷犹鹘然”。《九家集注杜诗》卷三引赵次公亦曰：“旧正作‘回鹘’，当以‘回纥’为正。盖当杜公时未有回鹘之称，至德宗朝而后回纥易回鹘。”对杜诗中的此条异文，蔡兴宗的考证可谓精确，赵次公从善如流，对其校勘成果能够充分吸纳，对该书确实是很好的补益。莫砺锋先生云：“赵次公就认为，在杜诗中是不可能写到‘回鹘’，肯定写的是‘回纥’。这个注解非常准确，这是历史事实，不可动摇的。‘赵注’就这样

① 莫砺锋：《杜甫诗歌讲演录》，广西师范大学出版社 2007 年版，第 63 页。

把杜诗的这一处异文彻底地搞清楚了，应该作‘回纥’。”[①]将蔡兴宗此条校勘成果归美于赵次公，恐是未能细察造成的失误。不管怎样，统观赵次公注，其对诗意的注解，许多都是如此建立在精审校勘基础上的，故其所论多为后世征引。

（三）超乎侪辈的进步注释观与反穿凿的倾向

注释详明准确，是赵次公注最大的特点。赵次公注中多有长达数百字乃至千字的长注，这些文字往往都可以作为专门研究某一问题的小论文来读，比之《钱注杜诗》中的一些长篇注释亦毫不逊色。除了详明准确的特点之外，赵次公的注释观点的进步，使得他能够超乎宋代其他注家。宋代许多杜诗注释者对杜诗的解释刻意求深，横加歪曲，寻常的景物描写，皆坐实为讥刺，牵强附会地比为君子、小人，真如痴人说梦。在这样随意比附和歪曲杜诗的时代背景下，赵次公能够坚持尽量用平实的观念注释杜诗，认为杜甫不会“打谜作诗”，其认识是超乎侪辈的。这说明赵次公对诗歌特质的认识相当深刻，他认识到只有对杜诗中的比兴手法正确阐释，才能避免穿凿附会、捕风捉影的弊端，也才能真正理解杜诗本意。如《示从孙济》“淘米少汲水，汲多井水浑。刈葵莫放手，放手伤葵根”四句，赵氏释之曰：“此段方有兴致，盖淘米炊、刈葵烹、少汲水、莫放手，因以兴焉。族之有宗，犹水之有源，葵之有根也。水有源，勿浑之而已；葵有根，勿伤之而已；族有宗，则亦勿疏之而已。受外嫌猜者，亦犹汲水之多也。苟以嫌猜而不敦同姓，亦犹放纵其手于

---

① 莫砺锋：《杜甫诗歌讲演录》，广西师范大学出版社2007年版，第58页。

采葵也。”（甲帙卷之四）将杜诗中具体描写和抽象道理之间的内在联系加以阐发，无疑将诗句的言外之意抉出，而这正是注家之能事。正因为如此，赵次公对当时刻意歪曲杜诗的注者痛加驳斥，表现出强烈的反穿凿倾向。赵次公注中多次提到北宋末年的高登："世有《东溪先生集》者，其中释杜工部诗十六篇，每篇先拟《毛诗》之《序》，以撮其大要而判释之，自以为启杜诗之关钥。”高登曾解释《朱凤行》曰："悯天子蒙尘，小大之臣并罹祸难，而恩泽下均也。”赵次公则认为此诗是“感于物而兴焉。公在衡州，则衡山，眼前所见也；朱凤，则山上物也。因其物而有作，乃以为兴也”。赵次公强调杜诗是即景托兴，兴会意到，反对高登漫无目的地和唐史进行联系比附，这种认识无疑是通达之论。赵次公虽然对唐史非常熟悉，但他并不轻易将杜诗与唐史随意比附，他在注释中曾多次批评高登在《高东溪集》中随意将杜诗与唐代史实联系造成的穿凿附会之弊。其实赵次公注能够将杜诗和唐史相互印证，突出了杜诗的“诗史”特性，在书中有许多精辟的例证。如他在注释《折槛行》“娄公不语宋公语，尚忆先皇容直臣”时，根据《资治通鉴》引独孤及上疏云："陛下召冕等待制，以备询问，此五帝盛德也。顷者陛下虽容其直，而不录其言。”这条注释就为后代的许多注家所取。

除了对高登的驳斥之外，赵次公注中对释惠洪论杜也多有批判。惠洪特别喜欢对杜诗描写自然景物和日常生活的作品进行随意歪曲，多以君子小人论之。对杜诗《江村》“老妻画纸为棋局，稚子敲针作钓钩”，《送路六侍御入朝》“不分桃花红胜锦，生憎柳絮白于棉”，《绝句》“不如醉里风吹尽，可忍醒时雨打稀”，惠洪在《冷斋夜话》中竟有这样离奇的解释："妻比臣，夫比君。棋局，直道也。针合直，而敲曲之，言老臣以直道成帝业，而幼君坏其法。稚子，比幼君也。”“锦、棉，色红、白而适用，朝庭用直材，天下福也。而直材者，忠正小人谄谀似忠，诈计似正，故为子美所不分憎而憎之也。”“小人之愚弄朝廷，贤人君子不见其成败则已，如眼见其成败，亦不能不为之叹息耳。故曰‘可忍醒时雨打稀’。”读了这样的注释，我们除了对其穿凿至斯的表现瞠目结舌之外，恐怕真的要佩服惠洪超凡的想象力了。对此，赵次公驳斥曰：“不知于桃花、柳絮何所据而便比谄谀奸讦之小人乎？”次公又曰：“近世学者于杜公诗，每以君子、小人分解其诗句，如‘市桥官柳细，江路野梅香’，又如‘麝香眠石竹，鹦鹉啄金桃’，皆以为君子在野、小人在位者，次公于丙帙成都《西郊》诗尝论之矣。”遗憾的是，赵次公《西郊》诗中对惠洪那段有力的驳斥文字已经散佚，但是赵次公对惠洪痴人说梦般的胡乱发挥予以痛斥，廓清了宋人解杜中许多类似的穿凿附会之论，这是非常难得的。

（四）对“伪苏注”的剔除

“伪苏注”在杜诗注释中，擅自伪造出处，谬误百出，向来为有识之士所痛斥。然而“伪苏注”在南宋初年刚刚出现和流行的时候，人们对其谬误尚无清醒的认识。莫砺锋先生指出，赵次公是最早对“伪苏注”之非进行批驳的人。① 赵次公《杜诗先后解》甲帙卷一《巳上人茅斋》注云：“蔡伯世又以近传《东坡事实》所引王逸少诗为证，其说不一。然《东坡事实》乃轻薄子

---

① 参见莫砺锋：《杜诗“伪苏注”研究》，《唐宋诗歌论集》，凤凰出版社 2007 年版，第 45 页。

所撰……又有所谓《杜陵句解》者，南中李歜所为也。"看来赵次公当时看到的"伪苏注"至少有两种。周采泉曾推测，"伪苏注"出现的时间大致在"北宋末、南宋初"。[①] 莫砺锋则进一步考出其成书在南宋绍兴十五年前后。[②] 这个时间和赵次公几乎同时，因此赵次公敏锐地意识到"伪苏注"之伪，首次对伪注进行驳斥，这无疑是独具慧眼的，对学界辩驳批判伪苏注具有开创性意义，对杜诗学产生的影响也是相当深远的。此后在孙觌《与曾端伯书》、黄彻《䂬溪诗话》、胡仔《苕溪渔隐丛话》、葛立方《韵语阳秋》、洪迈《容斋随笔》、郭知达《新刊校正集注杜诗序》中，对伪苏注的批判踵继不穷。然而伪苏注在后代流传甚广，元明清的杜诗诸家有不少人上当，其流毒实在不易肃清。而赵次公能够首倡对"伪苏注"的清算，且能在《杜诗先后解》中对其保持足够的警惕，无疑是具有远见卓识的。

四、赵次公《杜诗先后解》的缺陷与不足

赵次公注的不足之处也很明显，主要体现在以下几个方面。(1)烦琐和重复。赵次公注中动辄长篇大论，虽称详备，但显得非常烦琐。赵次公既笃信杜诗"无两字无来处"，在为杜诗字句寻找出处的过程中大量征引前代文献，因此占据了相当多的篇幅。由于过分热衷钩稽语词出处，赵注很少细致深入

---

① 周采泉：《杜集书录》，上海古籍出版社 1986 年版，第 641 页。

② 参见莫砺锋：《杜诗"伪苏注"研究》，《唐宋诗歌论集》，凤凰出版社 2007 年版，第 47 页。

分析杜诗的思想艺术，造成了注释中畸轻畸重的现象。除此之外，赵注中重复之处较多，也造成了烦琐之弊。如赵注丁、戊、己三帙中，单是引《桃花源记》的典故就有六次之多，还有数十次引《水经注》释“三峡”，等等。有学者据此推测，未使用“互见法”精简篇幅，极有可能是赵注散佚不传的重要原因。[①] （2）赵次公《杜诗先后解》中引用典故越常见越容易出错，估计是赵次公仅凭记忆而未核对原书之故。如《赠李白》“蔬食每不饱”，赵注引《孟子》曰：“虽蔬食菜羹，未尝不饱也。”林继中《杜诗赵次公先后解辑校》指出，《孟子》原文当作“虽蔬食菜羹瓜祭，必齐如也”。此外，赵注中还有些该注未注之处。也有些注释不太准确而为后人所修正和补注，当然我们对此是不能过分苛求的。王琦在《李太白集辑注自序》中曾指出注释之学“譬之积薪，后来者居上”的规律。处在杜诗注释草创阶段的赵次公注，出现许多失误是难免的。赵注虽然存在某些缺点和失误（其中有些还是出于理解和观念的问题），但是整体来看，其注释水准在同辈中是高超的，相比伪注充斥的坊间杜诗刻本来说，赵次公注是严肃的和严谨的。这种难能可贵的注杜态度，也是其取得较高成就的原因。作为较早的杜诗注本，赵次公注基本厘清了杜诗典故和语词的绝大部分出处，对大部分杜诗进行了较为准确的系年，保存了许多杜甫逸诗，洵足为少陵功臣。后代的许多注者都是在其基础上继续剔抉爬梳，补苴罅漏，可见赵次公的奠基之功是不可掩没的。

---

① 参见武国权：《赵次公〈杜诗先后解〉研究》，西北师范大学硕士学位论文，2005 年，第 62 页。

五、赵次公《杜诗先后解》的影响和评价

杜诗旧注号称千家，就其详切而论，无逾赵次公者，诸多宋人注本及后世注杜者，亦无不援引此书。《黄氏补注》于《游龙门奉先寺》引“赵次公曰”一条，又引“赵曰”凡 2743 条，如《奉赠韦左丞丈二十二韵》竟引“赵曰”多达十一次。而《分门集注》引“（赵）次公曰”288 条，又引“赵曰”多达 3310 条。宋本《王状元集百家注编年杜陵诗史》与蔡梦弼《杜工部草堂诗笺》，其编次皆渊源于赵本。赵次公注为郭知达所集《九家注》中最重要的一家，引其注近五千条，雄踞第一位，远远超过其他八家。可以说赵次公《杜诗先后解》代表了宋代注杜的最高水平。正是赵注的出现，才使得杜诗终于有了第一个较为全面、准确的注本，这对于后代杜诗学的发展影响深远，因此赵次公《杜诗先后解》是杜诗学史上里程碑式的重要成就。林希逸在为赵次公注所作序中云：“次公所注杜公诗，误者正之，遗者补之，且原其弟，因明其旨趣，与夫表出其新意，未见则阙之以俟博闻，疑则论而弗泥，以俟明识。其间所言来处有四种，与夫专用、借用、直用、翻用、或用其意而不在字语。专用之外，又有展用、倒用、拈摘参合而用，凡八个用字，观此，知公之用心苦矣。”（《竹溪鬳斋十一稿续集》卷三十）南宋曾噩《新刊校定集注杜诗序》中盛赞：“蜀士赵次公为少陵忠臣。”刘克庄《跋陈教授杜诗补注》云：“赵氏《杜诗》，几于无可恨矣。”元好问于金哀宗正大二年（1225）所作《杜诗学引》中云：“杜诗注六七十家，发明隐奥，不可谓无功。至于凿空架虚，旁引曲证，鳞杂米盐，

反为芜累者亦多矣。要之,蜀人赵次公作《证误》,所得颇多。”隐然以赵次公注为宋代注杜成就最高的注本。然而,清初钱谦益在《钱注杜诗·注杜诗略例》中竟然批评赵次公注“以笺释文句为事,边幅单窘,少所发明,其失也短”。应该说这个评价是极不公允的,有学者因此怀疑钱谦益可能根本没有见过赵次公注。① 以绛云楼藏书之富,作为明末清初的注杜大家,钱谦益未亲见赵注是不能让人相信的。钱谦益贬抑赵注,是他对宋代注杜之弊痛加贬斥,从而矫枉过正的结果。集大成的仇兆鳌《杜诗详注》中对赵次公注征引颇多,然而在书前的《凡例·历代注杜》中,对赵注成就并未置一词。其后,边连宝《杜律启蒙》亦参考了赵次公注,其书《凡例》称:“余家藏书不富。兹集所据,仅得数种:一千家注,一赵注,一顾氏《辟疆园》,一仇氏《详注》,一浦氏《心解》。千家杂而舛,赵注浅而略,顾氏琐而凿,浦氏颇费苦心,然好为异说,而不足以自圆。”边连宝认为赵次公注显得“浅而略”,这当然是相对于清代杜诗学取得的辉煌成就而言,但赵注之不可废,亦可见一斑。稍后的周春于《杜诗双声叠韵谱括略》中指出:“杜之有注,自赵次公始也。”周春此论似为清代评论赵次公注的绝响,从中可以看出赵注流传怠乎危矣的实际状况。民国初年,赵次公《杜诗先后解》残卷被藏书家发现,沈曾植于赵注抄本后的跋语中云:“此注于岁月先后、字义援据,研究积年,用思精密,其说繁而不杂。诸家节取数语,往往失其本旨。后人据以纠驳,次公受枉多矣。要就全书论之,自当在蔡、黄数家之上。”此评堪为公允之论。

---

① 参见廖仲安、王学泰:《〈杜诗赵次公先后解辑校〉述评》,《首都师范大学学报》(社会科学版)1995 年第 3 期。

嗣后,洪业《杜诗引得序》于宋代杜诗注本中盛推蔡梦弼、黄鹤本,而于赵次公注未加评论,这可能由于赵注之不易见,其残抄本亦未引起学界重视之故。这之后对赵次公注本的研究基本是一段空白,只有雷履平先生于1982年撰写的《赵次公的杜诗注》[①]、《记成都杜甫草堂所藏赵次公杜诗注残帙》[②]二文,对赵注的特点进行了一些介绍。他呼吁学界重视赵次公注的价值,并提议对该本的佚文进行“辑录取舍”。直到20世纪90年代,林继中才广搜200多种杜诗注本,从各种集注中辑录所引赵注,与残卷相配,足成完璧,恢复了沉埋800余年的赵次公注的全貌。林继中在《杜诗赵次公先后解辑校》前撰有长达两万字的长篇序言[③],不仅详细考证了赵次公的生平情况,对赵次公注的原貌及其刊刻流传情况更是进行了详细考索。《杜诗赵次公先后解辑校》成书之后的十几年间,关于赵次公注的研究论文仅有数篇。2005年,西北师范大学的武国权撰写了硕士学位论文《赵次公〈杜诗先后解〉研究》,这是林继中《杜诗赵次公先后解辑校》之后对赵次公《杜诗先后解》的又一研究成果。然而目前学界对赵次公注学术成就和文献价值的认识和阐发仍显得相当不足,这和赵注在杜诗学史上的重要地位是极不相称的。因此对赵次公《杜诗先后解》的进一步研究,尚需学界同人坚持不懈的努力。

---

① 雷履平:《赵次公的杜诗注》,《四川师院学报》(社会科学版)1982年第1期。

② 雷履平:《记成都杜甫草堂所藏赵次公杜诗注残帙》,《草堂》1982年第2期。

③ 该文在《中华文史论丛》发表时篇幅长达三万字,当是成书时有所压缩。

论杜诗校勘史上的“以意改字”现象*

——以宋代杜诗校勘学为中心

由于历史的原因，杜诗在流传过程中出现了数量庞大的异文。① 而宋代的杜诗注家们在注释杜诗的时候，往往要选择其中的一种作为底本正文，因此辨别杜诗字句的异文，就越来越受到注家的重视。不过众多注家对杜诗异文一般还是采取两存的办法，让读者自行比较判断其优劣，如王琪《杜工部集后记》曰：“义有兼通者，亦存而不敢削，阅之者固有深浅也。”②这无疑是尊重杜诗文本、避免主观臆断的妥善方法。但是，也有很多注家在辨别异文真伪、衡量优劣的过程中开始出现以意改字的倾向，这成为杜诗校勘史上极为独特的一种现象。本文即拟对这种诗学现象进行阐释分析，并试图总结其产生的原因与文化背景。

---

* 本文原载于《安徽大学学报》（哲学社会科学版）2013 年第 3 期，为河北省社科基金项目“杜诗学史研究”系列成果之一。

① 据郭在贻《杜诗异文释例》（《草堂》1982 年第 2 期）统计，杜诗异文多达 3500 余条。

② 张元济辑：《续古逸丛书·宋本杜工部集》，江苏古籍出版社 2001 年版，第 344 页。

一、杜诗校勘史上“以意改字”的具体表现形式

（一）异文众多，归于一是

王安石是宋代较早对杜诗异文进行辨析之人，《苕溪渔隐丛话》前集卷九引《蔡宽夫诗话》云：“今世所传子美集，本王翰林原叔所校定，辞有两出者，多并存于注，不敢彻去。至王荆公为《百家诗选》①，始参考择其善者，定归一辞。如‘先生有才过屈宋’，注：‘一云先生所谈或屈宋。’则舍正而从注。‘且如今年冬，未休关西卒’，注：‘一云如今纵得归，休为关西卒。’则刊注而从正本。若此之类，不可概举。其采择之当，亦固可见矣。惟‘天阙象纬逼，云卧衣裳冷’，‘阙’字与下句语不类；‘隅目青荧夹镜悬，肉骏碨礧连钱动’，‘肉骏’于理若不通。乃直改‘阙’作‘阅’，改‘骏’作‘鬃’，以为本误耳。”②王安石将“二王本”中并存未删的异文通过辨析后定归一辞，本无可厚非，不过在异文酌定的过程中，他并未仅仅限于择善归一，有时甚至进行没有任何文献版本依据的臆改，可谓开杜诗校勘史上以意改字的先河。如上述校例中《骢马行》中的“肉骏”，王安石觉得“于理若不通”，便径改为“肉鬃”，然宋本《杜工部集》实作“肉騣”，杜田《补遗》称吐蕃有马，名“肉騣马”，则“肉骏”或为

① 按，王安石《唐百家诗选》中并未选杜诗，而据《直斋书录解题》著录，王安石另选有《四家诗选》，专选杜、韩、欧、李四家。

② 胡仔纂集，廖德明校点：《苕溪渔隐丛话》前集卷九，人民文学出版社 1984 年版，第 59 页。

“肉騣”讹写所致，可见王安石的径改是没有道理的。又如《铁堂峡》“壁色立积铁”之“积铁”，王安石径改作“精铁”。其实检宋代的杜集，从“二王本”开始，诸家注本中均未见“积”字有作“精”字者，王安石的臆改并没有任何文献依据。再如《秋雨叹三首》其二“阑风长雨秋纷纷”，“长”字下，《钱注杜诗》卷一注云：“去声，一作‘伏’，荆公作‘仗’。”①仇兆鳌《杜诗详注》卷三作“阑风伏雨”，谓：“荆公本作‘仗雨’，当即‘伏’字之讹。”②胡仔《苕溪渔隐丛话》曰：“《东皋杂录》云：杜诗‘阑风伏雨秋纷纷’，‘伏’乃‘仗’字之误，阑珊之风，冗仗之雨也。苕溪渔隐曰：《世说》王忱求簟于王恭，恭曰：‘丈人不悉恭，恭作人无长物。’则冗仗用此‘长’字为是，《集韵》：去声，与‘仗’字同音，杜诗旧本作‘长雨’。”③杨建国指出，“长”字读去声，“殆因音同而误作‘仗’，继由形似再误作‘伏’”④。不过应该承认，王安石对杜诗校勘虽有上述臆改的毛病，有时态度还是审慎的，王钦臣《王氏谈录》中就记载了这样的例子：“公言校书之例，它本有语异而意通者，不可取信。盖不可决谓非昔人之意，俱当存之。但注为‘一云、一作’（二字已上谓之一云，一字谓之一作）。公自校杜甫诗，有‘草阁临无地’之句，它本又为荒芜之芜，既两存之。它日有人曰：为‘无’字以为无义，公笑曰：

---

① 钱谦益：《钱注杜诗》卷一，上海古籍出版社1979年版，第13页。

② 仇兆鳌注：《杜诗详注》卷三，中华书局1979年版，第218页。

③ 胡仔纂集，廖德明校点：《苕溪渔隐丛话》后集卷八，人民文学出版社1984年版，第467页。

④ 杨建国编著：《〈全唐诗〉“一作”校证集稿》，山东教育出版社1997年版，第33页。

《文选》云：‘飞阁下临于无地’，岂为无义乎？”[1]《草阁》诗首句有“芜地”和“无地”两种异文，因其中“无地”难解，于是有人主张删去这条异文而独取“芜地”，王安石指出，“无地”出自《文选·王中〈头陀寺碑〉》“飞阁逶迤，下临无地”。“精熟文选理”的杜甫这里显然是用《头陀寺碑》中的语典，而浅人难识。倘若真改为“芜地”，反而会降低杜诗的艺术水准，应该说王安石这则校例是相当高明和精彩的。有论者指出，唐诗异文中用非典故异文替换典故异文是一种“集体无意识”的文化减负活动。[2] 而我们看到在杜诗校勘学中情况往往正好相反，这是由于宋人秉持“杜诗无一字无来处”的观念，在校勘杜诗时往往肯定那些有典故含量的异文，而抛弃那些没有出处的异文，这恰恰体现了宋代杜诗校勘学的独特性。

宋代的蔡兴宗和赵次公也是辨析杜诗异文用力较多的学者，周紫芝《竹坡老人诗话》谓：“东莱蔡伯世作《杜少陵正异》，甚有功，亦时有可疑者。如‘峡云笼树小，湖日落船明’，以‘落’为‘荡’，且云非久在江湖之间者，不知此字之为工也。以余观之，不若‘落’字为佳耳。又‘春色浮山外，天河宿殿阴’，以‘宿’为‘没’字，‘没’字不若‘宿’字之意味深远甚明。”[3]“峡云”一联出自《送段功曹归广州》，“春色”一联出自《望牛头寺》。上述异文在宋本《杜工部集》中均已出现，蔡兴宗试图

---

① 王钦臣：《王氏谈录》，《影印文渊阁四库全书》，台北：台湾商务印书馆1986年版，第583页。

② 参见杨冰郁：《文化学视角下的唐诗典故异文》，《社会科学家》2007年第6期。

③ 周紫芝：《竹坡老人诗话》，何文焕辑：《历代诗话》，中华书局1981年版，第340页。

通过辨析，择定其一为正不过由于个人趣味、艺术感觉、诗学宗尚等方面的差异，其辨析并不能获得学界一致的赞同，如周紫芝就不同意蔡兴宗的结论。除了将异文择善归一的努力外，蔡兴宗和赵次公校勘杜集亦以改字著称。宋晁公武《郡斋读书志》曰："近时有蔡兴宗者，再用年月编次之；而赵次公者，又以古律诗杂次第之，且为之注，两人颇以意改定其误字云。"①汪应辰《书少陵诗集正异》对蔡书评曰："此书诠次先后，考索同异，亦已勤矣。世传杜诗，往往不同，前辈多兼存之，今皆定从某字，其自任盖不轻矣。诗以气格高妙、意义精远为主，属对之间，小有不谐，不足以累正气。今悉迁就偶对，至于古诗亦然，若止为偶对而已，似未能尽古人之意也。'千金买马鞭，百金装刀头'，言其服用之盛尔。'故乡归不得，地入亚夫营'，言故乡方用兵尔。今悉以他本改作'马鞍''故园'，固未知其孰是。其说则云：若千金买鞭，以物直校之，非也。若故乡为营，则营亦大矣。此等去取，非所谓不以辞害意也。律诗全篇，属对固有此格，非尽然也。如'宓子弹琴邑宰日，终军弃繻英妙时'，'黄峡峡西船不归，赤甲山下行人稀'，皆律诗第一联也，今改作'年妙''人行'，以就偶对。若他本不同，定从其一，犹不为无据。此直以己意所见，径行窜定，甚矣其自任不轻也！"②汪氏提出应审慎对待杜集异文的多种情况，最好以"兼存"的方式处理，并尖锐地质疑了蔡氏轻改文字的做法。不过蔡兴宗等人对杜诗异文的这种校勘方法，在宋代产生了较大影响。朱熹

---

① 晁公武撰，孙猛校证：《郡斋读书志》卷十七，上海古籍出版社1990年版，第857页。

② 汪应辰：《文定集》卷十，《影印文渊阁四库全书》，台北：台湾商务印书馆1986年版，第679页。

《朱子语类》云："杜诗最多误字，蔡兴宗《正异》固好，而未尽。某尝欲广之，作《杜诗考异》，竟未暇也。"①朱熹认为蔡兴宗《正异》尚未能对杜诗全部异文进行校订，故欲在其基础上完成一部更为全面的《杜诗考异》。应该指出的是，虽然从王安石、蔡兴宗、赵次公到朱熹等人欲将杜诗异文归于一是的做法一直受到历代严谨注家的鄙薄与反对，但是面对真赝错杂、讹误并存的杜集，校勘者必然会产生其中必有一误的怀疑和判断，因此也都难以抑制住核订异文的冲动，其学术思想是可以理解的，所以我们看到杜诗学史上延续这种校勘倾向的学者一直代不乏人，如明代赵统曰："诸旧本各题下诗字之不同者，今但以意自定，为取其一，不为并列。如他有所真知其为倒讹者，各与改正。"②其论与宋人的将异文定从某字的想法并无二致。清代的李以峙亦曾有过类似朱熹《正异》那样的想法，杭州图书馆藏李以峙手批仇兆鳌《杜诗详注》曰："杜集流传，字多互异，近代善本，首推仇注，列其异同，间加辩论，然是正尚少，正矣而义或未尽，吟讽之下，其无间要妙者，不妨并存。若意义有显乖，音节有失谐，诵之每不安于心，推原其故，讹于形声相近者十之七，淆于后人臆改者十之三。不揣谬妄，为之辨证，不敢袭朱子之'正异'，而易名曰订，愚者千虑，岂无一得，倘遇其人，或不视为覆瓿也。"然而对杜集异文断以己意、归于一是的做法，竟让人始料不及地开了臆改杜诗底本的先河，造成了自"二王本"出现以来首次由于人为主观因素的掺入杜诗

① 朱熹：《朱子语类》卷一百四十，中华书局 1986 年版，第 3327 页。

② 赵统：《杜律意笺·凡例》，《四库全书存目丛书》集部第 4 册，齐鲁书社 1997 年版，第 468—469 页。

新的异文的出现。由此，这不仅拉开宋代杜诗校勘学的序幕，也对后世杜诗校勘学的发展从正反两方面都产生了深远影响。

（二）难以解释，改字以通

杜集中的有些文字从字面意义上来看难以解通，因此历代注家往往希望通过改字得出相对合理的解释。如《大历三年春白帝城放船》中有“五云高太甲，六月旷抟扶”一联，向为注释难点，杜诗学史上对这一联典源和含义的研讨和探索可为穷极苦心，特别是上句“五云高太甲”，历代注家更是众说纷纭。或许正因为文本如此难解，宋代的严羽不禁萌生了改字以通的想法，《沧浪诗话·考证》云：“杜诗：‘五云高太甲，六月旷抟扶。’‘太甲’之义殆不可晓，得非‘高太乙’耶？‘乙’与‘甲’盖亦相近，以星对风，亦从其类也。”①因“太甲”之义难以考证明白，故严羽将“太甲”径改为“太乙”，以便解释出典。因为“太乙”是星名，以之对“抟扶”（即飓风），从对仗的角度看，倒还算工整。不过从严谨校勘的角度来讲，严羽为求通顺诗意而毫无根据地改字，则断不可从。又如《八哀诗·故著作郎贬台州司户荥阳郑公虔》“荟蕞何技痒”，“技痒”，蔡梦弼《杜工部草堂诗笺》作“枝痒”。其实作“枝痒”从意义上是难以解释的，而“技痒”则可以流畅地解释诗意，故钱谦益指出：“《射雉赋》：‘徒心烦而技痒。’徐爰注曰：‘有技艺欲逞，曰技痒。’草堂本或

① 严羽撰，郭绍虞校释：《沧浪诗话校释》，人民文学出版社 1983 年版，第 241—242 页。

作‘枝痒’,误。”[①]再如《陪章留后侍御宴南楼得风字》“鼓角满天东”,“满”,宋本一作“漏”。《朱子语类》云:“蜀有漏天,以其西北阴盛常雨,如天之漏也。故杜诗云‘鼓角漏天东’,后人不晓其义,遂改为‘满’字。”[②]将“漏天”改为“满天”固然使诗意变得晓畅,然却失去了“天漏”的文化内涵,若真是校勘者有意为之,确也可算是一种“文化减负”吧。又如《奉赠韦左丞丈二十二韵》“白鸥没浩荡,万里谁能驯”,“没”一作“波”。方深道《诸家老杜诗评》云:“杜子美云‘白鸥没浩荡,万里谁能驯’,盖灭没于烟波间尔。而宋敏求谓予:鸥不解没,改作‘波’字。改此字,觉一篇神气索然也。”[③]郭在贻先生认为此处的异文难以定其是非,但他又说:“然以语法规律断之,应以作没为允,若作波,则此句便缺少了谓语,不可通。”[④]所论甚是,可见宋敏求改“没”作“波”也属于失败的臆改。杜甫同诗还有“骑驴三十载,旅食京华春”之句,卢元昌《杜诗阐》云:“‘骑驴三十载’当是‘骑驴十三载’,时公年未四十。”[⑤]卢氏将“三十”校改为“十三”,其实并没有任何版本依据,自宋迄清初的杜集各版本均作“三十”,并无“十三”的异文。但是卢氏的理校法是基于生活常理进行推断,此诗作于天宝九载,杜甫时年三十九,照说

---

① 钱谦益笺注:《钱注杜诗》卷七,上海古籍出版社 1979 年版,第 212 页。

② 朱熹:《朱子语类》卷一百四十,中华书局 1986 年版,第 3327 页。

③ 方深道:《诸家老杜诗评》卷二,张忠纲编注:《杜甫诗话六种校注》,齐鲁书社 2002 年版,第 27 页。

④ 郭在贻:《杜诗异文释例》,《草堂》1982 年第 2 期。

⑤ 卢元昌:《杜诗阐》卷一,黄永武主编:《杜诗丛刊》,台北:大通书局 1974 年版。

是不可能在京华"骑驴三十载"的,这就是卢氏改动杜底本的理由和根据。然而杜诗以用典繁密著称,若从用典的角度来看,此诗显然是化用陶渊明《归园田居》"误落尘网中,一去三十年"之语典,故"三十载"之意豁然可通,如此我们再返观卢元昌的径改,也就明晓其草率之处了。可见我们对杜诗异文进行理校,不可臆断和偏执。然而,即使在以校勘严谨著称的仇兆鳌《杜诗详注》中,亦随处可见臆改的例子,如《季秋苏五弟缨江楼夜宴崔十三评事韦少府侄三首》其三末句,仇注作"百过落乌鸦",宋本原作"百过落乌纱"。"乌鸦"与"乌纱",仅一字之别,诗意却大大不同。从字面来看,"百过落乌纱"似令人费解。仇注曰:"别本作'百过落乌纱',言月移百度,照于纱帽,其说终曲。"那么改成"百过落乌鸦"后,诗意又做何解释呢?仇注曰:"乌鸦百过,月下久坐也。"①针对仇氏此解,邓绍基指出:"月下久坐见鸦百过,却和江楼夜宴笑舞热闹的场面不合,仇释也就缺乏说服力。"②因此,仇氏的臆改是存有很大疑问的。又如《乾元中同谷县作歌七首》其一"岁拾橡栗随狙公"之"岁拾",历代版本并无异文,然"岁"字稍难解,清施鸿保便怀疑当作"饥拾",其云:"'岁'字疑误,公自秦州来同谷,未及一月,何以云岁?云岁,且若累岁矣。或云他本作'饥',当是。"③施鸿保的怀疑和卢元昌一样也无任何版本依据,虽看似有理,实则有误。杜诗这里的"岁"指岁暮,因为下文有"天寒岁暮"之文,故可以从后省略,兼以避重,这是老杜的习惯做

① 仇兆鳌注:《杜诗详注》卷二十,中华书局1979年版,第1777页。

② 邓绍基:《杜诗别解》,《学林漫录》第四辑,中华书局1981年版,第230页。

③ 施鸿保:《读杜诗说》卷八,中华书局1964年版,第77页。

法。萧涤非先生指出:“旧诗因受字数限制,往往使用从上文或下文而省的手法,必须合看,不能孤立作解。如杜《昔游》诗‘昔者与高李,晚登单父台。’观下文‘寒芜’‘清霜’诸句,知所谓‘晚’,实指岁晚,亦因字数所限而略去岁字。”[①]萧涤非先生采用“以杜证杜”的方法说明杜诗的创作规律,故此“岁”字乃从后省略,断不可改作“饥”,其论可称定谳。刘凤诰《杜工部诗话》云:“读书有义未通而辄改字者,最学者大病也。”[②]诚为知言。宋代以来的杜诗校勘不乏类似上述那样轻改致败的校例,都是值得引以为戒的。毛春翔《古书版本常谈》云:“校书未见善本,万不可凭一己之见,乱改古书;即幸而猜中,也不可为训。”[③]王利器先生也指出:“理校于万不得已时,乃慎重出之,必须义据兼赅,始能还原古书本来面目,所谓‘使古人见之,必曰我固如此’者也。切不可臆逞自恣,强古人以就我。”[④]此实为中肯不易之论,校勘者于斯不可不慎。

(三)从杜诗的创作规律出发,判定异文真伪

也有校勘者试图从杜诗的艺术水准和创作规律出发,判定异文真伪。这种理校法的初衷虽属可取,但是限于个人艺术感觉的高低以及对杜诗艺术规律的熟悉程度,往往在判定正讹时

---

① 萧涤非选注:《杜甫诗选注》,人民文学出版社1998年版,第136—137页。

② 刘凤诰:《杜工部诗话》卷五,张忠纲编注:《杜甫诗话六种校注》,齐鲁书社2002年版,第256页。

③ 毛春翔:《古书版本常谈》,中华书局1962年版,第87页。

④ 王利器:《杜集校文释例(下)》,《西北大学学报》(哲学社会科学版)1980年第3期。

产生偏差。如罗大经《鹤林玉露》引叶梦得云:"杜工部诗,对偶至严,而《送杨六判官》云:'子云清自守,今日起为官。'独不相对,窃意'今日'字当是'令尹'字传写之讹耳。"①叶梦得认为此联"子云"与"今日"对仗不工整,因此将"今日"臆改为"令尹",以求对仗工稳。其实杜诗次联乃是借对,罗大经已指出:"此联之工,正为假'云'对'日',两句一意,乃诗家活法。若作'令尹'字,则索然无神,夫人能道之矣。且送杨姓人,故用子云为切题,岂应又泛然用一令尹耶?如'次第寻书札,呼儿检赠篇'之句,本是假以'第'对'儿',诗家此类甚多。"②虽然叶梦得试图从对仗的角度匡正杜诗字句,但由于不知杜甫擅用借对,故其臆改的谬误是显而易见的。又如《梅雨》:"湛湛长江去,冥冥细雨来。"明董斯张云:"仆以为'去'字必误,湛湛江水,并《招魂》所云'目极千里伤春心'也。若夏雨时,那得有晴春湛湛之色!'去'字定作'失'字。次联云:'云雾密难开。'可见大江失其湛湛矣。"③唐元竑《杜诗捃》驳曰:"《梅雨》诗:'湛湛长江去,冥冥细雨来。'佳在'去'字。董遐周欲改'去'为'失',岂有此理!诗须看全首气格,须看本句对法,最不宜强为之说。"④所论甚是。谈迁《枣林杂俎》云:"铎手阅杜子美集,尝见其《冬深》诗'花叶遂天意',改'因'字。以颔联'早霞随类影',又一'随'字也。《九日蓝田崔氏庄》'羞将短

① 罗大经:《鹤林玉露》乙编卷四,中华书局 1983 年版,第 194 页。

② 罗大经:《鹤林玉露》乙编卷四,中华书局 1983 年版,第 194 页。

③ 董斯张撰,袁华编纂:《董斯张诗话》,吴文治主编:《明诗话全编》,江苏古籍出版社 1997 年版,第 9013 页。

④ 唐元竑:《杜诗捃》卷二,黄永武主编:《杜诗丛刊》,台北:大通书局 1974 年版。

发还吹帽，笑倩旁人为正冠’，以‘帽’犯‘冠’，改作‘雪’。”[①]王铎又从避免重音重意的角度校改杜诗，也是毫无文献根据的主观臆改，难免胶柱鼓瑟之讥。又如《王兵马使白黑二鹰》其二颔联：“在野只教心力破，千人何事网罗求？”其中的“千”字，宋本《杜工部集》并无异文。《钱注杜诗》云：“晋作‘干’，或作‘于’。”[②]称晋者，指五代晋之开运二年官书本。王士禛《池北偶谈》指出：“‘于’字，恐无义；‘千’字对上句‘在’字，亦未切。”[③]他除了举出杜牧诗“自滴阶前大梧叶，干君何事动哀吟”、南唐李璟戏冯延巳所云“吹皱一池春水，干卿何事”诸语之外，还在《香祖笔记》中引了《旧唐书·玄宗本纪》明皇叱金吾将军武懿宗的话：“吾家朝堂，干汝何事？敢迫吾骑从。”以证“干”字自有出处。[④] 应该说王士禛的辨析充分考虑到了典故出处和对仗等因素，见出“干”字确有强于底本“千”字之处，因此这样的校勘才显得更具说服力。

（四）改易底本，蒙骗世俗

在杜诗校勘史上，还存在一种更为恶劣的倾向，即通过改易杜诗文本来欺世盗名，炫耀才华。如明代杨慎《升庵诗话》卷十四曰：“松江陆三汀深语予：杜诗《丽人行》，古本‘珠压腰

---

① 谈迁：《枣林杂俎》卷二《仁集》，《四库全书存目丛书》子部第 113 册，齐鲁书社 1997 年版，第 786 页。

② 钱谦益笺注：《钱注杜诗》卷十六，上海古籍出版社 1979 年版，第 588 页。

③ 王士禛：《池北偶谈》卷十三，中华书局 1982 年版，第 313 页。

④ 参见王士禛：《香祖笔记》卷三，上海古籍出版社 1982 年版，第 53 页。

衱稳称身’下有‘足下何所着？红渠罗袜穿镫银’二句，今本亡之。”[①]杨慎声称古本杜集《丽人行》于“头上何所有？翠微盍叶垂鬓唇。背后何所见？珠压腰衱稳称身”四句诗后尚有“足下何所着？红渠罗袜穿镫银”两句。杨氏所称古本，乃是伪托，实为其自作聪明地将自己所作诗句妄自阑入杜诗。钱谦益已经明确指出：“遍考宋刻本，并无，知杨氏伪托也，今削正。”[②]仇兆鳌亦云：“今按：两段各十句为界限，添此反赘。”[③]可见杨慎伪托杜诗古本，添加二句，破坏了艺术对称，反为芜累。丁福保《重编升庵诗话弁言》曰：“升庵渊通赅博，而落魄不检形骸，放言好伪撰古书，以自证其说。如称宋本杜集《丽人行》中有‘足下何所有？红渠罗袜穿镫银’二句，钱牧斋遍检各宋本杜集，均无此二句……王弇州讥其求之宇宙之外，而失之耳目之前。”[④]杨慎上述所为确实是一种恶劣的行径，读者若不能细查，极容易上当。如被仇兆鳌誉为“最有发见”的王嗣奭《杜臆》竟云：“用修谓他本于‘稳称身’之下有‘足下何所着，红渠罗袜穿凳银’，此真不可少。《诗归》从之。”[⑤]看来不仅王嗣奭被蒙骗，连钟惺也上了杨慎的当。又如《苏大侍御访江浦赋八韵记异》，诗题和诗序中均言“赋八韵记异”，则原诗应为八韵

① 杨慎：《杨慎诗话》，丁福保辑：《历代诗话续编》，中华书局 1983 年版，第 922—923 页。

② 钱谦益笺注：《钱注杜诗》卷一，上海古籍出版社 1979 年版，第 24 页。

③ 仇兆鳌注：《杜诗详注》卷二，中华书局 1979 年版，第 158 页。

④ 杨慎：《杨慎诗话》，丁福保辑：《历代诗话续编》，中华书局 1983 年版，第 634—635 页。

⑤ 王嗣奭：《杜臆》卷一，上海古籍出版社 1983 年版，第 24 页。

十六句，而现存仅七韵十四句，显然在流播过程中刊落了两句。郭沫若《李白与杜甫》便狗尾续貂，续补了“殷殷金石声，滚滚雷霆思”两句，更是不足为训，堪作笑柄。[①] 应该说像杨慎等人这样掩耳盗铃的情形在杜集校勘史上虽不多见，但确可算作臆改文本暗流的代表。其实杜集最早的编纂者王琪、王洙辈也不一定能脱得了臆改底本的嫌疑。如《江村》第七句，“二王本”作“多病所须唯药物”，而唐代樊晃《杜工部小集》作“但有故人分禄米”，对这句诗的异文的孰是孰非，历代注家一直聚讼纷纷。洪业先生指出，《江村》诗第七句的异文，当以樊晃《杜工部小集》的“但有故人分禄米”为正。[②] 这是因为清初李因笃提出了著名的诗律理论，认为杜甫七律单句末字皆四声换用。而“多病所须唯药物”的“物”字，与第五句末的“局”字相犯；若换作“但有故人分禄米”，“米”字则与第三句末的“燕”字不相犯，恰恰是符合李因笃的诗律理论的。樊晃《杜工部小集》的这句异文，文献产生时间既早，又符合后人总结出的杜诗创作规律，因此应是最接近杜诗原貌的，而宋本杜集中“多病所须唯药物”这样截然不同的异文的出现，便非常值得怀疑。洪业先生推测道：“吾恐校订《杜集》者，如王洙辈，或为杜甫耻之，遂奋改其言。其实，杜甫早年奏牍自言‘寄食友朋’，后在夔州亦说‘主人柏中丞频分月俸’。但有其事，不自掩讳也。”[③]若

① 参见郭沫若：《李白与杜甫》，人民文学出版社 1971 年版，第 372 页。

② 参见洪业：《再说杜甫》，《洪业论学集》，中华书局 1981 年版，第 430 页。

③ 洪业：《再说杜甫》，《洪业论学集》，中华书局 1981 年版，第 430 页。

果如洪业先生所云，王洙、王琪这些杜集的最早编纂者也极有可能是杜诗底本的最早篡改者。虽然从客观来说，二王对杜诗文本的改易是出于使之更加完美的目的，而非后世那样通过篡改以鱼目混珠、欺世盗名，但毕竟开了此种恶劣做法的先河。

二、“以意改字”现象出现的原因与背景

（一）体现了杜集早期传播过程中的随意性

在“二王本”杜集定本出现之前，从唐五代以迄北宋初期，杜诗主要是以抄本和写本的形式的流传，张忠纲先生《杜集叙录》便著录了唐五代的十三种抄本，实际数字当远不止于此。由于写本在传播中需要多次抄写誊录，抄写者的文化水准和艺术眼光的高低各不相同，势必会在辗转众手的过程中出现大量讹误，这使得早期杜集文本增加了很大的不确定性。晚唐高彦休《唐阙史》之《韦进士见亡妓》条载：“京兆韦氏子举进士，门阀甚盛。尝纳妓于潞，颜色明秀，尤善音律，慧心巧思，众寡其伦。韦曾令写杜工部诗，得本甚舛缺，妓随笔铅正，文理晓然。”①连韦氏妓都能“随笔铅正”杜诗舛缺之处，不仅说明早期的杜集中有大量讹误存在，而且从中可见杜诗的校勘也存在很大的主观性和随意性。胡仔《苕溪渔隐丛话》曰：“东坡云：南都王谊伯《书江滨驿垣》谓：子美诗，历五季兵火，多舛缺奇异，

---

① 高彦休：《唐阙史》卷下，鲍廷博辑：《知不足斋丛书》，上海古书流通处 1921 年版。

虽经其祖父所理，尚有疑阙者。”[①]王琪《杜工部集后记》曰：“近世学者，争言杜诗，爱之深者，至剽掠句语，迨所用险字而模画之，沛然自以绝洪流而穷深源矣。又人人购其亡逸，多或百余篇，小数十句。藏去矜大，复自以为有得……子美博闻稽古，其用事非老儒博士罕知其自出，然讹缺久矣，后人妄改而补之者众，莫之遏也。非原叔多得其真，为害大矣。”[②]面对坠逸过半的杜诗，宋人人自采摭，对杜集全本定本的需求就变得越来越迫切。《吴郡志》曰：“嘉祐中……时方贵杜集，人间苦无全书。琪家藏本，雠校素精，即俾公使库镂板，印万本，每部直千钱，士人争买之。”[③]由于文献的难征，首次刊刻的杜集定本才会让人如此珍视，从此杜诗的校勘才开始摆脱了晚唐五代以迄宋初言人人殊的混乱局面。欧阳修的《六一诗话》还记载了这样一则故事：“陈舍人从易……时偶得杜集旧本，文多脱误，至《送蔡都尉》诗云：‘身轻一鸟□’，其下脱一字。陈公因与数客各用一字补之，或云‘疾’，或云‘落’，或云‘起’，或云‘下’，莫能定。其后得一善本，乃是‘身轻一鸟过’。陈公叹服，以为虽一字，诸君亦不能到也。”[④]苏轼对此赋诗曰：“如观老杜飞鸟

---

① 胡仔纂集，廖德明校点：《苕溪渔隐丛话》前集卷七，人民文学出版社1984年版，第39页。

② 张元济辑：《续古逸丛书·宋本杜工部集》，江苏古籍出版社2001年版，第344页。

③ 范成大撰，陆振岳校点：《吴郡志》卷六《官宇》，江苏古籍出版社1999年版，第51—52页。

④ 欧阳修撰，郑文校点：《六一诗话》，人民文学出版社1983年版，第7—8页。

句，脱字欲补知无缘。”①陈从易是专事校勘的文人，参加过《册府元龟》的编纂，当时很有文名。然而从上面的记载来看，要不是后来得到杜集善本，陈从易恐怕真的要将自拟之字校补入杜诗之中。《宋史·陈从易传》云：“坐尝课校太清楼书，字非讹误而从易妄判窜之，降直史馆。”②可见妄改古书是他一贯的做法并因此得罪，此公真可谓与校书共荣辱。不过我们从校勘的角度可以看到，陈从易等人的补字校勘，是在没有文献依据的情况下进行的，因此他们只能采用臆补的方式以求得文本的完善。应该说，在杜集定本出现之前，人们面对众多杜诗写本和抄本的时候，难免会对缺讹残损的杜集进行揣度和臆定，因而难免会出现这种妄改现象。即使在“二王本”编纂刊刻以后，这种校勘习惯仍被延续下来，这也体现了杜诗在早期传播中存在很大的随意性，是杜集文献早期流传过程中的一种必然现象。

（二）宋代推尊杜诗的特殊文化背景影响

我们注意到，对杜诗的臆改虽然在每个时代都有体现，但出现最多、表现最为突出的还是宋代。苏轼《书诸集改字》云：“近世人轻以意改书，鄙浅之人，好恶多同，故从而和之者众，遂使古书日就讹舛，深可忿疾。”③在这种臆改古书的热潮中，杜集成为校改的重点对象，归根结底，这种现象还是反映了宋

---

① 苏轼撰，孔凡礼点校：《苏轼诗集》卷十八，中华书局 1982 年版，第 830 页。

② 脱脱等撰：《宋史》卷三百，中华书局 1985 年版，第 9978 页。

③ 苏轼撰，孔凡礼点校：《苏轼文集》卷六十七《东坡题跋》，中华书局 1986 年版，第 2099 页。

代文人对杜诗的重视和揣摩。在诸唐人诗集中，杜集是宋人用力最勤的一部，这和当时的崇杜热潮密切相关。胡仔《苕溪渔隐丛话》引《蔡宽夫诗话》曰："景祐、庆历后，天下始尚古文，于是李太白、韦苏州诸人，始杂见于世。杜子美最为晚出，三十年来学诗者，非子美不道，虽武夫女子皆知尊异之，李太白而下，殆莫与抗。"①陈善《扪虱新话》曰："老杜诗当是诗中六经，他人诗乃诸子之流也。"②因为宋人认为杜诗都是表达"周情孔思"的，可与六经并论，杜甫是他们心目中的圣人，对杜甫及其诗歌便成了"圣贤法言"。在宋代"以杜为经"的时代背景下，杜诗被尊为等同于六经的崇高经典，有一字不能改易的美誉。话虽如此，宋人在校阅杜集时往往技痒难禁，对其中难以理解或自认为有讹误之处径行校改。既然杜诗乃是"圣贤法言"，用以垂教万世，从而改易杜诗也就成为辅翼圣贤的雅事，文人从中可以获得相当的满足感和成就感，因此也造成了宋代杜诗异文数量的激增。

（三）杜集刊定过程中商业色彩的体现

如前所述，早期杜集一直是以残破的面目艰难流传，文本中难免会掺杂校读者的臆改成分。然而，随着"二王本"《杜工部集》刊刻行世，北宋中叶以后崇杜尊杜高潮的来临，杜集刊印的版本越来越多。至两宋之交，已经涌现出数十种杜诗注本。到了南宋时期，更是出现了"千家注杜"的盛况。这个时

---

① 胡仔纂集，廖德明校点：《苕溪渔隐丛话》前集卷七，人民文学出版社 1984 年版，第 145 页。

② 陈善：《扪虱新话》下集卷一，《丛书集成初编》本，商务印书馆 1957 年版，第 55 页。

期杜集编纂者面对杜诗大量异文的处理方法，与当时杜集刊刻的商业色彩也有着很密切的关系。随着雕版印刷业的兴盛，巨大的市场需求使得备受关注的杜集被大量刊刻、翻印，甚或成为童蒙读物。书商出于逐利的目的，为了迎合读者的需要，网罗众多以编书为业的中下层文士，只以营利和效率为目的，杜集的刊印既快且滥。这时杜集编辑者已经无暇在异文校勘方面花费更多功夫，但是出于商品宣传的考虑，又不能任由大量异文在自己刊印的杜集中存在，致使读者觉得无所适从。为标榜自己所刊杜集为校勘精良的“定本”，干脆将众多异文予以删削、定归一是，也就成了他们必然的选择。而他们在改变杜诗异文兼存形式的同时，也不可避免地对杜诗文字进行了臆改。由于这种臆改一般并没有文献版本依据，往往是以校勘者的主观好恶为准，这就给杜集的校勘带来了新的变数。在宋代杜集改字风潮中名头最响的蔡兴宗和赵次公二人，在当时都是颇具影响力的杜集的编纂者与刊印者。应该说宋代臆改杜诗风潮与宋代急功近利的雕版印书业的兴盛之间存在着较为密切的联系，体现了当时文化氛围的某些特性。不过应该指出的是，随着杜集流传的趋稳，对杜诗校勘的浮躁心态逐渐被廓除，后代学者对异文的校勘又重新回归到纯学术的考量上来。如清初杜诗注家基本能够做到从杜诗艺术水准出发，对杜诗异文的用字予以斟酌校订。虽然他们偶尔也有对杜诗异文任意去取的情形，但都没有宋人那样浮躁的商业气息。如《凤凰台》“炯然无外求”句，《钱注杜诗》于“无”字下注曰：“《方舆》作‘忘’。”[1]仇

① 钱谦益笺注：《钱注杜诗》卷三，上海古籍出版社 1979 年版，第 104 页。

兆鳌《杜诗详注》正文亦作"炯然无外求"，也于"无"字下注曰："《胜览》作'忘'。"①其实遍检现存所有宋本杜集，此句均作"炯然忘外求"，其中"忘"字并没有"无"字之异文，而钱谦益、仇兆鳌对此并非不知，却独取"无"字为正文，还勉强抬出本不足为据的《方舆胜览》作为校改依据，应该是故意为之。②这也许是因为钱谦益、仇兆鳌都觉得"炯然无外求"比之"炯然忘外求"从诗意上来说更胜一筹。但是他们故意掩盖了众多宋本中此句并无异文的事实，又举出《方舆胜览》以混淆视听，也算是臆改的一种表现形式，但是这种臆改显然与宋人出于商业考虑的臆改迥乎不同。

（四）宋代文人雅集争胜的产物

宋代杜集校勘中的"以意改字"现象也是雅集争胜的产物。宋代文人在雅集中通过赋诗争胜是颇为普遍的情形，如张邦基《墨庄漫录》载："逢原一日与王平甫数人登蒋山，相与赋诗，而逢原先成，举数联，平甫未屈。至闻'仰跻苍崖颠，下视白日徂。夜半身在高，若骑箕尾居'，乃叹曰：'此天上语，非我曹所及。'遂阁笔。"③又如《诚斋诗话》云："神宗徽猷阁成，告庙祝文，东坡当笔。时黄鲁直、张文潜、晁无咎、陈无已毕集，观

---

① 仇兆鳌注：《杜诗详注》卷八，中华书局 1979 年版，第 691 页。

② 按，钱谦益《钱注杜诗》采用的底本为吴若本，吴若在《杜工部集后记》中称该本参校了当时所见众本（包括"二王本"），故此处存在异文且无校语的情形殊可怀疑。然吴若本大部已经散佚，商务印书馆 1957 年影印《续古逸丛书》之《宋本杜工部集》中卷十至卷十四为吴若本之翻刻本，然《凤凰台》一诗未在其中。《钱注杜诗》虽以吴若本为底本，然已非原貌。关于吴若本问题，其详可参本书前文。

③ 张邦基：《墨庄漫录》卷一，中华书局 2002 年版，第 44 页。

东坡落笔云:'惟我神考,如日在天。'忽外有白事者,坡放笔而出。诸人拟续下句,皆莫测其意。顷之坡入,再落笔云:'虽光辉无所不充,而躔次必有所舍。'诸人大服。"①沈括《梦溪笔谈》也记载了宋祁、欧阳修、刁景纯、李献臣等众多文士改写杜诗的一则趣事:"宋景文子京判太常日,欧阳文忠公、刁景纯同知礼院。景纯喜交游,多所过从,到局或不下马而去。一日退朝,与子京相遇,子京谓之曰:'久不辱至寺,但闻走马过门。'李邯郸献臣立谈间,戏改杜子美《赠郑广文》诗嘲之曰:'景纯过官舍,走马不曾下。忽地退朝逢,便遭官长骂。多罗四十年,偶未识磨毡。赖有王宣庆,时时乞与钱。'叶道卿、王原叔各为一体诗,写于一幅纸上,子京于其后题六字曰:'效子美谇景纯。'献臣复注其下曰:'道卿御著,原叔古篆,子京题篇,献臣小书。'欧阳文忠公又以子美诗书于一绫扇上。高文庄在坐,曰:'今日我独无功。'乃取四公所书纸为一小帖,悬于景纯直舍而去。时西羌首领唃厮罗新归附,磨毡乃其子也。王宣庆大阉,求景纯为墓志,送钱三百千,故有磨毡、王宣庆之诮。"②从上面例子可以看出,宋代文人雅集中往往伴有娱乐性质的即兴文字竞赛,这种文字角逐除了同题共赋的形式外,有时是通过对杜诗的揣摩、改写和印证实现的。我们通过上面陈从易集合诸人欲对"身轻一鸟□"之句进行校补的例子,已经依约可见宋代文人在雅集中争胜的情形。又如褚人获《坚瓠戊集》卷四"补湿字"条曰:"有书少陵'林花著雨胭脂湿'诗于壁,'湿'字

---

① 杨万里:《诚斋诗话》,丁福保辑:《历代诗话续编》,中华书局 1983 年版,第 144—145 页。

② 沈括撰,胡道静校证:《梦溪笔谈校证·补笔谈》卷三,上海出版公司 1956 年版,第 983—984 页。

为蜗蜓所蚀。苏子瞻、黄山谷、秦少游、佛印见之，都不记‘湿’字，各思一字补之。子瞻云‘润’字，山谷云‘老’字，少游云‘嫩’字，佛印云‘落’字。觅集观之，乃‘湿’字也。‘湿’字出于自然，而四字遂分生老病死之说。诗言志，信夫!”①可见宋人非常喜欢在雅集中通过为杜诗缺讹进行校补的方式显示才情和品性，这可能已经成为宋人雅集中进行文字角逐的一项重要内容。而这种文化习惯必然也会带入杜集校勘之中，成为臆改杜诗的又一重要原因。

总之，杜诗校勘史上林林总总的以意改字现象，既折射出杜诗已经成为天下公器的历史现实，反映了杜诗被不断尊崇异化的历史地位变迁，也熔铸了宋以后文人的复杂心态和文化习惯。而这也恰好成为我们了解古籍校勘史与学术史的极佳视角，由此切入，可以深入剖析杜集文本基本形态的变迁及其原因，这对于我们深入认识和理解杜诗学史嬗变的复杂历程具有重要的参考价值。

---

①　褚人获:《坚瓠戊集》卷四，《笔记小说大观》第 7 册，江苏广陵古籍刻印社 1995 年版，第 1607 页。

海外孤本:董养性《杜工部诗选注》考论*

元代董养性的《杜工部诗选注》乃是稀世孤本,原藏于日本和歌山县高野山释迦文院,现藏于日本内阁文库,检索号312-0130,七卷,刊本八册。明清一些著名书目均曾著录董养性此本,但国内目前已无藏本,实已散佚。至20世纪80年代,赖美国车淑珊博士之帮助,董养性《杜工部诗选注》一书的复印件方辗转传回国内。先后有綦维、赫兰国等学者对其作者生平及版本异文等情况进行过介绍①,然而对该本的选注特色尚未暇进行更为深入的研讨,故本文拟对此海外孤本的基本情况再作析论,以期重新认识和定位该本在杜诗学史上的价值,并就正于海内方家。

---

* 本文原载于《杜甫研究学刊》2019年第2期。

① 参见綦维:《海外孤本——董益〈杜工部诗选注〉》,《图书馆杂志》2001年第12期;綦维:《两董养性考》,《图书馆杂志》2004年第1期;赫兰国:《董养性〈选注杜诗〉考》,《杜甫研究学刊》2010年第3期;赫兰国:《董养性〈选注杜诗〉与仇兆鳌〈杜诗详注〉异文考释》,《四川师范大学学报》(社会科学版)2011年第1期。

一、董养性生平事迹考辨

董养性，名益，自号高闲云叟，以字行，江西乐安人。同治《乐安县志·人物志·文苑》载其小传曰：

> 董养性，流坑人，居家孝友，学贯经史。洪武间应通经名儒，征授剑州知州，赴任八千里，惟一僮自随。居官简静，惟修廨舍与学校，暇则哦诗缀文以自乐。所著《书易题断》《李杜诗注》，其生平诗文名曰《高闲云集》，藏于家。①

光绪《抚州府志》卷五十九《人物·文苑》亦载其小传，与同治《乐安县志》所载基本一致。流坑在乐安西四十里，为乐安董氏聚居之地。董养性为流坑董氏的第十五世，出自屯田公文肇之子大保淳系。检同治《剑州志》卷三《建置志》曰："明洪武五年(1372)，署州事、昭化县丞董养性即旧址重建(学宫)。"②道光《重修昭化县志》卷三十一《职官二》引《剑州志》曰："洪武五年，昭化县丞董养性署摄剑州事，即旧址建立学宫。"③则董

① 朱奎章修，胡芳杏纂：同治《乐安县志》卷八，《中国方志丛书》华中地方第263号，台北：成文出版社1975年版，第769页。

② 李榕等纂修：同治《剑州志》，《中国地方志集成·四川府志辑19》，巴蜀书社1992年版，第767页。

③ 张绍龄修，马玉骧等纂：道光《重修昭化县志》，《中国地方志集成·四川府志辑19》，巴蜀书社1992年版，第741页。

养性于洪武初年以昭化县丞的身份摄剑州知州之职。又据《流坑历史文化资料集萃》载,董养性于洪武四年(1371)由明经荐举出任昭化县丞,洪武九年(1376)卒于进京途中。① 这与县志所载恰可互相印证。另需补充的是,明代梁潜《泊庵集》有《题高闲云集后》一文,此文一直未被研究者关注,兹特为表出,文曰:

> 右《高闲云集》一卷,诗凡若干首,北京国子司业董君子庄之尊父养性先生遗作也。先生处乎山林,生平无一物汩乎其中,故其见于诗者,油然旷出乎万类而不可及也。於乎!先生之不作久矣,读其诗可以想见其襟度,其亦美于道其性情者哉!先儒以为养得至情极之,则百虑自然精明,先生盖养之情者也。苟知先生之所养,则其不可及者,岂独诗之一事也哉!②

此文不仅有助于侧面了解董养性之性情襟度,亦可考知其子名董琰(1352—1419),字子庄,任北京国子司业之职,曾与修《永乐大典》,并与梁潜友善等信息。③ 值得指出的是,梁潜称其所见《高闲云集》仅为一卷,且只收诗歌,并未提到有赋,更未收

---

① 参见黄更昌主编:《流坑历史文化资料集萃》,江西人民出版社2014年版,第35页。

② 梁潜:《梁潜诗话》,吴文治主编:《明诗话全编》,江苏古籍出版社1997年版,第440页。

③ 梁潜(1366—1418),字用之,江西泰和人,梁兰长子。洪武举人,授苍溪训导,历广东四会、阳江、阳春知县。永乐元年,召修《太祖实录》,升翰林院修撰。永乐五年,兼右春坊右赞善。永乐六年,因陈千户事被杀。著有《泊庵集》十六卷。

文,这与四库馆臣所见之六卷本诗赋兼收的《高闲云集》亦稍有差异。

清初另有一名董养性者,为山东乐陵人。乾隆《乐陵县志》卷八《艺文下》收录了施闰章《宁国府通判董公墓志铭》及信阳人张瞰撰《毓初董先生传》,同书卷六《人物·儒林》亦载董养性小传。可知清初乐陵之董养性,字迈公,号毓初。以明经通判宁国府,摄南陵、太平两县县令。康熙十一年(1672)卒于官,年五十八。平生潜心理学,著有《四书订疑》《春秋订疑》《周易订疑》等。[①] 綦维已经指出,四库馆臣于《四库全书总目》中为《高闲云集》撰写提要时,误将明初江西乐安之董养性与清初山东乐陵之董养性混为一人。[②] 其实此二人一为明初江西乐安人,一为清初山东乐陵人,时间差距约有二百七十年,可谓了无关涉。另外,由《杜工部诗选注》卷前自序末署"岁在丁未十一月日临川之高闲云叟董益养性叙",可知明初乐安董养性,名益,养性乃其字。因乐安古属临川郡,故以临川署其籍。丁未,当为元至正二十七年(1367),故这个署名表明其确为元末人。此外,高儒《百川书志》著录《杜诗选注》时,作者署为"临川高闲云叟董养性",而《天一阁书目》则曰"临川董益辑",这些书目中出现董养性、董益两种署名,正与此书自序落款之"高闲云叟董益养性"相契合,愈可证董益与董养性实为一人。后来之书目如周采泉《杜集书录》又将注杜诗之董益与

① 参见庄肇奎、郑成中等修纂:乾隆《乐陵县志》卷六,《中国方志丛书》华北地方第392号,台北:成文出版社1976年版,第758—760页。

② 参见綦维:《两董养性考》,《图书馆杂志》2004年第1期。

董养性录作两人,[1]系未能详考而致误。

四库馆臣除了将元末和清初两个董养性混为一谈外,对董养性生平、著述的记载亦存在失误。《四库全书总目·别集类存目一》之《高闲云集》(两淮盐政采进本)曰:

> 元董养性撰,养性有《周易订疑》,已著录。养性入明不仕,作《高闲云赋》以自况,因以名集。前有洪武中王翌序,盛推其文及诗。此本仅诗五卷,赋一卷,文则已佚。其诗颇清遒,而浅于比兴,往往意言并尽,少含蓄深婉之致。[2]

另《四库全书总目·易类存目一》著录董养性《周易订疑》曰:

> 旧本题董养性撰,不著时代。考元末有董养性,字迈公,乐陵人。至正中尝官昭化令,摄剑州事。入明不仕,终于家,所著有《高闲云集》。或即其人欤?[3]

可以看出,《四库全书总目》认为董养性"入明不仕","至正中尝官昭化令,摄剑州事"。然《剑州志》及《重修昭化县志》均记载董养性由昭化丞摄剑州事在洪武五年,则"入明不仕"之说

---

① 参见周采泉:《杜集书录》,上海古籍出版社 1986 年版,第 289、324—325 页。

② 永瑢等:《四库全书总目》卷一七四《集部二七·别集类存目一》,中华书局 1965 年版,第 1547 页。

③ 永瑢等:《四库全书总目》卷七《经部七·易类存目一》,中华书局 1965 年版,第 50 页。

显然不能成立。况且董养性于《杜工部诗选注序》中已署“高闲云叟”之号,此序作于元至正二十七年,则其《高闲云赋》极有可能作于元代,未必作于入明之后。因此,《四库全书总目》称董养性“入明不仕”并无确凿的文献依据,悬揣其因,当系董养性恰为由元入明之人,四库馆臣便由《高闲云赋》之名望文生义地进行了联想和猜测,遂想当然地以为董氏因“入明不仕”而作此赋以自况,并又在此推测的基础上将董养性的任官时间前推至元代至正中,以圆其“入明不仕”之说,真可谓错上加错。今检《抚乐流溪董氏族谱》,称其诗文“浩荡而不滞,是故似乎有高闲之云矣”①,可见“高闲云”乃是形容董氏诗文之风格,并非自我标榜清高不仕,四库馆臣之解恐误。然当今学者亦不乏承袭《四库全书总目》此误者,如赫兰国便认为,从董养性入明不仕及元末战乱时选注杜诗的举动来看,其身份可定为元遗民无疑。② 其实如上所论,董养性既然于洪武间应通经名儒,征授剑州知州,他又怎么可能会是元遗民呢？因此,《四库全书总目》这种错误说法亟须加以澄清。

二、董养性《杜工部诗选注》的版本体例

关于董养性此书的书名,同治《乐安县志·人物志》著录作“《李杜诗注》”,方树梅《明清滇人著作书目》则著录为“《李

---

① 佚名编:《抚乐流溪董氏族谱》,明万历十年(1582)刻本。

② 参见赫兰国:《辽金元杜诗学》,河南人民出版社2012年版,第232页。

杜诗选》”,其他书目大多著录为“《杜工部诗选》”,则董养性最初曾分别选注李、杜之诗,只是《李诗选注》早已散佚,仅有《杜工部诗选》流传下来。据该本卷前自序落款所署“岁在丁未十一月日”,则其成书于元至正二十七年前后。因元朝于次年即灭亡,故有论者以为该本“成书于元代,刊刻于明初”①,虽仅是猜测之词,情况差亦近之。在诸家书目中,关于董养性《杜工部诗选注》的卷数记载不一。其中晁瑮《宝文堂书目》著录为“杜诗董养性注”,未言卷数;而高儒《百川书志》、黄虞稷《千顷堂书目》均著录为“董养性《杜诗选注》四卷”;阮元《天一阁书目》则著录为七卷。车淑珊博士于 1985 年前后传回国内的日本藏本《杜工部诗选注》分为七卷,卷前有董氏自序,此本卷数、序言与《天一阁书目》所录相同,当为一书。此书卷一、卷二、卷三、卷四的篇幅较大,故前四卷中每卷又分为上、下两小卷,则该本的实际卷数应为十一卷。而仅从各卷的篇幅来看,卷一至卷四较为均衡一致;与前四卷相比,卷五、卷六、卷七的篇幅则极小,其中卷六、卷七篇幅尤其小,尚不足前四卷每卷篇幅的十分之一。再联系到明代书目多著录此书为四卷,窃以为或因卷五至卷七篇幅过小,故为严谨的藏书家忽略不计,当然也不能排除流传过程中出现了卷帙残损之情况。该本共收杜诗 916 首,另卷三附录王维、岑参、严武七律各一首。以先分体再分类的体例编排,卷一五古,131 首;卷二五律,351 首;卷三七律,85 首;卷四七古,134 首;卷五五排,35 首;卷六七排 4 首,五绝 23 首;卷七七绝,53 首。每卷分类的内容则有天文、

---

① 赫兰国:《董养性〈选注杜诗〉与仇兆鳌〈杜诗详注〉异文考释》,《四川师范大学学报》(社会科学版)2011 年第 1 期。

地理、人物、时令、花木、禽兽、宫室、书画、人事、器用等十类，视各卷内容而稍有不同。卷一"人事类"又细分为游宴、行泊、柬寄、赠送、怀述、题咏、赠答、离别、战伐等九小类，卷三"人事类"则又分为游宴、行泊、寄附、简呈、赠送、怀述、题咏、酬答、战伐、悲感、杂赋等十一小类。卷一首行题"杜工部诗选注卷之一"，次行题"临川高闲云叟董养性选注"；卷二首行题"杜工部诗董养性选注卷之二"，次行与卷一同；卷三至卷七则无次行，首行格式同卷二。目录列于各卷之前，唯卷六、七之目录合列。各卷体例稍有不一。此书行款为半页九行，行十九字，注释置于诗后，为小字双行，低正文一格，行十八字。原书有部分缺损之页，如卷二《十六夜月》"河汉近人流"句后缺一页，包括《十七夜月》《江月》《舟月对驿近寺》三首；卷四《戏作花卿歌》注解之末、次首《徐卿二子歌》全诗及注，以至于再次首《丽人行》"杨花雪落覆白苹"之"雪落"字之前，底本缺页；卷四《奉先刘少府新画山水障歌》全首及《李尊师松树障子歌》之诗题，底本缺页。另外，原书目录中的诗题多有省略之处，与卷内诗题文字存在一些差异。原书目录中亦偶有错讹、重复和缺漏之处，如卷一"人物类"目录中有《杜位宅守岁》，却有目无诗，卷二"时令类"实收录此诗；又卷四"人事类"目录中有《洗兵马行》，而卷内诗题实作《洗兵马》；卷七目录作《漫兴八首》，而卷内则作《谩兴八首》。又卷四上，目录作"宫室类"，而卷内实作"宫室门"。诗题下间有注，或注明作诗时地，或释诗题，或引杜甫自注，或引史传旧注。诗后注则先训释疑难字之反切，其次解释语词、注明典故，继而串讲诗意，挖掘作者之情性，间或加以评论和总结。引前人注多以"旧注"标出，或径自指明出处，而以己意出之。

三、董养性《杜工部诗选注》的选注特色

传世杜诗共计1450余首,董养性此集收录916首,约占杜诗存世总数的三分之二,这种规模的选篇不仅在元代杜诗学界属于凤毛麟角,即使在整个杜诗学史上并不多见。如此数量巨大的选篇不仅保证了名篇佳制的包罗殆尽,同时也有利于更多杜诗篇目的普及。在注解方面,此本有以下几个方面的内容值得注意。

(一)简明浅切的解诗宗旨及注解中的部分常识错误

流坑董氏非常注重对子弟的教育,《杜工部诗选注》即董养性为家族中的初学者编纂的一部杜诗读本,他在《叙》中曰:"校勘诸本,略加删补,必求以著明作者之初意,分门归类,共为七卷,庶于初学之士或少助焉。"亦明确阐明了面向初学者的编纂宗旨,故而此本的注解极为简约洗练,纲目清晰,非常便于初学者理解诗意。如《遣兴三首》其一注曰:"盖谓与其有功而残民,不若无功而安众。"《前出塞九首》其八注曰:"此篇所以愧天下后世为臣子争功者也。"《茅屋为秋风所破歌》注曰:"此篇因风破屋直赋其事,旧注乃谓比喻时事,谬矣。"此类注解不仅言简意赅,而且概括诗旨精警深刻,颇有助于初学者迅速把握诗歌主旨。在具体的注解中,董氏往往也有针对初学者之论,如其评《江汉》曰:"老杜于诗,虽有纵诞,终句句有理,不可以常格拘之,然有极谨严处。学者先当以谨严为法,若首以纵诞为师,必取败也。"这里,董养性告诫初学者不要效法杜甫

那些不合章法的“纵诞”之处，应先取法那些严谨之作，其针对初学者的苦口婆心表现得非常明显。又如《陪郑广文游何将军山林十首》其四：“旁舍连高竹，疏篱带晚花……尽捻书籍卖，来傍尔东家。”因前有“旁舍”字，注家遂多有将“尔东家”误解为邻舍者。其实“尔”即“东家”何将军。董养性解曰：“东家，言欲傍之为主也。盖公极羡山林之美，至欲卖书而来相倚其身可知也。”此注极为简洁准确，足以解初学者之惑。

不过，董氏过于浅切直白的注解中亦存在不少失误。如《无家别》“近行止一身，远去终转迷”，董养性曰：“罄身而行，欲飘然远去，又恐终转迷谬，故不得已而来归。”此诗中的老兵战败归家之后孤苦无依，又被再次征去服役，故临行前感叹孑然一身，远离家乡，恐终会身死他乡，难返故土，况军令严迫，这老兵又如何能任意归来呢？则其“故不得已而来归”之解，实属望文生义，如此解杜，恐将贻误后学。又如《观兵》后四句“妖氛拥白马，元帅待雕戈。莫守邺城下，斩鲸辽海波”，董养性误将“妖氛”理解为“吐蕃乘隙为乱”，遂又将尾联理解为“言相州可缓，而讨吐蕃为急也”，其实杜诗本意是希望唐军不要长时间顿兵于邺城之下，而应直捣安史叛军老巢，“斩鲸辽海波”云云与讨伐吐蕃可谓毫无关涉，《夔府书怀四十韵》亦曰“恒山犹突骑，辽海竞张旗”，其中“辽海”云云同样是指安史叛军，故董氏此解实属大谬。此外，董养性注中还有许多常识错误，显得极为粗浅。如《寄汉中王》“徐陈略丧亡”句，董养性注引魏文帝曰：“徐陈应刘，一时俱逝。何数年之间，零落殆尽。”其后解释曰：“盖指徐陵、陈思王也。”按，所谓“徐陈应刘”，是指徐干、陈琳、应玚、刘桢，并非徐陵和陈思王，因徐陵是南朝人，与魏文帝曹丕并非同时，可见董养性此注犯了常识错误。

又如《赠田判官梁丘》,田梁丘,行九,乃哥舒翰之判官,董养性注曰:“梁丘为哥舒翰府判官,时从翰入朝,田九亦舒之属官。”又曰:“第五句引入二人,第六句称田九,第七句言梁丘。”从此注可知,董氏误将此诗中的判官田梁丘看作田九和梁丘二人,这样的失误实属不该。再如《送孟仓曹十二赴东京选》“夜雪巩梅春”,董养性注曰:“巩县,在楚地。”此解更是谬以千里。巩县是杜甫故乡,在河南,并不在楚地。复如《奉寄高常侍》“汶上相逢年颇多”,董养性注曰:“汶水,在齐地,蜀亦有汶川。此言‘汶上’,乃蜀也。”其实杜甫与高适于天宝四载即于齐鲁一带结识,则诗中的“汶上”必指齐鲁,断非蜀地之汶川,董氏误矣。董养性《杜工部诗选注》中此类失误数量不少,而这些低级失误无疑制约了该本的整体注释质量。

（二）对性情的提倡与迂腐的道学气味

董养性在《叙》中特别强调杜甫的“性情”,其曰:“诗,本人情者也。诗而不本于人情,则无关乎世教,故曰声音之道与政通……余平生最嗜读,然观旧有为之注者,如鲁訔之编年,黄鹤之分类,刘会孟之评论,虽颇详悉,又病其附会穿凿,徒牵合引据,而于作者之情性略无见焉。”故此本非常着重对杜甫性情气质的阐发。如《奉赠韦左丞丈二十二韵》“白鸥没浩荡,万里谁能驯”,董氏评曰:“篇中皆陈情告诉之语,而无干望请谒之私,词气磊落,傲睨宇宙,可见公虽困踬之中,英锋俊彩,未尝少挫也。”当然,董养性所谓的“性情”是“关乎世教”“与政通”的,故其解杜更着重其理学思想的阐发,有时充满了迂腐的道学气味。如《早发》“有求常百虑,斯文亦吾病”,这本是老杜漂泊乞食中的感慨之词,董养性评曰:“天之未丧斯文,当以道为己任。”这当是董氏看到杜诗中“斯文”二字后生发的联想，其实“以道为己任”云云，实与“斯文亦吾病”毫无关联，所以董氏这样的解读，便如同自说自话的梦呓一般，体现出明显的理学趣向。又如《石壕吏》一诗，本是揭露邺城战役失败后唐王朝兵役制度的黑暗，抓丁所及连妇人也不放过，然董养性却解曰：“此篇词意怆然，而忠义之气溢于言外。夫朝廷驱民，丁壮及乎老弱，虽民不聊生，而老妪犹肯挺身执爨，以赴国难，其忠为何如！其义为何如！”问题是如果把诗中的老妇说成慷慨赴国难的忠义之士，那么“逾墙走”的老翁难道是需要鞭挞的逃兵不成？这显然是说不通的。其实诗的开篇“老翁逾墙走，老妇出看门”二句已表明二人在危急关头进行过简短的商量和决断，即由老妇出面与差役周旋，而老翁则出逃暂避。而后来老妇自请服役正是在差役的不断逼迫下为保全“乳下孙”和儿媳妇的万般无奈之举。故董氏此解似是而非，与杜诗本意有着不少隔膜。因为他总是戴着理学家的有色眼镜读杜，往往对君子小人、忠孝节义这类内容过于敏感，故其释杜也必然会产生此类偏颇。不过作为一种“时代阐释”现象，董养性解杜中的道学倾向仍具有一定的认识价值。郭沫若在《李白与杜甫》一书中解读《石壕吏》时，亦认为此诗歌颂了老妇的自我牺牲精神。[①] 这种曲解不是正体现出和董养性一脉相承的特点吗？

（三）对宋元旧注的依傍

董养性在此书《叙》中提到曾参考鲁訔、黄鹤、刘会孟等人

---

① 参见郭沫若：《李白与杜甫》，人民文学出版社 1972 年版，第 208 页。

的注本,今检《杜工部诗选注》,可以发现其对宋元杜诗旧注多有依傍。如《幽人》"往与惠询辈,中年沧洲期。天高无消息,弃我忽若遗"四句,董养性注曰:

> 公尝与二子约中年名成,遂游沧洲神仙之境。自别以来,天高海阔,杳无消息。殆恐二子以我信道不笃见疵于予,是以弃我忽若遗,而不我思也。

检郭知达《九家集注杜诗》引师(尹)曰:

> 谓自别以来,悄无音耗,殆恐二子以予信道不笃见疵于予,是以弃我若遗,而无所思也。

可见这条注解基本是对师尹注的转引。董养性此书还征引了不少刘辰翁(须溪)的评语,刘辰翁之评虽有简洁明快的优点,但也存在率尔命笔、不求甚解之弊,钱谦益《注杜诗略例》就曾讥其"一知半解"。[①] 如《杜鹃》诗开头四句"西川有杜鹃,东川无杜鹃。涪万无杜鹃,云安有杜鹃",董氏引刘须溪评曰:"此等起句正是突兀奇怪,欲启后人之疑,何必拘韵,作者当自知之。"可见刘氏不理解这个"突兀奇怪"的开头是怎么回事,又以"欲启后人之疑,何必拘韵"开释之,却终未明了此独特开篇之艺术渊源。其实宋人对《杜鹃》诗的这个奇特开头已经有过不少讨论,吴曾《能改斋漫录》指出:"乐府有《江南》古辞云:江

---

① 参见钱谦益笺注:《钱注杜诗》卷首,上海古籍出版社 1979 年版,第 4 页。

南可采莲，莲叶何田田，鱼戏莲叶间。鱼戏莲叶东，鱼戏莲叶西，鱼戏莲叶南，鱼戏莲叶北。子美正用此格。”①而刘辰翁强以不知为知，其陋可见；董养性又从而袭之，亦难免以讹传讹。不过对于那些宋元旧注中没有注出之处，董养性亦付之阙如，注释态度比较老实。如《清明二首》其二“旅雁上云归紫塞，家人钻火用青枫”，董养性注曰：“用青枫者，《礼记》：春取榆柳之火。今言‘用青枫’，未详。”伪王洙注曰：“钻燧改火，春取榆柳之火，以顺阳行火气。”②则董氏此注明显袭自“伪王注”，并找到其出处为《礼记》。不过杜诗所云“钻火用青枫”者，其实并未用典，浦起龙曰：“‘用青枫’，事同南俗。”③杨伦注曰：“‘用青枫’，亦见异俗。”④因此，杜诗本意是对楚地用青枫钻火之异俗表示惊讶，宋代杜诗注本对此略而不注，董养性亦表示不解。又如《投柬成华两县诸子》“赤县官曹拥材杰”，董养性注曰：“赤县，未详其义。旧注：京邑亦得用朱，故曰‘赤’。”检《通典·职官十五·州郡下》可知，“大唐县有赤、畿、望、紧、上、中、下七等之差，京都所治为赤县，京之旁邑为畿县”⑤。旧注因不详唐代州郡等级制度，故未能准确注出“赤县”一词的来历，董养性亦表示不能理解。这些地方都显示出宋元杜诗注释学的过渡性质，而更为明晰确当的注解仍有待明清注家进一步

---

① 吴曾：《能改斋漫录》卷十，上海古籍出版社1979年版，第288—289页。

② 佚名：《分门集注杜工部诗》卷三，《四部丛刊初编缩本》第142册，上海商务印书馆1936年版，第82页。

③ 浦起龙：《读杜心解》卷五之末，中华书局1977年版，第823页。

④ 杨伦笺注：《杜诗镜铨》卷十九，中华书局1962年版，第970页。

⑤ 杜佑撰，王文锦等点校：《通典》卷三十三，中华书局1988年版，第919—920页。

努力。

四、董养性《杜工部诗选注》的流传及影响

董养性的《杜工部诗选注》一书在明代产生了一定的影响,明人胡缵宗《〈杜诗批注〉后序》曰:“古今批注杜诗者众矣,其最著者,曰刘会孟,曰单元阳,曰董养性,曰虞伯生,曰赵子常。刘、赵其庶乎?单、董、虞亦不可诬也,其他吾无取焉。”① 胡氏称董养性此书为“最著者”“不可诬也”,并将其与刘辰翁《批点杜诗》、虞集《杜律虞注》、赵汸《杜诗类选》、单复《读杜诗愚得》等视为比肩之作,其对《杜工部诗选注》的重视程度可见一斑。另外,明人都穆在《〈杜诗类选〉跋》中也曾提及此书:“昔之注杜诗者凡数十家,黄鹤注最下,而最盛行。余所取惟刘会孟之《评点》,董养性之《选注》,单元阳之《愚得》,此外又有张伯成《演义》、赵子常《类选》。”②而且,明人范濂《杜律选注》、周珽《唐诗选脉会通评林》都曾引及董养性此书,《宝文堂书目》《百川书志》《千顷堂书目》《天一阁书目》亦均予著录。不过清代杜诗注家对董氏《杜工部诗选注》的征引已不多见,仇兆鳌《杜诗详注》卷一《奉赠韦左丞丈二十二韵》、卷八《乾元中同谷县作歌七首》后曾征引董养性评语两则。此后浦起龙《读杜心解》、杨伦《杜诗镜铨》亦均引此二条董注而未及其他,

---

① 胡缵宗:《胡缵宗诗话》,吴文治主编:《明诗话全编》,江苏古籍出版社 1997 年版,第 2972 页。

② 都穆:《南濠居士文跋》卷一,《国家图书馆藏古籍题跋丛刊》第一册,北京图书馆出版社 2002 年版,第 29—30 页。

极有可能都是转引自仇注,并未见董氏原书。可见清初的杜诗注家已不易得见董养性《杜工部诗选注》,则国内《杜工部诗选注》的藏本大约散佚于明末清初之际。若无日本藏本作为副本,董养性此书将恐不复存于天壤之间矣。

总之,董养性《杜工部诗选注》作为元代现存的有限几种杜诗文献之一,其对杜诗的传播做出了很大贡献,在元代杜诗学史上有着举足轻重的地位。总的来看,此本选篇数量较多,注释简明畅达,既便初学者领会诗意,又时有独到之见。不过由于元末处于杜诗学发展的低潮期,董养性此本亦存在不少疏失,其注释明显体现出由宋至元的过渡性质,这些疏失有待明清杜诗注家逐渐修订。也正是从这层意义上而言,此本对于认识杜诗学于元明之际的演进过程具有较高的参考价值和认识价值。惜乎如今只存此海外孤本,由于流播极罕,学者鲜能一窥其究竟,故不揣谫陋,对此本成就特色等方面略作剖析如上,希望能够进一步引起治杜诗学史者的重视。

“不笺一字是功臣”*

——论明清杜诗学中的一种极端倾向

在明清杜诗学发展中，一直存在着一种倾向，那就是要求在注释杜诗的时候删去历代的笺注、批语、疏解、评论，而仅仅保留杜诗原文，这样的杜诗版本就是所谓的白文本。这种要求简化杜诗注释的要求，其实是杜诗学研究发展到相当程度的一种折射和反映，其中有些问题值得我们深思和借鉴。以下就杜诗白文本中存在的几个问题分别进行论析。

一、杜诗白文本出现的缘由

杜诗学史上，曾于宋代和明末清初出现两次注杜高潮，其中宋代曾出现“千家注杜”之胜。然而宋代的注杜楦釀丛脞、穿凿支离，难免泥沙俱下，在学术兴盛的表面之下产生了许多流弊。这种穿凿附会的释杜情形在后代一直绵延不绝，对杜诗诗意造成很大的曲解。而金元时期杜诗学发展相对薄弱，未能充分完成拨乱反正的历史任务。所以，如何拨正流弊，使杜诗

---

* 本文原载于《中国韵文学刊》2007 年第 4 期。

阐释走上正途的问题,就摆在明清杜诗学者们的面前。他们除了在理论上大力反对穿凿附会之外,在具体的注杜实践中,所采取的措施大致不外乎以下几种:(1)以“去伪存真”的态度大幅删削旧注,力求简明通达,如胡震亨的《杜诗通》即将“一切牵强之说,概从芟去,旧注繁芜,百存一二”①;(2)荟萃众说,博采诸注,会通众释,间附己见,也就是在斟酌损益、融会诸家注解的过程中,力求裁汰旧注的舛误穿凿之处,如明周甸《杜释会通》和张綖《杜工部诗通》即是此类;(3)出现了完全删去注释只存原诗的白文本,如许宗鲁《杜工部诗》、傅振商《杜诗分类》等,这是一种特别值得我们注意的情形。作为对宋代以“无一字无来处”注杜的一种反动,白文本从另一个侧面反映了杜诗学的兴盛以及某种尴尬和无奈,表明了杜诗学正处于极盛难继、穷极思变的困境之中。白文本编选者体现出的较为偏激的态度,代表了当时杜诗学者注杜思想的一种新的趋向,“辨章学术,考镜源流”的治杜诗学史者尤不可不留意焉。

二、杜诗白文本的发展历史

现存较早的杜诗白文本,是明嘉靖五年(1526)许宗鲁编、陈如纶辑《杜工部诗》八卷,该本白文无注,目前卷帙已残,然有嘉靖二十一年(1542)万虞恺重刻本,名《唐李杜诗集》十六卷,其中杜集即是许宗鲁刊本。万虞恺在《刻李杜诗集序》中云:“(李、杜)其诗集并行于世而传诵无间,非一日矣。但各处

---

① 胡震亨:《杜诗通·序》,清顺治七年(1650)朱茂时刻本。

刻本不一，又多纷纷注释，间有失其意者……近见大梁李公（濂）有李刻，关中许公（宗鲁）有杜刻，皆去注是也，不及其文，专以便诗学者也。”邵勋在《后序》中亦云：“世有博学雄才，识足以兼两家者，心与辞会，即了然知其志之所在，固无待于训注也。夫训注岂无资于初学哉？苟非其人，曲为引证，或失则诬，或失则凿，本为解诗，顾为诗病，此训注李杜者累千百家，皆未讫于正。信乎，其为难矣！……吾锡君侯枫潭万公（虞恺）论诗及此，谓先得其心，乃命勋校补舛遗。”①陈如纶于嘉靖十四年（1535）又刻印了《杜律》，同样也是白文本，其于《序》中云：“杜少陵诗足嗣风雅正响，凡注家谓其句有攸据，意有攸寓，旁质曲证，非泛即凿，俾读者心目徽缠，莫不了了也。然杜虽思闲而绪密，语迩而旨函，所以言旨者唯此理，而以意逆志，以我观理，则人己同题，古今一揆，随其所见，各自有得，讵资注？乃因《杜律》虞赵本钞得五言二百四十章，七言一百五十章，厥注皆削焉。於乎！天下之学敝于注诂，岂唯杜哉！岂唯杜哉！予懵亦罔敢议也。”②由上所引，许宗鲁、陈如纶与邵勋、万虞恺等人编选杜诗白文本的想法已可约略考见。他们指出“天下之学敝于注诂”，认为前代众多的“训注”虽然对初学者有些好处，然而因为其中存在或诬或凿的弊端，造成对诗意的极大歪曲，那么这些注解对于读者非但无益，反而相当有害。因而许宗鲁等人提倡只诵读杜诗白文，用“以意逆志，以我观理”的方法读杜，先得作者之心，然后才能更好地理解诗意。他们认为全部删削旧注从表面上来看好像不利于初学，但实际上正是便于初

① 邵勋编：《唐李杜诗集》，明嘉靖二十一年（1542）万虞恺重刻本。

② 陈如纶：《杜律·序》，明嘉靖十四年（1535）紫微精舍刻本。

学者绕过旧注的纠缠，直揭杜诗本意。更何况对有一定基础的读者来说，“心与辞会，即了然知其志之所在”，根本就不必再假借什么注释了。也就是说，在方便初学与反对旧注穿凿这样两难的选择中，杜诗白文本的编者们选择了宁可不便初学也要反对旧注的做法，他们主张通过刻印杜诗的白文本来彻底消除旧注或诬或凿的负面影响，表现了对穿凿附会的注杜现状的强烈不满。

反对旧注穿凿态度强烈的杜诗白文本一出，对学界震撼极大，人们对这种做法纷纷表示赞同，这说明此时人们对宋以来注杜之弊的检讨已经取得相当一致的意见。既然用穿凿附会的方法注杜已经形成积重难返的局面，那么也就意味着注杜的崭新局面即将开始，因此明代有许多杜诗白文本被不断刊刻出来。如明万历二年(1574)刊刻的李齐芳《杜工部分类诗》十一卷也尽削注解，李氏在《序》中云：“且但存本义，不载群解，又可撤障耳目，自索之于心臆之中。虽不能千载悉符，而镌研揆度，畅然于心者必多也。”舒度《刻杜诗后叙》云：“讹者正，遗者补，淆者次第之，注释尽去，又恐不无附合之弊，而滋文辞之害也。噫，休哉！兹集之复传也。学者玩索无拟测之苦，统会无瀚浩之烦。”①该书的编选者明确表示，较之旧注本，白文本可以使人更顺畅地领会诗意；而烦琐的旧注，只能使读者不胜“拟测之苦”与“瀚浩之烦”。他们甚至为杜诗重新从旧注中解放出来获得新生而感到庆幸。这种流风所及，使得稍微保守的杜诗注者对白文本潇洒、斩截的态度都表现出艳羡之情，如嘉靖年间张孚敬云：“唯孟轲氏有曰‘以意逆志，是为得之。’愚觉

① 李齐芳：《杜工部分类诗》，明万历二年(1574)刻本。

旧释过赘,遂大削之。能者观焉,则又不如尽削也。”①编者竟然对自己的注本《杜律训解》中的旧注“不能尽削之”引以为憾事,足见白文本作为一时风物所产生的相当影响力。

明末傅振商《杜诗分类》五卷本也是一个影响较广泛的白文本,傅氏在《自序》中曰:“每厌注解本属蠡测,妄作射覆,割裂穿凿,种种错出,是少陵以为诠性情之言,而诸家反以为逞臆妄发之的也。何异以败蒲藉连城,以鱼目缀火齐乎?因尽削去,使少陵本来面目如旧。庶读者不从注脚盘旋,细为讽译,直寻本旨,从真性情间觅少陵。性情之薪火不灭,少陵固旦暮遇之也耶?”清周光燮《跋》云:“去注释而从其类,意固深矣。谚云:‘僧闭口,佛缩手。’盖默于不知也。”②在对杜诗蠡测穿凿到“逞意妄发”的程度时,剔去注释,恢复杜诗的本来面目,当然就成为少陵功臣了。此本对后世影响深远,到清代就有两种重刻本。其中,清顺治十六年(1659)西陵亮明斋刻本中高士之《告白》云:“杜工部诗凡笺疏丹黄,多属蠡测,甚至矫诬穿凿,汩没作者本意。兹集恪遵古本,依题分类,不加删选,不尚诠释,绣梓精工,校订详确。庶几工部真色尚存天地间,识者自辨。”梁清标《重刻原序》云:“余既好工部诗,而刻本率割裂错杂不可读。旧直指傅公刻分类集,芟薙注解,犹存本文,划然皎然。”③傅振商的白文本因“不尚诠释”“校订详确”受到广大学者的青睐,人们认为只有这样的净本才能真正揭示久被蒙蔽的

① 张孚敬:《杜律训解·再识》,《张文忠公集文稿》卷一,《敬乡楼丛书》第四辑,民国二十四年(1935)刊本。

② 傅振商:《杜诗分类》,明万历四十一年(1613)刻本。

③ 傅振商:《杜诗分类集注》,清顺治十六年(1659)西陵亮明斋重刻本。

杜诗本意，白文本的影响与魅力于此可见一斑。

明季卢世㴶刻《杜诗胥钞》是另一个影响较大的白文本。其序云："子美《别李八秘书》诗句云：'乞米烦佳客，钞诗听小胥。'余不敏，于子美无能为役，第操觚管，充胥吏之任而已。"①《杜诗胥钞》共选诗881首，对于一个选本来说，这样的选录篇目是相当庞大的数字，刘荣嗣在《知己赠言》中解释说，这是为了"微列去留，以政乎他家"，盖欲最大限度地以选抄之"净本"，出少陵之精神。卢氏虽未直接说明其选刻白文本之因，仅谦虚地表示"充胥吏之任"，然而对旧注蒙晦诗意的不满是意在言外。这一点，刘荣嗣在《知己赠言》中也已清楚地指出："古今解少陵诗即无虑数十百家，或逆意，或剔词，为执、为诡、为遁，紫房一切芟去，以待学人之参会也。"另外，《杜诗胥钞》的侧重本不在笺释字词，而是欲直揭杜甫生平性情、风格韵致，所以其仅录白文，而将分析的笔墨集中在《余论》里。这种删尽旧注、直揭本心的思想，无疑也与前人之论一脉相承。

白文本发展到清代情况发生了显著变化，因为随着杜诗学兴盛的第二个高潮的到来，白文本所产生的流弊也已经逐渐显露出来，即普通读者很难通过没有任何注释的白文本完全读懂杜诗，特别是杜诗中那些和史实联系紧密的篇章。于是人们开始回过头来反思白文本的初衷是什么，这种做法是否过于偏激，以及新的注杜者该采取什么样的补救对策等问题。清初著名学者阎若璩和张榕瑞（张溍之子）关于白文本与传统笺注的优劣有过一次讨论，阎若璩云：

---

① 卢世㴶：《杜诗胥钞》，明崇祯七年（1634）刻本。

间谓阎学先生曰:“说《诗》者,历来以《小序》,朱文公始一切抹杀,讽咏其白文,颇得孟子以意逆志法,窃以读杜者何独不可?”阎学先生曰:“世有不得其事,而能通其意乎?”余笑曰:“患无公家灵心慧眼耳,苟有之,神者告之矣。邢子才所谓:思者不能得,则便不劳读书者。”①

阎氏与张氏争论的关键在于白文本与注解本何者更可取。阎氏以为仅咏原文亦可理解杜诗,此论明显承继白文本编选者的主张;而张氏则强调必须要有对作家作品的背景知识作为基础才能正确理解,这当然一针见血地揭露了白文本的致命弱点。这场争论后张溍《读书堂杜诗注解》的刻印,其实也昭示了白文本在清代一蹶不振的命运。由于先天的痼疾与缺陷,清代白文本基本上销声匿迹,但是其影响却并没有完全消除。清乾隆五十年(1785)玉勾草堂刊本郑沄《杜工部集》二十卷是另一个白文本的善本,该本是以钱注为底本尽删笺注而成。以其白文无注,编校精审,故后世翻刻本甚多,《杜集书目提要》中就收录了八种之多。② 郑沄在《序》中云:“笺注概从删削,以少陵一生不为钩章棘句。以意逆志,论世知人。聚讼纷如,盖无取焉。”③这样的注杜思想都和以往的白文本编者们一脉相承。此外,乾隆朝孙人龙《杜工部诗选初学读本》亦是白文本,其《自记》云:“余幼读杜工部诗,窃见向来评注,几数百家,手自

① 张溍:《读书堂杜诗注解·序》,清康熙三十七年(1698)张氏读书堂刻本。

② 参见郑庆笃等编著:《杜集书目提要》,齐鲁书社1986年版,第215页。

③ 郑沄:《杜工部集·序》,清乾隆五十年(1785)玉勾草堂刊本。

纂辑，不啻数四，然引征猥杂，抑扬纷繁。窃谓随其所见，均不如密咏恬吟，熟读深思，而自得其旨趣。”[①]孙人龙指出，直接诵读杜诗白文可使初学者可少走弯路，故选编白文本作为初学杜诗者的读本。此后杜诗白文本变得越来越少，逐渐退出了历史舞台，但是其在杜诗学史上掀起的波澜永远值得后人反思。清末林栋在其《偶成》之二中曰：“几人学杜得其神，注解千家各竞新。伐石深镌工部集，不笺一字是功臣。”[②]真可谓对白文本所体现的注杜思想的一个最为恰当的概括。

三、杜诗白文本所体现注杜思想的影响和评价

笔者曾经指出，清代杜诗学发展中一直存在着繁复与简明、穿凿与反穿凿等几对矛盾，学者们在注杜时或繁或简，在这些矛盾的两极之间左右摇摆，有时过犹不及，有时又矫枉过正。[③] 可以说，整个清代的杜诗学史都是在对这些矛盾的斟酌取舍中展开的，而其中杜诗白文本便是其中对简明通达追求最为极端的例证。杜诗白文本的编选者们秉持的理论武器是孟子的“知人论世”和“以意逆志”说，具体理解诗意的方法则是强调对杜诗进行反复涵咏。然而，谢思炜曾指出，“以意逆志”

---

① 孙人龙：《杜工部诗选初学读本》，清乾隆十二年（1747）五华书屋刻本。

② 郭绍虞等编：《万首论诗绝句》，人民文学出版社1991年版，第1072页。

③ 参见孙微、张震英：《论清代杜诗学对后世的启迪》，《广西大学学报》（哲学社会科学版）2006年第1期。

的方法从解释学观点来看存在先天的缺陷。[①] 因为“以意逆志”是恢复作者意图的过程，但由于时代、身份等许多因素的制约，二者之间存在很大差距，读者之“意”与作者之“志”之间的距离根本无法完全一致，故任何解读都只具有推测性质。许多杜诗注家即使在完成了“以意逆志”之后，仍难以确认自己的理解是否真正符合杜诗本意，以致出现王嗣奭在《杜臆原始》中那样强烈的疑惑：“恨不起少陵于九京而问之：际其涯乎？测其底乎无也？”[②]所以，一旦在杜诗的解释中过分追求对作者心灵的复活，便不得不如浦起龙那样求助于“神吻”（见《读杜心解·发凡》）——一种神秘的沟通，这最终只会导致一种不可知论。另外，“以我之意，逆杜之意”产生的危险就是容易限于解诗者的个人素质，而不能真正通晓诗意，从而陷入另一种肤浅穿凿之中。因为若不具备较高的文化修养，仅凭单纯地阅读白文本，多是臆解耳食，也是不能正确理解诗意的，这样低级的“以意逆志”必然会导致误解与穿凿。所以，明清的杜诗学者们在“以意逆志”的过程中往往强调采用“以杜证杜”的方法，以求最大限度地减少穿凿。然而，这种方法的运用只能建立在对杜诗高度熟悉的基础上，这对普通读者来说显然是无法做到的。至于白文本编选者主张通过反复诵读的方法来实现对诗意的理解，确实是摒弃臆见、摆脱穿凿的可行办法，如厉志就曾谈及自己通过反复诵读的方法对杜诗的认识发生的变化：

---

① 参见谢思炜：《杜诗解释史概述》，《文学遗产》1991 年第 3 期。

② 王嗣奭：《杜臆》，上海古籍出版社 1985 年版，第 2 页。

昔时观杜、岑二公《慈恩寺塔》诗，觉杜不如岑。又数年，觉杜亦不下于岑。比来细视之，岑只极题中之妙，而杜之所包者甚广。凡人平素郁抱，每值登临，辄欲抒写。少陵胸中所积无尽，所历又极高险，写登望境界，只题面耳。故其前半曰“翻百忧”，曰“追冥搜”，至“回首”以下，皆其“忧”也，皆其“冥搜”也。其生平皆于此而会也。“叫虞舜”者，触于“苍梧”也。其下若可解，若不可解，非解所能解，是即三闾大夫之苦衷也。中间用“羲和”“少昊”，与“虞舜”隐隐相关动，读之了若无意，吾恐其皆有苦心在也。若以嘉州之作方之，不诚有小大之殊乎？①

这是因为人的自我理解不会穷尽，对文献的理解也不会穷尽，随着自我理解的不断加深，对杜诗的理解也必然会随之加深。康熙朝的汪灏亦强调“读杜”，其《知本堂读杜诗自序》曰：“不笺且注，而只读之者何？杜陵去今九百余年矣，名贤宿学，注之笺之者，既详且精，灏于数者俱不能，且惧穿凿傅会，失作者之心，聊读之云而。”他还在该书《凡例》中提出了具体的读杜之法：“必全首一气读之，一题数首一气读之，全部一气读之，乃可得作者之本旨。”②其后翁方纲在《杜诗附记 · 自序》也提出：“手写杜诗全本而咀咏之，束诸家评注不观，乃渐有所得。”③他们都强调通过对杜诗的讽诵体味，来得到对诗意的正确理解。反复讽诵确实能加深对诗意的理解，对于纠正杜诗笺注的讹误

---

① 厉志：《白华山人诗说》卷二，郭绍虞编选，富寿荪校点：《清诗话续编》，上海古籍出版社 1983 年版，第 2285 页。

② 汪灏：《知本堂读杜诗》，清康熙间汪氏家刻本。

③ 翁方纲：《杜诗附记 · 自序》，清道光间抄本。

有很大帮助，不过我们从翁方纲等人提倡的读杜方法中可以看出，其中明显浸润着白文本编选者的反穿凿思想。

总之，当旧注的弊端到了无可救药的地步之时，杜诗白文本的出现无疑是注杜思想史上的一次革命，在一定程度上矫正和淘汰了那些毫无意义的穿凿附会，开辟了理解杜诗的新途径。当然，这也必然带来另一个问题，即杜诗因用典极其丰富，在难解处加以注释是十分必要的，否则普通读者将难以明白，这就是白文本煊赫一时后终归销声匿迹的根本原因。不过杜诗白文本的主旨并不在于普及，而是针对有相当基础的学者，他们更为根本的目的是廓清旧注的驳杂，为研究者提供一个可资依凭的杜诗文本。当然，白文本得以薪火相传、绵延不绝的又一重要原因并不是他们注杜态度的激进和极端，而是其严谨的学术态度为人们提供了较为精详的杜诗善本，因而获得了学界的广泛认同。如卢世㴶《杜诗胥钞》和郑沄《杜工部集》就以其较高的版本价值为世所重，这是其广泛流布的重要原因，同时也是白文本对杜诗学发展做出的另一独特贡献。

清代杜诗学发展非常兴盛，有许多学者在面对浩繁的研究资料及大量杜诗注本的涌现时都曾发出杜诗已经“发明无余蕴”的慨叹。如沈寿民于康熙初年曾慨叹：“杜诗之学，至今日而发明无余蕴矣。”①康熙二十四年(1685)，王掞亦感叹道：“子美之诗于是无余蕴矣。”②乾隆四十三年(1778)，冯浩又

① 朱鹤龄：《杜工部诗集辑注·后序》，清康熙间金陵叶永茹万卷楼刻本。

② 张远：《杜诗会稡·序》，清康熙二十七年(1688)有文堂刊本。

云:“惟说杜诗者,注释论述,传本纷繁,阐发固无余蕴。”①可见在杜诗学史上,从唐宋迄今,杜诗研究的困难之处并不是缺乏资料,而是因为资料太多而步履艰难。面对如此繁复的研究资料,学者们应“独具手眼”,在继承传统与开拓新变中加以取舍。历史地看,每个研究者不管是以“折中”“参伍”为好,还是以“荟萃”或“集大成”为指归,都可谓既为后代导夫先路,又设置了新的障碍。而一部杜诗学史就是在穿凿与反穿凿、集大成的追求与简明通达的驳正之间不断斟酌取舍的曲折过程。也正是在这样的互动之中,通过历史去逐渐辨正、裁汰,不断地总结、扬弃,杜诗学才得以不断深入发展。也正是在这个意义上,明清学者从反穿凿的角度,形成了趋简尚意的思想倾向,在杜诗学史上具有开创性的进步意义。其不事训诂、灵活通脱的注杜态度,从某种程度上摆脱了前代笺注的烦琐拘泥。在继承文化遗产的过程中,如何取其精华,去其糟粕,杜诗白文本选编者的做法,不管是因噎废食也好,还是矫枉过正也罢,都无疑会从正反两方面给我们当代研究者以有益的启迪。

---

①　江浩然:《杜诗集说·序》,清乾隆四十三年(1778)嘉兴江氏惇裕堂刻本。

论清代杜诗学对后世的启迪*

清代是杜诗学史上集大成的时代,杜诗学研究取得了前所未有的辉煌成就。对整个清代杜诗学的经验教训进行总结,可以更清晰地定位其在整个杜诗学史上的地位,无疑对当代杜诗学建设也具有重要的借鉴意义。本文即拟从以下四个方面对清代杜诗学给我们的启迪进行初步归纳,以期就正于方家。

一、集大成的追求与简明通达之间的斟酌

从整个杜诗学史来看,杜诗学的发展经历了一个由简到繁,再由繁到简的演变过程。如最早出现的王洙《杜工部集》便为简洁的白文本,后来宋人笃信黄庭坚提出的杜诗"无一字无来处"(《答洪驹父书》)说,对杜诗的注释爬罗剔抉,不遗余力。以成就最突出的赵次公注为例,其对杜诗中的典故出处、词语、字句的爬梳,可谓极繁;而金、元、明时期的杜诗注本则非常简易,但同时也产生了空疏之弊端;至清代,朱鹤龄、张溍、张远、仇兆鳌等人的注本又回到对繁富的追求中。综观清代的杜

---

* 本文原载于《广西大学学报》(哲学社会科学版)2006 年第 1 期。

诗学史,杜诗学研究者们也一直在集大成的追求与简明通达之间左右摇摆,有时过犹不及,有时又矫枉过正。可以说,整个清代的杜诗学史都是在这两者之间斟酌取舍的矛盾运动中展开的。以清初朱鹤龄的《杜工部诗集辑注》为例,如果抛开其与钱注的争胜色彩的话,就是一部集大成式的杜诗全集笺释本。也许是认为钱注和朱注的成就难以超越,此后清初其他杜诗全集注本便开始有了追求简明通达的倾向。一般仅对杜诗的引事用典稍加解释,力求简明。如陈式《问斋杜意》、卢元昌《杜诗阐》即是如此。吴见思《杜诗论文》则索性把干扰读者理解诗意的考证另成《杜诗论事》一书(已佚),而在《杜诗论文》中专门对诗意进行串解。而成书比仇注略早的汤启祚《杜诗笺》则仅是概括复述杜诗诗意,连缀成文,完全放弃了烦琐的考证。但与此同时,张远《杜诗会稡》、张溍《读书堂杜工部诗集注解》等书则与旧注的联系则较为密切,尤其是张远的《杜诗会稡》,对杜诗名物典故的解释,几乎全引旧籍,范围甚广,以证杜诗"无一字无来处"之说,甚为烦琐。仇兆鳌的《杜诗详注》则在某种程度上吸收了烦琐考证与阐释诗意两方面的特点,力图在集大成的追求与简明通达之间斟酌辨正,不过仇兆鳌在《杜诗详注》中所显示的注释详尽、体例详备、"援据繁富"的特点,说明其还是偏向于烦琐考据一派。其后的清代其他杜诗注本或繁或简,也都是在这两极之间摆动。清代杜诗学这种集大成的追求与简明通达之间的矛盾,以及清人如何处理这个矛盾,不管是成功还是失败的例子,都对我们今天杜诗学的构建极具启发意义。因为我们当代的杜诗学研究同样面对这样一个问题,即如何做到既缜密细致、不穿凿,又不流于肤浅,繁简适中?这始终是杜诗学研究史上的一个关键问题。

二、烦琐考证的热衷与诗意阐释的相对忽略

宋代杜诗学注重对杜诗字句典故的梳理而忽视对整体诗意的阐释,如以刘辰翁为代表的批点派,其对杜诗的评点也仅仅是只言片语。在《集千家注批点补遗杜工部诗集》卷一中,刘辰翁对《刘九法曹郑瑕丘石门宴集》之“晚来横吹好,泓下亦龙吟”评云:“无可取。”卷七评《蜀相》云:“写得使人不忍读,故以为至。”可见刘氏所评多是依据主观印象作蜻蜓点水式的赏析,很难将杜诗思想艺术的深刻性揭示出来,对杜诗的诗意阐释是不充分的。清代蔚为大观的杜诗评点本,如朱彝尊、王士禛诸人的杜诗评点本,都系对元、明杜诗评点的继承与总结。不过以刘辰翁为代表的批点派有疏于考证,流于臆断之弊端,对杜诗的解释伤于浅近,多受抨击。如明人宋濂《俞季渊〈杜诗举隅〉序》即云:“子美之诗,不白于世者,五百年矣。近代庐陵大儒颇患之,通集所用事实,别见篇后,固无缴绕猥杂之病,未免轻加批抹,如醉翁寐语,终不能了了。”①这里所称之“庐陵大儒”就是指刘辰翁。王嗣奭于《杜臆原始》中云:“善读古人诗者,昔称须溪,今推竟陵。至于评杜则多不中窾,何况其他?”②至清代对其批评得更加激烈,如钱谦益《注杜诗略例》就指出:“自宋以来,学杜诗者莫不善于黄鲁直,评杜诗者,莫不善于刘辰翁……辰翁之评杜也,不识杜之大家数,所谓铺陈终

---

① 宋濂:《宋濂全集》,浙江古籍出版社1999年版,第1087页。

② 王嗣奭:《杜臆》,上海古籍出版社1983年版,第1页。

始，排比声韵者，而点缀其尖新俊冷，单词只字，以为得杜骨髓，此所谓一知半解也。"①钱谦益对刘辰翁评杜的流弊分析可谓一针见血。又黄生《杜诗概说》云："杜诗莫谬于虞注，莫莽于刘评。如黄鹤、梦弼之类，纰缪虽多，然其名不甚著，人亦未尝称之。惟刘与虞，公然以评注得名，反得附杜公不朽，是可恨也。"②有鉴于宋代杜诗学的这些弊端和不足，清代杜诗学的发展有转向阐发诗意的倾向，表现出对宋代"无一字无来处"说的反拨和对孟子"以意逆志"的倡导。而且清人在释杜中能采取辩证、通脱的态度，其体现出的注杜思想都是清代杜诗学所闪现的最耀眼的火花。具体表现如清人对"诗史"说的辩证看法，就摆脱了宋人将诗与史等同并列所产生的误解与弊端，而是强调了杜诗的情感特征，这对深刻揭示杜诗丰富的内涵做出了重要贡献。

应该指出的是，虽然清代杜诗研究者强调阐发诗意，但他们的愿望与其注杜实践毕竟还是存在一定的差距。其中较为突出的表现即是在注杜中过分热衷对典故、名物的烦琐考证，而相对忽略了对诗意阐释的坚持。如仇兆鳌一方面在《杜诗详注・自序》中云"论他人诗，可较诸词句之工拙，独至杜诗，不当以词句求之"，但另一方面在具体的注解中，他还是对杜诗过多地句栉字比，可谓"汰旧注之楦酿丛脞，辨新说之穿凿支离"。他虽然在每段诗歌后都对诗意进行了串解，但所占篇幅与所花费的精力，与为了证明"无一字无来处"而作的繁富

---

① 钱谦益笺注：《钱注杜诗》卷一，上海古籍出版社1979年版，第4页。

② 黄生撰，徐定祥点校：《杜诗说》，黄山书社1994年版，第4页。

考证相比较，无疑诗意阐释的工作是非常有限的。在清代其他杜诗注本中，对诗意阐释相对忽略的情形也是普遍存在的。这说明在考据学盛行的时代，不论注者主观上多么想避免烦琐的考证，更直接地解释诗意，但事实上，在笺注的过程中，他们总是不自觉地陷入对名物考证的过分热衷之中，而对诗意的阐释相对忽略，这也许是因为清代考据学处于强势地位对杜诗研究者们的冲击造成的必然结果吧。这也启示我们在解释诗歌时要时刻对强势文化与主流观念对注释者的渗透保持警惕，坚持对诗人真实诗意的追求，这样在阐释的过程中才不会迷失目的，也才不会沦为诠释时代文化背景的传声筒。

三、穿凿与反穿凿的辩证

在清代杜诗学研究中，还有一对矛盾贯穿整个清代杜诗学史，那就是穿凿与反穿凿的辩证。不管注杜者如何想避免穿凿，而事实上每个注杜者总会不自觉地犯下这样或那样穿凿附会的错误，即使那些注杜名家也在所难免。如王嗣奭《杜臆》卷二释《曲江二首》时首先指出，杜甫“以忧愤而托之行乐也”，这本十分符合杜甫因疏救房琯遭肃宗冷落的心态，可是他又进而解释道：“翡翠不居栖而巢于小堂，比小人之处非其据；石麒麟乃天上之物，而卧于高冢，比正人在位而不得展。总谓人主昵宵小而疏远正士。蛱蝶、蜻蜓俱比小人，而深深见、款款飞，则君心受其蛊惑，而病已中于膏肓矣。”他将诗中的景物描写都附会成政治影射，可谓典型的穿凿。由此可见，有时通达与穿凿之间，仅仅一步之遥，这其中度的把握是很难的。

杜诗研究者之所以会犯穿凿的错误,不外乎两个方面的原因。其一,时代因素的制约。因为每个注杜者都不能脱离自己所处的时代,故其注杜都会不同程度地带有时代特色。在中国的文化传统中,笺注本来就有"借他人酒杯,浇己之块垒"的功用。钱谦益借注杜对自己隐衷的抒发与金圣叹批杜诗"借文生事"的做法都有其深刻的时代性。而研究者对自己囿于时代局限所犯的穿凿附会的错误有时并不能自我认识,有趣的是,他们往往对自己的解释表现出过分的自信,如景考祥《杜诗直解序》称:"吾知是集出而诸家之注尽可废矣。"洪力行《杜诗评律·后记》则云:该书将"数百年来诸家蔀障,一洗而空之"。可他们往往在标榜反穿凿时自己又陷于穿凿中,在我们当代的杜甫研究中也有类似之处。如郭沫若在《李白与杜甫》一书中,将杜甫晚年结识苏涣之事,渲染为杜甫晚年慧眼结识了一位率领少数民族起义的诗人。① 其实杜甫与苏涣的交往并没有什么特别之处,郭氏对杜甫的称赞,真可谓一种不虞之誉。由此看来,时代的局限所带来的对杜诗阐释的异化总是难以避免的,而尽量避免对杜甫的求全责备和无限抬高,则是那些力求采取客观标准的研究者需要格外注意的地方。其二,研究者个人的好恶造成的对杜诗的误解和穿凿,也值得我们总结。每个研究者限于自身的学养、见识、环境等因素,对杜诗的批评往往带有个人感情色彩,造成对杜诗的歪曲和阐释的偏颇,这是不可避免的。但是,任何一个真正严肃的学者都应该采取相对客观的态度关注研究对象,这样才能尽量得到相对公

---

① 参见郭沫若:《李白与杜甫》,人民文学出版社 1971 年版,第 244—250 页。

正的结论。如汪师韩《诗学纂闻》之“杜诗字句之疵”条云:“诗至少陵,谓之集大成,然不必无一字一句之可议也。读其全集,求痕觅瑕,亦何可悉数?”这当然是正确的,在举了例子之后,汪氏还说:“以上所见,皆人所共见者,然固无害于杜之大也。”这无疑正是采取了比较平心静气的态度,但即使如此,汪师韩也并未能完全避免主观因素对其解释杜诗的影响。在他所举的例证中,有许多并不能称为杜诗真正的“瑕疵”,其中有许多诗句是因为汪师韩自己未能完全领会与理解杜诗的本义而臆断为“费解”“不成语”等。①

四、思想保守僵化导致的杜诗阐释的异化

杜诗研究者思想的保守僵化,必然会导致对杜诗阐释的异化。而在影响研究者思想的诸多因素中,既有历史原因,也有时代原因。首先,清人在注杜中的许多偏颇乃是承宋人而来。宋人崇杜具有盲目崇拜与机械认同的一面,这是由于宋代理学兴盛,杜甫被作为诗歌领域内的道德典范,其人被尊同于孔孟,其诗亦被视同六经来读。如陈善《扪虱新话》下集卷一曰:“老杜诗当是诗中六经,他人诗乃诸子之流也。”赵次公《杜工部草堂记》曰:“六经皆主乎教化,而诗尤关六经作用……惟杜陵野老云云,每与孔孟合。”邹浩《送裴仲孺赴官江西序》曰:“杜子美放浪湘沅,窥九疑,登衡山,以搜天地之秘,然后发愤一鸣,声

---

① 参见汪师韩:《诗学纂闻》,丁福保辑:《清诗话》,上海古籍出版社1978年版,第457—459页。

落万古,儒家仰之,几不减六经。”因为宋人认为杜诗都是表达“周情孔思”的,可与六经并论,所以对杜甫及其诗歌的评价便有了“圣贤法言,非特诗人而已”(张戒《岁寒堂诗话》卷上)那样的倾向,这种解杜的倾向把杜甫变成了宋代圣人模具中的产品,直接导致了杜诗阐释的异化。这样,他们在具体解释杜诗时就产生了许多穿凿附会之处。那些不符合宋人道德规范的诗句,不是被指斥为伪作,就是曲为之说,抓住只言片语,大肆发挥,将杜诗作为宣扬他们道德理想的传声筒。如释惠洪对“老妻画纸为棋局,稚子敲针作钓钩”(《江村》)与“不分桃花红胜锦,生憎柳絮白于棉”(《送路六侍御入朝》)竟有这样离奇的解释:

> 妻比臣,夫比君。棋局,直道也。针合直,而敲曲之,言老臣以直道成帝业,而幼君坏其法。稚子,比幼君也。
>
> 锦、棉,色红、白而适用,朝庭用直材,天下福也。而直材者,忠正小人谄谀似忠,诈计似正,故为子美所不分憎而憎之也。①

只有把这种解释放在宋代的背景下去理解才能考知其所由自。

这种穿凿附会的情形到清代一直绵延不绝。清人尊杜太过造成的对杜甫及其诗歌的歪曲亦不乏其例,如杜诗有《苏大侍御访江浦赋八韵纪异》《暮秋枉裴道州手札率尔遣兴寄递呈苏涣侍御》二诗,对造反的苏涣甚有美词,对此查慎行《初白庵

---

①　释惠洪:《石门洪觉范天厨禁脔》卷上,华文轩编:《古典文学研究资料汇编·杜甫卷》,中华书局1964年版,第193页。

诗评》曰:“子美于人,岂轻易许可? 考涣之生平,曾煽动岭表,与哥舒晃作乱,殊不可解。”①查氏认为杜甫既是圣人,定有先知之明,故对其犯如此“轻易许可”的错误就表示很不理解。又如王渔洋《带经堂诗话》卷二十四云:“杜甫《进封西岳赋表》有云:‘维岳授陛下元弼,克生司空。’按《旧书》纪天宝九载正月,群臣请封西岳,从之;二月辛亥,西岳庙灾,制停封;二月,右相杨国忠守司空,天雨黄土,沾于朝服。杜所谓元弼、司空,谓国忠也。国忠以椒房进,夤缘三公,天下知其非据,而甫独引《大雅》甫、申之词以谀之,可谓无耻。他日作《丽人行》又云:‘慎莫近前丞相嗔。’乃自为矛盾。杜固诗史,其人品未可知,顾自许稷契亦妄矣!”骂杜“无耻”,可谓愤慨之极。这也都是心中先有了一个万丈光芒的诗圣形象,然后以之来衡量杜甫所产生的不解和误解。这些因过分尊杜而产生的“求全之毁”的偏差都可以直溯宋代。

和宋代释惠洪对《江村》那样离谱的解释十分相似,清陈醇儒《书巢笺注杜工部七言律诗》中也有令人惊奇的解杜言论,其书卷三论《秋兴八首》其七云:

> 以“织女”比宰相之经纶,决胜无谋,与木偶同,故曰“虚月夜”也;“石鲸”比寇盗之负,固蠢动方横,与鼓鬣同,故曰“动秋风”也。菰米、莲粉本白,今沉云黑矣,而谁与收之? 坠粉红矣,而谁与采之? 二语写天宝丧乱,凄凉黯淡,如在目中。七八仍即“在眼中”三字,而结之“关塞”

---

① 查慎行撰,张载华纂:《初白庵诗评》卷上,上海六艺书局民国间石印本。

> “鸟道”。眼中之地，谓蜀与秦阻也；江湖渔翁，眼中之人，谓身与世□也。故国旧臣，俯仰上下，情见乎词矣。

同卷又释“香稻”句云：“鹦鹉，能言之鸟；凤凰，德辉之禽。香稻有余，小人禄厚也；碧梧空老，君子未衰也。”之所以出现这样的解释，是因为自宋以来杜诗的注释者总是过分推尊杜诗的思想意义，认为每首杜诗都应该有隐藏在字词背后的“微言大义”，而对于不易寻找到这种期望的隐含义的那些杜甫咏物之作，也机械地进行字梳句栉，故会产生如此极端穿凿附会的例子。如清佚名《杜诗言志》便认定杜诗“托喻精妙”处，“语语皆有实指”，其释《曲江二首》之“穿花蛱蝶深深见，点水蜻蜓款款飞”句云：“乃今之纷纷于仕涂者则不然，但见其趋奔权势，邀买名誉，踪迹诡秘，如穿花蛱蝶，欲盖弥彰，深深乃可见也。钻营巧利，如点水蜻蜓，不疾不徐，款款中节也。”①二句明丽的景物描写却成为深刺宵小的微言大义。若寻找这种穿凿的历史渊源，都可以从宋代找到答案。而且也可看到清代过分推尊杜甫所造成的穿凿与宋代也有着相同的地方，虽然清代杜诗研究者在论杜时亦能采取严谨客观的态度，如吴乔《围炉诗话》卷二有杜甫乐府颇伤于怪之说，卷六亦云“杜诗‘暂往北邻去’篇，有何好句而人不能及？”王渔洋《师友诗传录》云“凡粗字纤字俗字，皆不可用……即如杜子美诗‘红绽雨肥梅’一句中，便有二字纤俗，不可以其大家而概法之”②，叶燮《原诗·内篇上》

① 佚名：《杜诗言志》卷四，江苏人民出版社 1983 年版，第 70 页。

② 王士禛：《新编渔洋杜诗话》卷二，张忠纲编注：《杜甫诗话六种校注》，齐鲁书社 2002 年版，第 460 页。

则云“诗圣推杜甫,若索其瑕疵而文致之,政自不少,终何损乎杜诗!”,但由于封建时代的客观局限,清代杜诗研究者大多还是和宋代杜诗研究者一样,总是过分推尊杜甫及其诗歌,他们每每从儒家诗教的角度出发,尊崇杜甫为百世师法的“诗圣”,肯定其“集大成”地位,这也可以说是旧时代杜诗学者难以克服的,也是造成穿凿与曲解的总根源。

另外,研究者的学术思想不能紧跟时代的发展,固守陈旧僵化的观念,也会制约杜诗学的发展。例如,明末清初萧云从的《杜律细》一书,解杜诗时生硬地遵循“凡吴体拗句,俱强使协于平仄”(《四库全书总目》之《易存》提要)的法则,机械地继承了朱熹《诗集传》中叶音的错误。王士禛《池北偶谈》卷十二罗列了萧氏解杜诗的一些实例:

“江草日日唤愁生”,草音骚,《诗》“劳心慅慅”,又“劳心草草”,皆牢骚之转音也。“盘涡鹭浴底心性”,底即低,《说文》“下也”;隋薛道衡使江南作《人日》诗,首二句,人笑之曰:“是底言?”低同,轻忽之也。“独树花发自分明”,发音飞,《左传》“建而不旆”,音霏,《荀子·议兵篇》引作“载发”,注:“发,旆也。”分,去声,《尔雅》“律谓之分”,郭璞读也,此应作仄者;若杜《社日》诗:“陈平亦分肉。”当作平,然不合律,亦作仄声,盖此字元有二声。“十年戎马暗南国”,暗音庵;《书》“高宗谅闇”,郑注作“梁庵”。小室曰庵,闭户曰闇,不明曰暗。“异域宾客老孤城”,客音开,元曲凡如“青云客”“读书客”,俱作平声;孤音故,如姑作鼓,沽作估,箍作股例。“渭水秦川得见否”,得音登,《公羊传》“登,来之也”。注:“登,得也。”则得可

> 云登；《易·豫》“繇豫，大有得，勿疑，朋盍簪”，簪音尊，得叶之。又“一双白鱼不受钓”，白音杯，《七命》“燕髀腥唇，髦残象白，灵渊之龟，莱黄之鲐”叶；鱼音勇，《荀子·礼论》“丝鮝缕翣”，《礼记》作鱼，曰：“鱼跃沸池。”鮝亦音勇。《易》“贯鱼”叶“宫人宠”；不，平声，《沈韵》载十一尤；受，音收，傅玄诗“悠悠建平，皇泽未流，朝选于众，乃子之授”。“未闻细柳散金甲”，散，平声，生南反，元诗“酒户年年减，山行渐渐难。欲终心懒慢，转觉意阑散”，潘岳《笙赋》“辍张女之妙弹，罢广陵之清散”，散叶弹。

可以看到，萧云从在书中确实做到了广征博引，如释《愁》诗之“草”“底”“发”“分”等字音，就引了《诗经·陈风·月出》、《诗经·小雅·巷伯》、《说文》卷九、薛道衡《人日思归诗》、《左传·昭公十三年》、《荀子·议兵》、《尔雅·释器》、《礼记·丧服四制》、《公羊传·隐公五年》等，真可谓煞费苦心。但是，由于没有认识到“时有古今，地有南北，字有更革，音有转移”①，所以他的这种努力几乎完全是徒劳的，难怪王士禛讥其“穿凿可笑”。其遭到杜诗学界的唾弃也是势所必然。不过，《杜律细》一书的价值并不仅仅在于以叶音注杜为我们提供了一个失败的反例，更为重要的是，萧云从以“援据甚博”的注杜实践，证明了以保守僵化的思想而不是执通脱发展的观点注杜，即便付出何等的努力，仍不免于失败。

任何时代的杜诗学研究都不可避免地受到那个时代政治、经济、思想、文化等多方面的影响，而这些因素复杂作用的结果

---

① 顾炎武：《音学五书·音论》，中华书局1982年版，第34页。

是最终造就了一个时代杜诗学研究的特色和倾向。然而,在政治因素的影响中,清代杜诗学的发展被人为的行政干预所造成的转型,严重扭曲了自身的自然形态与走向,导致了一代杜诗学的异化,这其中的教训应当为后人所汲取。例如,清初的杜诗学研究异彩纷呈,学者们思想开放,硕果累累。然而,发展至清代中叶,封建思想统治逐渐加强,"科场案""奏销案"以及各色的文字狱,使文人学者"避席畏闻文字狱",杜诗学的研究也逐渐偏向于训诂和考据方面,这就逐渐窒息了清初学者开辟的诗意阐释的释杜方向。故本该完成于清人之手的杜诗全面阐释,直到近现代才渐趋完成。而且,清代统治者在《全唐诗》《唐宋诗醇》《四库全书》等几次大规模的纂修图书工程中,出于巩固封建统治的需要,大肆提倡杜诗"一饭不忘君"及"温柔敦厚"的一面,形成杜诗阐释中的主流导向,对杜诗的客观解读都是强烈的冲击,可以说这些都是杜诗阐释史上的异化。联想到新中国成立以后郭沫若在《李白与杜甫》一书中为迎合时代需求而"扬李抑杜"的做法,我们可以看到政治因素对杜诗学发展的巨大影响。当然,每个具体的杜诗研究者都不可完全脱离他所处的时代而进行所谓的"纯"研究,真空式的研究环境是永远不存在的。但是,欲得到相对客观准确的结论,总要一定程度地摆脱政治因素对杜诗学的干扰,这样的结论才能经得起历史的检验,而不是最终成为"蚍蜉撼大树"式的悲剧。所以,这就要求杜诗研究者具有"学术之自由,独立之精神"。只有这样才能避免上述那种学术品格的沦丧,也才能保证得出的结论最终经得起时间的考验。

综上可见,杜诗研究者总是面临着在继承传统与开拓新变中加以取舍的难题,从整个清代杜诗学史来看,研究者不管是以“折中”“参伍”为标的，还是以“荟萃”或“集大成”为指归，都是杜诗学整体建设的一部分，都可谓既为后代导夫先路，又设置了新的障碍。而一部杜诗学史就是在穿凿与反穿凿、集大成的追求与简明通达的驳正之间不断斟酌取舍的曲折过程。也正是在这样的互动之中，通过历史去逐渐辨正、裁汰，不断地总结、扬弃，杜诗学才得以不断深入发展。杜诗学的阐释也恰恰因此不断获得新鲜血液，从而使它本身的内涵能够不断丰富，薪火相续。

论清代杜集序跋的学术价值*

清代是杜诗学史上集大成的时代，涌现出大量的杜诗学文献。由于每种杜诗学文献的注杜思想、注释倾向以及成书背景、刊刻过程、版本递嬗、卷帙分合等往往都集中体现在其序跋之中，因此杜集序跋对于深入研究杜诗学史的递嬗过程、杜集版本的流传形式，梳理诗学思想和理论的发展源流，无疑是至关重要的文献材料。总的来看，清代杜集序跋具有极高的文献价值与诗学理论价值，以下分别论之。

一、清代杜集序跋的文献价值

（一）保存了大量稀见文献

在蔚为大观的清代杜集中，有许多为稿本、抄本，从未刊刻，流布颇罕，其内容一直不为学界所知，故而具有较高的文献价值。如汪枢《爱吟轩注杜工部集》、周篆《杜工部诗集集解》、吴冯栻《青城说杜》、赵星海《杜解传薪》等，均为海内孤本，因

---

* 本文原载于《甘肃社会科学》2016年第4期，系国家社科基金后期资助项目“清代杜集序跋汇录”系列成果之一。

而其序跋无疑也具有很高的文献价值。即使是一些常见、知名的杜诗注本，如钱谦益《钱注杜诗》、朱鹤龄《杜工部诗集辑注》、仇兆鳌《杜诗详注》、吴见思《杜诗论文》等，尚有大量名家批校本存世，诸如钱陆灿、商盘、陈治批点《钱注杜诗》，蒋金式批点《杜工部诗集辑注》，方拱乾批点《杜诗论文》，黎维枞、李以峙批点《杜诗详注》，等等。这些批校本之序跋，由于多以单本手抄形式流传，往往也是珍稀文献。此外，许多清代杜集中的序跋、题辞、题诗，并不见于作者之别集，故都属于佚文，其文献价值自不待言。如清初王材任《复村集杜诗》前有魏象枢《题诗》曰："黄冈才子年英妙，一取科名官清要。亥秋比士下三巴，为访浣花觅同调。归来集成少陵诗，令我一读一大叫。杜耶王耶孰辨之，觌面问君只微笑。"①此诗就未收于《寒松堂全集》中，故可断为魏象枢佚诗。又如徐树丕《杜诗执鞭录》卷十四收录朱鹤龄《秋日读书寓园成〈杜诗辨注〉述怀一百韵敬呈同好诸公》，可知朱鹤龄《杜诗辑注》之书名初作《杜诗辨注》，故此诗对于了解清初"钱、朱注杜公案"以及朱注的成书过程是非常重要的第一手材料。然而此诗并不见于朱鹤龄《愚庵小集》，故一直不为学界所知，幸赖《杜诗执鞭录》的转引方得以保存。此类例子尚多，兹不赘述。

（二）可以考知杜集刊刻时间及作者情况

杜集序跋落款中所署时间，往往是判定其刊刻时间最直接的依据，所以就那些刊刻时间不明的文献而言，某些稀见之序跋就成为帮助我们判断的关键因素。如朱鹤龄《杜工部诗集

① 王材任：《复村集杜诗》，国家图书馆藏清初刻本。

辑注》,由于牵涉“钱、朱注杜公案”,其初刻时间备受学界瞩目。朱注的初刻本为康熙间金陵叶永茹万卷楼刻本,卷前的朱鹤龄《识语》《自序》及二十卷后沈寿民《后序》均未署时间,这为确定其刊刻时间带来很大障碍。不过该本后附“杜诗补注”五十余条,其中屡引顾炎武《日知录》之“杜诗注”。而顾炎武《日知录》八卷初刻于康熙十一年(1672),洪业先生《杜诗引得序》便据之推断朱注成书当在此之后。[①] 后来的一些杜诗学书目,遂均定该本为康熙十一年刊刻。其实洪业先生的推断存有疑问,这是因为他没有考虑到《日知录》本身的成书也是有一个过程的。朱鹤龄与顾炎武过从甚密,他当有机会于《日知录》刊刻前阅读过顾炎武的手稿。顾炎武《初刻〈日知录〉自序》即称:“友人多欲抄写,患不能给。”[②]可见其不少友人都曾在《日知录》未刊前抄借此书。因此,不宜以《日知录》的初刻时间来定朱注的刊刻时间,其刊刻时间最多只能用来作为判断朱注刻印时间的一个参照。而后来学界发现中国社会科学院文学所藏本《杜工部诗集辑注》前多出计东《朱氏杜诗辑注序》一篇,落款署曰:“康熙九年冬杪同里学人计东序。”在目前国内所见朱鹤龄《杜工部诗集辑注》的版本系统中,卷前有计东序者似仅见此本,因此周采泉先生《杜集书录》便判定朱鹤龄《杜工部诗集辑注》的初刻时间乃是康熙九年(1670)。[③] 而这一结论的得出,则完全是以计东序为基础的。虽然计东此序所署时间并不能作为刊刻时间的依据,但无疑可以作为重要参

① 参见洪业:《杜诗引得》,上海古籍出版社 1985 年版,第 54 页。

② 顾炎武撰,黄汝成集释:《〈日知录〉集释》,岳麓书社 1994 年版,第 1 页。

③ 参见周采泉:《杜集书录》,上海古籍出版社 1986 年版,第 164 页。

考，且比洪业据朱注引《日知录》进行推断更为直接和准确。

除了可以考知文献的成书及刊刻时间，杜集序跋对于判断文献作者的时代及生平事迹也往往有直接帮助。例如北京师范大学图书馆藏有王邻德《睡美楼杜律五言》一书，然而由于对相关文献中对王邻德其人的生平事迹记载甚少，故《杜集叙录》《杜甫大辞典》等书在著录《睡美楼杜律五言》时都不能确定其成书时间。今据王邻德《睡美楼杜律五言引》可知，王邻德学杜曾得刘雪舫指授，而通过对刘雪舫生平事迹的稽考，则可以确定王邻德为清初人。刘文炤，号雪舫，宛平籍，海州人。崇祯帝之母孝纯皇太后之侄，新乐忠恪侯文炳弟。李自成陷京师，文炳阖家自焚，文炤独奉祖母逃匿，后流落江淮间，寓高邮甓社湖者二十年，著有《揽蕙堂偶存》。其与王邻德之交游，当于寓居高邮之时。

（三）可以窥见清代杜诗学界的学术分歧

从杜集序跋的角度切入，往往可以窥见清代杜诗学界的学术分歧，这对于我们了解文献成书的学术背景极具参考价值。例如，清初陈式《问斋杜意》前有徐秉义、张英、方孝标诸人之序，然检钱澄之《田间文集》，亦载有《陈二如杜意序》一篇，当是钱澄之应陈式之请为《问斋杜意》所作之序。那么陈式之书前刊载了诸名家之序，却为何单单未将钱氏之序弁于书前呢？考钱澄之《陈二如杜意序》云：

世之誉杜者，徒以其语不忘君，有合于风雅之旨，遂以为有唐诗人来一人而已。吾谓诗本性情，无情不可以为诗。凡感物造端，眷怀君父，一情至之人能之，不独子美为然……唐之于子美至矣，子美之感恩不忘，其常情，非溢情也……凡公之崎岖秦陇，往来梓蜀夔峡之间，险阻饥困，皆为保全妻子计也。其去秦而秦乱，去梓而梓乱，去蜀而蜀乱，公皆挈其家超然远引，不及于狼狈，则谓公之智，适足以全躯保妻子，公固无辞也。且夫银章赤管之华，青琐紫宸之梦，意速行迟，形诸愤叹，公岂忘功名者哉！而专谓其不忘君耶？……子美于君父朋友、兄弟妻子之间，一中人之深情者耳，谓为有诗人以来一人，过矣……今集中有句涩而意尽者，有调苦而韵凑者，有复韵者，其弊至多，唯是其气力浑沦磅礴，足以笼罩一切，遂使人不敢细议其弊……吾以公全集按之，声病固所时有，正不妨于有，亦正不必曲为回护也。耳食之徒，略不考核，唯随声附和，何足辨哉！①

从序中可见，钱澄之对杜甫思想以及杜诗艺术颇有微词，似乎仍然继承了明代郑善夫、王慎中等人之贬杜倾向，其看法与陈式等人所见差距甚大，故陈式在刊刻《问斋杜意》时便毅然将钱序摒弃。我们从中似可窥见贬杜论在明清之际地位之黜陟，以及明清两代杜诗学嬗变之微妙。因此杜集序跋是促进我们了解清代诗学纷争的重要途径，序跋中的许多学术内容，能够使我们更为直接地了解清代杜诗学的发展过程及其纷繁复杂的学术背景。

---

① 钱澄之：《田间文集》卷十三，《续修四库全书·集部·别集类》第1401册，上海古籍出版社2002年版，第151—152页。

二、清代杜集序跋的诗学理论价值

（一）提出反穿凿的新途径：反复涵咏以直揭本心

黄庭坚《大雅堂石刻杜诗记》曰："彼喜穿凿者，弃其大旨，取其发兴于所遇林泉人物、草木鱼虫，以为物物皆有寄托，如世间商度隐语者，则子美之诗委地矣。"这确实道出了宋人解杜时动辄凿深附会之弊。此后历代有识之士在反对注杜中的穿凿附会时，往往都会以孟子的"知人论世"和"以意逆志"说作为理论武器。然而若不具备较高的文化修养，仅凭低级的"以意逆志"，所得多是臆解耳食，仍不能正确理解诗意。而我们在清代杜集序跋中看到，众多学者提出了一种反穿凿的新途径，即通过反复涵咏杜诗以直揭本心。这一研读方法倘能运用得当，确实可以避免主观臆断、穿凿附会之弊。如清初傅山《与戴枫仲》云："杜诗越看越轻，弄手眼不得。不同他小集，不经多多少少人评论者。若急图成书，恐遗后悔，慎重为是。非颠倒数十百过不可，是以迟迟耳。曾妄以一时见解加之者，数日后又觉失言，往往如此，且从容何如？"①也就是说，只有经过多次反复涵咏，认识才能不断深化，也才能真正体悟到杜诗的真髓。因此，在傅山看来，读杜也就成为最终获得真解的唯一途径。他这种认识中，隐含了对历代注家穿凿琐碎之弊的批判，其直揭本心的解杜方法无疑具有革命意义，因此其思想一

① 傅山：《霜红龛集》卷二十四，山西人民出版社1985年版，第663页。

直被后人继承和发展。浦起龙《读杜提纲》亦曰:"读杜逐字句寻思了,须通首一气读。若一题几首,再连章一片读。还要判成片工夫,全部一齐读。"①乾隆朝的汪灏亦强调"读杜",其《知本堂读杜自序》曰:"不笺且注,而只读之者何?杜陵去今九百余年矣,名贤宿学注之笺之者,既详且精,灏于数者俱不能,且惧穿凿傅会,失作者之心,聊读之云而。"他还于该书《凡例》中提出读杜之法:"必全首一气读之,一题数首一气读之,全部一气读之,乃可得作者之本旨。"②段朝端为鲁一同《鲁通甫读书记》所作序曰:"董遇云:'读书百遍,其义自见。'先生于沉壮横厉之作,则击节高歌;于精深华妙之作,则慢声徐度。迨至兴会充满,口角流沫,实有鬼神来告之乐。塞者以通,晦者以明,关节尽解,则不知手之舞之,足之蹈之。"鲁一同《识》亦曰:"但吟讽百过,自有鬼神来觇耳。浦氏读书何尝不细心,只是畦町太过,如刻舟求剑。庄子曰:'吾以神遇,不以目视。'读杜者不可不知此言。"③以上这些杜诗注家都强调要对充满穿凿之论的旧注保持相当高的警惕,并主张通过对杜诗的反复讽诵和体味,来实现对诗意的正确理解,这无疑对矫正旧注的穿凿与讹误具有重要作用。

(二)对"以杜证杜"方法的集中阐述

使用"以杜证杜"和"诗史互证"的解杜方法,可以最大限度地避免主观臆测与牵强附会,是杜诗注释史上最成功、最科

① 浦起龙:《读杜心解》卷首,中华书局1961年版,第62页。

② 汪灏:《知本堂读杜》,清康熙间汪氏家刻本。

③ 鲁一同:《鲁通甫读书记》,清咸丰间抄本。

学的研究方法。就目前所见文献来看，最早明确提出“以杜证杜”这一说法的，是明代的杨慎，其《升庵诗话》曰：

> 韩石溪廷延语余曰：杜子美《登白帝最高楼》诗云：“峡坼云霾龙虎卧，江清日抱鼋鼍游”。此乃登高临深，形容疑似之状耳。云霾坼峡，山木蟠拏，有似龙虎之卧；日抱清江，滩石波荡，有若鼋鼍之游。余因悟旧注之非，其云云气阴黯，龙虎所伏，日光圆抱，鼋鼍出曝，真以为四物矣。即以杜证杜，如“江光隐映鼋鼍窟，石势参差乌鹊桥”，同一句法，同一解也……岂真有乌鹊鼋鼍、虬龙虎豹哉！①

明人虽已有此等认识，然却并未在注杜中有意识地大规模使用这种方法。直至清代，杜诗注家才开始在理论上明确认识到“以杜证杜”方法的优越性，并在注杜实践中较为广泛地使用这种科学的注杜方法。而他们对“以杜证杜”方法的明确认识与系统的理论阐述，都集中地体现在杜集序跋之中。例如，清初周亮工为张羽《杜还七言律》所作序曰：

> 若足下此注，不过因世人不见杜老真面目，直以杜还杜耳……老杜被学者挦剥殆尽，又被注者摘索无遗，不得不褴褛筚路，逃之无何有之乡。直遇足下，始得咏“生还偶然遂”也。勿论自来诗文书画，直当以笔还笔、墨还墨；而注古人

---

① 杨慎：《升庵诗话》卷一，丁福保辑：《历代诗话续编》，中华书局1983年版，第653页。

者，更当以古人还古人，得一"还"字，杜诗从此无事矣。①

周亮工所谓"以笔还笔、以墨还墨""以杜还杜"，都是针对当时注杜之弊而发，其"以杜还杜"之论虽与"以杜证杜"稍有差距，但无疑仍具有导夫先路之理论价值。又方拱乾《手录杜少陵诗序》曰："此本亦以我注杜诗耳，以杜诗注杜诗耳。若曰集诸家以为本，则不能居矣。"吴兴祚《〈杜诗论文〉序》也提出："不强杜以从我，而举杜以还杜。"②方氏"以杜注杜"、吴氏"举杜以还杜"，与周亮工"以杜还杜"的意思都非常接近，这都表明清初杜诗学界对"以杜证杜"方法已经有了较为清晰的理论认识。此后，赵星海《杜解传薪自序》曰：

少陵之诗，少陵之心也；少陵之诗有异，少陵之心无异也。吾不以吾心解杜诗，而以杜诗证吾心焉。于是乎吾心出，于是乎少陵之心亦出；少陵之心出，而少陵之诗解矣。然则非吾解杜诗，乃杜诗自为其解耳。自为解而有不解者乎？自为解而人复有不解者乎？③

可以看出，赵星海所谓"杜诗自为其解"之说，也是清初诸人"以杜证杜"说之嗣响，同时表明清代杜诗学界对这一方法的认识基本趋于一致。不过，"以杜证杜"的方法虽能避免穿凿，

---

① 周亮工：《赖古堂集》卷二十，上海古籍出版社 1979 年版，第 757 页。

② 吴见思：《杜诗论文》，国家图书馆藏清康熙十一年(1672)常州岱渊堂刻本。

③ 赵星海：《杜解传薪》，山东师范大学图书馆藏清同治间抄本。

若使用不当，则又会产生肤浅庸陋之弊，卢元昌已经注意到这个问题：

> 世称少陵诗之难读也，古今注家，奚翅数十。顾有因注得显者，亦有因注反晦者。一晦于训诂之太杂，一晦于讲解之太凿，一晦于援证之太繁。反是者，又为肤浅凡庸之词，曰“吾以杜注杜也”，则太陋。①

至于在使用“以杜证杜”方法时如何才能做到既反穿凿附会，又能避免肤浅凡庸，清人也有过大量讨论，兹不赘言。不管怎样，清代杜集序跋中对“以杜证杜”问题的集中讨论，无疑促使学界对这一研究方法的理论认识不断得到深入和发展。

（三）提出注杜者际遇应与杜甫的经历相契合

陆放翁《跋柳书苏夫人墓志》曰：“欲注杜诗，须去少陵地位不大远，乃可下语。”②在清代的杜集序跋中，注杜者也特别强调这一点。他们认为，在杜诗研究的主体因素中，只有经历坎坷与杜甫相似者，才能更好地理解杜诗，在“以意逆志”的时候才能更好地诠释杜诗。如邵长蘅《杜诗臆评序》曰：

> 长垣王又愚先生起家进士，令梓潼，遭乱弃官，流离滇黔，阅十余年而后归。方其自秦入蜀，窥剑阁，下潼江，又以事数往来花溪、锦水，其游迹适与子美合。及弃官以后，

---

① 卢元昌：《杜诗阐》，清康熙二十五年（1686）书林刊本。

② 陆游：《陆游集》，中华书局 1976 年版，第 2287 页。

系怀君父，眷念乡邦，以至拾橡随狙，饥寒奔走之困，亦略相同。故其评杜也，不摭拾，不凿空，情境偶会，辄随手笺注，久之成帙。①

邵长蘅指出，王维坤因为自己颠沛流离的境遇与少陵颇为相似，故而才能体会到杜诗的真谛，其评杜也才能做到“不摭拾，不凿空，情境偶会”。同样，沈珩《杜律陈注叙》云：“窃惟注杜之难，莫难于得少陵一生真心迹。”②而对如何才能得少陵真心迹，他举出陈之壎“竟老诸生”“著述富矣，又不幸厄于兵燹，残编断简，零落居多”的例证，说明只有像杜甫那样经历了颠沛流离的困厄，才能真正读懂杜诗，也才能真正注好杜诗。黄之隽《杜诗钞题辞》曰：

剪鸲鹆之舌而听其语也，冠沐猴之首而观其舞也，居然人也哉！而孰则遂人视之也。是故非其质而冒窃之者，识者笑之。杜子美之为诗也，学成四十之前，而晚出之以见于世。宦薄遭乱，困穷颠踣，天既逼迫其肺肠，幽奥曲折，以与鬼神通，轧而愈出。及夫流离楚蜀，播荡江山之间，又张大其眼耳，灵异诡怪，以动其魂气。两者并而发之为诗，于是乎集成而独有千古。人卧衽齿肥、拥妻子，不杜其才与命，而空杜其貌与声，噫嘻！□魄之索求兮，言之鸠兮，行而不失其猴兮。③

---

① 邵长蘅：《青门簏稿》卷七，《四库全书存目丛书》集部第247册，齐鲁书社1997年版，第744页。

② 陈之壎：《杜工部七言律诗注》，清康熙二十二年(1683)刻本。

③ 黄之隽：《唐堂集》卷二十三，《四库全书存目丛书》集部第271册，齐鲁书社1997年版，第443页。

黄之隽辛辣地讽刺了生活优裕的高官显贵们学杜只能学到一点皮毛，这是因为他们的人生境遇与杜甫相差实在甚远，故而这些人学杜终究只能是沐猴而冠、鸲鹆学舌。又周篆《杜工部诗集集解序》曰：

尝南自吴越，北过燕赵，经齐鲁郑卫之区，荆楚之域，极于夜郎、滇僰，复浮彭蠡，泛洞庭，窥九嶷，临溟海，而回迹环三万，岁周二星。凡舟轩车骑，旅邮店亭，尤于其诗之跋涉高深、出入夷险者，相须如行资徒侣。苟有不解，则就担簦问之。窥之既久，时见一班。虽其官拜拾遗，从容朝右，卜居锦水，情事悠然，与予境遇，绝不相谋。之所为亦莫不心知其意，扃鐍既开，户牖斯在。解释所及，都为四十卷。纵使言之无当，仅不能为公驱除蚍蜉而已。苍然大树，固无恙也。①

周篆为更为准切地注解杜诗，已经开始有意识地通过自身的长途游历，刻意与杜甫的一生经历大幅贴近，这样一来，虽时代之悬隔不能改易，但山川地理依旧，漂泊足迹亦相仿，无疑可以大大缩短注释者与杜诗之间的距离。浦起龙《读杜心解·发凡》亦曰：

昔人云：不读万卷书，不行万里地，不可与言杜。今且于开元、天宝、至德、乾元、上元、宝应、广德、永泰、大历三

---

① 周篆：《杜工部诗集集解》，国家图书馆善本部藏清抄本。

> 十余年事势，胸中十分烂熟。再于吴、越、齐、赵、东西京、奉先、白水、鄜州、凤翔、秦州、同谷、成都、蜀、绵、梓、阆、夔州、江陵、潭、衡，公所至诸地面，以及安孽之幽、蓟，肃宗之朔方，吐蕃之西域，洎其出没之松、维、邠、灵，藩镇之河北一带地形，胸中亦十分烂熟。则于公诗，亦思过半矣。①

应该说周篆、浦起龙等人的思想直接启迪了当代杜甫研究者，主持《杜甫全集校注》的萧涤非先生为了更好地校注杜诗，于1979年至1980年亲率同志先后赴山东、河南、陕西、甘肃、四川、湖南等地，实地考察杜甫的漂泊行迹。由于亲身履踏少陵当年所经之地，校注组诸同志遂对杜诗中的许多篇章有了切实的体会与理解，进而屡有全新的发见。此后他们将沿途所见所闻所感，作了形象生动的记述，撰成《访古学诗万里行》一书，由人民文学出版社于1982年出版。应该说，萧涤非先生"重走杜甫之路"这一构想的提出与实践，无疑是受到了清代注杜者的直接启发。

总之，清代杜集序跋具有极高的文献价值，也蕴含着丰富的诗学理论与思想，值得认真地整理与深入地探讨。然而，许多清代杜诗学文献或因为历史的原因已经散佚难寻，或因极为稀见而不为人所知，现存的清代杜集大都散落于各个文化单位或个人手中，搜寻起来颇为不易。因此，将保存数量最多的清代杜集之序跋先行整理纂辑，都为一集，可以在某种程度上满足学界对这些文献的迫切需求，从而促进清代杜诗学研究的发展。

---

① 浦起龙：《读杜心解》卷首，中华书局1961年版，第6—7页。

丁耀亢佚著《杜诗说略》考辨*

明末清初山东著名文人丁耀亢的佚著《杜诗说略》一直嫁于其弟子卢震名下行世，今人张清吉先生编纂《丁耀亢全集》时亦未收录该书，为正本清源，今将其详情考辨如下。

一、卢震生平事迹简介

卢震（1628—1704），字亨一，奉天（今辽宁沈阳）人，隶镶白旗汉军。先世江西乐平籍，后迁湖广景陵（今湖北天门）。清顺治八年（1651）补博士弟子员。顺治九年（1652），顺治皇帝特试授内弘文院编修。从军参画平定李定国。旋京，加光禄寺少卿衔录西曹事。康熙帝登基，擢内弘文院侍读学士，进内秘书院学士，纂修太宗、世祖实录副总裁。康熙八年（1669）秋，授湖南巡抚，抚湘五年，颇有政声。后三藩之乱起，吴三桂兵犯长沙，卢震以母老为辞弃城而逃，以失陷封疆罪下狱四年，后特释归家，闲居十年。复起用管理船厂，任事七年，以衰老告

---

* 本文原载于《甘肃社会科学》2018 年第 3 期，系国家社科基金后期资助项目“清初稀见杜诗学文献十种整理与研究”系列成果之一。

归。康熙四十二年(1702)腊月十六日卒于家。著有《悦安堂集》《抚偏檄草》《抚偏疏草》《杜诗说略》等。其子卢询,字舜徒,历官云南楚雄知府、江苏按察使、云南布政使、光禄寺卿、刑部右侍郎、兵部尚书、正黄旗汉军都统。陈士骥《楚雄郡伯卢公询去思碑》曰:"太先生亨一公,树帜词林,嘉谟谠论,显烁人耳目。及巡抚湖南,清德著于当时,丰功垂于奕世。迄今读长沙诸奏疏与《悦安堂诗草》,忠孝至情,溢于言外,未尝不慨然想见其为人。"①卢震的生平事迹详见陈奕禧撰《卢中丞行状》。②

二、《杜诗说略》的版本体例及刊刻时间

《杜诗说略》现存有两种版本:一为清华大学图书馆藏单行一卷本,二册一函。此本前有王封溁序,序后有"王封溁印""慎庵"两方钤记。"目次"前署"景陵卢震亨一著,胞弟豫顺如,男讷慎於、询舜徒、睿拙存,侄诩钦文、诗大雅校"。正文分类评论,依次为正派、变法、渊源、元气、胎骨、体裁、品格、章法、声律、诗眼、诗情、诗典、诗史、诗病、浅深、虚实、生熟、平奇、雅俗、大家、扫除、游涉、参悟、神化等二十四则。另外,《杜诗说略》还被收录于卢震的《说安堂集》之中(《四库未收书辑刊》第五辑第27册),分为二卷,见该书卷三、卷四。除了王封溁序外,《说安堂

① 钱仪吉纂录:《碑传集》卷九十六,周骏富辑:《清代传记丛刊·综录类三》第111册,台北:明文书局1986年版,第337页。

② 陈奕禧:《春蔼堂集》卷十五,《清代诗文集汇编》第173册,上海古籍出版社2011年版,第139—144页。

集》卷首还有管棆、王掞二人之序，检其内容，均系为《杜诗说略》所作，并非《说安堂集》之序。编者将管棆、王掞、王封溁三序置于卷首，似有权当总序之意。《说安堂集》二卷本《杜诗说略》卷前仅署“景陵卢震亨一”，其内容则与单行一卷本完全一致。又经查检，清初周纶《不碍云山楼稿》中亦载有一篇《杜诗说略序》，当为《说安堂集》刊刻时所未收。盖因序中曰：“昔徐元直亦以母故，致方寸乱。然徐陷异国，公束身本朝，相去殆径庭哉。”①这些话有显扬人恶之嫌，触及了卢震任湖南巡抚期间因畏敌逃命而遭罢斥的隐讳，故为其子卢询所厌弃。

关于《杜诗说略》一书的刊刻时间，《贩书偶记》曰：“无刻书年月，约康熙间刊。”②而周采泉《杜集书录》称其为“明崇祯四年（1631）刻”③，其论实误。《杜诗说略》卷前王封溁序，末署“赐同进士出身、通奉大夫、经筵讲官、礼部左侍郎兼翰林院学士加一级、前吏部右侍郎、内阁学士、日讲起居注官、旧治年家眷侍生王封溁顿首拜撰”，张忠纲先生乃据此署衔考出王封溁于康熙三十六年由礼部右侍郎转为礼部左侍郎，死于康熙四十二年，则是书刊于康熙三十六年至四十二年（1697—1703）间。又据王封溁序中“少陵所读之书，公无不读。而湘陵辰沅之地，公所建节，皆少陵踪迹所时到者，于是著《杜诗说略》一卷，文成数万”之语，推测该书成于康熙八年至十二年（1669—

---

①　周纶：《不碍云山楼稿》卷十四，《清代诗文集汇编》第157册，上海古籍出版社2011年版，第175页。

②　孙殿起：《贩书偶记》卷十三，中华书局1959年版，第319页。

③　周采泉：《杜集书录》，上海古籍出版社1986年版，第471页。

1673)卢震任湖南巡抚期间。① 实际上,这个推测是据单行本得出的,而《说安堂集》中管棆、王掞二序的落款均明确署为"康熙乙未",即康熙五十四年(1715),与王封溁序的写作时间相差十三至十九年。这种情况似乎表明,《杜诗说略》单行一卷本的刊刻要稍早一些,约刊于康熙三十六年至四十二年间,而《说安堂集》二卷本《杜诗说略》应刻于康熙五十四年以后。

三、《杜诗说略》一书的实际作者应为丁耀亢

经文献考查发现,明末清初丁耀亢亦撰有《杜诗说略》一书,虽然该书已佚,然清初陈僖为该书所撰之《杜诗说略序》尚载于《燕山草堂集》中,序曰:

> 自公安、竟陵之说不行,海内之宗工部,真如金科玉律,下至驵侩屠沽,皆能口诵之。而各家之注杜者,遂各存其见,以标风雅。求其杜诗之所以为杜、之可以至今传者,则阙如也,又安敢望《三百篇》之不亡于今乎?吾友野鹤,伤大雅之沦亡,悼元音之凋弊,借杜说法,为《说略》一书,以我注杜,复以杜注我。于前人所已及者,则畅其说;于前人所未及者,则抒其义。娓娓数万言,觉他人虫鸟之鸣,不堪复听。庶千百世后,读杜诗者晓然知其所以然,而诗道

① 参见张忠纲:《清代稀见杜集书目提要十种》,《古籍研究2004年卷上(总第45期)》,安徽大学出版社2004年版,第272—273页。又见张忠纲等编著:《杜集叙录》,齐鲁书社2008年版,第295页。

> 精微之旨，如日星河岳之不没也，野鹤真诗之功臣哉！大凡文之能传，固难于作，更难于知。不遇知者揭作者之源流本末，一一标以示人，纵作者参神入化，亦与春花秋草同其漫灭。汉之建初，仲任著《论衡》。迨及建宁，伯喈始获其篇，纳诸枕中，珍以为秘。唐之贞元，《昌黎集》成，至宋之治平，欧阳永叔始得其集于废书之簏，其文遂至今不朽。使杜诗不遇野鹤，纵诵者说者纷纷满天下，亦何异于《论衡》未纳枕中、《昌黎集》之杂废书簏乎？苏子由曰：于山则华岳，于水则黄河，于人则欧阳公。今为之增一语曰：于诗则杜少陵，于说诗则丁诸城也。①

丁耀亢（1599—1669），字西生，号野鹤，别号紫阳道人，明末清初山东诸城人，著有《续金瓶梅》等。序文的作者陈僖，字蔼公，号余庵、想园，清苑（今属河北）人，康熙十八年（1679）举博学鸿词，著有《燕山草堂集》。由于丁耀亢《杜诗说略》一书与卢震之著同名，故今人沈时蓉、詹杭伦《论卢震的〈杜诗说略〉》一文推断，这两部著作之间可能有传承关系。② 那么，丁耀亢与卢震之间是什么关系呢？考《丁耀亢年谱》，其于顺治六年（1649）三月，由顺天籍拔贡充任镶白旗教习，一直到顺治八年二月，又由镶白旗教习改充镶红旗教习。③ 卢震即隶属镶白

① 陈僖：《燕山草堂集》卷二，《四库未收书辑刊》第八辑第 17 册，北京出版社 2000 年版，第 455 页。

② 参见沈时蓉、詹杭伦：《论卢震的〈杜诗说略〉》，《杜甫研究学刊》2013 年第 3 期。以下所论，多引此文，为节省篇幅，不再出注。

③ 参见张清吉：《丁耀亢年谱》，南京大学出版 1996 年版，第 55、62 页。

旗，至顺治八年补博士弟子员，其受教于丁耀亢，当即在此期间。另外，沈、詹二人还找到了丁、卢为师生关系的一则文献佐证，可谓先得我心。湖北省博物馆藏清初王铎草书《题野鹤陆舫斋》诗卷，王晓钟曾撰文介绍：

> 卷后有卢震卢询父子、尹兴宗、蒋维藩等题跋。丁野鹤门生卢震题跋云："孟津王先生笔，冠绝一时，海内人士宗匠者众，尺幅珍藏真侔尺璧。"又云："诸城野鹤夫子所藏墨迹十诗生龙活虎，不可捉摸，孟津所得意笔也。"卢震子卢询题跋云："挥洒若不经意而纵横排奡之气犹在，且十诗之雄浑天成，似援豪立就者。"又云："兴酣落笔，擘窠狂草，风雨发作于行间，鬼神役使其指臂顾其后，亦颓然自然矣。"①

"陆舫"乃是丁耀亢任教习期间在京师米市南里华严寺西所筑居室之名，王铎为其题诗十首，卢震、卢询父子均为之题跋，卢震在题跋中称丁耀亢为"诸城野鹤夫子"，可以证明丁、卢二人确为师生关系。既然师生二人均撰有《杜诗说略》一书，这就很容易令人怀疑二书其实为一书。陈僖于《杜诗说略序》后署"癸巳"，即顺治十年（1653），说明丁耀亢的《杜诗说略》成书约在顺治十年前后，要远早于卢震之书，这又容易令人怀疑卢震或出于某种原因攘窃师说为己有。不过沈时蓉、詹杭伦二人的文章中只是审慎地提出怀疑，并未贸然下结论，然而他们更

---

① 王晓钟：《龙腾跳掷气不平，笔下难鸣千古名——观王铎〈题丁野鹤诗草书手卷〉》，《书法》2006年第6期。

倾向于此书实乃丁耀亢原著,并提出以下几点依据。第一,陈僖在《杜诗说略序》中提到丁耀亢《杜诗说略》的篇幅是“娓娓数万言”,体例是“以我注杜,复以杜注我。于前人所已及者,则畅其说;于前人所未及者,则抒其义”。这与卢震《杜诗说略》的篇幅和体例一致。第二,《杜诗说略》的行文意气风发,如“焚曹刘之朽骨,扫李杜之残灰”之类,表明作者具有“狂狷”的个性,这种文风与丁耀亢相近,却与卢震从容不迫的诗风差距较大。第三,陈僖《杜诗说略序》云:“自公安、竟陵之说不行,海内之宗工部真如金科玉律。”这与《杜诗说略》中常常批评明七子和钟、谭也恰能吻合。

沈、詹二人所论大致不差,此外我们还可以找到其他一些证据来证明丁耀亢才是真正的作者。第一,《杜诗说略》透露出的作者的年龄与卢震不符,却与丁耀亢相符。如《渊源》曰:

> 少年初学,不知杜诗之有本,或嫌其平淡,取其声色,爱其弘肆,略其精严。殆至行年五十,阅历百变,上穷百代,稽古生姿。

揣其口吻,当系作于五十岁以后。若按张忠纲先生的推断,此书成于康熙八年至十二年卢震任湖南巡抚期间,斯时卢震年四十二至四十六岁,这与书中作者自称五十多岁的口吻不相一致。而陈僖的《杜诗说略序》撰于顺治十年,丁耀亢斯时已经五十四岁,其教习镶白旗时年五十一至五十三岁,这个年龄段恰好与书中“殆至行年五十”的语气相吻合。第二,丁耀亢有杜诗批本存世,将其与《杜诗说略》相对照,便可发现二者之论若合符节,毫无二致。丁耀亢《出劫纪略》称其甲申岁“因村居渔钓自娱，得读杜诗，时杂吟咏”①。今上海图书馆还藏有丁耀亢朱批《李杜全集》，前有丁耀亢跋曰：

> 是书得之青州，明衡藩国除以后，市中所货也。族侄赤岸收之海上，顺治癸巳（1653），予卜居海村，借而读之，因记以丹铅。甲午赴容城教署，携为客笥，睹前题，固两代七十有七载矣，感而书之，琅琊丁野鹤耀亢题于容之椒轩。②

可见丁耀亢研读杜诗前后持续了很长时间。若将《李杜全集》中的丁耀亢批语和《杜诗说略》进行对比，就可以发现二者的论诗倾向基本一致。如丁耀亢批《送孔巢父谢病归游江东兼呈李白》曰：“神化无敌。”而《杜诗说略》中亦有《神化》一篇，且其曰：“《送孔巢父归江东》……七古之神化者也。”可见丁耀亢批语与《杜诗说略》对该诗的观点具有高度一致性。又如其批《寄彭州高三十五使君适、虢州岑二十七长史参三十韵》曰：“‘意惬关飞动，诗成接混茫’，二语尽诗家之秘。”这说明丁耀亢对“意惬关飞动，篇终接混茫”二句非常重视。而《神化》曰：“《寄高岑》曰‘意惬关飞动，篇终接混茫’，又曰‘毫发无遗憾，波澜独老成’，须知波澜从毫发中出，混茫从飞动中出，方得神化。”又《渊源》曰：“杜诗曰‘意惬关飞动，篇终接混茫’，今之才人，求其飞动或有之，而混茫难矣。”两相比较，其观点的相

---

① 丁耀亢撰，张清吉校点：《丁耀亢全集》下册，中州古籍出版社1999年版，第279页。

② 鲍松编刻：《李杜全集》卷首，上海图书馆藏明正德八年（1513）刻本。

似性亦颇为明显。这样的例子尚多,不暇枚举。因此,这让人有理由怀疑,丁耀亢对杜诗的长期批点正是《杜诗说略》最终得以成书的基础。第三,《杜诗说略》中对明代诗坛屡有批评,其矛头主要集中在以李梦阳、李攀龙为代表的“前后七子”及钟、谭身上(这一点沈时蓉、詹杭伦文章中已经提到,然未展开),这与亲身经历明末诗坛的丁耀亢的身份也完全契合,却距卢震所生活的时代较远。如《雅俗》曰:

> 今世渐知学锺、谭之非,不知学崆峒、沧溟之非。学七子久而变为空响,犹之乎锺、谭不能响者也。今天下学人溺而不化,有一雅即有一俗,吾甚危之。

卢震要比丁耀亢小二十九岁,其主要生活于康熙朝,这个时代的人不可能称明末为“今世”,其于书中反复批评前代诗坛也是不易讲通的。因为到了卢震生活的康熙朝,诗界对明末诗风的反思已经非常深刻,竟陵派的余风早已被涤荡殆尽。故而书中对当时诗人学竟陵派“溺而不化”表示担忧的话,断非卢震所能道出,应是丁耀亢所言。第四,《杜诗说略》的行文还从侧面透露出作者的籍贯。如《浅深》曰:“望巨邑之渊,而不知有沧海;登徂徕之巅,而不知有泰岳。”作者信手拈来地将徂徕山与泰山进行对比,应是其潜意识的自然流露,因为徂徕山的名气并不大,若非山东人很少会注意,作为山东诸城人的丁耀亢对徂徕山自然很熟悉,而生长于京师的卢震却未必对其有所了解。

综上所述,《杜诗说略》的实际作者应为丁耀亢,而非卢震。那么,丁耀亢的《杜诗说略》又是如何最终嫁名于卢震进行刊刻的呢？这恐怕与丁耀亢晚年著作遭朝廷禁毁有关。康熙四年八月，因有人告发《续金瓶梅》乃借宋金战争影射清朝之残暴，丁耀亢被捕入刑部狱，后经友人龚鼎孳、傅掌雷全力援救，于年底被赦免释放，但《续金瓶梅》却被下诏焚毁。因为惧祸，丁耀亢此后的著作便只署化名（如《醒世姻缘传》），这使得丁氏著作的流传和刊刻都受到了极大影响。若无今人张清吉先生数十年的悉心访查收集，丁耀亢的许多著作恐怕都将有散佚之虞。故沈时蓉、詹杭伦等人推测，正是由于丁氏晚年遭遇了文字之祸，才将《杜诗说略》手稿送给门生卢震，抑或是卢氏父子于丁耀亢谢世之后将其原稿据为己有。需要指出的是，无论是单行一卷本还是《说安堂集》二卷本《杜诗说略》，卢震均未撰写自序，或是其将师说据为己有而感到羞愧所致。当然，不可否认还存在这种可能，即卢震见其师之著作遭到朝廷明令禁毁，难以刊刻，而又不忍《杜诗说略》一书湮没于己手，无奈之下，聊托己名行世，以期不埋没乃师著述，实非欲欺世盗名。如上所述，即便是最早刊印的单行本《杜诗说略》，其刊刻时间上距丁耀亢去世至少已有二十九年，此时距卢震去世亦仅有数年。然卢询在其父去世二十多年后编刻《说安堂集》时，又将《杜诗说略》毫不怀疑地收入，并广请文人为之鼓吹，似并未理解其父之苦心。为《杜诗说略》作序的管棆①、王掞、王封溁、周纶等人其实都是卢震的晚辈，为其子卢询的朋友，他们对《杜诗说略》成于卢震任湖南巡抚期间的记载当是闻之于卢询，所以也不可尽信。故《杜诗说略》实际应成书于顺治十年前后，

---

① 管棆的生平事迹，可参见龙野：《清初诗人管棆生平考证》，《古籍研究》2015 年第 2 期。

并不是康熙八年至十二年间,《杜集叙录》的相关结论应予以修订。

四、《杜诗说略》之理论特色

(一)"借杜说法"的诗学理论体系

沈时蓉、詹杭伦认为,《杜诗说略》以评杜为主,其性质与卢世漼《读杜私言》近似,此论实误。卢世漼《读杜私言》包括《大凡》和《余论》,是针对杜诗进行的一次系统评论,其着重点乃是杜诗本身。而统观《杜诗说略》全书,其本意并非以杜为主,而是更为着重建构一个完整的诗学理论体系,只是在阐述其理论时往往将杜诗作为示例,目的是借以增强其理论的说服力,即陈僖《杜诗说略序》中所谓"借杜说法"。然而当其意气生发之际,有时甚至会忘记"借杜说法",书中的许多篇目亦仅仅稍微提及杜诗,甚至都未暇举出具体的诗例。因此,《杜诗说略》这种体例和框架与《读杜私言》迥乎不同,倒是与刘勰《文心雕龙》的格局较为相似。然其理论深度终究无法与体大思精的《文心雕龙》相媲美,揣其初衷,著者似是针对当时诗坛种种流弊,试图总结概括前人的创作经验,编撰一册概论性质的诗学讲义以开悟后学,当然这与丁耀亢八旗弟子教习的身份也是契合的。总的来看,书中的《正派》《变法》《渊源》《元气》属于诗学总论,《章法》《声律》《诗眼》《诗典》《诗病》则关注具体的创作手段、方法与避忌,《体裁》是论诗歌的类型与风格,《诗情》是谈真情对诗歌趣味风致的决定作用,《游涉》是谈人生经历对创作主体的影响,《胎骨》《大家》《扫除》《参悟》《神化》等篇是论境界及眼光,《雅俗》《浅深》《虚实》《平奇》《生熟》等篇是谈如何在创作中把握好各种尺度。

（二）对明代诗学的反思与批评

作为一部为初学者指示诗法的专著,《杜诗说略》还表现出强烈的现实针对性,书中贯穿着对明代诗学得失的深刻反思。如《正派》曰:

> 至元而诗又亡,抵于明,刘、高、王、宋,及于三杨之间,七子争鸣,可谓起清庙之朱弦,奏韶濩之黄钟者矣。然而得雄厚者,失幽渺之情;驾宏伟者,开浮大之径。"百年""万里",重出迭见,此何、李之相求者,可为定案。是得杜之气格而少其变化,剿唐之皮毛而失其魂魄。或通篇一律,连用相袭,寘之雷同,无不可惜,无怪乎开明末之疵摘而以旁门来相攻也。竟陵、公安,攘戈入室,欲辟一家,力扫窠臼。本欲以才人之慧解,崇上古之弘文,求复太始,反成小品,以枯为清,以纤为艳。蓬头野服,遂指为西子之妆;渔唱樵歌,何以定南郊之乐。故山人女子,相尚为诗,风之不竞,似有气运焉。

《雅俗》曰:

> 今世渐知学钟、谭之非,不知学崆峒、沧溟之非。学七子久而变为空响,犹之乎钟、谭不能响者也。今天下学人溺而不化,有一雅即有一俗,吾甚危之。

《虚实》曰：

> 明七子实多虚少，使人恨其不虚。钟、谭则知虚而不知实，使人悲其空虚……钟、谭注《诗归》，甚有新意，但偏于空虚，非清虚也，故失耳。

《参悟》曰：

> 《诗归》未尝不高，钟、谭今退位；崆峒未尝不老，而北地果尽境乎？

总的来看，对明代诗学弊端的批评与反思贯穿了整部《杜诗说略》，书中全面梳理了有明一代诗学的整体发展历程，对"前后七子"、公安派、竟陵派诗学得失都有深刻的剖析，尤其对"前后七子"及竟陵派的弊端持较为激烈的批评态度。蒋寅先生指出，对明代诗学的强烈反思是清初诗坛最引人注目的焦点，[①]《杜诗说略》就是这部大合唱的一个组成部分。

（三）辩证统一的诗学范畴

在《杜诗说略》二十四类专题之中，《雅俗》《浅深》《虚实》《平奇》《生熟》等篇都带有明显的辩证色彩，是整部书中的重要部分。丁耀亢非常注重这些辩证诗学范畴对初学者的指导作用，如《生熟》曰：

---

① 参见蒋寅：《清代诗学史》，中国社会科学出版社 2012 年版，第 77 页。

初学诗者,易生而难熟。不但平仄黏靠,费其敲打,情景架面,苦于布置。或押韵不熟,以生字难字凑者有之;或炼句不熟,以拗字作奇字,以嫩字作老字者有之,此不熟之易知者也。至十余年,少熟矣。或以平庸漫衍,照影布架,率尔成篇,衬贴成律。及细味之,言随意尽,色具中枯,此熟而不熟之难知者也……每见近称作者,蹊径既熟,气味反平,此又能熟而不能生之病。安所习而不变,遂无生趣,无生趣而诗槁矣。窃谓初学少陵之诗,当求其熟;久读少陵之诗,当求其生。杜陵之生处即其熟处,所以至今光芒万丈者,能生耳。由生求熟易,由熟求生难,此日新之道也。

明清诗话中关于"生熟"辩证关系的阐述颇为丰富,清初贺贻孙《诗筏》曰:

杜诗韩文,其生处即其熟处,盖其熟境,皆从生处得力。百物由生得熟,累丸斫垩,以生为熟,久之自能通神。若舍难趋易,先走熟境,不移时而腐败矣。①

可见《诗筏》之论与《杜诗说略》"杜陵之生处即其熟处"基本一致,贺贻孙生于明万历三十三年(1605)②,比丁耀亢小六岁,

① 贺贻孙:《诗筏》,郭绍虞编选,富寿荪校点:《清诗话续编》,上海古籍出版社1983年版,第137页。

② 参见江庆柏:《清代人物生卒年表》,人民文学出版社2005年版,第597页。另刘浏《贺贻孙生卒年小考》(《中国韵文学刊》2010年第4期)认为其生于1603年,所论有误,故未采纳。

二人基本为同时人，然二人相同之论不易区分先后。相比较而言，《杜诗说略》着重描述了从初学诗的难熟到十余年后的稍熟再到蹊径既熟之后能熟而不能生这样一个实践过程，并以杜诗为例说明由熟求生之可贵，其向初学者示以诗法的意图较为明显。

总之，《杜诗说略》实为丁耀亢佚著，由于其著作遭到清廷禁毁，遂最终嫁名于卢震进行刊刻。该书是一部具有概论性质的诗学理论专著，书中所构建的诗学理论体系和诗学范畴多借杜诗以说法，较为深刻地反思和总结了明代诗学的诸种积弊，有较强的现实针对性。其阐说不厌其烦，深浅适中，是一部颇有便于初学的诗学入门读本。

许之溥及其《庶庵说杜》考论*

金圣叹友人许之溥因游华山堕崖而卒，文献中对其生平事迹的记载颇罕。由于特殊的家庭背景和人生经历，许之溥的人生观迥异常人，从其遗存的诗文中可以看到，他的人生充满了感伤与痛苦。许之溥的论诗旨趣与金圣叹相同，《庶庵说杜》因被赵时揖附刻于《贯华堂评选杜诗》卷末而得以留存，其论杜态度有时比金圣叹更为偏激，从中亦可管窥许之溥于易代之际复杂矛盾的思想状态。

一、许之溥生平事迹考辨

文献中鲜有关于许之溥生平事迹之记载，与其父许鼎臣、其兄许之渐相比，许之溥的名气要逊色不少，学界甚或有将他与其兄许之渐混为一人者。① 陆勇强先生云："其人事迹罕见。道光《武进阳湖县合志》卷三十三《艺文志》载：'《赋闲楼诗》，

---

* 本文原载于《杜甫研究学刊》2020 年第 1 期。

① 参见郑子运：《明末清初诗解研究》，凤凰出版社 2010 年版，第 6 页。

武进诸生许之溥撰。'赵震《毗陵诗录》卷一亦载:'许之溥,字庶庵,有《赋闲楼诗》。'并收有其三首诗《感秋吟》《绿水词》《病起怀杨序玉》。其生平事迹有待详考。"[①]陆林先生在此基础上续考,撰写了《金圣叹与武进许氏兄弟交游考》一文[②],其中《许之溥事迹新考》颇有发明,是目前学界对许之溥生平考证最为深入者,然其中某些论断亦不无值得商榷处,以下尝试论之。

最早记载许之溥生平的文献,是康熙时赵时揖《贯华堂评选杜诗》卷末之《附记》:

> 庶庵高才异致,登华山绝顶,坠崖而死。与贯华先生游,情味特契,故议论往往相似。[③]

此外,许之溥的生平事迹又见于吴定璋《七十二峰足征集》、光绪《重修马迹山志》、光绪《武进阳湖县志》。其中,《七十二峰足征集》载其小传:

> 许之溥,字观生,号庶庵,之渐胞弟。邑诸生,恃才旷放,与吴门金圣叹称同调,金尝赠句云:"庶庵死日原无病,圣叹生来只有贫。"后游华山,登绝顶奇峰,举首遐观,

① 陆勇强:《金圣叹友人生平事迹探微》,《明清小说研究》2005年第4期。

② 陆林:《金圣叹与武进许氏兄弟交游考》,《中国典籍与文化》2014年第1期。

③ 金圣叹撰,赵时揖辑:《贯华堂评选杜诗》,清乾隆二十四年(1759)桐阴书屋刻本。

鼓掌大笑，失足堕崖而卒。金诗“死日原无病”者，殆其谶欤？有《赋闲楼诗集》。①

另外，光绪《重修马迹山志》亦载其小传，文字略详，其曰：

许之溥，字观生，号庶庵，鼎臣三子。为人倜傥，行纯笃，邑诸生。弟早卒，抚两孤侄过己子，教之成立。之溥岁试，学使责其字多古体，遂终生不搦管，辄口授人书。闻闯贼陷京师，痛苦几绝，自谓赘疣，佯狂诗酒间。后适秦，游华岳，自作祭文，醉饱而上，同游不敢从。溥独至昌黎恸哭处，无何，攀援而下，鼓掌笑曰：“诸君何怯也！”失足堕而卒。之溥与金人瑞善，人瑞有句云：“庶庵死后原无病，圣叹生前只有贫。”人以为谶云。著《赋闲楼诗》。②

光绪《武进阳湖县志》卷三十《杂事、摭遗》亦有许之溥小传：

许之溥庶庵，县学生，遭时多故，遂弃举子业，放游山水，与金人瑞圣叹善。晚岁游秦，欲登华岳，先作自祭文，从游者颇以为不详。之溥不顾，醉饱而上，至山半，宾客莫能从，乃独登绝顶，至昌黎恸哭处，无何，攀援而下，鼓掌笑曰：“诸君何怯，吾已下矣！”语未竟，失足堕巉岩，遂卒。人瑞尝有句云：“庶庵死后原无病，圣叹生前只有贫。”遂

---

① 吴定璋：《七十二峰足征集》卷四十一《许氏合编》，《四库全书存目丛书补编》第43册，齐鲁书社2001年版，第480—481页。

② 许械纂述，冯效亭参校：光绪《重修马迹山志》卷七《孝义》，清光绪六年（1880）活字本。

成诗谶。①

以上三种文献均记载了许之溥在华山堕崖而卒之事，然而文字却互有异同，例如在《七十二峰足征集》中，许之溥的堕崖似乎只是一场意外事故，而光绪《重修马迹山志》、光绪《武进阳湖县志》中则增加了他在山下“自作祭文，醉饱而上”的情节，这使得其堕崖更像是早已预谋的自杀而非意外。而且堕崖地点又由最初的“绝顶奇峰”明确为“昌黎恸哭处”，同时又增加了其堕崖前“诸君何怯也”之语记载。这些细节的增加都表明三种记载的文献来源并不一致，然而后起之文献比早期文献记载的信息更为丰富，仍令人有些怀疑，因为这种情况的出现不能排除后人杜撰作伪之可能。值得指出的是，金圣叹的诗谶也从“庶庵死日原无病，圣叹生来只有贫”变成了“庶庵死后原无病，圣叹生前只有贫”，虽仅改动了两个字，但很容易让人误解为许之溥卒于金圣叹生前。实际上，金圣叹因“哭庙案”被腰斩于顺治十八年（1661），许之溥堕崖而卒的时间则还要晚很多。康熙三十五年（1696），曲江廖燕游吴门，作《金圣叹先生传》曰：“先生没，效先生所评书，如长洲毛序始、徐而庵、武进吴见思、许庶庵为最著，至今学者称焉。”②据传中语气可知，许之溥定卒于金圣叹之后，并曾效法金圣叹之法来评点杜诗。

据陆林先生推测，许之溥约出生于明天启四年（1624），这是因为郑鄤《天山自叙年谱》“天启五年乙丑年三十二岁”条

---

① 汤成烈等纂，吴康寿、王其淦修：光绪《武进阳湖县志》卷三十，《中国地方志集成·江苏府县志辑 37》，江苏古籍出版社 1991 年版，第 772 页。

② 廖燕：《二十七松堂集》卷十四，《廖燕全集》本，上海古籍出版社 2005 年版，第 302 页。

载:“九月室人生女,府君命小名银华。甫期月,中丞许定于公为其子之溥纳采。”①另外,崇祯十七年(1644),黄道周撰《郑峚阳年兄暨元配周孺人墓志》称郑鄤有六女,“长适庠生贺儒环,已酉举人□□府通判止叔公子;次适庠生许之溥,丁未进士巡抚山西右佥都御史定于公子”②。可知郑银华长大后确实嫁给了许之溥。按照古人风俗,订娃娃亲的儿女年龄应彼此相仿,既然郑鄤之女郑银华出生于天启五年,许之溥与其年龄应相差不大。上述两条文献确实至关重要,其为判断许之溥的生年提供了大致的范围和线索。

许之溥为许鼎臣三子、许之渐弟、郑鄤之婿,这种特殊的身份及家庭背景对其性格产生了至关重要的影响,甚至决定了其人生轨迹。许之溥之父许鼎臣一生不受重用,屡受权奸和阉党打击。其岳丈郑鄤崇祯八年(1635)因得罪温体仁被劾入狱,以杖母、奸媳、奸妹之不孝乱伦重罪,于崇祯十二年(1639)八月二十六日在京师西市被凌迟处死,这年许之溥才十六岁。计六奇《明季北略》卷十五《郑鄤始末》详细记录了郑鄤被凌迟的全过程,读后让人感觉既血腥又惨烈,对明末党争之残酷也有了感性的认识。陆林指出,许氏在晚明便因小故而放弃科考,并自弃于世,借酒佯狂,便是因其岳父郑鄤的忤逆乱伦之罪给了他带来巨大精神压力。③ 另外,光绪《重修马迹山志》说许之

---

① 郑鄤:《天山自叙年谱》,《北京图书馆珍藏年谱丛刊》第61册,北京图书馆出版社1999年版,第239页。

② 郑鄤:《峚阳草堂文集》,北京大学图书馆藏民国二十一年(1932)活字本,《四库禁毁书丛刊》集部第126册,北京出版社2005年版,第509页。

③ 参见陆林:《金圣叹与武进许氏兄弟交游考》,《中国典籍与文化》2014年第1期。

溥“闻闯贼陷京师，痛苦几绝，自谓赘疣，佯狂诗酒间”，陆林先生对此亦持怀疑态度，认为仍是郑鄤事件给其造成的心灵创伤所致。光绪《武进阳湖县志》卷三十《杂事、摭遗》曰“许之溥庶庵，县学生，遭时多故，遂弃举子业，放游山水”，“遭时多故”云云，似也可作为陆先生猜想之佐证。不过陆先生此说虽有一定道理，却并不全面，因为按常理而言，许之溥的岳父郑鄤惨死事件发生在明末，斯时造成他对朝廷的疏离与愤恨是可以理解的，然而入清之后许之溥却为何坚不出仕呢？其长兄许之渐不就仕清了吗？这其中一定另有缘由。今检康熙《常州府志》卷二十六《列女》载：

吴氏，许之溥妻，被兵，欲污之，不从，遇害。之溥救，亦被害。[①]

另外，光绪《武进阳湖县志》卷二十七《人物·列女》亦载此事，文字稍详。

许之溥妻吴氏，顺治初，讹言苏州吴易匿马迹山，官兵至山搜捕，见吴美，逼之，吴不从，遂遇害。之溥救之，亦被杀。[②]

这两条文献似为陆林先生所未见，却正可解释许之溥入清不仕

---

① 陈玉璂纂，于琨修：康熙《常州府志》卷二十六，《中国地方志集成·江苏府县志辑 36》，江苏古籍出版社 1991 年版，第 590 页。

② 汤成烈等纂，吴康寿、王其淦修：光绪《武进阳湖县志》卷二十七，《中国地方志集成·江苏府县志辑 37》，江苏古籍出版社 1991 年版，第 697 页。

之因。由于妻子吴氏为清兵所杀，许之溥遂绝意不仕清廷，其志可悯，其情可怜。当然方志中“之溥救之，亦被杀”之说显然不确，当系误记。不过以情理度之，若许之溥当时确在现场，见妻子有难，定当施救，虽侥幸未死，亦必受重伤，方志中称其“被杀”，恐非空穴来风。而他目睹妻子被害惨死，一生中又如何能够忘怀！故在经历了国破家亡的剧痛之后，许之溥于情于理都不可能入仕新朝，这才是其入清后自甘沉沦乃至后来轻生求死的真正原因。若明乎此，我们再返观光绪《重修马迹山志》中关于许之溥“闻闯贼陷京师，痛苦几绝，自谓赘疣，佯狂诗酒间”的记载，就明白其痛苦不仅是简单的灭国亡君之痛，其中亦隐含着丧妻毁家之悲。和顾炎武、归庄等明遗民一样，灭国丧家的人生惨剧让许之溥对生活充满了痛苦和绝望，只能借诗酒佯狂排遣。需要提请注意的是，若方志所记不谬的话，顺治初许之溥妻为吴氏，并非郑氏，则此前郑鄤之女郑银华或已过世，许之溥遂续娶吴氏为妻。因此，陆林先生围绕郑鄤惨死之事来解释许之溥于仕途上的消极心态只说对了一半，此说虽可解释他于明末以细故即放弃功名仕途之因，但却不能解释其于明亡后不仕清廷之故，今据康熙《常州府志》、光绪《武进阳湖县志》的相关记载对其鼎革之际的经历加以补充，如此方可深入理解许之溥入清后绝意仕进的真正原因。

二、从许之溥遗存诗作管窥其于鼎革之际的复杂心态

道光《武进阳湖县合志》卷三十三《艺文志》著录了《赋闲

楼诗》,称“武进诸生许之溥撰”。许之溥的《赋闲楼诗》早已散佚不传,康熙二十年(1681)蒋鑨、翁介眉编选的《清诗初集》中收录其诗三首,分别是《感秋吟》《绿水词》《病起怀杨序玉》,这三首诗后来亦被收录于赵震《毗陵诗录》卷一。此外,乾隆十年(1745)吴定璋编纂的《七十二峰足征集》卷四十一著录了许之溥诗11题19首,因此目前许之溥存世诗歌计有22首,通过解读这些诗作或可约略触摸到许之溥曲折复杂的心路历程。

仔细品味许之溥这些遗存诗作,很难看出其因岳父被杀而遭受巨大精神压力的端倪,却能够一窥他于出处之际的复杂矛盾心态。许之溥的诗多代言体,常模拟女性身份抒情,情感纤细而又敏感,《山夜忧三首》《杂怨》《古意》皆是如此。当然,虽然他自甘废弃,但诗歌中还是不时流露出生不遇时的悲慨,如《杂怨》其三云:“盛年废巧笑,畴能免悲伤。”其四云:“岁月寄飞电,何时致公卿?”诗人说自己抱才守器、有才难申,就如处于芳龄的美人“废巧笑”一样令人伤感,所以他才常有岁月如梭、致身无由的焦灼。又如《偶感》云:

何事感人深,刘桐成古琴。木中本无响,指上非有音。何以山水奏,遂传君子心。

阴阳易感化,遇物成参差。羲农去我久,情意自然沉。举世无由问,情泪盈衣襟。[①]

诗以“刘桐成古琴”起兴,桐木本无响,指上亦无音,只有将桐

---

① 吴定璋:《七十二峰足征集》卷四十一《许氏合编》,《四库全书存目丛书补编》第43册,齐鲁书社2001年版,第482页。

木做成古琴,才能奏出美妙的乐章,隐晦地表达了自己有才难施是因为没有遇到合适的入世机缘,意即所谓“遇物成参差”。诗中“羲农去我久”,借用陶渊明《饮酒》其二十的成句,是说上古淳朴之俗去我已久,而现世浊恶不堪,故使我济世之情意自然消沉。“举世无由问,情泪盈衣襟”二句表现出令人绝望的孤独感,这表明诗人有志而不售,正是由于时代的原因。另外,《秋风感》也是值得注意的一首诗,诗中透露的信息对我们解读其出处心迹极有帮助,诗云:

空山气肃秋风早,风卷山花满樵道。山里衡门披褐人,每向山花惜怀抱。

少年汲汲修空名,日暮看书叹衰老。清溪流水何粼粼,水底白石何皓皓。

流水白石既如此,人生立身有同好。子虚赋就贵同时,丞相门前君莫扫。

一悟阴符不复言,日日开扉对青草。①

诗由山中秋气之萧索起兴,进而对“少年汲汲修空名”进行反思,然而诗人还是认为“子虚赋就贵同时,丞相门前君莫扫”,意即不能忘怀对功名的追求与流连,不过他最终却是“一悟阴符不复言,日日开扉对青草”。《阴符经》是道家典籍,诗人说自己因悟道而放弃了入世的追求,总让人觉得像是托词和借口,不然的话,他怎么还会如此寂寞和感叹呢?另如《吐花

① 吴定璋:《七十二峰足征集》卷四十一《许氏合编》,《四库全书存目丛书补编》第43册,齐鲁书社2001年版,第482页。

词》,序曰:“吐花,刘氏歌姬也。刘氏歌舞,照耀耳目,世变沧桑,旋致寂寞,时人感之,命予作《吐花词》。”诗曰:

玉栏春老红芳失,海纱影薄东风疾。敛眉斜倚碧窗人,雾鬓花颜年十七。

沉香回步锡明珠,玉燕飞光对寒日。忝尽罗衣金凤老,云和弹作燕支草。

蜀山云去月荒凉,魂接轻烟堕清晓。①

此诗意境、韵律、辞藻多仿李贺名篇《金铜仙人辞汉歌》,年方十七的歌姬吐花舞姿动人,却不幸死于世变沧桑之时,但诗人并没有交代吐花卒于世变之际的原因,诗中只余对佳人美好的追忆,以及对她香消玉殒的无尽感喟与惋惜。当然,吐花的命运只是时代悲剧的一个缩影,相信在诗人对往昔美好事物的追怀之中,一定也闪动着吴氏鲜活的身影。

三、许之溥与金圣叹的交往

许之溥比金圣叹小十六岁左右,是金圣叹的晚辈,二人的交往不知起于何时。不过二人均视科场为儿戏,于盛年就轻易放弃了功名。方志称“之溥岁试,学使责其字多古体,遂终生不搦管,辄口授人书”,而金圣叹“以岁试之文怪诞不经黜革,

① 吴定璋:《七十二峰足征集》卷四十一《许氏合编》,《四库全书存目丛书补编》第43册,齐鲁书社2001年版,第483页。

来年科试,顶张人瑞名就童子试”①,看来金圣叹与许之溥二人于恃才傲物方面真可谓是志同道合。顺治十七年(1660),金圣叹“分解”唐诗时曾与许之溥商榷,这时许之溥约三十七岁。《鱼庭闻贯》中《与许庶庵之溥》曰:

> 昨读尊教,云“诗在字前”,此只一语,而弟听之,直如海底龙吟,其声乃与元化合并,岂复章句小儿所得模量哉!感激感激!弟因而思仓帝造字,自是后天人工;若诗,乃更生天生地。设使澒洞之初,竟复无诗,则是天地或久矣其已歇也。但今诗莫盛于唐,唐诗莫盛于律,世之儒者不察,猥云唐律诗例必五字为句,或七字为句,八五则四十字,八七则五十六字,其意殆欲便认此四十字与五十六字为诗也者。殊不知唐诗之字,固仓帝之字;若唐诗之诗,固仓帝已前澒洞之初之诗也。或者又疑唐诗气力何便遂至于此,则吾不知尊教所云字前之诗,又指何诗哉?弟比者实曾尽出有唐诸大家名家,反复根切读之,见其为诗,悉不在字,悉复离字别有其诗,因而忽然发兴,意欲与之分解,或使后世之人不止见唐诗之字,而尽得见唐诗之诗,亦大快事!然又自顾身手无力,胡便得济?仰望援接,乃非一端。②

许之溥“诗在字前”说,当从王羲之《题卫夫人笔阵图后》“意在笔先”之说化出,金圣叹在信中非常赞同此论,并希望在分解

① 顾公燮:《丹午笔记》,江苏古籍出版社 1985 年版,第 162 页。

② 金圣叹:《贯华堂选批唐才子诗·甲集七言律》卷二,陆林辑校整理:《金圣叹全集》第 1 册,凤凰出版社 2008 年版,第 99 页。

唐诗时能得到他的帮助，说明二人在论诗方面非常投契。另在《与杨云珮廷章》中，金圣叹亦提到许之溥：

> 弟于唐律诗，不敢以难之心处之，为其诗则皆其人之诚然之心也，非别有所作而致之者也；又不敢以易之心处之，为其诗则皆其人生平所读万卷之诗之所出也，非率尔能为是言者也。知弟者，其惟许子庶庵乎，何故至今久不见来？①

他在此札中将许之溥许为知己，并急切地想见到他，可以想见二人的关系定是非常密切。按，杨廷章，字云珮、公式，吴县人，顺治十四年举人，康熙《吴县志》称其“治《诗》，经魁，廷试覆革”，即因“丁酉科场案”被褫夺了功名。可见金圣叹、杨廷章、许之溥都是失意的下层文人，或许正是相似的人生经历让他们成为过从密切的好友。《七十二峰足征集》称许之溥“恃才旷放，与吴门金圣叹称同调”，也可侧证二人的诗学旨趣相同。故金、许二人论杜有很多相通之处，有时甚至达到你中有我、胶漆难辨的程度。许之溥《庶庵说杜》对五首杜诗之评语，最早为赵时揖附刻于《贯华堂评选杜诗》卷末，后来逐渐混入金圣叹《杜诗解》之中，竟与金评混为一谈，《杜诗解》的编辑者金昌对此已有所察觉，如《早起》诗后，金昌注云：“或曰：‘此是晋陵许庶庵笔，为唱经所鉴定者。’果有之，

---

① 金圣叹：《贯华堂选批唐才子诗·甲集七言律》卷二，陆林辑校整理：《金圣叹全集》第1册，凤凰出版社2008年版，第126页。

亦足想见庶庵。”①今将《唱经堂杜诗解》与《贯华堂评选杜诗》对比后可以确认，这五首诗之评语确实出自许之溥手笔，而非金圣叹之评。

四、妄想与失落：许之溥《庶庵说杜》论析

《庶庵说杜》附刻于乾隆二十四年(1759)桐阴书屋刻赵时揖辑《贯华堂评选杜诗》二卷之后，仅五则，分别评《萧八明府实处觅桃栽》《凭何十一少府邕觅桤木数百栽》《凭韦少府觅松树子栽》《又于韦处乞大邑瓷碗》《早起》等五诗，总题为“庶庵说杜”，下题小字曰“附刻”，前有赵时揖《附记》云：

> 后五首，或亦以为贯华先生所说。以后有“庶庵”字，访之，始知为许庶庵笔也。庶庵高才异致，登华山绝顶，坠崖而死。与贯华先生游，情味特契，故议论往往相似。余不忍使其人文勿传，因为附刻于此。所说沉绵旷远，置《才子书》中，几或无辨，读者当亦共为感惜耳。庶庵，常州武进人，讳之溥，侍御青屿先生讳之渐者之弟也。

这段附记表明，许之溥与金氏论杜之语在金圣叹卒后已经出现相互混淆的情况，若无同时人赵时揖留意区分，后人恐难以分辨。许之溥对杜甫营建浣花溪草堂的五首诗别有会心，《庶庵说杜》前有对《早起》等五诗之总评：

---

① 金圣叹：《杜诗解》卷二，上海古籍出版社1984年版，第113页。

> 吾读杜诗至此五首，不觉哑然失笑也。无量劫来，生死相续，无贤无愚，俱为妄想骗过。如汉高纵观秦皇帝，喟然叹曰："大丈夫当如此矣！"岂非一肚皮妄想！及后置酒未央，玉卮上寿，却道"季与仲所就孰多"，此时心满意足，不过当日妄想圆成。陈涉辍耕之垄曰："富贵无相忘。"此时妄想，与汉高无别，到后为王便歇，不过妄想略现。阮嗣宗登广武，观刘、项战处，曰："遂使孺子成名！"亦是此一副肚肠、一副眼泪。后来身不遇时，托于沉冥，以至于死，不过妄想消灭。或为帝王，或为草窃，或为酒徒，事或殊途，想同一辙。因忆为儿嬉戏时，老人见之，漫无文理，不知渠心中无量经营、无边策画，并非卒然徒然之事也。羊车竹马，意中分明国君迎门拥篲，县令负弩前驱；陈饭途羹，意中分明盛馔变色，食前方丈；桐飞剪笏，榆落收钱，意中分明恭己垂裳，绕床阿堵。其为妄想，与前三人有何分别？曾记幼年有一诗云："营营共役役，情性易为工。留湿生萤火，张灯诱小虫。笑啼兼饮食，来往自西东。不觉闲风日，居然头白翁。"此时思之，真为可笑。既念生子孙，方思广园圃，如此妄想，便足一生。我既生子，子又生孙，孙又生孙，后来不知何人，俱同此一副妄想。譬如此五首诗，亦是少陵无边妄想。妄想于虚空世界，劈空捏一园林，东家讨树，西家讨碗，早起经营，皆一时一刻造就，非真东用寸楮，西驰尺幅，往来乞觅也。大抵先生异于人者，于妄想中成三禅乐，世人于妄想中成五浊恶也。

他分别举出项羽、刘邦、陈胜、阮籍之言行，欲证明世人皆为妄想所欺，进而认为杜甫营造草堂的数首诗也并非真实情况，亦是其无边妄想，是诗人“妄想于虚空世界，劈空捏一园林，东家讨树，西家讨碗，早起经营”，此说真乃匪夷所思，却正可窥见许之溥独特的人生感受。其所谓“无量劫来，生死相续，无贤无愚，俱为妄想骗过”皆是他对历史人生的自我总结，虽不免偏颇，但亦能发人深省。许之溥认为少陵超越前人之处正在于“于妄想中成三禅乐，世人于妄想中成五浊恶”。“三禅乐”，出自《悲华经》：“若证三禅之乐，则舍二禅之喜，不生悔心，故名为舍，亦名三禅乐。”“五浊恶”，亦出自《悲华经》，指劫浊、众生浊、命浊、烦恼浊、见浊。此外，许氏还将这五首诗看成修禅的不同进境，其曰：“四绝一律五首，凡作三段顿挫，前二首一时高兴勃勃，极具勇猛精进。第三首复了悟，第四首故于酒杯求大休歇，末首又想及时行乐，所为住诸妄境，不加了知，不辨真实，于诸妄心亦不熄灭也。”可见许之溥与金圣叹一样，都有以佛论杜之习惯，而且金、许二人都是借评杜抒发一肚皮不合时宜之感，即以杜诗之杯酒，浇自己之块垒。不过其如此论杜，往往与杜诗本意距离较远，甚或毫不相干。不过若将这些评语视为许之溥真实的内心独白，倒正好可以作为解读其奇特人生之绝佳材料。

作为一个失意者和边缘人，许之溥的人生有着很多难以追怀之痛苦与无奈，故其常借林泉之胜来抒发郁闷之怀，而杜甫结茅于浣花溪畔的境况正与他村野林居的寂寞生活有几分相似，故他便借此话头，通过评点杜甫营建草堂诸诗，以驱遣兴致与情怀。如《凭何十一少府邕觅桤木数百栽》：“草堂堑西无树林，非子谁复见幽心？饱闻桤木三年大，与致溪边十亩阴。”许之溥评曰：“第三句必欲自注一句者，非表桤木易大，亦非表桤木不才，盖笑俗人举世无知，不知桤木可恁般受用，写出独得之秘，皆一时快活语。”“笑俗人举世无知”云云本非杜甫原意，桤木成荫迅速更是世人皆知，但许之溥却偏偏自说自话，以为“桤木可恁般受用”乃老杜“独得之秘”，揣其缘由，当是其本人亦曾亲历幽居草木之乐，故借杜诗发之。当然，幽居林泉的生活并不总是那么快活和惬意，因此许之溥在其评点中有很多内容是对自己悲凉人生的反思。如《凭韦少府班觅松树子栽》：“落落出群非榉柳，青青不朽岂杨梅？欲存老盖千年意，为觅霜根数寸栽。”许之溥评曰：

盖春夏乐事，备足无余，其余事事皆在可缓，无端无事讨事，又想数松点缀，静坐三思，不觉自笑：我欲成此园，原为逃名息机，聊以卒岁。今觅松树子栽，既不能取效目前，又不能馈实日后。老盖千年，霜根数寸，欲并三槐，作身后佳话。俟河之清，人寿几何，迂缓荒唐，莫此为甚，一生匏落，正受此病。乃尔习气未除，重复露山，因而自言自语，自嘲自笑，故诗中皆作推敲商榷之语。方寻快活，又起悲凉。若同前二首并看，不特文气板腐，有负良工苦心，亦且逢人硬索，见物便取，使少陵与当世贵人一例去也。嗟乎！吾辈刳心呕血，穷奇极奥，并为“千年”二字所误，皆觅数寸霜根者也。欲免斧斤，比寿栎社，计亦疏矣。即使有成，饥寒尝在身前，功名尝在身后，悲夫！

“逃名息机，聊以卒岁”虽是评杜，但更像是他自道心曲。“老盖千年，霜根数寸，欲并三槐，作身后佳话”，暗用苏东坡《三槐堂铭》之典，晋国公王佑文武忠孝，以直道不容于时，尝手植三槐于庭曰："吾子孙必有为三公者。"[1]"俟河之清，人寿几何，迂缓荒唐，莫此为甚，一生匏落，正受此病"几句，更是道出了他自己一生匏落无成、有才莫施的压抑与痛苦。这种失落与痛苦在其评点《早起》诗中体现得更为明显，诗云："春来当早起，幽事颇相关。帖石防隤岸，开林出远山。一丘藏曲折，缓步有跻攀。童仆来城市，瓶中得酒还。"许之溥评曰：

> 题最伤心，世间惟痴肥公子，夜饮朝眠，其他无一人不欲早起者。健儿提戈跨马，农夫负耒之田，抱布握粟，哓哓阛阛，侧肩叠踵，伺候朱门，庭燎盈廷，裳衣颠倒。上自天子公卿大夫，及世庶人，无贤无愚，无不早起。即我当时，自谓挺拔，立登要路，一样闻鸡起舞。无奈许身太愚，为计太拙，直欲返俗唐虞，次躬稷契，老大无成，世既弃我，我亦弃世，颓然放废，形为槁木，心成死灰，纵横失计，妻子堪羞，众里嫌身，人前短气，夜中千思万想，左计不成，右计不就，耿耿不寐。及到晓来，仰视屋梁，欲起无味，反覆沉沉睡去，致令早起绝少。夫高眠者，小人之所乐，而君子之所悲也。张循王园中老卒，日中睡着，循王问之，对曰："无事可做，自得睡眠耳。"悲哉言也！循王立捐五百万金钱，令之回易外国，乘巨舸，蹈鲸波，飘然而去，突然而来，珍奇光乎内府，宝马盈于外厩，丧败之余，一时循王军容独振。彼老卒不过略集余技，昔年睡魔，顿然失去。庶庵十六年来昏昏醉梦，未知何时得早起也。

---

① 苏轼撰，孔凡礼点校：《苏轼文集》卷十九，中华书局 1986 年版，第 571 页。

这段评语虽是从杜甫的口吻体味诗意，亦可看作许之溥的夫子自道。“夫高眠者，小人之所乐，而君子之所悲也”，正是许之溥有志难展痛苦心声的吐露和宣泄。循王老卒事，见罗大经《鹤林玉露》丙编卷二“老卒回易”条。循王园中老卒因无所事事而整日睡眠，一旦有机会施展身手，遂乘舸蹈海，贸易于外国，并带回巨大利益，这不正是许之溥所憧憬的理想人生吗？然而，现实中他终究没有任何施展身手的机会，只能整日昏睡，颓然放废，所以他才慨叹说：“十六年来昏昏醉梦，未知何时得早起也。”这其中蕴含了理想幻灭后的绝望与悲凉。

许之溥对杜诗的体悟虽主观性过强，但有时对诗意的揣摩用心深细，对读者亦不无裨益，如其曰：“前一首（指《萧八明府实处觅桃栽》），胸中本无桃树，因想着萧八，随其所有，就便栽桃，非爱桃树也。此（指《凭何十一少府邕觅桤木数百栽》）却胸中先有桤木，方想着何十一。”此说虽然不见得便是当时实情，但能曲尽人情，确也正合老杜性情，非深于杜者不能道出。又评《早起》首句“春来当早起”曰：“此句盖于未来发愿如此，若作过后叙述，便索然无味。则下句所云‘幽事’皆如富翁日记账簿，俗子强作小窗清记恶札，不可不细心体贴。读书尚论古人，须将自己眼光直射千百年上，与当日古人捉笔一刹那顷，精神融成水乳，方能有得，不然，真如嚼蜡矣，勿以吟咏小道忽之。”他强调“春来当早起”是对未来的预期，并非过后叙述，否则的话全诗便如同富翁日记般了无趣味，所论甚有见地。他还强调读者要通过以意逆志的方法尽量与作者之意相契合，如此方能真正理解诗意，无疑也是有得之见。又如《又于韦处乞大邑瓷碗》：“大邑烧瓷轻且坚，扣如哀玉锦城传。君家白碗胜霜雪，急送茅斋也可怜。”许之溥评曰：“一瓷碗至轻至微，却用三四层笔法曲曲染就名士玩物性情来，与昌黎《竹簟》诗‘有卖直欲倾家资’一样痴癖。第一句先于未见瓷碗时生无限叹羡，第二句想见入手后把玩时有如此可爱。先赞其质，后誉其声，方羡其色。觉在韦家案头耀眼夺目、可莹不可即一段光景，无限低徊，心头跃跃，不能自持，方显第四句急送茅斋之乐也。‘也可怜’三字，如渴鹿望尘，忽得甘泉美草，一时身心泰然，皆文人常态，不失童心妙处，寄语世人，勿见嗤也。”又评《凭何十一少府邕觅桤木数百栽》“非子谁复见幽心”句曰：“第二句妙绝！‘非子’‘子’字指桤木。盖半日沉吟，胸结沉想，眼起空花，便如身坐其下，觉草堂堑西，拂云蔽日，一碧无际，与桤木亲切如良友。然子猷称竹为君，少陵又称桤为子，千古绝对，写尽当时神理。”这些评点顾盼生风，兴致勃发，深中诗旨。另外，许之溥评《早起》曰：“不知何人于题下硬派‘上元二年成都作’七字，岂公自注耶？抑亲得追陪少陵也。反复不知其故，后请教一老诗伯，乃因‘春来’二字，故首冠一年著述，如此则前四首作除夜诗耶？痴人说梦，真为可涕。但世之吞碳者固多，逐臭者更不少也。”其实宋本《杜工部集》中此诗题下就有“上元二年成都作”字样，许之溥却不管什么版本依据，强烈质疑此诗编年的正确性，其“抑亲得追陪少陵”之讥，很容易让人联想到钱谦益在《注杜诗略例》中批评梁权道、黄鹤、鲁訔等人的杜诗编年“年经月纬，若亲与子美游从，而籍其笔札者”①，可见这种反穿凿思想在清初杜诗学界已较为普遍，因此许之溥此论对认识清初杜诗学史亦具有一定的价值。

总之，许之溥是明末清初的奇人，独特的家庭背景及惨痛

---

① 钱谦益笺注：《钱注杜诗》卷首，上海古籍出版社 1979 年版，第 1 页。

的人生经历造就了其绝望的人生道路及怪诞扭曲的人格。作为金圣叹的同调，许之溥在其诗文评点中多有惊世骇俗之论，其论虽不无偏激之处，但从中恰可管窥其独特人生经历的巨大影响。然因许之溥的诗文著作目前多已湮没不彰，故本文不嫌辞费，特钩稽考辨如上，并以就正于海内方家。

顾宸及其《辟疆园杜诗注解》考论*

一、顾宸的生平及著述

顾宸(1607—1674),顾嘉舜之子,字修远,号荃宜,无锡(今属江苏)人。因其所居名辟疆园,故人称顾辟疆。吴德旋《初月楼闻见续录》卷九称,顾宸少受知于郑鄤及艾南英。《无锡金匮县志》卷四十《杂识》称,崇祯十年(1637)在无锡结"听社",与华时亨、秦鉽、黄家舒、顾煜、王延禧、王玉汝、缪振先、吕阳、秦鏌、唐德亮、吴濯时、马瑞、王永肩、黄传祖、钱陆灿、许王俨等并称"听社十七子"。崇祯十一年(1638),参与声讨阮大铖之《留都防乱公揭》。崇祯十二年(1639)举孝廉,名声日盛。黄家舒《辟疆园杜诗七律注解序》云:"上公交车,主坛坫,称海内文章玉尺。"《无锡金匮县志》称其"操文场选柄数十年"。毕忠吉《辟疆园杜诗五律注解序》云:"性喜引进后学,凡经识拔者,率取声誉""负一世人伦冰镜之目"。黄卬《锡金识小录》还记载了一件顾宸的轶事:

> 顾孝廉辟疆园闱墨房行诸选风行天下,尝至京师,道

* 本文原载于《杜甫研究学刊》2002年第1期。

经山东，所携箧多砚石印章，盗睨其重，疑多金，中途劫去，及宿旅邸，有挟空舆、持门人名刺来迎者。孝廉茫然，检门生籍，并无其名。为多人强舁之去，及至，居第如公侯。主人出迎甚恭，登堂，强执门弟子礼，扶孝廉坐，下拜，却之不得。其人盗魁也，本东省武举，鼎革后遁迹绿林。辟疆园选武闱策论，曾登其墨艺。始其徒劫孝廉装，启箧，见其印章知其名，故遣人来迎孝廉。留止三日，供帐极丰。固辞，乃置酒饯行，出百金以赠，亲送至大道，犹依依不忍舍也。①

顾宸于鼎革后不乐仕进，专意搜求典籍文献，将亡国破家的悲愤寄托于埋头著述中，这在当时的士大夫中也是很普遍的现象。《盛湖杂录》载，清顺治七年（1650），顾宸与太仓吴伟业，长洲宋实颖、尤侗，吴江计东，昆山徐乾学，武进邹祇谟，浙江毛奇龄、陆圻、朱彝尊等在嘉兴举十郡大社。在明末清初的这些党社活动中，顾宸不仅躬逢其盛，而且是积极的参与者，可谓交游遍海内。顾宸是藏书家，黄家舒在《辟疆园杜诗七律注解序》中称："顾子修远少嗜异书，自其为贫诸生已汲汲搜采，既而上公交车……辙迹所至，凡悬书之币，酬字之金，以逮輶轩冠盖之赠遗，悉供网罗渔猎费，故其家缥缃所积，几与《四部》《七录》《宛委》《嫏嬛》等。"可见其藏书之富。顾宸在当时的藏书家中，以藏宋版书多闻名一时，辟疆园与钱氏绛云楼齐名而稍亚之。后因辟疆园藏书毁于火，顾宸遂颓唐悲观而死，所

---

①　黄印：《锡金识小录》卷七，《中国方志丛书》华中地方第426号，台北：成文出版社1983年版，第406—407页。

剩残籍，悉流入富豪之家。叶昌炽《藏书纪事诗》曰："少年跌宕为书忙，晚岁牢骚叹下场。付与豪家全不管，譬糊蚕箔衬牛筐。"①关于辟疆园藏书火灾始末，《无锡金匮县志》仅云："插架充栋，后厄于火。"而《锡金识小录》卷七《稽逸二》记载得更为详细，其云：

> 辟疆园藏书之富，亚于钱氏之绛云楼，会湖州庄氏"明史狱"起，时孝廉适游越，缘家有其书二部，遣急足归，令速焚之。家惟妇稚，得信皇迫，不暇检择，尽出其书付祝融，三日火不灭。载其灰，投诸河，犹三四巨船云。俱其后人所述。②

看来辟疆园一炬，极有可能是受到《明史》案的牵连影响所致。

顾宸家之辟疆园书坊曾刊刻了大量书籍，诸如《辟疆园杜诗注解》《辟疆园宋文选》《元文选》《明文选》等，在当时产生了很大影响。《元文选》《明文选》则均已散佚，《宋文选》尚有传本，据《常邑八郡艺文志》卷六载，《宋文选》成书于顺治十八年(1661)。此外，顾宸还刊刻了大量闱墨之书，以《辟疆园选应制文》最为著名。黄印《锡金识小录》曰："顾孝廉辟疆园闱墨房行诸选，风行天下。"《无锡金匮县志》称其"操文场选柄数十年，每辟疆园新本出，一悬书林，不胫而遍海内"。此外，尚有《骚语》《庄注》《韩注》《随笔》《习察》《刺诸书》《三朝列传》

---

① 叶昌炽：《藏书纪事诗》卷三，北京燕山出版社 2008 年版，第 196 页。

② 黄印：《锡金识小录》卷七，《中国方志丛书》华中地方第 426 号，台北：成文出版社 1983 年版，第 407—408 页。

百余篇，均已散佚。乾隆间刘坚《修洁斋闲笔·自序》曰："同邑顾宸有《辟疆园习察》一书，缀缉未竟，复刺取数十则以附益之。今书中不加标识，亦不知孰为顾氏之语也。"[①]顾宸所为诗文也丰蔚典赡，《梁溪诗钞》卷十五称其"工制艺及诗古文"，《常邑八郡艺文志》《无锡金匮县志·艺文志》均著录其《辟疆园文集》四卷。此书虽已散佚，然所幸的是侯方域为其作之《辟疆园集序》尚见于《壮悔堂文集》卷二：

> 自《辟疆园选应制文》行于天下，而日本、朝鲜、交趾、辰韩之属，无不购传之，其盛如此。乃锡山犹若有不足者，一旦出其为诗古文以示余，曰：生平殚思苦学，尽在于是。世人向皆非真知我，幸子为叙之。

据王树林考证，此序作于顺治九年(1652)冬[②]，则顾宸《辟疆园文集》的成书，约在是年前后。侯方域在《辟疆园集序》中对顾宸所著诗文给予了较高评价，其曰：

> 余窃叹其神于法合，调以气举，盖自永叔、子美而后，而此种诗文之不传也百千年矣。锡山又授余以所注《工部诗笺》及订宋以来诸名家文，始知其寝食源流，悉本欧、杜，而余言适与之符也。

---

① 刘坚：《修洁斋闲笔》，《续修四库全书·子部·杂家类》第1144册，上海古籍出版社2002年版，第731页。

② 参见侯方域撰，王树林校笺：《侯方域集校笺》，中州古籍出版社1992年版，第105页。

据侯方域序可知，顾宸《辟疆园文集》仅收其“诗古文”，制艺文是不在其内的。其制艺文应收于《合刻十七子社稿》之中，惜已散佚。吴德旋《初月楼续闻见录》曰：“无锡顾修远，名宸，明崇祯中举人……著有《辟疆园文集》，归德侯朝宗、昆山叶子吉叙之。”①侯朝宗序文已见上。叶子吉，即叶方蔼，检其《读书斋偶存稿》《叶文敏公集》《独赏集》，并未见有《辟疆园文集序》，则该序应已散佚。

顾宸的部分诗文尚可从明末清初相关文献中辑出一些，如《与丁飞涛》（陈简侯编录，襟霞阁主人重刊《晚明百家尺牍·写心集》）、《伐冰之家》（金圣叹《小题才子书·小题才子文》）、为李继白作《望古斋集序》（清顺治刻本《望古斋集》卷首）、《辟疆园宋文选序》[清顺治十八年（1661）刻本]、为张文光作《斗斋诗集序》[清乾隆二十七年（1762）重刊本《斗斋诗集》卷首]、为王士禛作《入吴集序》[清康熙三年（1664）刻本《入吴集》卷首]、为程康庄作《自课堂集序》（《丛书集成续编·集部》第一百二十三册）、为邹期桢作《尚书揆一序》（《四库全书存目丛书·经部·书类》第53册）、为白翔作《四书群言折衷序》（朱彝尊《经义考》卷二百五十九引）、为程端与陆曜作《遗爱集序》[清康熙十一年（1672）上寿堂百一堂刻本《遗爱集》四卷卷首]、为叶大椿作《痘学真传序》[清雍正十年（1732）金阊巽记书坊刊本《痘学真传》卷首，清乾隆四十七年（1782）卫生堂刊本、清嘉庆二十五年（1820）书业堂刻本均将顾宸此序刊落]、《尺牍三篇》（颜光敏辑《颜氏家藏尺牍》卷

---

① 吴德旋：《初月楼续闻见录》卷九，《中国近代史料丛刊》第254册，台北：文海出版社1987年版，第2页。

三,《丛书集成初编》本)、为曹圣臣所作《曹氏墨林题辞》[曹圣臣辑《曹氏墨林》卷下,清康熙二十七年(1687)刻本,《四库全书存目丛书》子部第79册]、《苏学士文集校语》(《四部丛刊初编》本《苏学士文集》卷末何焯校语引)。此外,《梁溪诗钞》卷十五收录顾宸诗歌八首,分别是《罢镜庵酌酒与栎下老人歌》《赠程非二》《游江汉石紫薇山馆》《上巳虎邱燕集和吴太史梅村韵四首》《黄粱庙》。魏宪辑《诗持一集》卷二收录顾宸诗歌九首,分别是《游江汉石紫薇山馆》《芭蕉》《荔枝》《龙眼》《橄榄》《佛手柑》《赠医士周镜夫八十瞽复开》《石床》《玄水泉》。邓汉仪辑《诗观初集》卷六收录顾宸《过杨椒山墓》一首,邓汉仪评曰:"正大可传。"此外,顾宸散佚之诗文为数尚多,叶矫然《龙性堂诗话续集》曰:"予去岁过京口,见顾修远所刊有《李杜同榜登科》诗十首,盖为李、杜惜一第也。"①陈玉璂《学文堂文集》卷三载有《顾修远松鹤诗序》,称其作松鹤诗三十首;康熙《靖江县志·艺文志》称萧松龄《孤山诗》,顾宸与来集之都曾为之唱和。遗憾的是,顾宸这些诗歌均已散佚不传,难以辑出。当时文坛上也有对顾宸有訾议者,董含《三冈识略》"孝廉评诗"曰:

> 顾宸,晋陵人,有声公车间。其所评制举义,盛行于时。至风雅一道,或未深究。尝痛贬王弇州先生曰:"诗人荒谬,至元美极矣。"于是弹毁翕集。予笑解之曰:"弇州操文章之柄,奔走海内,且《四部稿》中,岂遂无佳作?

---

① 叶矫然:《龙性堂诗话续编》,郭绍虞编选,富寿荪校点:《清诗话续编》,上海古籍出版社1983年版,第1010页。

君宜细心阅之。”顾大怒拍案，连呼“不通”而起。又曾作不通诗赠当事，县尹一百二十韵，郡守二百四十韵，总戎三百六十韵。以官之大小，为韵之多寡，识者笑之。①

其实顾宸对王弇州诗歌之强烈批评，是针对明末诗坛之积弊而发，其论与其师艾南英所论是一脉相承的。艾南英《答夏彝仲论文书》曰：“后生小子不必读书，不必作文，但架上有《前后四部稿》，每遇应酬，顷刻裁割，便可成篇。骤读之，无不浓丽鲜华，绚烂夺目；细案之，一腐套耳。”纪昀赞曰：“其指陈流弊，可谓切矣。”②董含之讥弹，顾宸或不敢受。清光绪间修《江苏无锡顾氏宗谱》载顾宸六世孙顾涫《明孝廉修远公像赞》曰：“镞磨砥厉，学问精莹。复社几社，先后抗衡。宗工提振，初推文肃。辟疆园出，并时驰逐。声气之盛，联络东南。文章坛坫，山斗同参。朝鲜使人，购求善本。旁及辰韩，愿开混沌。藏书之富，绛云并称。依照灰烬，幸已填膺。缓带褒衣，丰神落落。标榜何心，千秋著作。”

顾家因为家学渊源，故文采风流，人才辈出。顾宸之子顾彩、顾彬，均有文名。顾彩（1650—1718），字天石，少有异禀，七岁能诗，十二岁已裒然成集。因其父交游遍海内，四方名士至，见其总角而负异才，无不赞叹。既贡成均，名噪京都，袁枚赏其“虎目如灯夜过山”句，传诵一时。康熙四十六年（1707），客居曲阜孔家，与孔尚任合著《大忽雷》《小忽雷》等传奇，有

① 董含撰，致之校点：《三冈识略》卷下，辽宁教育出版社 2000 年版，第 261 页。

② 贺复征编：《文章辨体汇选》卷二百四十八，文渊阁影印四库全书本。

《辟疆园文汇》四卷。顾彩子顾忠，亦工诗。顾彬，字天諟，号水湄，幼敏悟绝伦，工诗古文词，有《笑拈集》，亦能曲，有传奇《齐人记》。顾宸曾孙顾奎光，字星五，博学多识，乾隆进士，诗、古文俱有名于时，有《春秋随笔》《然疑录》。顾奎光子顾敏恒，字立方，号笠舫，亦工诗文。其少游贵池，撰《重修梁昭明太子庙碑文》，袁枚叹为六朝高手，有《笠舫诗稿》二卷、《辟疆园遗集》十卷。顾家的文学传统由此可见一斑。

二、《辟疆园杜诗注解》的版本及体例

顾宸注解杜诗，用力尤深，广搜博采，考据审定，只字未惬，殆忘寝食，数历寒暑，全注始就，复点窜删削，数易其稿，于顺治十八年（1661）方蒇事。李赞元时奉旨巡查两淮盐政，阅后十分欣赏，为其刻印《七律注解》。康熙元年（1662），济宁人李壮又为其刻印了《五律注解》。后吴门书林于康熙二年（1663）将其合刊为《辟疆园杜诗注解》十七卷，其板式为：半页九行，行二十一字，黑口，单鱼尾，左右单边。其中五律十二卷，选诗627首；七律五卷，选诗151首。其体例是：每首诗后有解题，时地可考者皆一一注明，然后解释名物、词语、典故，再笺释诗意。《七律注解》前有顺治辛丑（1661）李赞元、严沆、黄家舒序。扉页上署“钱牧斋先生鉴定”，次署“李蠖庵、毕淄湄两先生同订”。下列五卷总目录，目录前署“辟疆园杜诗注解”，“梁谿顾宸修远著，侄采骥天闲、男采麟天石较”。每卷次下均署“观阳李赞元望石甫阅，梁谿顾宸修远甫著，同里黄家舒汉臣评”。《五律注解》前有康熙癸卯（1663）李壮、毕致中序及《杜

子美年谱》。次十二卷总目录,目录前署“观阳李赞元望石、禹航严沆颢亭、淮阴陆求可咸一仝订”。每卷下署“梁谿顾宸修远甫著”及评者二人,计有李壮、毕忠吉、王养晦、程康庄、王士禛、刘壮国、毛漪秀、丁泰、周建鼎、陈泰和、张一鹄、李粹白、张熙岳、丘元武、李琯、钱陆灿十六人。每页版心上署“杜诗注解”,中署诗体卷次,下署“辟疆园”。应该说这是一个网罗了当时众多名士的庞大学术团队,其中有海内瞩目的大诗人王士禛。我们从七年以后刊刻的朱鹤龄《杜工部诗集辑注》卷首可以看到一个规模更为庞大的参订团队,当时江浙地区注杜风气极为盛行,应该说顾宸此书中广结同志的做法,为其后的注杜者开了先河。《辟疆园杜诗注解》五律卷六、卷八,七律卷三、卷四、卷五都有王士禛评,如七律卷五《人日》诗后评曰:“少陵诗多不可解,经修远而意义无不呈露。起伏、段落、字句,无不钩剔而出,省后人无限思力。”对顾注可谓称誉有加。这些论析未见于渔洋的其他著述中,张忠纲先生纂辑《新编渔洋杜诗话》时便据以收录。王士禛于《辟疆园杜诗注解》成书前后任扬州府推官,康熙元年于红桥唱和,更是名闻海内,其与顾宸交往相熟,当在此时。此外,康熙元年,王士禛门人盛符升纂辑的《阮亭诗选》十七卷,书前即有当时著名文人二十六人的题序,其中就有顾宸之序,亦可证《辟疆园杜诗注解》刊刻前后顾宸与王渔洋交往甚为密切。《辟疆园杜诗注解》是杜诗的五七律注本,而其余诸体刊刻未果。周采泉先生《杜集书录》认为其书“只完成五七律,未完成全书注解”①,其实顾宸已经完成全部杜诗的注解工作,李赞元在《七律注解序》中即称“顾子修远

① 周采泉:《杜集书录》,上海古籍出版社 1986 年版,第 351 页。

顾我于盐署，出其杜注全本示余”。考虑到《辟疆园杜诗注解》均是依靠某些官员资助，方得以刊刻，则顾宸的其余诸体注解很可能是由于无力付梓，才未能流传下来。

三、《辟疆园杜诗注解》的特色和成就

（一）广搜博引的文献价值

引书的广泛性是《辟疆园杜诗注解》最突出的特点。首先，顾宸参考了前代的许多注本，包括赵次公本、郭知达本、蔡梦弼本、吴若本、黄鹤本、千家本、刘辰翁批点本、张性《杜律演义》、张綖《杜工部诗通》、范濂《杜律选注》、郝敬《批选杜工部诗》、王嗣奭《杜臆》、卢世潅《杜诗胥钞》、钱谦益《钱注杜诗》、朱鹤龄《杜工部诗集辑注》等。其中的吴若注，钱谦益在《钱注杜诗》中首次加以征引，洪业《杜诗引得序》曾怀疑其真实性。当代学者研究认为，吴若注本的存在是可信的，吴若注的残本见于张元济《续古逸丛书》。钱氏之绛云楼藏有此本，号称渊博的顾宸辟疆园藏书中不知是否亦有此本，不过从顾宸曾往钱府抄录未成钱注的举动来看，他肯定亦曾亲见过吴若本无疑。顾宸在《辟疆园杜诗注解》中屡引及吴若本正文及注，也许有的学者因为顾宸本对钱注亦多加援引，从而怀疑顾宸所引吴若注系由钱注转引，其实顾宸所引吴若注中除有一些与钱注大致相同以外，还有钱注中不见的吴若注。例如，《辟疆园杜诗注解》五律卷一《暂如临邑至䧿山湖亭奉怀李员外率而成兴》题下引吴若注云：“李邕为北海郡太守，时李之芳自尚书郎出为齐州司马，作此亭。”钱注即无之。又如《夕烽》诗，顾宸本曰：

“吴若本云：‘夕烽明照灼，了了报平安。塞上传声小，云边数点残。焰销仍再灭，烟迥不胜寒。恐照蓬莱殿，城中几道看。’与原本迥异，并存之。”检《钱注杜诗》，发现钱注底本正文并未遵从吴若本，而校语中的异文“一云”才恰是吴若本文字，可见顾宸确实曾独自校核了吴若本，并非是从钱注转引。而且，其对吴若本的征引可以帮助我们校勘钱注中的某些异文。

在顾注所引杜诗注本中，明顾可久《杜律辨类》一书系散佚之作，具有很高的文献价值。因可久为顾宸直系先祖，故书中尊称其为“洞阳公”。顾可久（1485—1561），字与新，号前山，别号洞阳，无锡人。历官行人司行人、户部郎中、福建泉州知府、江西赣州知府、广东按察副使等职。他在琼州曾多次主持乡试，察识选拔人才，为海瑞恩师。后遭豪强和权臣中伤而被勒令辞职返乡，卒于家，著有《洞阳诗集》二十卷、《唐王右丞诗集注说》六卷及《李杜诗体略》等。生平事迹见《无锡金匮县志》卷二十三《忠节》。顾宸《辟疆园杜诗注解》中于《秋尽》、《送王十五判官扶侍还黔中得开字》、《黄草》、《将赴成都草堂途中有作先寄严郑公五首》其五、《暮登四安寺钟楼寄裴十迪》、《阁夜》、《江雨有怀郑典设》、《送李八秘书赴杜相公幕》、《覃山人隐居》等诗后均引“洞阳公曰”，于《暮登四安寺钟楼寄裴十迪》后曰：“解此诗后，因检家洞阳公《杜律辨类》曰：‘末句乃自咎意。怀裴而不相见，则于交游之情甚懒矣。即裴之尤亲厚者，以例其余。通上一句，文断意不断，笔力作法妙处。’按如此解，‘故人相见未从容’句，甚有情。其不能与故人从容相见者，由我太慵故也。”从顾宸《辟疆园杜诗注解》对顾可久《杜律辨类》的征引仅限于七律这点判断，《杜律辨类》很可能是一杜甫七律注本，惜该本久佚，仅靠《辟疆园杜诗注解》的征引，我们方能窥其一鳞半爪。该书仅见顾宸《辟疆园杜诗注解》数次征引,周采泉《杜集书录》、郑庆笃等《杜集书目提要》均未能著录,连当代号称集大成的《杜集叙录》亦未予著录,从中可见顾宸注本所蕴含的文献价值。另外,明代黄文焕《杜诗掣碧》今已散佚,然藏书家顾宸当时尚能见该本,并于《辟疆园杜诗注解》多次征引"黄维章曰",当即该本。黄文焕后人黄任《恭纪中允公遗集十六首》其十三曰:"别类编年集异同,珠联璧合见宗工。浣花全幅春江景,碎剪邱迟一段中。"注曰:"中允公《杜诗全注》未登,独五七言律为人借刻,世所传辟疆园本也,惜全稿无力梓行。"①黄任所谓"借刻"者,有指斥顾宸《辟疆园杜诗注解》剽窃《杜诗掣碧》之意,今检顾注所引黄维章评有二十余则,可见顾注确曾参考吸收了《杜诗掣碧》的部分成果,然全部剽窃之说却并不成立。

顾注不仅广泛征引了前代杜诗注本,而且对宋、元、明、清的名家论杜也多所引用。据笔者不完全统计,顾宸在注释中引用的书目达300余种,俨然可以和征引广博的钱注分庭抗礼。在注释名物时,顾宸广搜博引,多能发前人所未发。特别值得一提的是,在注释地名时,顾宸征引了大量的地理类书籍,如《荆州记》《洞庭记》《湘中记》《庐山记》《华山记》《三峰记》《天水图经》《襄沔记》《南康军图经》等,他特别强调运用地方志的记载来订正旧注的讹误,这对一位不能做实地考察而只能依赖自己书斋所储典籍注杜的学者来说是难能可贵的。和《钱注杜诗》一样,《辟疆园杜诗注解》所征引的书中有不少已

---

① 黄任撰,陈名实、黄曦点校:《黄任集(外四种)》,方志出版社2011年版,第218页。

佚古籍的资料，颇具文献价值，如谢承《后汉书》、《晋中兴书》、《襄阳耆旧传》、《十道志》、《括地志》、《武陵记》、《晋地道记》、《前秦录》等。其中，还有许多现已不见于诸家著录之书，如《襄沔记》、《天水图经》、《庐阜杂记》、《乐广》、《晋载记》、陆德明《南康记》等，其文献价值更弥足珍贵，这也是顾宸作为藏书家引以为豪之处。顾宸所引还不止此，他在笺释中大量引用汉魏晋南北朝乃至唐宋人的诗文、笔记，揭示杜诗的继承与影响，并旁及释典道藏、鼎铭碑文。因此，文献的广泛性与丰富性是顾注能够超越其他注本的一个重要原因。

（二）对钱谦益"诗史互证"笺释方法的继承与发挥

顾宸对钱谦益《钱注杜诗》颇为信服，在书中征引最多。而钱注成书于康熙二年（1663），与顾宸注几乎同时，故笔者曾怀疑顾宸参考的钱注当是成书于明末的《读杜小笺》《读杜二笺》，是为《钱注杜诗》的前身。然顾宸《辟疆园杜诗注解》所引钱注中，许多内容并不见于《读杜小笺》《读杜二笺》，当即直接来自《钱注杜诗》；另外，顾宸《辟疆园杜诗注解》卷前所载《杜子美年谱》与《钱注杜诗》所载《少陵先生年谱》亦几乎完全相同。周采泉先生曾质疑曰："是书之梓行，早于钱笺二年，而所载《年谱》竟与钱笺雷同。唯钱笺作表格式，此则直行书耳，究竟谁承袭谁？"①那么，顾宸注本中为何有稍晚成书的钱注内容呢？检钱谦益康熙元年（1662）所作《与朱长孺》曰"此事发起于卢德水，牵引于孟阳，漫兴随笔，弃置已久。偶于集中覆视，见其影响脱误，每自哂昔学之陋。修远不查，误录一二册，附时

① 周采泉：《杜集书录》，上海古籍出版社1986年版，第351页。

贤后，方为颡泚背汗”①，可知顾宸与钱谦益私人关系密切，二人不仅都是当世著名藏书家，亦均对注杜有强烈的兴趣，因此康熙元年之前，顾宸于《辟疆园杜诗注解》成书之前曾去常熟钱府抄录尚未成书之钱注，遂导致顾宸注本中蕴含了不少钱注的内容，其中亦包括钱氏所撰《少陵先生年谱》。

钱谦益的杜诗注解向以“诗史互证”的方法蜚声学林，特别是对《洗兵马》《诸将五首》等诗钩稽阐幽，对玄、肃父子之间的微妙关系钩稽，自诩为“凿开鸿蒙，手洗日月”。对此，顾宸颇为认同，并在注中多加吸收。如其释《收京三首》时云：“合观三首，玄、肃之间，寓意甚深。”《收京三首》其一“聊飞燕将书”，钱注认为是指哥舒翰败降安禄山后为禄山贻书诸将劝降。顾宸的注解便完全采纳钱说，并钱注的基础上进一步发挥道：“按，田单复齐，故鲁连为发聊城一矢。今哥舒翰背主从贼，招众同畔，似非可以鲁连为比。且以燕将比诸将，亦属不伦。考至德二载，史思明斩安庆绪将安守忠、李立节。李光弼闻其事，因遣人招之。前此乌承恩已归国，帝遣承恩谕思明，遂奉十三郡、兵八万籍归于朝，于是高秀岩以河东自归，诏封思明为归义郡王。然思明外顺命，内实通贼。光弼欲阴图之，后事泄，又因陈希烈之诛，遂复反。所云‘聊飞燕将书’，当指光弼招思明而言。当时使思明不再反，则河北已定，此实制胜要略。但思明狼子野心，终不可化诲，故曰‘聊飞’，言事虽未终有成，然招携纳叛，开其自新之路，以杀群贼之势，亦奇略也。‘燕将’二字，正指史思明言，方为确切，此见肃宗能收贼将之略。

---

①　钱谦益撰，钱曾笺注，钱仲联标校：《牧斋杂著》卷一，上海古籍出版社 2007 年版，第 234 页。

旧注亦云：比收贼将，然未实据此事，亦终于不可解耳。合上二句，皆七庙之略，其能更新万方，正以此。”可见顾宸对钱谦益“以史证诗”的方法能够加以继承发扬，在笺释杜诗时注重史实和诗意的相互联系。又如《八月十五夜月二首》其二“张弓倚残魄，不独汉家营”，顾宸解曰：“按《纪事本末》：广德二年八月，因仆固怀恩之乱，诏郭子仪帅诸将出镇奉天。上召问方略，对曰：‘怀恩无能为也。’上曰：‘何故？’对曰：‘怀恩勇而少恩，士心不附，所以能入寇者，因思归之士耳。’可见贼寇之营，人心亦各思归，故对此明月，不觉张弓而望天晓，此皆思归之心也。不独汉家营，言不独汉家之士卒思归，即贼营亦然。公正用子仪语意也。”顾宸真熟读唐史者也。又如《归雁》诗“闻道今春雁，南归自广州”，顾注引《唐会要》云：“大历二年，岭南节度使徐浩奏：‘十一月二十日，当管怀集县，阳雁来，乞编入史。’从之。先是，五岭之外，翔雁不到。”即发前人所未发。再如《曲江对雨》“何时诏此金钱会，暂醉佳人锦瑟旁”，顾注引《旧唐书》云：“开元元年九月，宴王公百寮于承天门，令左右于楼下撒金钱，许中书以上五品官，及诸司三品以上官争拾之。”亦为以前注家所未道，因而这些发现被仇兆鳌、浦起龙诸家普遍征引。

（三）对诗意阐释的发见

顾宸的注解不仅在名物考证方面取得上述的成绩，其阐发诗意，钩稽杜诗的言外之旨，往往洞察入微，切中肯綮。如《蜀相》诗，顾宸解云：“‘出师未捷身先死’，皆频烦开济、呕血酸辛所致，后之英雄览其遗迹，安得不低回于碧草、黄鹂间，致满襟流泪也哉！‘泪满襟’三字，正写出‘自春色’‘空好音’，一种惆怅踌蹰，并‘何处寻’三字亦隐跃生动，非前只写景，后方尚论也。”对杜诗的体会可谓深细。又如《曲江二首》其二，顾宸解曰：“朝回便典衣，官之贫也。况所典者，即现服之春衣，衣之贫也。日日典，是无日不贫。所典之衣，似可偿酒债矣。而寻常行处，酒债仍有，是典衣而仍贫也。凡此者，皆以尽醉之故，而醉之不可不尽，正以人生七十古来稀，故不可不及时行乐耳。”揭示了杜诗的多重含义，让人不禁想起罗大经解释《登高》“万里悲秋长作客，百年多病独登台”时阐发的八层意思①，这都可见出顾宸对于诗意理解揣摩“穷极苦心”之处。又如《寄杜位》诗，顾宸云：“是一纸家书，率直摅写，不待致饰。曰近闻，曰想见，曰虽皆，曰已是，曰况复，曰远应，曰何时更得，只此数虚字中，情文历乱，俱写出心乱之故。骨肉真情，溢于言表矣。”《至日遣兴奉寄北省旧阁老两院故人二首》其一：“欲知趋走伤心地，正想氤氲满眼香。无路从容陪语笑，有时颠倒著衣裳。”顾宸曰：“欲知，正欲知伤心地。内廷之趋走，易知也。内廷趋走，而反视为伤心地，不易知也。正想，正是想。满眼香，氤氲之终日在眼，无可想也。氤氲之不在眼，而如满眼，正可想也。‘正想’蒙‘欲知’来，谓欲知其伤心，正因想其满眼也。日陪诸公笑语，以为固然，至于无路而怆极矣。自东方未明而朝，亦视为故事。至于去朝之后，恋恋廷阙，有时尚颠倒衣裳，急思朝谒，怆益极矣。‘有时’蒙‘无路’来，谓虽无路入朝，尚有时误疑早朝也。八字紧凑处，人未拈出，再为畅言之。”这样的例

① 罗大经《鹤林玉露》有云：“万里，地之远也。秋，时之惨凄也。作客，羁旅也。常作客，久旅也。百年，暮齿也。多病，衰疾也。台，高迥处也。独登台，无亲朋也。十四字之间含八意，而对偶又精确。”（罗大经：《鹤林玉露》乙编卷五，中华书局1983年版，第215页）

子不一而足。在阐释诗意时,顾宸也往往旁征博引,纵横开阖,深中诗意。如《鹦鹉》一诗,顾注云:“此分明有才人失路,托身异族之感。如魏武之于杨修,隋炀之于薛道衡,皆所谓怜复损也。”又如《麂》诗,顾云:“‘乱世轻全物,微声及祸枢’,自古文人才士,生逢乱世,出婴祸患,何一不从声名得之?中郎之于董卓,中散之于司马,及祸虽异,其以微声致累则同也。此苟全性命于乱世,不求闻达于诸侯,隆中所以独高千古,此二语感慨甚大。”

顾宸还注意运用“以杜证杜”的方法,在注释中用杜诗帮助理解诗意,既让人信服,又显出注释者对全部杜诗的融会贯通。这样的例子很多,如释《十六夜玩月》云:“公于月诗多用‘关山’,如曰‘关山空自寒’‘关山同一照’,此又云‘关山随地阔’,盖本乐府《关山月》也。”又如对《江亭王阆州筵饯萧遂州》之“老畏歌声短”,顾注云:“公诗云‘老去一杯足,谁怜屡舞长’,又云‘不须吹急管,衰老易悲伤’,是老年畏闻歌声也。此反云畏其短,则是喜闻歌矣。”再如《寄杜位》,顾注云:“同是贬窜,于郑虔曰‘严谴’,于杜位曰‘宽法’,以见轻重失宜,此杜老春秋之笔。”又《秋兴八首》其一“丛菊两开他日泪”句,顾注云:“公自永泰元年秋至云安,及今为两秋,见菊两开矣。故诗云:‘南菊再逢人卧病’,此丛菊两开之证也。”又《秋兴八首》其二“画省香炉违伏枕,山楼粉堞隐悲笳”,顾宸曰:“公为郎官,然未尝入京,故用尚书郎入直女侍捧香炉事,自伤病废与相违也。公《赠萧使君》诗:‘旷绝含香舍,稽留伏枕辰。’又《赠苏四徯》云:‘为郎未为贱,其奈疾病攻。’即所云‘违伏枕’也。”这些地方都采用了“以杜证杜”的方法,对理解诗意都很有帮助。

顾宸认为杜甫的组诗是有章法的,主张“合而观之”,才能领会作者心情和诗意,如《自瀼西荆扉且移居东屯茅屋四首》解云:"合读四首,初言将守桂丛,疑老于此居矣。继言剩客亦迷,遂有淹留佳客之意,便不自甘寂寞。三言解缆何年,望去惟恐不速。四言回首朝班,居然热中人矣。于寂寞之境,写出最难耽寂寞之况,意之所到,不觉随口而发,即屡次迁居,可卜其无一安顿此身之地矣。"又如《江头五咏》,顾宸曰:"《五咏》据是日江头所见而言。丁香,立晚节也;丽春,守坚操也;栀子,适幽兴也;鸂鶒,遣留滞也;花鸭,戒多言也。此虽咏物,实自咏耳。因前二首为古体,或割裂之。不知此乃一时之作,或一日之作,公之座右铭也,安可分其孰为古,孰为律乎?故并列之律中。"这不仅揭示了整组诗的寓意,而且不顾其中有两首乃是古体,全部加以选录,这是一般的杜律注本很难做到的。

(四)对旧注穿凿之处的匡正与纠谬

在注释杜诗的过程中,顾宸能够秉持通达的注释观念,因而能够匡正前人注杜的许多穿凿附会之处。如《题郑县亭子》"巢边野雀群欺燕,花底山蜂远趁人",顾宸曰:"雀欺燕、蜂趁人,亦仰景所见。诸注谓喻群小之谗谮,诗中不必着此解。"对杜诗此类写景之句,注家不乏穿凿之说,如边连宝《杜律启蒙》曰:"雀欺燕而曰'巢边',惧其夺己巢也;蜂趁人而曰'花底',据花为己有也。小人持禄窃位,而因以肆其谣诼,其情态如此,则公之贬华,固由小人之妒宠也。"[1]《杜律启蒙》虽系在顾注的基础上成书,但对此诗的注解却远不及顾宸通达。又如《奉和

---

① 边连宝撰,韩成武等点校:《杜律启蒙》,齐鲁书社 2005 年版,第 375 页。

贾至舍人早朝大明宫》“九重春色醉仙桃”句，顾宸曰：“诸注皆以仙桃为西王母与汉武帝五桃故事，谓天子御九重之上，其容颜如春色醉桃，此陋说也。按天子之门九重，此言昧爽之初，天子视朝，而禁内春色烂熳，其桃盛开，若含醉也。禁内之桃，故曰仙桃。唐时殿廷，皆植花柳，此其证也。”这对望文生义的旧注是一条有力的驳正，可谓切中诗旨，因而其论也为后人所采。如朱鹤龄《杜工部诗集辑注》曰“春色之浓，桃花如醉，以在禁内，故曰‘仙桃’，非用王母事也”①，明显是吸收了顾宸的注释成果。再如《因许八奉寄江宁旻上人》“旧来好事今能否，老去新诗谁与传”，顾宸曰：“旧注以‘新诗’指公，甚无谓。公诗岂赖旻以传？此谓旻与公游时已能诗，今相别三十年，旻老矣，其新诗必更多也。”又如《赴青城县出成都，寄陶、王二少尹》“文章差底病，回首兴滔滔”，顾宸曰：“差者，不齐之意，犹何也。差底，犹言何等。陶王想亦诗流，公既当权派在蜀，陶王亦仅为微官，犹之未仕也。文章憎命达，公尝言之。今公与二尹，命俱不达，或以为文章病，公言不知文章何等病耶？回首望二子，兴自滔滔，盖以诗道相夸之辞。谓世人则以为病，而吾曹之兴固自滔滔也。如此解，诗意始出。旧解‘兴滔滔’，犹言恨无穷，叹文章无补于老役贫劳，更谬。”对于《九日蓝田崔氏庄》的作年问题，顾宸曰：“旧注云：此与《崔氏东山草堂》皆没贼时作。按，公是年虽自鄜州赴行在，为贼所得，然在贼营则不能远至蓝田。又是时两宫奔窜，四海惊扰，公岂独有‘兴来今日尽君欢’之理？意是乾元元年为华州司功时，至蓝田而有此作也。公在

---

① 朱鹤龄：《杜工部诗集辑注》卷四，清康熙九年（1670）金陵叶永茹万卷楼刻本。

华州,尚能至东都,岂不能至蓝田?华至蓝田,八十里尔。”这个驳斥就较为有力,因而也多为诸家所采。

当然,顾注也有一些明显的缺点。仇兆鳌在《杜诗详注·凡例》“近人注杜”条中即批评顾宸注虽“穷极苦心,而不无意见穿凿”①。本来对诗意叙述周至,阐发详明为顾注之长,但有时走到了反面,就又显得枝蔓无当,难免招致穿凿琐碎之讥。另外,顾宸的考证也有不少疏舛之处,如沿用蔡兴宗之杜甫饫死于耒阳说即是。不过,顾宸《辟疆园杜诗注解》一书在清初的杜诗学界以其丰富渊博、细腻详明的特色独树一帜,对今天我们研究杜诗仍具有极大的参考价值。

四、《辟疆园杜诗注解》所产生的影响

顾宸的《辟疆园杜诗注解》对有清一代的杜诗学产生了深远的影响,后代的许多注杜者都在参考顾注的基础上或吸收,或辩驳,其书之不可废则可见一斑。如龙科宝辑有《杜诗顾注辑要五言律》,就是顾注的精简本。边连宝《杜律启蒙》、凌艺斋《杜诗约注》、张溍《读书堂杜诗注解》、顾淳庆《杜诗注解节抄》、江浩然《杜诗集说》、朱瀚与李燧《杜诗七言律解意》、李文炜《杜律通解》、浦起龙《读杜心解》、仇兆鳌《杜诗详注》对其多有征引。此外,顾注对海外杜诗学也颇有影响,如津阪孝绰《杜律详解》、近藤元粹《杜工部诗醇》都屡引顾注。当代学者叶嘉莹先生所著《杜甫〈秋兴八首〉集说》亦称顾宸注本“颇有

---

① 仇兆鳌注:《杜诗详注》,中华书局1979年版,第24页。

是处"[1]。然当今学界对顾宸《辟疆园杜诗注解》的研究较为冷落，就目前的情况来看，仅有笔者曾撰文对顾宸其人其书进行了初步介绍。[2] 顾注的成就和特色，其与江浙地区杜诗注家间错综复杂的关系，在清初杜诗学界的地位，以及在杜诗学史上的影响等问题，都有待学界进行深入的梳理考论。学界对该本关注度较少的原因之一，应在于其流布极罕。《辟疆园杜诗注解》除今传清康熙二年(1663)吴门书林刊本十七卷以外，此后一直无再刻本。此外，该本在《四库全书》的编纂中受到纪昀故意贬抑和歧视，也是其流布不广的重要原因。《四库全书总目》之纪容舒《杜律疏》提要云："纪氏嫌顾宸《律注》穿凿，所以删繁就简，撰成此书。"[3]纪昀则明知有顾宸《辟疆园杜诗注解》一书，却不将其著录或存目。这是因为纪容舒《杜律疏》乃完全剽窃顾宸《注解》而成，纪昀欲掩盖其父剽窃之迹，惟恐其书传世，才如此故意抹杀顾宸注本。周采泉《杜集书录》云："(《杜律疏》)偶引金圣叹一条，仇注间有提及，凡书中较精核者，皆顾注也。但均不标顾氏之名，窃据为己有。四库不存此书，盖纪昀亦知其书之不足存也。"[4]将二书进行详细比对后发现，纪容舒《杜律详解》系将顾注十七卷合为八卷，其选诗序次悉依顾本，《杜律详解》实为《辟疆园杜诗注解》之节抄本，约为

---

① 叶嘉莹：《杜甫秋兴八首集说》，河北教育出版社 1997 年版，第 7 页。

② 参见孙微：《顾宸及其〈辟疆园杜诗注解〉》，《杜甫研究学刊》2002 年第 1 期；孙微：《顾宸生平钩沉》，《江海学刊》2002 年第 5 期。

③ 永瑢等：《四库全书总目·集部二十七·别集类存目一》，中华书局 1965 年版，第 1533 页。

④ 周采泉：《杜集书录》，上海古籍出版社 1986 年版，第 378 页。

顾注原书的七成。从内容来看,纪容舒的疏解几乎完全依照顾注进行改写,稍加简化,基本未出顾注畛域,抄袭的痕迹相当明显。[①] 因此,周采泉先生将纪容舒《杜律详解》抄袭顾注列为清代注杜两大剽窃案之一。[②] 正是由于受到纪昀这样的贬抑,顾宸《辟疆园杜诗注解》的流传受到很大的影响,有清一代一直未见翻刻和重刻。在诗学昌明的当代,由黄永武博士主编、台湾大通书局出版的《杜诗丛刊》及日人吉川幸次郎所辑《杜诗又丛》亦均未予收录,因此顾宸《辟疆园杜诗注解》亟须进行点校整理,以满足学界的需要。

---

① 参见孙微:《纪容舒〈杜律详解〉考论》,《杜甫研究学刊》2009 年第 2 期。

② 参见周采泉:《对于当前杜诗校注的管见》,《中国韵文学刊》1988 年增刊第 1 期。

潘柽章《杜诗博议》辑考*

清初潘柽章的《杜诗博议》是和钱、朱二家注本同时的著作，该书在诗史互证方面取得了较为突出的成绩，对钱笺做了很多补充和驳正，故为朱鹤龄《杜工部诗集辑注》、仇兆鳌《杜诗详注》、杨伦《杜诗镜铨》征引颇多。然而，由于潘柽章于文字狱中罹祸惨死，其后注家征引多讳其真名，导致该书终于湮没无闻。本文拟通过最大限度地辑佚，分析《杜诗博议》一书的注释特色，并总结其对杜诗学发展做出的重要贡献。

一、潘柽章的生平著述

潘柽章（1626—1663），字圣木，号力田，吴江（今属江苏）人。柽章生有异禀，颖悟绝人，九岁从父受文，才过目，烬于灯，责令复写，不遗一字。年十五补桐乡弟子员，入清弃去。隐居韭溪，肆力于学，综贯百家。顺治七年，与顾炎武、朱鹤龄、戴笠、王锡阐等共同加入惊隐诗社，其韭溪草堂为社友经常聚会之所。已乃专精史事，与友人吴炎所见略同，遂相约仿《史记》

---

* 本文原载于《图书馆杂志》2008 年第 9 期。

体例,共纂《明史记》,其中本纪十八、书十二、表十、世家四十、列传二百。潘柽章撰本纪及诸志,吴炎分任世家、列传。王锡阐撰年表、历法,戴笠撰流寇志与殉节诸臣传。为搜集史料,潘柽章鬻产购得《明实录》,并参阅了昆山顾炎武、江阴李逊之、长洲陈济生诸人藏书。又曾偕吴炎出其稿向钱谦益请教,谦益大善之,将绛云余烬举以相付。谦益有《太祖实录辨证》,力田作《国史考异》,颇加驳正,数贻书往复,谦益弗能夺。《明史记》撰述数年后,已成十之六七,而南浔庄廷鑨《明史》案起。庄廷鑨,字子相,乃湖州富室,因双目失明,遂仿左丘明著史之例,出资邀集学者纂成《明史辑略》一书,于顺治十一年刊刻。因其中多有"忌讳语",为吴之荣告发,七十余人被杀,牵连入狱者达三千余人。潘柽章与吴炎因列名庄书之参订,俱遭牵连,乃于康熙二年五月二十六日,同磔于杭州弼教坊。妻沈氏处流刑,北行千里至广宁(今辽宁省北镇市),遗腹子夭折,沈氏即日饮药自杀。潘、吴遇害后,顾炎武在《汾州祭吴炎潘柽章二节士》诗中悼念云:"露下空林百草残,临风有恸奠椒兰。韭溪血化幽泉碧,蒿里魂归白日寒。一代文章亡左马,千秋仁义在吴潘。巫招虞殡俱零落,欲访遗书远道难。"①对潘柽章和吴炎的杰出史才给予了高度评价,对他们的惨遭屠戮表示极大的愤慨与深切痛惜。王锡阐《挽潘吴二节士》诗云:"缭峭余寒到短檠,人琴追忆不胜情。才雄一代谁兄弟,义重千秋并死生。绝调共知悲叔夜,诸孤无复望程婴。相期煨烬搜遗简,文献中原系重轻。"②朱彝尊《西陵后感旧》诗云:"潘安曾对酒,吴质

① 顾炎武:《顾亭林诗文集》卷四,中华书局1983年版,第363页。
② 王锡阐:《晓庵先生诗集》卷二,清道光元年(1821)刻本。

数论文。旧史悲难续，斯人意不群。一为江海别，遽作死生分。凄断山阳笛，那堪岁岁闻。”[①]高度赞颂了二人超凡的史学造诣，为他们的悲惨结局唏嘘叹惋。[②]

潘柽章的著作除《明史记》外，尚有《国史考异》六卷、《今乐府》（与吴炎合撰）二卷、《松陵文献》十五卷、《杜诗博议》、《星名考》、《壬林韭溪集》、《观复草庐剩稿》等。其中《明史记》存佚不明[③]，上海图书馆藏清抄本《明史纪略》，不著撰者，疑即《明史记》之烬余；《今乐府》二卷，北京大学图书馆藏有清抄本，收入清末陈去病编《国粹丛书》；《松陵文献》十五卷，北京大学图书馆藏有清康熙三十二年潘耒刻本；《国史考异》六卷，北京故宫博物院图书馆藏有文渊阁《四库全书》撤出本，另收入吴县潘祖荫编《功顺堂丛书》。以上四种著作，现均已收入《四库禁毁书丛刊》及《四库禁毁书丛刊补编》。《观复草庐剩稿》，国家图书馆藏有抄本，南京图书馆藏有民国二年上海神州国光社排印六卷本。北京大学图书馆尚藏有清纫芳茝抄本，名为《观物草庐焚余稿》。潘柽章的其余著作存佚不明，料其大半已经散佚不传。其生平事迹见顾炎武《书吴潘二子

---

① 朱彝尊：《曝书亭集》卷六，《四部丛刊》本，商务印书馆 1922 年版，第 6b 页。

② 关于朱彝尊《西陵后感旧》诗的本事考证，本文参考吸收了朱则杰先生《朱彝尊诗文本事、墨迹与碑刻》（《嘉兴学院学报》2006 年第 5 期）一文的观点。

③ 《明史记》中戴笠分任之流寇志，后改名为《寇事编年》，由吴修龄删节后，题为《怀陵流寇始终录》（见潘耒《寇事编年序》），郑振铎《玄览堂丛书续编》据冒广生藏钱遵王旧抄本影印。

事》、戴笠《潘力田传》①、陈去病《吴节士赤民先生传》、《清史稿·畴人传》等。

二、《杜诗博议》辑佚

《杜诗博议》一书已经散佚，幸赖朱鹤龄《杜工部诗集辑注》、仇兆鳌《杜诗详注》等书的征引才得以部分保存。今人蔡锦芳称：朱鹤龄《杜工部诗集辑注》征引《杜诗博议》35 条，仇兆鳌《杜诗详注》征引 29 条。这些数字和笔者统计的数字有些出入，笔者从朱注中共辑得《杜诗博议》佚文 38 条。蔡锦芳还指出："其实，仇氏并未见到《杜诗博议》其书，他所征引，乃采自朱注。"②这个判断是正确的。仇兆鳌于进呈本《杜诗详注·凡例》中即云："王道俊之《博议》，发挥独畅，惟据朱注引入。"而通行本《杜诗详注·凡例》中则改为"王道俊之《博议》……俱有辩论证据，今备采编中。"笔者经过详细对勘，发现仇兆鳌所引《杜诗博议》，虽然有些条目并不见于朱注，但这并不能证明仇兆鳌曾亲见此书。如《昔游》诗"吴门转粟帛，泛海陵蓬莱"后，《杜诗详注》引《杜诗博议》曰："唐运江淮租税，以给幽燕，此天宝间海运也。"而朱鹤龄《杜工部诗集辑注》卷十五《昔游》诗中并未征引《杜诗博议》，笔者经仔细检校后发现，仇氏此注实则出自朱注卷五《后出塞五首》，仇注只是在重

① 惊隐诗社中有二戴笠：杭州戴笠，字曼公，诗人兼医学家；吴江戴笠，字耘野，专长史学。为潘柽章作传者乃是吴江戴笠，其生平事迹见《苏州府志·人物·隐逸下》。

② 蔡锦芳：《〈杜诗博议〉质疑》，《杜甫研究学刊》1989 年第 2 期。

复征引。笔者将仇注引证《杜诗博议》和朱鹤龄《杜工部诗集辑注》一一对校后发现，仇注征引该书时漏略、脱讹、颠倒之处甚多。因此，若对《杜诗博议》进行辑佚的话，应该以朱注为底本。为了说明《杜诗博议》的内容特色，兹将从朱注中辑得之《杜诗博议》佚文加以编排，其先后次序，悉以朱注所引为次。为了节省篇幅，刊落了大部分杜诗原文，仅保留了有助于理解文意的必要诗句。

《对雨书怀走邀许主簿》："骤雨落河鱼。"

《杜诗博议》：《汝南先贤传》云："葛玄书符著社中，大雨淹注。复书符投雨中，须臾落大鱼数百头。"骤雨落河鱼，岂暗使此事耶？（朱鹤龄《杜工部诗集辑注》卷一引）

《暂如临邑至𡺼山湖亭奉怀李员外率尔成兴》

《杜诗博议》：疑公将往临邑，中道抵历下，登新亭，因怀李之芳。观诗有"歇马高林间"语，可见𡺼山湖当是鹊山之讹，不必别求𡺼山以实之也。（朱鹤龄《杜工部诗集辑注》卷一引）

《兵车行》

《杜诗博议》：王深父云："时方用兵吐蕃，故托汉武事为刺。"此说是也。黄鹤谓天宝十载，鲜于仲通丧师泸南，制大募兵，击南诏，人莫肯应，杨国忠遣御史分道捕人，连枷送诣军前，故有"牵衣顿足"等语。按，玄宗季年，穷兵吐蕃，征戍绎骚，内郡几遍，当时点行愁怨者，不独征南一役，故公托为征夫自愬之词以讥切之。若云惧杨国忠贵盛而诡其词于关西，则尤不然。太白《古风》云："渡泸及五月，将赴云南征。怯卒非壮士，南方难远行。长号别严亲，日月惨光晶。泣尽继以血，心摧两无声。"已明刺之矣。太白胡独不畏国忠耶？（朱鹤龄《杜工部诗集辑注》卷一引）

《同诸公登慈恩寺塔》："回首叫虞舜，苍梧云正愁。"

《杜诗博议》："高祖号神尧皇帝，太宗受内禅，故以虞舜、苍梧言之。"（朱鹤龄《杜工部诗集辑注》卷一引）

《投赠哥舒开府翰二十韵》："今代麒麟阁，何人第一功？君王自神武，驾驭必英雄。"

《杜诗博议》：按《高宗纪》：总章元年三月，以太原元从西府功臣分为第一功、第二功二等官，其后有差。此诗以第一功期翰，欲其远比开国之功臣也。旧注引汉高论功以萧何为第一，殊不切。（朱鹤龄《杜工部诗集辑注》卷二引）

《天育骠图歌》："遂令大奴字天育，别养骥子怜神骏。"

《杜诗博议》：郗昂《马坊颂碑》云："唐初得马于赤岸泽，令张万岁傍陇右驯字之。"作"字天育"亦通，但于下

“养骥子”语复。（朱鹤龄《杜工部诗集辑注》卷二引）

《魏将军歌》：“星缠宝校金盘陀。”

《杜诗博议》：旧注引鲍照诗“金铜饰盘陀，日照光蹀躞”而未详其义。按《唐书·食货志》云：先是诸炉铸钱窳薄，镕破钱及佛像，谓之盘陀。皆铸为私钱，犯者，此与“金铜饰盘陀”语颇相合。盖雕饰鞍勒，以铜杂金为之，故有日照星缠之丽，而镕破钱及佛像者，取其金铜相和，亦名盘陀也。（朱鹤龄《杜工部诗集辑注》卷二引）

《桥陵诗三十韵因呈县内诸官》：“瑞芝产庙柱。”

《杜诗博议》：《旧唐书》：天宝七载三月，大同殿柱产玉芝。八载六月，又产玉芝。此云“产庙柱”，盖桥陵亦有之。（朱鹤龄《杜工部诗集辑注》卷三引）

《哀江头》

《杜诗博议》：赵次公注引苏黄门尝谓其侄在进（按，应为“在庭”）云：“《哀江头》即《长恨歌》也。《长恨歌》费数百言而后成，杜言太真被宠，只‘昭阳殿里第一人’足矣。言从幸，只‘白马嚼啮黄金勒’足矣。言马嵬之死，只‘血汙游魂归不得’足矣。”按黄门此论，止言诗法烦简不同，非谓“清渭东流”以下皆寓意上皇、贵妃也。《长恨歌》本因《长恨传》而作，公安得预知其事而为之兴哀？《北征》诗:“不闻夏殷衰,中自诛褒妲。”公方以贵妃之死卜国家中兴,岂应于此诗为“天长地久”之恨乎?(朱鹤龄《杜工部诗集辑注》卷三引)

《送从弟亚赴河西判官》:“吾闻驾鼓车,不合用骐骥。龙吟回其头,夹辅待所致。”

《杜诗博议》:骐骥驾鼓车,比亚不当为判官;龙吟回头,谓龙马长吟;回首京阙,思成夹辅之功,喻亚虽在河西,乃心不忘朝廷也。旧解都愦愦。(朱鹤龄《杜工部诗集辑注》卷三引)

《送杨六判官使西蕃》:“宣命前程急,惟良待士宽。”

《杜诗博议》:“惟良”,旧注无解,按《汉书》:宣帝曰:“与我共理者,其惟良二千石乎?”此诗用“惟良”出此,亦“友于”“贻厥”之类也。李嘉祐《送相公五叔守歙州》诗落句云:“新安江自绿,明主重惟良。”此一证。时杨判官必膺郡守推荐,衔命入蕃,故曰“惟良待士宽”也。(朱鹤龄《杜工部诗集辑注》卷三引)

《洗兵马》:“鹤驾通霄凤辇备,鸡鸣问寝龙楼晓。”

《杜诗博议》:按史,肃宗即位,下制曰:“复宗庙于函雒,迎上皇于巴蜀,导銮舆而反正,朝寝门以问安,朕愿毕矣。”上皇至自蜀,肃宗请归东宫,不许。此诗“鸡鸣问寝”,即用诏中语也。“鹤驾”“龙楼”,望其能修人子之礼也。灵武即位,本非得已,洪容斋所谓“收复两京,非居尊位,不足以制命诸将也”。其听李辅国谗间,乃上元年间事,公安得逆料而讥之?容斋又引颜鲁公《请立放生池表》云:“一日三朝,人明天子之孝;问安视膳,不改家人之礼。东坡以为知肃宗有愧于是也。”此表乃移杖后所上,不当援之以证此诗也。(朱鹤龄《杜工部诗集辑注》卷五引)

《后出塞五首》其四:“云帆转辽海,粳稻来东吴。越罗与楚练,照耀舆台躯。”

朱鹤龄《杜工部诗集辑注》:辽东南临渤海,故曰辽海。《杜诗博议》:《昔游》诗:“幽燕盛用武,供给亦劳哉。吴门转粟帛,泛海陵蓬莱。”与此诗“云帆转辽海”“杭稻来东吴”皆记天宝间海运事也。愚谓海运当始于隋大业中。《北史·来护儿传》:辽东之役,护儿率楼船指沧海,入自涢水,时护儿从江都进兵,则当出成山大洋,转登莱向辽海也。唐太宗屡讨高丽,舟师皆出莱州,其餽运当从隋故道。骆宾王《讨武曌檄》云:“海陵红粟,仓庾之积靡穷。”盖隋唐时于扬州置仓,以备海运,餽东北边。禄山镇范阳,蓄汉士马居天下之半,江淮挽输,千里不绝。所云“云帆转辽海”者,自辽西转餽北平也。(朱鹤龄《杜工部诗集辑注》卷五引)

《寄岳州贾司马六丈巴州严八使君两阁老五十韵》

《杜诗博议》:至贬岳州,实因弃汝州之故,吴缜《唐书纠谬》有辨甚详。(朱鹤龄《杜工部诗集辑注》卷六引)

《乾元中寓居同谷县作歌七首》其六:“南有龙兮在山湫,古木巃嵸枝相樛。木叶黄落龙正蛰,蝮蛇东来水上游。我行怪此安敢出,拔剑欲斩且复休。呜呼六歌兮歌思迟,溪壑为我回春姿。”

朱鹤龄《杜工部诗集辑注》云:郭知达本注引东坡云:明皇至自蜀,居南内兴庆宫,李辅国阴伺其隙间之,此诗“南有龙”喻玄宗在南内也。《杜诗博议》:前后六章,皆自序流离之感,不应此章独讥时事。此盖咏同谷万丈潭之龙也。龙蛰而蝮蛇来游,或自伤龙蛇之混,初无指切也。古人诗文取喻于龙者不一,未尝专指为九五之象,东坡必无是言也。(朱鹤龄《杜工部诗集辑注》卷七引)

《和裴迪登新津寺寄王侍郎》

《杜诗博议》:《王维传》有缙为蜀州刺史、迁散骑常侍一节,与《缙传》不合。吴缜《纠谬》谓:缙未尝历蜀州及常侍,其可疑者三,为说甚辨。今考《旧书》,缙为凤翔尹,先加工部,后除常侍。意其未及还京而维病革,故作书与别也。缜谓缙并未历常侍,似失考。而由蜀州迁常侍,则断不可信,蔡注之谬甚明(朱注引蔡梦弼曰:王侍郎,王维弟缙也。裴迪尝从维游辋川,后从缙剑外)。(朱鹤龄《杜工

部诗集辑注》卷七引)

《逢唐兴刘主簿弟》:“剑外官人冷,关中驿骑疏。”

《杜诗博议》:官人乃隋、唐间语。《北史·梁彦光传》:初,齐亡后,人情险诐,妄起风谣,诉讼官人,千变万变。《旧唐书·高祖纪》:高祖即位,官人百姓,赐爵一级。《武宗纪》:中书奏:赴选官人多京债,到任填还,致其贪求,罔不由此。则官人者,乃州县令佐之称也。(朱鹤龄《杜工部诗集辑注》卷八引)

《中丞严公雨中垂寄见忆一绝奉答二绝》其一:“雨映行宫辱赠诗,元戎肯赴野人期。”

《杜诗博议》:《旧书·崔宁传》:初,天宝中,鲜于仲通尝建一使院,甚华丽。玄宗幸蜀,尝居之,因为道观,写玄宗御容,置之正室。郭英乂奏请旧院为军营,乃移去御容,自居之。按此即玄宗行宫,当在成都城内,有谓近万里桥者,非也。(朱鹤龄《杜工部诗集辑注》卷九引)

《戏题寄上汉中王三首》其二:“策杖时能出,王门异昔游。已知嗟不起,未许醉相留。”

《杜诗博议》:“嗟不起”,旧注:病酒不起。极可笑。按《晋书·殷浩传》:“于时拟之管、葛,王蒙、谢尚伺其出处,以卜江左兴亡,相谓曰:深源不起,当如苍生何?”嗟不

起，盖用此。言已知王叹我之不起矣，独未许一醉而相留乎？（朱鹤龄《杜工部诗集辑注》卷九引）

《有感五首》其三："洛下舟车入，天中贡赋均。日闻红粟腐，寒待翠华春。莫取金汤固，长令宇宙新。不过行俭德，盗贼本王臣。"

《杜诗博议》：《伤春》诗有"近传王在雒"及"沧海欲东巡"之句，则此诗为传闻代宗将幸东都而作也。史称丧乱以来，汴水湮废，漕运自江汉抵梁、洋，迂险劳费。广德二年三月，以刘晏为河南江淮转运使。时兵火之后，中外艰食。晏乃疏汴水，岁运米数十万石以给关中。公之意，唐建东都，本备巡幸。今汴洛之间，贡赋道均，且漕渠已通，仓粟不乏，只待翠华之临耳。勿谓洛阳狭阨，无金汤可守。乘此时而赫然东巡，号令天下，则宇宙长新矣。盖能行恭俭之德，则率土皆臣，盗贼岂足虑哉！王导论迁都云："能弘卫文大帛之冠，无往不可。若不绩其麻，则乐土为墟。"公诗正此意也。（朱鹤龄《杜工部诗集辑注》卷十引）

《伤春五首》其三："日月还相斗，星辰屡合围。不成诛执法，焉得变危机？"

《杜诗博议》：《汉·志》：哀帝元寿元年十一月，岁星入太微，逆行，干右执法。占曰：大臣有忧，执法者诛，若有罪。二年十月，高安侯董贤免归，自杀。此诗"执法"二句，暗引是事，以董贤况程元振也。赵注：荧惑星，一名执

法，谓元振荧惑人主，当诛之以谢天下。其说殊支离。（朱鹤龄《杜工部诗集辑注》卷十引）

《送李卿晔》："晋山虽自弃，魏阙尚含情。"

《杜诗博议》：晋山自弃，即《出金光门》诗"移官岂至尊"意也。古人流离放逐，不忘主恩，故公于贾、严之贬则曰："开辟乾坤正，荣枯雨露偏。"于己之贬则曰："晋山虽自弃，魏阙尚含情。"其温柔敦厚之意，言外可想。若以肃宗不甚省录，故往往自况之推，失之远矣。（朱鹤龄《杜工部诗集辑注》卷十一引）

《奉待严大夫》

《杜诗博议》：《旧书·地志》：合剑南、东西川为一道，在广德元年。《唐会要》则云：二年正月八日，此武受命在元年冬之一证也。（朱鹤龄《杜工部诗集辑注》卷十一引）

《黄河二首》其二："黄河南岸是吾蜀，欲须供给家无粟。愿驱众庶戴君王，混一车书弃金玉。"

《杜诗博议》：唐运道俱仰黄河，独蜀僻在西南，河漕不通，西山三城，粮运屡绝，故有"供给无粟"之叹，此亦为吐蕃入寇而作。（朱鹤龄《杜工部诗集辑注》卷十一引）

《闻高常侍亡》："虚历金华省，何殊地下郎？"

《杜诗博议》云:“虚历金华省,何殊地下郎”,惜其有才不展,虽官华要,何异地下修文,痛之深也。史称适负气敢言,权贵侧目,又常侍主讽谏过失,故有“丹槛折”之句。(朱鹤龄《杜工部诗集辑注》卷十二引)

《长江二首》其二:“浩浩终不息,乃知东极临。众流归海意,万国奉君心。色借潇湘阔,声驱滟滪沉。未辞添雾雨,接上过衣襟。”

《杜诗博议》:江流之大,不辞雾雨。雾雨接江流而上,过人衣襟之间,所谓波浪兼天者如此。(朱鹤龄《杜工部诗集辑注》卷十二引)

元结《贼退示官吏序》:“明年,贼又攻永破郡,不犯此州边鄙而退。”

《杜诗博议》:颜鲁公撰《次山墓碑》云:“君在州二年,归者万余家,贼亦怀畏,不敢来犯。”与次山诗序语合,唐史之误明矣。(朱鹤龄《杜工部诗集辑注》卷十二引)

《诸将五首》其一:“昨日玉鱼蒙葬地,早时金碗出人间。”

《杜诗博议》:戴叔伦《赠徐山人》诗云:“汉陵帝子黄金碗,晋代仙人白玉棺。”可见玉鱼、金碗,皆用西京故实,与首句“汉朝陵墓”相应,但汉后稗史自《西京杂记》《风俗

通》《拾遗记》诸书而外，传者绝少，无从考据耳。卢充幽婚，恐尚非的证。（朱鹤龄《杜工部诗集辑注》卷十三引）

《诸将五首》其二："韩公本意筑三城，拟绝天骄拔汉旌。岂谓尽烦回纥马，翻然远救朔方兵。胡来不觉潼关隘，龙起犹闻晋水清。独使至尊忧社稷，诸君何以答升平？"

《杜诗博议》：胡来，旧指禄山，或以为指吐蕃，皆非是。愚谓此指回纥为怀恩所诱，连兵入寇也。潼关设险，本以控制山东，而今朔方失守，胡骑反从西北蹂躏三辅，则潼关之险失矣，其害皆起于借兵收复。然太宗龙兴晋阳，亦尝请兵突厥，内平隋乱。其后突厥恃功，直犯渭桥，卒能以计摧灭之，此不独太宗之神武，亦由英、卫二公专征之力也，故继之曰："独使至尊忧社稷，诸君何以答升平？"所以勉子仪者至矣。（朱鹤龄《杜工部诗集辑注》卷十三引）

《秋兴八首》其七："露冷莲房坠粉红。"

《杜诗博议》：《北史》：李顺兴言，昆明池中有大荷叶，可取盛饼食，其居去池十数里，日不移影，顺兴负荷叶而归，脚犹泥。可证昆明莲花自古有之，注家都失引。（朱鹤龄《杜工部诗集辑注》卷十三引）

《览柏中丞兼子侄数人除官制词，因述父子兄弟四美，载歌丝纶》

《杜诗博议》:《年谱》:公至夔州时,柏中丞为夔州都督,公为《谢上表》。今考柏都督,乃柏茂林,中丞其兼官也。黄鹤注以柏都督是贞节,中丞则茂林,又以茂林与贞节为兄弟,俱大谬。按《旧书·代宗纪》:永泰元年闰十月,剑南节度使郭英乂为其兵马使崔旰所杀。邛州柏茂林、泸州杨子琳、剑州李昌巙等,皆起兵讨旰,蜀大乱。大历元年二月,邛州刺史柏茂林充邛南防御使,剑南西山兵马使崔旰为茂州刺史,充剑南西山防御使,从杜鸿渐请也。八月壬寅,以茂州刺史崔旰为成都尹,剑南西川节度、行军司马、邛州刺史柏茂林为邛南节度使,从杜鸿渐请也。二年七月丙寅,以崔旰为剑南西川节度观察等使。三年五月戊辰,以崔旰为检校工部尚书,改名宁。《唐历》《通鉴》亦同。初无柏贞节事,而《旧书》于《杜鸿渐传》则云:崔旰杀英乂,据成都,自称留后。邛州衙将柏贞节、泸州衙将杨子琳、剑州衙将李昌巙等,兴兵讨之。于《崔宁传》又云:旰率兵攻成都,英乂出兵于城西门,令柏茂琳为前军,郭英幹为左军,郭嘉琳为后军,与旰战。茂琳等军屡败,旰令降将统兵,与英乂转战,大败之。一则记贞节兴兵而不及茂琳,一则记茂琳丧军而不及贞节。《新书·崔宁传》则兼录二传之文,上书柏茂琳等战败,下书邛州柏贞节讨宁。鸿渐表为邛州刺史,于《杜鸿渐传》则止书贞节。今以《本纪》考之,则授邛州刺史、邛南防御及节度,皆茂林一人之事。盖茂林以牙将为英乂前军,败于城西,复归邛州,兴兵讨宁耳。疑贞节乃茂林之字,或后改名,非二人也。《新书·方镇表》:大历元年置邛南防御使,治邛州,寻升为节度使,未几,废置。剑南西山防御使,治茂州,未几废。二使之置，专为旰与茂林也。邛南节度既废，茂林不闻他除，岂非即拜夔州都督乎？鸿渐初议授柏茂林邛南、崔旰剑南，以两解之。既而旰专制西川，渐不相容，故徙茂林于夔州，盖以避旰之逼。然自节度除都督为失职，故此诗云："方当节钺用。"又《观宴》诗云"几时来翠节"，盖惜之也。公《为柏都督谢上表》云："察臣剑南区区，恐失臣节如彼；加臣频烦阶级，镇守要冲如此。"此正自明讨旰之事。效忠朝廷，不以旌节为望，而以增阶级为喜也。是诗"深诚补王室"及"诛叛经寒温"等语，皆谓讨旰。其曰："独清玉垒昏"者，《唐·志》：玉垒山，在彭州。《九域志》云：在茂州，彭州西北至茂州止，八十里。是时鸿渐以茂州授旰，故曰"玉垒昏"。题云《览柏中丞兼子侄数人除官制词因述父子兄弟四美》，诗云"戮力自元昆"，又云"子弟先卒伍"，必茂林起兵时，阖门赴义，子弟俱在戎行，而其人不可考矣。公有《蜀州柏二别驾将中丞命》诗，柏二当即四美之一。（朱鹤龄《杜工部诗集辑注》卷十四引）

《秋日夔府咏怀奉寄郑监审李宾客之芳一百韵》："旧物森犹在，凶徒恶未悛。国须行战伐，人忆止戈鋋。"

《杜诗博议》：公以代宗不能问河北之罪，而但慕止戈之名，养成祸乱，故曰"国须行战伐，人忆止戈鋋"，盖伤之也。（朱鹤龄《杜工部诗集辑注》卷十五引）

《夔府书怀四十韵》："凶兵铸农器，讲殿辟书帷。庙算高难测，天忧实在兹。形容真潦倒，答效莫支持。"

《杜诗博议》:《通鉴》:永泰元年九月庚寅朔,置百高座于资圣、西明两寺,讲《仁王经》。甲辰,吐蕃十万众至奉天,京城戒严。丙午,罢百高座讲。十月己未,复讲经于资圣寺。时羌胡外讧,藩镇内叛,而帝与宰相元载等俱好佛,怠于政事。"讲殿辟书帷",盖以讽也。(朱鹤龄《杜工部诗集辑注》卷十五引)

《赠李八秘书别三十韵》:"事殊迎代邸,喜异赏朱虚。"

《杜诗博议》:赏异朱虚,惜其不得殊擢。或以为讥肃宗,非也。(朱鹤龄《杜工部诗集辑注》卷十六引)

《骊山》:"骊山绝望幸,花萼罢登临。地下无朝烛,人间有赐金。"

《杜诗博议》:此言明皇赐予臣下之金,没后尚在人间,如千秋节赐百官金镜、珠囊是也。(朱鹤龄《杜工部诗集辑注》卷十七引)

《别李义》

《杜诗博议》:按《旧书》:道王元庆,麟德元年薨。子临淮王诱嗣,次子询。询子微,神龙初,封为嗣道王。景云元年,官宗正卿,卒。子錬,开元二十五年,袭封嗣道王。广德中,官宗正卿。《新书·宗室世系表》于道孝王元庆之下，首书嗣王诱，次书嗣王宗正卿微、嗣王宗正卿錬、嗣王京兆尹实。《困学纪闻》云："义盖微之子。"以予考之，不然。义乃錬之诸子，而实之弟耳。诗云："丈人嗣三叶。"丈人，谓錬。自诱至錬，为嗣道王者三世，故曰"嗣三叶"也。又云："丈人领宗卿，肃穆古制敦。先朝纳谏诤，直气横乾坤。"按《旧·志》：天宝十载正月，遣太子率更令嗣道王錬，祭沂山东安公。则錬在玄宗时，已蒙任使，所云"先朝纳谏诤"者，盖玄宗也。又云："忆昔初见时，小襦绣芳荪。长成忽会面，慰我久客魂。"与"少年早归来，梅花已飞翻""王子自爱惜，老夫困石根"等语，皆前辈谆勉之词。盖公天宝中曾见义于京师，年尚少，今来巫峡，将入蜀干谒，故以猛虎、蛟螭戒之。若令义为微之子，则微卒于景云中，去大历二年且五十六七载，义之齿当长于公，安得目为少年而自居老夫乎？由此言之，则义为錬之诸子审矣。（朱鹤龄《杜工部诗集辑注》卷十八引）

《夏夜李尚书筵送宇文石首赴县联句》

《杜诗博议》：题中宇文石首，即前宇文晁也。诗注彧者，即崔彧也。公与彧同在李尚书筵中送宇文石首，故有"宅相""令宰"等句以美晁也。旧本俱作宇文彧，误耳。（朱鹤龄《杜工部诗集辑注》卷十九引）

《秋日荆南述怀三十韵》

《杜诗博议》："磐石圭多剪"二句，极言封建之制善于

藩镇,非专谓宰相不可出将也。“群公纷戮力”以下,自是泛论,不必复主琯言之。(朱鹤龄《杜工部诗集辑注》卷十九引)

三、《杜诗博议》的注释特色及其成就

通观《杜诗博议》的佚文我们可以发现,该书大量采用诗史互证的方法,注重钩稽史事和杜诗之间的联系。其中很多地方不仅能够补史书之缺,纠正史书和旧注中相沿已久的错误,而且能够加深对杜诗的理解。如《夔府书怀四十韵》“讲殿辟书帷”句,历代注家少有注释,《杜诗博议》则引《资治通鉴》所载永泰元年九十月间代宗多次置百高座于资圣、西明两寺讲《仁王经》之事,指出:“时羌胡外讧,藩镇内叛,而帝与宰相元载等俱好佛,怠于政事。‘讲殿辟书帷’,盖以讽也。”这样的笺释准确地阐释了杜诗的“诗史”特性,揭示了杜诗蕴含的深刻现实意义,确实能发前人所未发。除了使用诗史互证的研究方法以外,潘柽章也特别注重采用以杜证杜的方法对杜诗进行深入阐发。如其笺释《送李卿晔》“晋山虽自弃,魏阙尚含情”曰:“晋山自弃,即《出金光门》诗‘移官岂至尊’意也。古人流离放逐,不忘主恩,故公于贾、严之贬则曰:‘开辟乾坤正,荣枯雨露偏。’于己之贬则曰:‘晋山虽自弃,魏阙尚含情。’其温柔敦厚之意,言外可想。若以肃宗不甚省录,故往往自况之推,失之远矣。”“以杜证杜”和“诗史互证”这两种方法的结合使用,使其得出的结论少有主观臆测、牵强附会之弊。

作为一个优秀的史学家,潘柽章特别擅长对历史人物的考证。如对《别李义》之“李义”,潘氏结合唐史和杜诗进行了详细考辨,订正了《困学纪闻》中李义乃李微之子的错误说法,指出李义乃“鍊之诸子”。又如《夏夜李尚书筵送宇文石首赴县联句》中,有署名“彧”者,旧注俱解作宇文彧,潘柽章指出此人应为“崔彧”,而非“宇文彧”。在潘柽章对唐代人物的诸多考证中,于“柏茂林”的考证最为详审,因而也最具代表性。黄鹤以为杜甫诗文中提到的“柏都督”是柏贞节,“柏中丞”是柏茂林,二人当系兄弟。潘柽章则将《旧唐书·代宗本纪》《旧唐书·杜鸿渐传》《新唐书·杜鸿渐传》《新唐书·崔宁传》《新唐书·方镇年表》等相关史料全部排比后指出,柏茂林与柏贞节当系一人。他还结合杜甫《观宴》《蜀州柏二别驾将中丞命》《为柏都督谢上表》等诗文指出,柏茂林卸任邛南节度使后即拜为夔州都督。这些考证翔实精审,颇具说服力,故多为后代注家所征引。潘耒在《松陵文献序》中曾介绍其兄的研究方法:“亡兄与吴先生草创《明史》,先作《长编》,聚一代之书而分划之,或以事类,或以人类,条分件系,汇群言而骈列之,异同自出,参伍钩稽,归于至当,然后笔之于书,其详且慎,如此庶几不失古人著书之法。”①正是潘柽章采用了科学的史学方法,将涉及的相关史料全部列出,才使得“异同自出”,真伪立判,因此钱谦益才称赞潘柽章修史“取材甚富,论断甚严”②,其辨析论断不可移易的原因也正在于此。

---

① 潘柽章:《松陵文献》,《四库禁毁书丛刊》史部第7册,北京出版社1997年版。

② 钱谦益:《修史小引·牧斋外集》卷八,日本京都大学文学部资料室藏本。

除此之外,潘柽章对杜诗中涉及的唐代典章制度、职官、地理等多方面的考证,也多有创获,加深了人们对唐史和杜诗的认识。如杜诗《有感五首》其三:“洛下舟车入,天中贡赋均。日闻红粟腐,寒待翠华春。”潘柽章紧密结合唐代的漕运状况解释道:“史称丧乱以来,汴水湮废,漕运自江汉抵梁、洋,迂险劳费。广德二年三月,以刘晏为河南江淮转运使。时兵火之后,中外艰食。晏乃疏汴水,岁运米数十万石以给关中。公之意,唐建东都,本备巡幸。今汴洛之间,贡赋道均,且漕渠已通,仓粟不乏,只待翠华之临耳。”又如《黄河二首》其二“黄河南岸是吾蜀,欲须供给家无粟”句,《杜诗博议》笺云:“唐运道俱仰黄河,独蜀僻在西南,河漕不通,西山三城,粮运屡绝,故有‘供给无粟’之叹,此亦为吐蕃入寇而作。”这些笺释能够深入结合唐代史实对杜诗诗意进行恰当的解释,显示了潘柽章深厚的史学功力。

另外,《杜诗博议》征引历代史籍文献来解释杜诗语词的出典,也对人们正确理解杜诗提供了很大帮助。如《伤春五首》其三“不成诛执法”之“执法”,《杜诗博议》释曰:“《汉·志》:哀帝元寿元年十一月,岁星入太微,逆行,干右执法。占曰:大臣有忧,执法者诛,若有罪。二年十月,高安侯董贤免归,自杀。此诗‘执法’二句,暗引是事,以董贤况程元振也。赵注:荧惑星,一名执法,谓元振荧惑人主,当诛之以谢天下。其说殊支离。”又如《送杨六判官使西蕃》“惟良待士宽”之“惟良”,旧注无解,潘柽章指出:此语出自《汉书》,宣帝曰:“与我共理者,其惟良二千石乎?”亦“友于”“贻厥”之类也。再如《逢唐兴刘主簿弟》“剑外官人冷”之“官人”,《杜诗博议》通过征引《北史·梁彦光传》与《旧唐书》之《高祖纪》《武宗纪》等文献,指出"官人"乃隋、唐间州县令佐之称。[①] 这些发现,非具有深厚的史学积淀不能道,非潘柽章亦不能为此笺注。戴笠在《潘力田传》中称潘柽章"长于考核"[②],钱谦益在《与吴江潘力田书》中称赞其《国史考异》"援据周详,辨析详密,不偏主一家,不偏执一见"[③],我们于《杜诗博议》一书也看到了同样的特点。

应该指出的是,在钱、朱注杜公案中,潘柽章虽然以调停人的身份出现,但是他和朱鹤龄同是吴江人,又同是惊隐诗社的同志,故在情感上是倾向朱鹤龄一方的。因此,他在《杜诗博议》一书中的有些内容都是特别针对钱笺进行的驳正。如杜甫的《兵车行》,钱谦益认为是对鲜于仲通讨南诏而发,其云:"是时杨国忠方贵盛,未敢斥言之,杂举河陇之事,差于其词,若不为南诏而发者,此作者之深意也。"(《钱注杜诗》卷一)潘柽章则曰:"玄宗季年,穷兵吐蕃,征戍绎骚,内郡几遍,当时点行愁怨者,不独征南一役,故公托为征夫自愬之词以讥切之。若云惧杨国忠贵盛而诡其词于关西,则尤不然。太白《古风》云:'渡泸及五月,将赴云南征。怯卒非壮士,南方难远行。长号别严亲,日月惨光晶。泣尽继以血,心摧两无声。'已明刺之矣。太白胡独不畏国忠耶?"又如《赠李八秘书别三十韵》"事

① 惠栋《渔洋山人精华录训纂》卷十云:"《御览高士传》:棘嵩见陆云作《逸民赋》,嵩以为丈夫不为孝子,则为忠臣,必欲建功立策,为国宰辅,遂作《官人赋》,以反陆云之赋。据此,则官人不始于隋唐。"

② 潘柽章:《松陵文献》附录,《四库禁毁书丛刊》史部第7册,北京出版社1997年版。

③ 钱谦益撰,钱曾笺注,钱仲联标校:《牧斋有学集》卷三十八,上海古籍出版社1996年版,第1319页。

殊迎代邸，喜异赏朱虚。”钱谦益曰：“汉文帝即位，先封太尉朱虚侯等，而后封宋昌。肃宗行赏，独厚于灵武诸臣，公有‘文公赏从臣’之讥，而此又以朱虚为喻，皆微词也。”(《钱注杜诗》卷十五)潘柽章则指出：“赏异朱虚，惜其不得殊擢。或以为讥肃宗，非也。”后来潘柽章之弟潘耒《遂初堂文集》卷十一有《书杜诗钱笺后》一文，具体指出钱笺多处不当或错误的地方，这应该与其兄论杜倾向的影响有很大关系。①

四、《杜诗博议》的流传和影响

潘柽章由于受到庄廷鑨《明史》案的牵连而遇难，其所著书亦因之而被禁废，《杜诗博议》一书即因此而终至散佚。钮琇《觚剩》卷一“力田遗时”条载：“潘柽章著作甚富，悉于被系时遗亡。间有留之故人家者，因其罹法甚酷，辄废匿之。如《杜诗博议》一书，引据考证，纠讹辟舛，可谓少陵功臣。朱长孺笺诗，多所采取，竟讳而不著其姓氏矣。余幼从学吴南村夫子时，曾录其古近体诗数篇，留敝箧中，今检而存之，并著《博议》所自，以俟能表章者。”②钮琇为潘柽章鸣不平，隐隐有指斥朱鹤龄剽窃之意。对此，陈寅恪先生于《柳如是别传》中指出：“长孺袭用力田之语，而不著其名，不知所指何条。但长孺康熙间刻《杜诗辑注》时，牧斋尚非清廷之罪人，故其注中引用牧

---

① 邬国平《顾炎武与杜甫诗注》(《杜甫研究学刊》2002 年第 3 期)一文指出，潘耒的论杜倾向受到其师顾炎武的很大影响。

② 钮琇撰，南炳文、傅贵久点校：《觚剩》正编卷一，上海古籍出版社 1986 年版，第 8 页。

斋之语,可不避忌。至若柽章,则先以预于庄氏史案,为清廷所杀害,其引潘说,而不著其名,盖有所不得已。玉樵之说未免太苛而适合当时之情事也。”①实际情况确实如此,潘柽章之弟潘耒早就于《松陵文献后序》中针对当时人谣传朱鹤龄剽窃潘柽章著作一事进行过辩解:“既乃嫁过于朱先生鹤龄,谓朱实袭潘之书,已乃袭朱,初不袭潘。夫朱先生与亡兄交最厚,其自著书颇多,何至掩取亡兄之书?纵有所援引,亦明言本诸潘氏,凡考订论赞,皆言潘某云云。新志何所见,而悉以潘之说而为朱之说,非唯掩潘,抑且诬朱矣。”②虽然如此,但是朱鹤龄在书中征引潘说确实是“不著其名”,但云“《杜诗博议》”而已,这在当时虽然是迫不得已的选择,但也是最终导致潘柽章《杜诗博议》一书湮没无闻的重要原因。

关于《杜诗博议》的成书时间,蔡锦芳根据书中多处反驳钱氏之说,以为其“只能产生于《钱注》之后,朱注之前”③,这个判断可谓失之眉睫。因为潘柽章于康熙二年遇害,其时方当钱、朱二人反目之次年,《钱注杜诗》尚未完成,故其对钱氏的辩驳之辞依据的不可能是康熙六年才成书的《钱注杜诗》,而只能是钱氏完成于崇祯朝的《读杜小笺》《读杜二笺》。从潘柽章的生平来看,钱、朱注杜公案发生时,其正致力于《明史记》的编纂,本无暇分身作《杜诗博议》,只可能是钱、朱二人反目,才引起了他对注杜问题的关注。而钱、朱二人反目是在康熙元

① 陈寅恪:《柳如是别传》,生活·读书·新知三联书店 2001 年版,第 1028 页。

② 潘柽章:《松陵文献》,《四库禁毁书丛刊》史部第 7 册,北京出版社 1997 年版。

③ 蔡锦芳:《〈杜诗博议〉质疑》,《杜甫研究学刊》1989 年第 2 期。

年，到了康熙二年正月，潘柽章即因牵涉《明史》案被系。这样算来，《杜诗博议》成书时间极有可能仅有康熙元年一年的时间。以如此短暂的时间成此一书，又是在纂史之余，估计篇幅不会很大，而且很可能并没有刊刻。然而堪称一部急就章的《杜诗博议》竟能屹然立乎钱、朱两大家之间，不能不令人感到敬佩。难怪朱鹤龄在《杜工部诗集辑注》中对潘氏的研杜成果颇为重视，对该书多次征引。但是由于清代文禁森严，钱注和朱注的流传都受到很大影响。已化身于朱注之中的《杜诗博议》，在清代杜诗学界几乎没有受到什么关注。仇兆鳌《杜诗详注》和杨伦《杜诗镜铨》虽都曾征引《杜诗博议》，但都是直接由朱注转引。虽然没有亲见《杜诗博议》一书，仇兆鳌还是独具慧眼地称其"发挥独畅"。因朱注引《杜诗博议》不标著者姓名，仇兆鳌乃将潘柽章之名误为"王道俊"。仇氏生活的时代距潘柽章去世不过几十年，竟然难已见到《杜诗博议》一书，可见该书流传的范围很小，其散佚的速度是很快的。清末文网松弛以后，朱鹤龄《杜工部诗集辑注》稍有流布，然而潘柽章的《杜诗博议》因朱注隐讳其名，其人其书竟终致于无闻。周采泉先生《杜集书录》便以为《杜诗博议》共有三种，作者分别为宋杜田、明王道俊、潘柽章。[①] 他在杜信孚《同书异名汇录》序中亦云："《杜诗博义》在宋有杜田，在明有王道俊、潘柽章，虽书有存佚，但我们该知道，同一书名，却不是'只此一家'。"[②]可见周采泉先生尚未意识到三书乃同一书。直到当代学者蔡锦

---

① 参见周采泉：《杜集书录》，上海古籍出版社 1986 年版，第 43、483 页。

② 杜信孚：《同书异名汇录》，江苏古籍出版社 2000 年版，"序"。

芳于《杜甫研究学刊》发表《〈杜诗博议〉质疑》一文，指出《杜诗博议》一书的著者被嫁名于宋杜田、明王道俊乃是张冠李戴，其真正的作者应该是潘柽章。这样，一部沉埋了三百余年的杜诗学文献才得以重新进入学界的视野。

潘柽章《杜诗博议》与钱谦益《钱注杜诗》和朱鹤龄《杜工部诗集辑注》产生于同时，虽然处于钱、朱双子星座巨大光环的笼罩之下，但是《杜诗博议》的光辉并不因之而被掩映殆尽，相反，它的耀眼光芒有时反而更加熠熠灼人。然而，由于其著者潘柽章遭遇文字狱惨祸，该本的流布受到很大影响，倘若没有朱注的少量征引，我们几乎对该本的特色及贡献难窥一斑。通过辑佚后我们可以发现，《杜诗博议》不仅对钱笺多所驳正，也为朱注增色不少，其对杜诗学的贡献是不容抹杀的。因此正确评估其书的价值，重新确认该书在清代杜诗学史上的重要地位，就成为当代学者义不容辞的责任。

朱鹤龄《杜工部诗集辑注》的发轫*

——以《秋日读书寓园成〈杜诗辨注〉述怀一百韵敬呈同好诸公》为中心

南京图书馆藏徐树丕稿本《杜诗执鞭录》中抄录的《秋日读书寓园成〈杜诗辨注〉述怀一百韵敬呈同好诸公》(简称《一百韵》)实为朱鹤龄《愚庵小集》中《秋日述怀二十四韵》(简称《二十四韵》)未删之原稿。通过此诗提供的原始信息可知,朱鹤龄于甲申(1644)之秋已经完成一部名为《杜诗辨注》的注杜初稿。从《杜诗辨注》的草创,到《杜工部诗集辑注》最终成书,前后经历了二十七年的漫长历程。朱鹤龄将一百韵原诗进行了大幅删削的原因,除了诗中涉及南明弘光朝等"违碍"内容之外,还有他在"钱、朱注杜公案"中屡受诽谤和攻击,多年以来背负着巨大的舆论压力,故其晚年不愿再触碰注杜的话题,从中亦可管窥朱鹤龄数十年间注杜心态的巨大变化。

---

* 本文原载于《杜甫研究学刊》2021年第3期。

一、问题缘起：徐树丕稿本《杜诗执鞭录》中朱鹤龄《秋日读书寓园成〈杜诗辨注〉述怀一百韵敬呈同好诸公》的发现

徐树丕(1596—1683)，字武子，号墙东，长洲(今江苏苏州)人，明季诸生，国变后隐居不出，避居龙池山一云寺，自号活埋庵道人，著有《中兴纲目》《识小录》《埋庵集》等。南京图书馆古籍善本部藏徐树丕《杜诗执鞭录》稿本十七卷，共选钞杜诗近900首，分体编纂，于眉间、行侧有大量批点，所据底本为宋黄鹤补注、明万历黄陛刊本《集千家注杜工部诗集》，有姜垓、翁同龢、翁之缮跋。徐树丕《杜诗执鞭录》十四卷中收录了朱鹤龄的一首诗，题作《秋日读书寓园成〈杜诗辨注〉述怀一百韵敬呈同好诸公》，诗曰：

廪秋高白露，林径飒葳蕤。辽落江云净，苍茫晓雾披。菊英餐烂漫，凫影送差池。紫识兰茎老，红看柿实垂。荫松风拂簟，藉草月临帷。蛩响空阶切，乌啼古木悲。小冠闲自拭，壮齿恨难追。服道徒睽俗，传经岂遏饥。阮疏天遣放，嵇懒众从嗤。读杜销时暇，新笺慰郁伊。草堂遗集重，诗史昔贤推。挺节当行在，孤忠去赤墀。岖嵚艰蜀道，沅澧吊湘累。笔走岷峨峻，才凌滟滪危。汪茫翻地轴，浩荡抚天维。止见星芒灿，奚容豹管窥。纷纷徒臆索，璅璅见瑕疵。测海流曾盛，亡羊路总歧。榛芜芟广陌，奥窔入晨曦。蕴思忘裘葛，沈研绝履綦。探微颐忽解，购异足常

胝。颖秃谁相问,编成只自怡。已看药裹尽,渐觉鬓丝随。养拙安垂橐,嬉游忆佩觿。箫韶听圣主,玉帛觐清时。共解杯盘舞,宁忧画角吹。鱼符刓七校,虎帐卧三陲。灾数缠黄屋,妖氛起赤眉。宵夜勤按剑,大纛怯交绥。战鼓山河动,军声草木靡。天欃摇帝座,夜火遍丛祠。顿骇三光晦,俄惊万象移。开关谒者监,倒戟羽林儿。柏寝琱弓堕,椒宫宝镜遗。千门传柮矢,两观集长铍。士洒崩城泪,人抒敌忾辞。离家修韎韐,结客捧盘匜。物望归龙种,群情想凤姿。六飞迎羽盖,万骑夹云辎。江左声虽震,中原气已隳。舆图穷海甸,萧斧玩戎麾。搜粟频呼癸,征兵每缺锜。望风多吕姥,卧道少王罴。辇下填金穴,宫中宴玉卮。国容诚久顿,魁柄谁复提?可叹分茅土,须知盗宝龟。扬鞭侦处仲,裹甲问撑犁。蒋诩谋三径,梁鸿去五噫。维时羁粉署,那复恋皋比。目惨江山异,神恇羽檄驰。赋难逢狗监,兵岂习鱼丽。马渡悲前纪,龙蟠惜帝基。何心射董策,只是扈江蓠。曲抚青谿月,凉招白石飔。永怀存述作,生事听盈亏。屡接群公顾,多惭烈士知。史寻孙盛笔,经析伏生疑。(**注:时著《甲申杂记》,又何玄子先生命笺《禹贡》。**)敝篋辞双阙,初衣返故篱。鸿飞方肃肃,枣实正离离。小筑求甫里,潜名卜禹祁。警传烽堠急,胜报驿书迟。坐弛江东甲,长驱蓟北师。洛鹅兴有兆,铜狄徙难持。新市披戎服,楼舡建缟旗。雁惊徂北羽,鹊绕向南枝。枳橘原殊性,萧兰却共萎。身从蘋末泛,粒在剑头炊。填海伤精卫,悬林痛子规。歌风当彼黍,启繇得明夷。畬火余三户,云峰望九嶷。颇闻歌祝岨,难信鼓灵夔。万事都零落,残生敢怨咨。时为握粟卜,大似触藩羸。世变分眉睫,人情视奕棋。梦梦非可问,蹙蹙竟何之。弓剑留京洛,衣裳秩涣睢。文明归汉盛,礼乐属周厘。西极来神马,铜池产瑞芝。感时思苑结,追往涕涟洏。戢影防施缴,韬躬避抵巇。南荣晞短发,北户梦皇羲。佛典师迦叶,仙踪礼郁仪。栖心兜律界,携手赤松期。受箓图衡霍,标宗契许支。不成游汗漫,终欲示来兹。二酉搜文苑,三坟泳圣涯。音调弦燥湿,气射匣雄雌。帐重王充论,崖磨元结碑。兴怀灵武日,濡首少陵诗。渔猎聪明废,椠铅岁月疲。百年枯泪眼,十载断吟髭。石鼓犹埋岸,金针未引磁。何来博物砚,孰假校善藜。知己多高卧,生年尽义熙。须倾鸿宝秘,更倒蜀亭奇。序肯成玄晏,名终振左思。佩琼期共把,纫蕙定相贻。日月愁榆景,风霜惧雉罹。含情真悱恻,竟咏益凄其。但使伸吾道,何妨老钓丝。①

因徐树丕《杜诗执鞭录》是极为罕见的稿本,故学界对其中所录朱鹤龄此诗之事少有知者。虽然周采泉先生于《杜集书录》中早已提及此事②,但一直无人前往验核比勘。为释此疑,笔者前往南京图书馆古籍部查核了徐树丕《杜诗执鞭录》一书,朱鹤龄此诗见于该书卷十四之末。那么,此诗是否为朱鹤龄所作,朱鹤龄的《愚庵小集》是否曾收录此诗呢?今检上海古籍出版社影印本朱鹤龄《愚庵小集》卷四有《秋日述怀二十四韵》,诗云:

---

① 徐树丕:《杜诗执鞭录》卷十四,南京图书馆藏清初稿本(索书号:115754)。

② 参见周采泉:《杜集书录》,上海古籍出版社1986年版,第176页。

廪秋高白露,林径飒葳蕤。辽落江云净,苍茫晓雾披。菊英餐烂熳,凫影送差池。紫识兰茎老,红看柿实垂。荫松风拂簟,藉草月临帷。蛩响空阶切,乌啼古木悲。小冠闲自拭,壮齿恨难追。养拙安垂橐,嬉游忆佩觿。箫韶听圣主,玉帛覲清时。共解杯盘舞,宁忧画角吹。百年俄遘运,三极遂全移。目惨江山异,神恇羽檄驰。何心对董策,止是扈江蓠。服道徒违俗,传经岂遏饥。阮疏天遣放,嵇懒众从嗤。万事都零落,残生敢怨咨。时为握粟卜,大似触藩羸。二酉搜文苑,三坟泳圣涯。歌风当彼黍,启繇得明夷。渔猎聪明废,丹鉛岁月疲。胡绳止自结,杂佩向谁贻。短发愁榆景,孤贞惧雉罹。含情真陫恻,竟咏益悽其。但使伸吾道,何妨老钓丝。①

将二诗进行对比后可以基本确认是同一首诗,《愚庵小集》中的《二十四韵》显系由《一百韵》删节而成,《一百韵》应为《二十四韵》未删之原稿。未删之《一百韵》中无疑保存了更多珍贵的历史信息,解读这些被人为删节之历史信息,探讨此诗被大幅删削的原因,对了解朱鹤龄于易代之际的心路历程及其注杜缘起无疑会有很大帮助。

① 朱鹤龄:《愚庵小集》卷四,上海古籍出版社 1979 年版,第 170—172 页。

二、朱鹤龄《秋日读书寓园成〈杜诗辨注〉述怀一百韵敬呈同好诸公》的文献价值

（一）《杜诗辨注》乃《杜工部诗集辑注》之雏形和蓝本

朱鹤龄在《秋日读书寓园成〈杜诗辨注〉述怀一百韵敬呈同好诸公》的诗题中提到，其最早完成的杜诗注本名叫《杜诗辨注》，那么此本究竟成于何时呢？为了搞清楚朱鹤龄首次注杜的时间，就必须先明确此诗的作年。熊言安已经考出徐树丕《杜诗执鞭录》成书于顺治五年（1648）至顺治七年（1650），[①] 既然书中已收录朱鹤龄《秋日读书寓园成〈杜诗辨注〉述怀一百韵敬呈同好诸公》，则此诗必作于顺治七年之前。另外，此诗于“史寻孙盛笔，经析伏生疑”句后有注曰：“时著《甲申杂记》，又何玄子先生命笺《禹贡》。”此注透露出的创作时间，是我们破解该诗作年的重要线索。朱鹤龄的《甲申杂记》一书，诸种文献中均失载，当系朱鹤龄佚著，应据此增补。然《甲申杂记》与《秋日读书寓园成〈杜诗辨注〉述怀一百韵敬呈同好诸公》均作于甲申之秋，即崇祯十七年（1644）是可以确定的。此外，朱鹤龄《〈禹贡长笺〉序》曰：

> 余甲申岁读书金陵瓦官寺，窃网罗诸说，会稡一编……间以质之闽漳何玄子先生，先生跃然印可。时先生

① 参见熊言安：《徐树丕〈杜诗执鞭录〉考论》，《文献》2013 年第 3 期。

方著《春秋》，比事属词，未及《尚书》，遂命余卒成之。①

按，何楷（？—1645？），字玄子，号黄如，泉州晋江人，事迹见《明史》卷二百六十七。《愚庵小集》卷三有《潘江如游闽过别，托访何玄子、叶敬甫诸公事迹》诗。朱鹤龄这里所记何楷敦促朱鹤龄作《禹贡长笺》之事，正与《一百韵》诗注所载"何玄子先生命笺《禹贡》"之说完全契合，则《一百韵》为朱鹤龄所作至此可成定谳。相应地，《一百韵》作于崇祯十七年秋亦可以确定，这个时间点的确定也是判断《杜诗辨注》成书时间的重要依据。无独有偶，明末清初周灿《泽畔吟》中有《读朱长孺〈杜诗辨注〉》，诗曰：

小智多穿凿，拘儒狥章句。谬将古人书，强作今人注。名义有割裂，神理无生趣。悠悠古人心，千年堕云雾。朱子读杜诗，冥契入寐寤。心魂炯相对，百世若面晤。批导尽迎刃，诠释破迷误。宁惟集众长，妙解繇独悟。风雅久沦亡，此道尽昏瞀。吾子唱元声，光彩动毫素。落纸生云烟，众理悉奔赴。固是旷世才，亦得稽古助。天禄藏秘书，不少鲁鱼蠹。子若逢休明，子云岂独步。衡门独注书，亦是时不遇。勿谓著述小，吾道兹焉寓。四海会澄清，才人献词赋。煌煌明堂篇，兹实备典故。圣主求遗书，光耀自然露。即今悬国门，千金孰敢顾。②

---

①　朱鹤龄：《愚庵小集》卷七，上海古籍出版社1979年版，第289页。

②　周灿：《泽畔吟》不分卷，《丛书集成续编》第123册，上海书店1941年版，第468页。

周灿(1603—1673),字光甫,又字闇昭,江苏吴江人,崇祯进士,知宣化、会稽二县,有治绩,擢浙江道御史,巡按江西,明亡不仕,唯与同邑高蹈者结诗社相唱和,有《乙丙时事》《西巡政略》《泽畔吟》等。杨凤苞《书南山草堂遗集后》曰:“松陵为东南舟车之都会,四方雄俊君子之走集,故尤盛于越中;而惊隐诗社又为吴社之冠。今考入社名流……周闇昭灿……朱长孺鹤龄。”①可知周灿与朱鹤龄同为惊隐诗社成员。周灿在此诗题中称其亦读到朱鹤龄名为《杜诗辨注》的注本,正与《一百韵》互为佐证,从另一个角度证明了《一百韵》为朱氏所作的真实性。另外,周灿诗中“子若逢休明”“四海会澄清”等语,亦透露出《杜诗辨注》作于易代之时的信息,这和《一百韵》诗注所云作于甲申年(崇祯十七年)也恰好吻合。因此,《一百韵》的诗题所云“成《杜诗辨注》”说明朱鹤龄在崇祯十七年秋已经草成一部杜诗注本,名曰《杜诗辨注》,这个注本应是其《杜工部诗集辑注》的最初蓝本和雏形。此时距朱鹤龄于钱府倾力注杜尚有十四年,可见朱注从最初蓝本到最终成书,前后经历了何等漫长的酝酿和准备时期。此前人们对朱鹤龄注杜最初情况的了解,基本上都是根据其《传家质言》所云“当变革时,惟手录杜诗过日,每兴感灵武回辕之举,故为之笺解,遂至终帙”②,然而却并无任何其他佐证材料来坐实其事,因而学界在描述朱鹤龄注杜经历的时候都往往从顺治十四年(1657)馆于钱府算起。如今《秋日读书寓园成〈杜诗辨注〉述怀一百韵敬呈同好

① 杨凤苞:《秋室集》卷一,《清代诗文集汇编》第448册,上海古籍出版社2010年版,第408页。

② 朱鹤龄:《愚庵小集》附录,上海古籍出版社1979年版,第769页。

诸公》一诗的发现,正好补充了朱鹤龄馆于钱府之前注杜情况的空白,故而具有弥足珍贵的文献价值。此诗论及注杜缘起时不仅与《传家质言》所论非常契合,而且为我们提供了更为丰富的信息,比如说此书于甲申之秋已经完稿、最初的书名确为《杜诗辨注》,等等。朱鹤龄笺注杜诗,从崇祯十七年撰成《杜诗辨注》到康熙九年(1670)《杜工部诗集辑注》的最终完成,前后经历了二十七年的漫长过程,这种情况与钱谦益从最初的《读杜小笺》《读杜二笺》到最终完成《钱注杜诗》的过程是一样的。然此前学界对朱鹤龄注杜的前期工作并不知晓其详,因此《一百韵》诗题透露出的这些信息,对于了解朱鹤龄注杜的初始阶段有着重要的认识价值。通过《一百韵》可以了解到,朱鹤龄的注杜过程至少可以分为"辨注"与"辑注"两个阶段。不过,由于《杜诗辨注》的文本已散佚不存,故其与《杜工部诗集辑注》之间的异同已难以对比,对《杜诗辨注》的具体情况,我们只能从朱鹤龄《一百韵》及周灿《读朱长孺〈杜诗辨注〉》之中间接得知。

(二)可以补充朱鹤龄于甲申之际的行踪与交游

朱鹤龄《秋日读书寓园成〈杜诗辨注〉述怀一百韵敬呈同好诸公》一诗中提到的"寓园"在哪里呢?经考,"寓园"乃祁彪佳在绍兴寓山下所筑别墅。《传家质言》曰:"甲申(1644)春,馆金陵唐仪曹署,闻庄烈皇帝变报,乃泫然长号曰:'此何时也,尚思以科第显耶?'遂决志弃举子业。"另外《〈禹贡长笺〉序》又云:"余甲申岁读书金陵瓦官寺",则朱鹤龄于甲申之春曾寓居金陵,具体地点为唐仪曹署和瓦官寺。而《一百韵》则作于是年深秋,斯时朱鹤龄已经由金陵移居绍兴的寓园。朱鹤龄于甲申之变后的行踪一直少有文献材料支撑，学界一般认为，朱鹤龄于甲申之变后即由金陵返回松陵，如黄世中《明季清初李商隐诗笺注知见录》曰："甲申之变，长孺年 39，自金陵唐仪曹馆署返里，旋至红豆山庄订补钱谦益杜诗笺。"①此诗"敝簏辞双阙，初衣返故篱"似乎也可作为佐证。而通过《秋日读书寓园》诗题透露的信息可知，朱鹤龄于崇祯十七年春曾居金陵，至是年秋又曾转至绍兴，然后方才返回松陵，这些细节正好丰富补充了朱鹤龄于甲申之际的行踪。另外还可以看到，朱鹤龄在这年由春至秋的几个月中分别与唐仪曹、何楷、祁彪佳兄弟等人有过一些交往。这年秋天他能在绍兴的寓园安心完成《甲申杂记》和《杜诗辨注》，说明其与祁氏兄弟的关系亦颇为密切，《愚庵小集》中《送文初无殊诸公适越州兼呈祁氏昆仲》亦可为证。值得指出的是，据《祁忠敏公日记·甲申日历》载，祁彪佳于甲申春正任弘光朝之苏松巡抚，至是年十二月二十五日方返回寓园，②故朱鹤龄是年秋去寓园投奔的非祁彪佳，而是祁彪佳之弟祁豸佳。

---

① 黄世中：《明季清初李商隐诗笺注知见录》，中国唐代文学学会等主编：《唐代文学研究》第七辑，广西师范大学出版社 1998 年版，第 757 页。

② 参见祁彪佳：《祁忠敏公日记》，民国二十六年(1937)影印本。

三、朱鹤龄对《秋日读书寓园成〈杜诗辨注〉述怀一百韵敬呈同好诸公》进行大幅删削的原因分析

欲分析朱鹤龄此诗被大幅删削的原因之前，首先需要确定删改者是朱鹤龄自己还是《愚庵小集》的编纂者，这就涉及《愚庵小集》的刊刻时间问题。《愚庵小集》初刻于康熙十年(1671)冬，由金阊童晋之梓行，卷前有王光承和计东之序。此本后来虽递经增补，版本众多，然所收朱鹤龄诗文最晚为康熙二十二年(1683)所作《岁暮杂诗六首》，朱鹤龄本人即卒于是年。因此，从时间来看，将《一百韵》进行大幅删削者极有可能是朱鹤龄本人。另外，编者除了将原诗由一百韵删成二十四韵，对所余二十四韵中某些诗句的用字也做了细微的改动，如《一百韵》“日月愁榆景，风霜惧雉罹”句，在《二十四韵》中被改作“短发愁榆景，孤贞惧雉罹”；“佩琼期共把，纫蕙定相贻”，被改成“胡绳止自结，杂佩向谁贻”。如果说大幅删削违碍内容尚可由《愚庵小集》的编刻者捉刀的话，那么此类细微改动显系出于著者自己之手，断非编刻者所能为。故综合以上两方面情况判断，《一百韵》的删削者应是朱鹤龄本人无疑。

经对比后还可发现，《一百韵》中被删掉的七十六韵的内容主要有三个方面：一是追叙明季甲申之变致使北都倾覆，南明小朝廷仓促组建、旋又覆灭的过程，表现自己强烈的遗民意识；二是感慨明清易代之际的社会巨变，申明自己于乱世之中守志不屈、贫病著书的高尚节操；三是叙述自己注杜的缘起与

动机。清人文集在最终刊刻时往往都会经过去取更定，有时是作者本人自行裁定，有时会请亲朋师友为之“论定”。特别是康雍之世文网日密，文人别集在最后刊刻之时都会删去那些违碍字句乃至某些篇章。朱鹤龄《愚庵小集》中许多篇章都有删改现象，同样是为避文祸采取的措施。朱鹤龄于甲申之际作此诗时，系对其当时所见毫无避忌地秉笔直书，并未多虑。然而时过境迁，至《愚庵小集》最后删定的康熙十年前后，江南文人在清廷日渐残酷的文字狱淫威下早已噤若寒蝉，而《一百韵》中有些诗句，如“物望归龙种，群情想凤姿。六飞迎羽盖，万骑夹云辎。江左声虽震，中原气已隳”，“坐弛江东甲，长驱蓟北师。洛鹅兴有兆，铜狄徙难持。新市披戎服，楼舡建缟旗”，其中饱含对南明弘光朝的热烈歌颂和对福王的深切期待，同时对清朝入主后易容改服表现出极端厌恶之情，很容易勾起人们反清复明的情感和记忆。故而这些在当时只是记录易代之际史实的普通诗句，业已变成新朝极为敏感的内容，因此刊刻文集时必须删去以免遗祸子孙。而像《思陵长公主挽诗》那样的诗作，仅仅是普通的思念故国故君之情，在遗民文集中所在皆有，而随着时间的推移以及人们记忆的淡化，此类内容在顺、康朝反倒并不需要特别加以避讳。然而值得深思的是，《愚庵小集》中《思陵长公主挽诗》《读梅村永和宫词有感》等篇什都表现出强烈的遗民倾向，相比较而言，这些诗歌的“违碍”程度难道不是比《一百韵》更高吗？那么，《愚庵小集》中连这些诗歌都未加裁汰而为何独独需要对《一百韵》做如此大幅的删削呢？这似乎表明此诗之删改尚另有原因。值得注意的是，朱鹤龄在刊刻时不仅删去了此诗题目中“读书寓园成《杜诗辨注》”字样，而且删去的七十六韵之中有十四韵是关于注杜的内容，这说明除了要避忌新朝之讳外，他还在有意销毁自己在诗中透露出的有关注杜信息。朱鹤龄对注杜之事如此讳莫如深的做法，这很容易让人联想起他与钱谦益之间那桩著名的注杜公案。应该指出的是，朱鹤龄注杜初稿《杜诗辨注》成书的前一年即崇祯十六年（1643），钱谦益所撰《读杜小笺》和《读杜二笺》在其门人瞿式耜的主持下附刻于《初学集》中，然朱鹤龄在《秋日读书寓园成〈杜诗辨注〉述怀一百韵敬呈同好诸公》中提到前人注杜时却说："纷纷徒臆索，璅璅见瑕疵。"从朱鹤龄的学界晚辈身份及其后对钱谦益的尊重程度来看，这种批评似并不包括钱谦益，大概此时他还未来得及看到《读杜小笺》《读杜二笺》，故"纷纷徒臆索，璅璅见瑕疵"仅仅是对宋以来杜诗注家的泛泛批评，这与钱谦益《读杜诗略例》中对前人注杜之弊进行批判之意倒差不多。然而从顺治十四年至康熙元年，钱谦益、朱鹤龄二人的注杜活动由合作走向分裂与反目，最终二人只好各行其书。在这场耸动天下的注杜公案中，朱鹤龄作为牧斋先生的晚辈和曾经的助手，在舆论旋涡中无疑背负着更大的压力。钱氏斯时是学林泰斗，因此当时很多人认为朱鹤龄根本不配和钱谦益相提并论，如季振宜《钱注杜诗序》云："后生轻薄，喜谤先辈，偶得一隅，乃敢奋笔涂抹改窜，参臆逞私，号召于人曰：'我注杜诗矣。'是犹未能坐而学揖让，未能立而学奔趋，岂饮狂药中风者之谓，亦不读书而已矣。"①而且钱氏《读杜小笺》《读杜二笺》早已流布天下，许多不明就里之人遂想当然地认为一定是无名晚辈朱鹤龄剽窃了钱谦益的笺杜成果。不仅

① 钱谦益笺注：《钱注杜诗》卷首，上海古籍出版社1979年版，第2页。

如此,甚至还有人指责他剽窃了潘柽章之书。当时这些流言蜚语对朱鹤龄的精神打击相当大,甚至令其辩无可辩,他在《答赠吴慎思七十韵》中云:“黾勉述作涂,时辈动排讦。”①又于《传家质言》中这样描述自己的心情:“人苟立志修名,则谤议谣诼,皆吾学问之助。余以拳拳著述,横罹谗忌……一无所辨,直付之太虚之鸿爪。”又曰:“回思生平受人屈辱不少,实自取尔。己自取之,于人何咎?‘翻手作云覆手雨,当面输心背面笑’,古人早已言之矣,何况余耶?”②从这些诗文中都可看出朱鹤龄在这场学术纷争中所遭受的巨大委屈。至其晚年删定《愚庵小集》之时,朱鹤龄已经饱受俗议伤害,真可谓身心俱疲,故其于《传家质言》中云:“《杜工部集辑注》《李义山集笺注》盛行海内已久,然余不欲以此自见也。”③可见围绕注杜产生的纷争以及多年来背负的舆论压力,使得朱鹤龄晚年已不愿再触碰注杜的话题,因此他才在删定《愚庵小集》时着意抹去自己在《一百韵》中透露出的注杜信息,其隐含的苦衷和况味都值得后人仔细体会。

此外,重新解读《一百韵》中的有关内容,除了可以了解朱注成书的一些初始信息之外,还可以从中管窥朱鹤龄数十年间注杜心态的巨大变化。窃以为这种变化主要体现在两个方面:第一,注杜宗旨的迁移;第二,注杜情感的转变。朱鹤龄最初注杜的书名叫《杜诗辨注》,可见其初衷乃是针对前人注杜之失

---

① 朱鹤龄:《愚庵小集》卷二,上海古籍出版社 1979 年版,第 84 页。

② 朱鹤龄:《愚庵小集》附录,上海古籍出版社 1979 年版,第 760—761 页。

③ 朱鹤龄:《愚庵小集》附录,上海古籍出版社 1979 年版,第 768—769 页。

进行辩驳，从诗中“止见星芒灿，奚容豹管窥。纷纷徒臆索，瑮瑮见瑕疵”之语，也可想见此书中定有对前人注释的辩驳与纠谬。而在康熙九年刊刻的《杜工部诗集辑注》中，这种辩驳的内容却大大减少。则朱鹤龄的注杜宗旨已经由最初的辩驳前人疏失，逐渐修正为以我为主、自成杜诗新注，这种转变当然体现了朱氏学术思想体系的日趋成熟。另外，朱鹤龄的注杜态度亦由崇祯末年的激烈愤慨逐渐转为平和醇厚。《一百韵》曰：“读杜销时暇，新笺慰郁伊。草堂遗集重，诗史昔贤推。挺节当行在，孤忠去赤墀。岖嵚艰蜀道，沅澧吊湘累。笔走岷峨峻，才凌滟滪危。汪茫翻地轴，浩荡抚天维。”由“兴怀灵武日，濡首少陵诗”“填海伤精卫，悬林痛子规”之语，可以想见《杜诗辨注》中蕴含的遗民意识非常强烈。这是因为朱鹤龄愤激于清朝入主、国祚鼎移的现实，意图从杜诗中汲取精神力量，以寄托自己国破家亡的哀思。这种强烈的遗民意识在朱鹤龄的同期诗文中亦多有体现，如《答赠吴慎思七十韵》云：“中岁弃儒冠，时事遭崩坼。兴感少陵诗，崆峒扈羁靮。笺解遂云多，正义颇昭晰。”①《与李太史□□论杜注书》曰：“子美之诗，忧君父之播迁，愤乱贼之接踵，深哀悱恻，千汇万状，使后人把卷彷徨而不忍释。”②将朱氏这些诗文与《一百韵》互相参证，可以从侧面佐证朱鹤龄《杜诗辨注》一书的内容定是充满了国破家亡的孤愤，他将易代鼎革之痛在此书中尽情地宣泄，其中所蕴含的民族意识之强烈与愤激是可以想见的。然而，过了二十多年后，我们在其《杜工部诗集辑注》中几乎已经见不到激烈的民族情

① 朱鹤龄：《愚庵小集》卷二，上海古籍出版社 1979 年版，第 84 页。
② 朱鹤龄：《愚庵小集》卷十，上海古籍出版社 1979 年版，第 469 页。

感，相反，朱注给人以棱角尽毁、四平八稳的感觉，那些存留于《杜诗辨注》中的孤愤之情似乎早已随着时间的推移被冲淡抹平，只能让人凭空想象从《杜诗辨注》到《杜诗辑注》朱鹤龄到底经历了怎样复杂曲折的心路历程。联想到钱谦益看过其笺杜成稿后讥其注杜如“李善注《文选》”，称其稿“大非吾本来面目”，钱氏的不满是否与此书中民族情感、遗民意识的淡泊有些关系呢？这也许是值得我们继续思考之处。不管怎样，《杜工部诗集辑注》经过几十年的平静沉淀后早已脱胎换骨，面目一新，以平正通达的面貌立于杜学之林。因此，通过解析《一百韵》中删去的注杜内容也许可以窥见朱鹤龄前后注杜态度的某些微妙转变，这对于解读朱鹤龄于易代之际的复杂心态及深入了解《杜工部诗集辑注》的成书背景颇具参考价值。当然，由于朱鹤龄《杜诗辨注》的原貌已无法看到，故以上讨论亦只是一种联想和猜测而已。

总之，南京图书馆藏徐树丕《杜诗执鞭录》中所录《秋日读书寓园成〈杜诗辨注〉述怀一百韵敬呈同好诸公》系朱氏未删节之原稿，具有极高的文献价值。将其与《愚庵小集》中的《秋日述怀二十四韵》进行对比，可以进一步揭示《杜工部诗集辑注》前期酝酿准备工作的漫长过程，同时对了解朱鹤龄的生平事迹与易代之际的复杂心态亦具有重要的认识价值。兹不揣谫陋，略考辨如上，以期就正于海内方家。

玩杜以遣意：清初张潮的杜诗接受*

张潮(1650—1707后)，字山来，号心斋、三在道人，别署心斋居士，江都(今属江苏)人，歙县(今属安徽)籍。康熙八年(1669)贡生，屡试不第，康熙三十年(1691)入赀授翰林院孔目，实际上并未出仕，终生以读书著述自娱，交游甚广，著述丰富，有《联庄》《联骚》《幽梦影》《七疗》《花鸟春秋》《补花底拾遗》《饮中八仙令》《花影词》《心斋诗抄》《心斋聊复集》《心斋杂俎》等。另辑有《虞初新志》二十卷，并编纂《昭代丛书》一百五十卷、《檀几丛书》五十卷。生平事迹见陈鼎《留溪外传·心斋居士传》(《常州先哲遗书》本)、王晫《张山来先生五十寿序》(《墙东杂抄》)、乾隆《歙县志》卷一二、民国《歙县志》卷七。

张潮为人，素嗜耽奇考异，在清代杜诗接受史上实属另类，其别出心裁的游戏心态尤其令人瞩目，以下择其杜诗接受的几个方面分别加以介绍。

---

* 本文系与张红欣合作，原载于《保定学院学报》2017年第6期。张红欣，济南职业学院副教授。

一、为海棠鸣不平:《海棠上杜工部书》

杜甫不咏海棠,是文学史上的一桩公案,宋人出于对海棠的痴迷,对此事聚讼颇多。而张潮则在此公案的基础上匠心独运地创作了代言体骈文《海棠上杜工部书》,文曰:

某顿首,上书于工部执事。某闻之,暗芳疏影,悲见弃于三闾;国色天香,怅左迁于武后。词人动为扼腕,逸士每与颦眉。盖空山摇曳,芬芳虽至千秋;而名士品题,声价顿高十倍。故我辈素以得诗为幸,同侪皆以见赏称荣。恭惟执事,桂林一枝,槐庭三树。忠孝溢于篇章,共拟葵心之向日;词华贯乎今古,群钦梅萼之先春。笔花烂熳,语必人惊;文彩纵横,才疑天落。人间异卉,多被揄扬;世上名葩,遍蒙题咏。独某未遭奖誉,有外栽培。对众品以无颜,向群芳而自愧。切念某蓬蒿陋质,蒲柳凡姿。无香致恨于渊材,晚聘见伤于黎举。然而春睡方酣,怜生帝子;晓妆正懒,爱出才人。新红涂抹,自矜花里神仙;香雾空濛,不愧曾家名友。春敷华而秋逞媚,敢云志在春秋;夜烧烛而日烘裳,不谓荣沾日夜。高低千点赤,焕若霞城;深浅半开红,烂同云锦。娴娴垂丝,不类颠狂柳絮;亭亭贴梗,肯随轻薄桃花。闺郎对景,夕阳吟谢却之篇;思妇怀人,秋日堕断肠之泪。昌州独馥,羡他彩蝶宿深枝;蜀地偏多,任尔畸人巢铁干。屡辱群公之赐咏,顿令弱值以生晖。虽执事不过一日之偶忘,而世人遂谓名公之见外。是以特操木笔,仰愬薇郎。伏乞询于刍荛，采其葑菲。赐以生花之笔，加之剪彩之工。则雨露均沾，不啻金钱厚赉；而袭藏益敬，敢惜薇露名香。某顿首谨上。[①]

此文开篇先回顾了花史上的两桩冤案，即屈原未咏梅花、武则天贬斥牡丹，这是为陈述海棠之冤情进行铺垫和造势，进而抱怨在诗圣笔下“人间异卉，多被揄扬；世上名葩，遍蒙题咏。独某未遭奖誉，有外栽培”，这使得海棠感到惭愧，以下历数海棠的出众姿质及深受世人喜爱的事迹。然后宕开一笔，为杜甫开脱说，当年诗人没有咏海棠，只不过是由于“一日之偶忘”。最后希望诗人能“雨露均沾”地“赐以生花之笔”，为海棠作诗正名。张潮此文中使用了大量典故，“暗芳疏影，悲见弃于三闾”，是用屈骚未咏梅花之典，明代俞弁《逸老堂诗话》即云：“梅花不入《楚骚》，杜甫不咏海棠，二谢不咏菊花，亦可恨也。”[②]“国色天香，怅左迁于武后”，事见宋代高承《事物纪原》：“武后冬月游后苑，花俱开，而牡丹独迟，遂贬于洛阳，故今言牡丹者，以西洛为冠首。”[③]明朝的冯梦龙又将此事写入《灌园叟晚逢仙女》之中，遂至家喻户晓。文中还有些典故稍显生僻，如“桂林一枝”见于《晋书·郤诜传》：“桂林之一枝，昆山之片玉。”“无香致恨于渊材”“昌州独馥”，事均见惠洪《冷斋夜话》：

---

① 张潮：《心斋聊复集》，《清代诗文集汇编》第177册，上海古籍出版社2011年版，第159—160页。

② 俞弁：《逸老堂诗话》，吴文治主编：《明诗话全编》，江苏古籍出版社1997年版，第2521页。

③ 高承：《事物纪原》卷十，中华书局1989年版，第551页。

渊材迂阔好怪……又尝曰吾平生无所恨,所恨者五事耳……第一恨鲥鱼多骨,第二恨金橘大酸,第三恨莼菜性冷,第四恨海棠无香,第五恨曾子固不能作诗,闻者大笑。

又云:

昔李舟大夫客都下,一年无差遣,乃受昌州。议者以去家远,乃改受鄂倅。渊材闻之吐饭,大步往谒李曰:"闻大夫欲鄂鄞,有之乎?"李曰:"然。"渊材怅然曰:"谁为大夫谋?昌,佳郡也,奈何弃之?"李惊曰:"供给丰乎?"曰:"非也。""民讼简乎?"曰:"非也。""然则何以知其佳?"渊材曰:"天下海棠无香,昌州海棠独香,非佳郡乎?"闻者传以为笑。①

"晚聘见伤于黎举",语见晚唐冯贽《云仙杂记》"梅聘海棠"条:"黎举常云:欲令梅聘海棠,枨子臣樱桃,及以芥嫁笋,但恨时不同耳。"②枨子,即橙子。张潮在《幽梦影》中对黎举乱点鸳鸯谱颇不以为然,认为"物各有偶,拟必于伦;今之嫁娶,殊觉未当"③。以上这些典故都紧紧围绕海棠逐次写来,增强了文辞的典雅和蕴藉。另外,值得指出的是,张潮年轻时屡踬于场

① 惠洪:《冷斋夜话》卷九,《丛书集成初编》本,中华书局1985年版,第40页。

② 冯贽:《云仙散录》,中华书局1998年版,第31页。

③ 张潮撰,司马哲编:《幽梦影全书》,中国长安出版社2009年版,第162页。

屋,其在《八股诗自序》中慨叹曰:

> 嗟乎!遥计自乙卯溯于甲辰,积十有二载,星次为之一周,时物于兹迭变,人生几何,谁堪屡误?又况此十二年间,苦辛坎壈,境遇多违,壮志雄心,销磨殆尽,自是而后,安能复低头占毕,以就绳墨之文为哉?①

在序中他追述了自己从十五岁到二十六岁在历次科考中迭遭变故,致使坎壈蹭蹬、壮心消磨的惨痛经历。若明乎此,那么我们再返观张潮此文,就会明白《海棠上杜工部书》虽表面是为海棠鸣冤,实际上也蕴含了自己有志难申的不平与无奈。当然,此文客观上也为历代怀才不遇之人一吐胸中块垒,故而得到同时诸多文人的激赏。如吴菌次评张潮此文曰:"其范蔚宗称蔡中郎心精辞丽,余谓山来亦庶几乎!即此游戏文章,益足见其华美。"刘玉栗评曰:"文情奇丽,不异五音宛转,十色陆离。纵不得工部诗,得此文亦能销恨。吾知开向山来斋中,当不殊锦官、金谷矣。"范廉夫评曰:"工丽固不必言,即其构思应节,亦足以见风心之独擅。"其侄张贯玉评曰:"锦心绣口,游戏神通,书中'笔花烂熳'四语,正是山翁自为写照。"张潮的《海棠上杜工部书》由于立意新颖,语言风趣,为褚人获《坚瓠庚集》卷二、民国间杨汝泉《滑稽诗文集》、郑逸梅《尺牍丛话》等文献收录,然当代文献中已极为少见。

---

① 张潮:《心斋聊复集》,《清代诗文集汇编》第177册,上海古籍出版社2011年版,第152页。

二、以杜诗佐酒:《饮中八仙令》

张潮醉心于酒令酒律的编纂,有《酒律》一卷、《下酒物》二卷,其《饮中八仙令》一卷收录于《檀几丛书余集》卷下,令云:

知口一杯章骑口一杯,钩左转马似乘船口一杯,剔右转,眼花落口一杯,水半杯井水水半杯,钩左转底剔右转眠。

汝水半杯阳钩左转三斗斗半杯始口一杯朝天,道逢麴车口一杯流水半杯,剔右转涎水半杯,恨不移钩左转封向口一杯酒一大杯泉水半杯。

左相日興口一杯费万钱剔右转,饮半杯如口一杯长鲸口一杯,钩左转吸口一杯百川,銜杯半杯樂聖口一杯称避口一杯贤。

宗之潇水半杯洒水半杯,剔右转美少年,举觞半杯,钩左转白眼剔右转望青钩左转天,皎如口一杯玉樹口一杯臨三口三杯风剔右转前钩左转。

苏晋长斋绣佛前,醉酉半杯中往往爱逃剔右转禪二口二杯。

李钩左转白斗半杯酒一大杯詩口一杯百篇,长剔右转安市上酒一大杯家钩左转眠剔右转。天子钩左转呼口一杯来不上船口一杯,剔右转,自称钩左转臣是酒一大杯中仙。

张剔右转旭三杯半杯草聖口一杯傳钩左转,脱口一杯,剔右转帽钩左转露二口二杯顶王公前,挥毫口一杯,剔右转落口一杯,水半杯纸如口一杯云烟。

焦遂钩左转五斗半杯方卓然,高二口二杯談口一杯雄辯口一杯驚口一杯四筵。

令后注曰:“逢口则饮,逢钩便转,顺行起令,口穿破者不算。”① 俞敦培《酒令丛抄》亦转引此令,并具体解释说:将歌顺数,一人一字,遇“口”字一杯,遇“酒”字一大杯,遇“水”“西”偏旁、“杯”“觞”“饮”“斗”等字半杯,遇钩剔所向为左右转,遇转不转者罚一杯。② 杜甫的《饮中八仙歌》是歌咏盛唐的八位酒徒,而张潮别出心裁地将老杜咏酒仙之诗改造为酒令,作为酒宴上佐酒清欢之具,令人顿生雅兴,趣味盎然。

三、众芳丛中偏爱梅:《集杜梅花诗》

杜诗中咏梅花之作甚夥,张潮非常喜爱这些杜诗,然并不满足,遂扩而广之,作《集杜梅花诗》一卷,成都杜甫草堂博物馆藏有此本,扉页署“心斋别集”“新安张山来著”“诒清堂藏板”,卷前有洪嘉植《梅花集杜诗引》曰:

> 山来集李白五言诗为律,杜诗五言为乐府,拟古如干首。至是又有梅花集杜五言律诗,数如童工部三体之一。工部集古句咏梅花,兼取唐宋金元,一诗人二三见,词虽工,而山来独以子美一人为尤高也。余观古人梅花诗,最爱杜“东阁”长句及张曲江《庭梅咏》,有比兴意,以谓绝

① 张潮:《饮中八仙令》卷下,王晫、张潮编纂:《檀几丛书余集》,上海古籍出版社1992年版,第463—464页。

② 参见俞敦培:《酒令丛抄》卷二,《笔记小说大观》第30册,江苏广陵古籍刻印社1984年版,第215页。

佳。今读兹集,则又以杜诗千四百篇,若皆为梅花作者。曲江仅四十字,亦无以见少,抑何也?滁州醉翁亭有欧公手植梅花一树,奇古秀出,五六百年犹存。洞庭河渚,花时如云映水,空香万亩,其独立遗世,与群贤争光岩壑,宁有异情殊美也邪?时在庚午冬尽,天雨木介,雪深数尺,积四五十日不解手。山来是集,对酒高吟,如放櫂西溪,杖策于玄墓邓尉山间,月淡烟白,孤鹤唳空,寥兮戛然,神与古之辟世仙人,若或遇之于无人之境矣。菲泉弟洪嘉植撰。

洪嘉植(1645—1712),字去芜、秋士,号菲泉,歙县洪坑人,生于江宁,后居扬州,毕生流寓。康熙时贡生,理学、文章负时誉,尝有名公卿上章举荐,辞以亲老不就。著有《易说》十五卷、《春秋解》二十卷、《去芜诗集》四卷、《大荫堂集》。《容肇祖集》中《跋洪去芜本〈朱子年谱〉》一文中有《洪去芜(嘉植)传》。张潮的《集杜梅花诗》并不仅仅局限于杜诗中咏梅的数十首,而是遍及老杜全集,故洪嘉植称许其"以杜诗千四百篇,若皆为梅花作者"。例如,张潮《集杜诗》曰:"不知几百岁,号尔谪仙人。宅入先贤传,山归万古春。淹留问耆老,结爱独荆榛。觅句新知律,诗成觉有神。"(卷一)这些诗句分别出自《枯楠》《寄李白》《春日江村五首》《上白帝城》《过宋之问旧庄》《赠王侍御》《又示宗武》《独酌》,均非咏梅之作,而张潮却借来专咏梅花,这正是其匠心之所在。《集杜梅花诗》前尚有余兰硕《梅花集杜诗题辞》曰:

盖闻唐朝风雅,半属少陵;诗品规模,首推工部。裁曲江之杂咏,翰墨淋漓;吟秋兴之八章,胸襟潇洒。选刻既经多矣，排纂宁可少耶？兹新安山来先生者，名家后裔，绝世奇才。卜宅红桥，为爱竹西歌吹；题名丹地，惊传海内文章。洵茂先博物之流，京兆画眉之手也。仆且少年，游常浪迹。蒙君倾盖，恨平生相见何迟；得尔纳交，说梦寐神驰最久。赠及锦囊佳句，则似李商隐之风流；惠来团扇新诗，非同杜樊川之薄幸。藕花洲里，买双桨以招予；杨柳堤边，出一编而示我，乃集杜梅花百咏是也。暗香缭绕，林和靖曾隐孤山；诗兴淋漓，何水曹更开东阁。邓尉山中高士，冬雪盈头。寿阳宫里，佳人春风点额，不改岁寒之节操，必经词客之品题。君也不但挥毫，又能集句。累珠玑而错落，全无襞绩之痕迹；冰雪以交加，竟少雕镂之迹。花开十万树，谁知众香国原在诗中；月照几千枝，忽讶广寒宫却生纸上。双环结就，无非栀子同心；一线穿成，总是芙蓉并蒂。缕缕若回文之锦，欲断还连；煌煌如无缝之衣，既新且秀。笑老杜犹供其驱策，使盛唐愈见其英华矣。仆樗栎庸才，蒲柳弱质，长卿善病，平子多愁。聊题数语于乌丝，敢缀片言于白雪。昨夜书来吴苑，我将归三十六陂之间；明朝客去隋堤，君须送二十四桥之上。莆阳湘圃余兰硕具草。

余兰硕，字香祖、湘圃，自称邳（今属江苏）人。父余怀，祖籍福建莆田，流寓金陵，遂以为籍，世传家学，以能词称，有《团扇词》一卷。余兰硕在《梅花集杜诗题辞》中交代了张潮集杜梅花诗的缘起，誉其为“绝世奇才”，赞其集杜“累珠玑而错落，全无襞绩之痕迹；冰雪以交加，竟少雕镂之迹”。应该指出的是，许承尧《歙事闲谭》卷七、蒋元卿《皖人书录》均未著录张潮的《集杜梅花诗》，刘和文《张潮研究》（安徽大学出版社 2011 年版)、谭戈单《山人张潮研究》附录一《张潮著述考》(湖南师范大学2012年硕士论文)亦未提及该书。尤侗《昭代丛书甲集序》曰:“张子有嗜痂之癖,时贻尺素,以所著书相质,如《丹笈》《笔歌》《亦禅录》《联庄》《联骚》《幽梦影》《集李》《集杜》之类,横披侧出,卷页等身。”①张潮《心斋杂俎》二十二种之中有《集杜诗》《集杜雁字诗》二种,或即尤侗所言集杜之作,然其中亦未见收录《集杜梅花诗》。张潮著述多为诒清堂刻本,前亦多有洪嘉植序,这都显示《集杜梅花诗》当系诒清堂刊刻的张潮系列著述之一。作为张潮未经著录之作,《集杜梅花诗》尚完好保存于杜甫草堂博物馆善本书库之中,非常值得欣慰,故特为表出,以供搜寻张潮佚著者参考。

总之,无论是代海棠鸣不平的《海棠上杜工部书》、以杜诗佐酒的《饮中八仙令》,还是专咏梅花的《集杜梅花诗》,张潮的杜诗接受态度无疑比之同时诸人都要轻松活泼许多,明显表现出玩杜以遣意的倾向。究其原因,当与其青年失意科场、寄情案牍游戏的人生经历以及其酷嗜搜奇探幽的性格密切相关。而其显得有点另类的杜诗接受特色,对于我们认识清初杜诗接受史的丰富性,有着重要的参考价值。

① 张潮辑:《昭代丛书》,上海古籍出版社1990年版,第2页。

纪容舒《杜律详解》考论*

纪容舒(1684—1764),字迟叟,号竹厓,献县(今属河北)人,纪昀之父。康熙五十二年(1713)恩科举人,历任户部四川、山东二司员外郎,刑部江苏司郎中,云南姚安府知府,为政有贤声,故纪昀又尊称其为"姚安公"。诰封奉直大夫,晋封中宪大夫,累赠光禄大夫、兵部左侍郎、都察院左都御史、礼部尚书。其道德文章,皆名一时。纪氏一族,至纪容舒时家道衰而复兴,其分外重视读书,遗训有"贫莫断书香"之语。纪容舒博闻强记,尤精于考订、音韵之学。撰有《唐韵考》五卷、《玉台新咏考异》十卷,均收入《四库全书》,又有《杜律疏》八卷,《四库全书总目》著录。生平事迹见《景城纪氏家谱·支谱》之四。

一、《杜律详解》的书名和著者问题

《杜律详解》一书,《钦定皇朝文献通考》《四库全书总目》均著录书名作《杜律疏》,而《清史稿·艺文志四》著录书名则作《杜诗疏》。《清史稿·艺文志》当系误记,应以《杜律疏》为

---

* 本文原载于《杜甫研究学刊》2009 年第 2 期。

是。《四库全书总目》中《杜律疏》提要云：

> 国朝纪容舒撰。容舒有《唐韵考》，已著录。此书因顾宸所撰《辟疆园杜诗注解》繁碎太甚，又多穿凿，乃汰其芜杂，参以己意，以成是编。初名《杜诗详解》，其后以所解皆律诗，又字字句句备为诠释，体近于疏，因改今名焉。

此提要当是纪昀所作，他在其中解释了纪容舒编纂此书的初衷是矫正顾宸注本的琐碎之弊。《杜律疏》的初名叫《杜律详解》，对这两个书名的本末关系，纪昀在该书《题识》中还作过详细的解释：

> 乾隆辛未，先大夫出守姚安，水陆万里，不能携卷帙。山郡僻陋，又无自得书，仅从诸生王明家借得顾宸《杜诗解》一部。先大夫喜谈杜诗，而病顾宸解多穿凿，因就其本点窜之。在官三载余，丹黄殆遍，王生录之成帙，私题曰《杜律详解》。先大夫取阅之，以为体近于疏，命吏别缮净本，改题《杜律疏》。会敕修《续文献通考》，昀遂以净本送吴侍读省钦，著录于《经籍考》中。后书馆移皇城内，其本遂佚，今所存者，初本耳，故仍题曰《杜诗详解》。其与《续通考》所载不同，实一书也。恐滋将来之疑，故敬述本末，俾后人有考焉。壬辰人日男昀识。

纪昀的这段题识见于北京图书馆分馆藏清抄本前，1999 年齐鲁书社即据此本影印，收入《四库全书存目丛书》集部第八册之中。纪昀在《题识》中说明该编始撰于乾隆十六年（1751），成书于乾隆十九年(1754)。末署“壬辰人日”,壬辰即乾隆三十七年(1772)。我们将抄本《杜律详解》之《题识》和《四库全书总目提要》对比后可知,该书书名有一个从《杜律详解》到《杜律疏》又到《杜律详解》的过程。以上这两种记载应该都是出自纪昀之手,自然不会有任何抵牾。不过《四库全书总目提要》于书名之下注曰:“洗马刘权之家藏本。”这和纪昀在《题识》中所称送给《续文献通考》编书馆的吴省钦并因书馆搬移而散佚的“净本”似乎有些矛盾。或许名为《杜律疏》的净本并非只有一部,至少“洗马刘权”家里就藏有一部,以致送给吴省钦那部亡佚之后还能凭借刘权家所藏之本将父亲大人的著作编入四库。不然的话,就只剩下家里仅存的一部原稿本了,其流传可谓殆殆乎危矣。

除了《杜律疏》之外,纪容舒的著作还有《唐韵考》《玉台新咏考异》,均著录于《四库全书总目》。不过后人经过研究发现,《玉台新咏考异》一书的作者实为纪昀。《增订四库简明目录标注》即指出:“此书实文达自撰,归之父也。”[①]其后隽雪艳《〈玉台新咏考异〉为纪昀所作》一文对此也做了较为详细的考辨。[②] 至此,纪昀借父之名将自己的著作收入四库的事实,遂成定谳。正因为如此,我们当然也有理由怀疑《杜律疏》也存在纪昀代父而作的嫌疑,因为《杜律详解》八卷只见传抄本,未曾刊刻。抄本书前、卷端均未署撰者名氏,只据卷前纪昀题识,知为其父容舒所撰。假若纪昀碍于自己总纂官的身份,不便将

① 邵懿辰撰,邵章续录:《增订四库简明目录标注》卷十九,上海古籍出版社 1979 年版,第 880 页。

② 参见隽雪艳:《〈玉台新咏考异〉为纪昀所作》,《文史》第 26 辑,中华书局 1986 年版,第 366 页。

《杜律详解》列入《四库全书总目》的话，那么他完全可以像处理《玉台新咏考异》那样，也将著作权归之于其父。既然已有《玉台新咏考异》作伪在前，便不能排除他在《杜律疏》一书上故技重施的可能性。然而我们现在除了相信纪昀的说法之外，已经没有办法考证其真伪。故对于《杜律详解》的著者是否真是纪容舒，我们目前只能保持谨慎的怀疑。不过纪昀曾批点方回的《瀛奎律髓》，其中对杜诗及前人之评有大量评语，这些评语为我们确认《杜律详解》的作者并非纪昀提供了侧面证据，因为将二者进行对比，就会发现风格特色存在相当大的差异。伦明在《辛亥以来藏书纪事诗》云："河间四库读殆遍，所藏碌碌绝无奇。初见徐评与杜解，始知家学善论诗。"并指出："《详解》说杜律亦妥洽，无大胆语，当为容舒作无疑。"①这个评判无疑是很有眼光的。

二、纪容舒《杜律详解》和顾宸《辟疆园杜诗注解》内容体例比较

纪昀在《四库全书总目提要》中已经指出，《杜律详解》撰写的初衷就是要纠正顾宸《辟疆园杜诗注解》的"繁碎芜杂"，因此我们必须将《杜律详解》和顾宸《辟疆园杜诗注解》的体例进行一番对比，才能区别其异同，裁定其优劣。顾宸《辟疆园杜诗注解》刊于康熙二年（1663），共十七卷，其中五律十二卷，

① 伦明撰，雷梦水校补：《辛亥以来藏书纪事诗》，上海古籍出版社1990年版，第2—3页。

选诗 627 首;七律五卷,选诗 151 首。其体例是:每首诗后有解题,时地可考者皆一一注明,然后解释名物、词语、典故,广征博引,再笺释诗意。仇兆鳌在《杜诗详注·凡例》中评价道:“顾宸之《律注》,穷极苦心,而不无意见穿凿。”纪容舒《杜律详解》将顾注十七卷合为八卷,其中五律六卷,解诗 433 首;七律二卷,解诗 124 首。其选诗序次悉依顾本。因此从所选篇目来看,《杜律详解》实为《辟疆园杜诗注解》之节抄本,约为顾注原书的七成。

然而,若单从《杜律详解》的选篇及编排次序考量,就断定其乃对顾宸《辟疆园杜诗注解》的剽窃,亦嫌武断。顾宸注本乃是一部全部杜诗五七言律诗的注本,后世的许多杜诗选本和律注本都以之为底本进行增删改易,如边连宝《杜律启蒙》和吴峻《杜律启蒙》均是如此。不过,纪容舒此书对杜诗的疏解绝大部分内容依傍顾宸注本删繁就简,稍参己意;虽略有变化,但过分依赖顾注,未能综兼诸家注之长。因此,以我们现在的眼光看,纪容舒确实存在剽窃顾宸注本的嫌疑。周采泉《杜集书录》云:“(《杜律详解》)偶引金圣叹一条,仇注间有提及,凡书中较精核者,皆顾注也。但均不标顾氏之名,窃据为己有。四库不存此书,盖纪昀亦知其书之不足存也。”①职此之故,周采泉先生还将纪容舒《杜律详解》抄袭顾注列为清代注杜两大剽窃案之一。② 还需要特别指出的是,纪昀在《四库全书总目》中为《杜律疏》撰写提要时,讥顾宸注本“繁碎”“穿凿”“芜

① 周采泉:《杜集书录》,上海古籍出版社 1986 年版,第 378 页。

② 参见周采泉:《对于当前杜诗校注的管见》,《中国韵文学刊》1988 年增刊第 1 期。

杂”,可见其对顾宸《辟疆园杜诗注解》一书有所了解,然而竟终未予著录,这很有可能就是为了掩盖其父对顾注的剽窃之举。如此说来,为了彰显《杜律疏》的价值,纪昀故意掩盖了顾宸《辟疆园杜诗注解》一书的功绩,从学术品格来说,无疑是一种卑劣的行为。

这里我们可以比较一下纪容舒、顾宸二书的具体内容,作为判断的必要基础。如杜甫《去蜀》诗云:“五载客蜀郡,一年居梓州。如何关塞阻,转作潇湘游。万事已黄发,残生随白鸥。安危大臣在,不必泪长流。”顾宸注曰:“公乾元二年己亥冬至成都,距广德二年为五载,而于其中一年居梓州,盖宝应元年秋至广德元年秋在梓州也。此诗广德二年春作,时公在阆州,未知严武再镇蜀,思出峡为潇湘游也。万事老年已灰,残生与鸥上下,但所不能忘者,去年十月,吐蕃寇长安,逼乘舆,立广武,此乾坤何等时也,其安其危,能不切念?公所以涕泗交流也。转而自慰曰:此际安危,自有大臣在(大臣指郭子仪言),何必泪长流,公自言无可致力也。思至此,正复泪横溢而不能收矣。”[①]纪容舒《杜律详解》曰:“通首一气说,而承接转落,自在其中。按,公乾元二年己亥冬至成都,距广德二年为五载,而于其中一年居梓州,盖宝应元年秋至广德元年秋恰是一年也。关塞,指峡中言。阻者,阻滞也。此诗广德二年春作,时公在阆州,未知严武再镇蜀,思出峡为潇湘游。曰如何,曰转作,皆忧闷之词,自叹萍踪无定也。人间有万事,至于黄发,则心如槁木死灰,事虽有与,我无与也。残生,余年也。随白鸥者,鸥系水

① 顾宸:《辟疆园杜诗注解》五律卷二,清康熙二年(1663)吴门书林刻本。

鸟，与波上下，借比己之与世浮沉也。但所不能忘者，去年十月，吐蕃寇长安，逼乘舆，立广武，此乾坤何等时，公所以涕泗交流也。转而曰：此际安危，自有大臣在，我系微员，无可致力，即流泪亦不必，何必长流耶？自慰处正是悲极处，公之泪益横溢而不能收矣。"①按，杜甫《去蜀》诗本作于永泰元年（765）五月，顾宸误将之系于广德二年（764）春，纪容舒不察，完全沿袭了顾注之误，这是屋下架屋、拾人牙慧的必然结果。此外，纪容舒的疏解几乎完全依照顾注进行改写，稍加简化，抄袭的痕迹相当明显。统观纪容舒《杜律详解》一书，就可以发现其疏解大多类此，基本未出顾注畛域，因此若加以抄袭窃夺之罪，纪氏恐难辞其咎。

三、《杜律详解》的价值和成就

（一）精简篇目，融会顾注

然而，我们不能因为纪容舒《杜律详解》对顾宸《辟疆园杜诗注解》的抄袭，就完全抹杀《杜律详解》的全部价值。纪容舒《杜律详解》并非一无是处，有几个方面的成绩还是应该予以肯定的。首先，纪容舒《杜律详解》对《辟疆园杜诗注解》的篇目和内容删繁就简，在这斟酌去取之间，无疑包含了选者独具手眼的创造性劳动。顾宸注本除排律之外收录了全部杜律778首，作为一个选本来说篇幅无疑是比较大的，这样的本子

① 纪容舒：《杜律详解》卷三，《四库全书存目丛书》集部第8册，齐鲁书社1999年版，第347页。

一般并不利于普及。纪容舒将其篇目大幅删削204首(增诗1首),保留篇目约为原书的七成,这样篇幅就显得比较适中,颇有便于初学。另外,纪容舒《杜律详解》的内容也并不全是对顾宸《辟疆园杜诗注解》原封不动的照抄,他往往将烦琐的顾注融会贯通到自己的疏解中去,这确实在一定程度上避免了顾宸注本的芜杂琐碎,这也是纪本超越顾注的地方。比如杜甫《蜀相》诗,顾宸引《寰宇记》《方舆胜览》释武侯祠的地理方位;引《儒林公议》释武侯祠前大柏树的荣枯变化;引《三国志》《晋书》《出师表》等释"频烦""开济"等语,喋喋不休,颇嫌词费。纪容舒在《杜律详解》中便将顾注的语词典故融会于串解之中,其云:"森森,古貌,言丞相祠堂从何而寻乎?锦官城外柏森森之处即是也。次联分承首二句。祠堂有阶,碧草映阶而呈色;柏树有叶,黄鹂隔叶而弄音。草色、鸟音,俱属佳境,着一自字、一空字,便写出无限凄凉,以起三联凭吊之意。"可以看出,纪容舒的疏解比之顾宸的注解更为顺畅自然,对诗意的疏解也不像顾注那样深文周纳、穿凿附会,而是较为通达浅切。因此,纪容舒的《杜律详解》确实从某种程度上避免了顾注的缺陷,显示出一定的学术价值。另外,纪容舒的《杜律详解》客观上还有保存顾注之功。《杜律详解》八卷成书于乾隆十九年(1754),上距顾宸《辟疆园杜诗注解》成书之康熙二年(1662)已经有九十余年。顾宸《辟疆园杜诗注解》在清初虽然名噪一时,但是其后从未有过重刻本,至乾隆年间早已湮没不彰,世所罕见。作为顾注本的节抄本,《杜律详解》由于纪昀的关系忝列《四库存目》,无疑会受到广泛的关注。因此,从某种意义上来说,正是纪容舒《杜律详解》的出现,才延续了顾注本的生命。人们正是透过纪容舒《杜律详解》发现了顾宸《辟疆园杜诗注解》的价值，因此顾注才又重新引起了学界的重视。

（二）对律诗结构的解析

在上面我们曾指出纪书在内容上沿袭顾本之处，但是经过仔细比较后，我们还是会发现二书存在着很大区别。其中最大的区别就是顾宸注本侧重对杜诗典故出处的注释，而纪容舒《杜律详解》则更加关注律诗的整体结构，特别是联与联之间的承接照应关系。纪书通过详细疏解杜律起承转合的照应关系，揭示了整首诗的脉络和章法，因此颇便初学。例如，《有感五首》其一云："将帅蒙恩泽，兵戈有岁年。至今劳圣主，何以报皇天。白骨新交战，云台旧拓边。乘槎断消息，无处觅张骞。"纪容舒解曰："首句呼起次联下句，次句呼起次联上句。言将帅无不蒙朝廷恩泽，而兵连祸接，已有岁年矣。至于今犹使至尊旰食宵衣，备极劳苦，则为将帅者何以如天之恩乎？良可愧也。三联上句承次句，下句叹功臣不再见，引起末二句。"纪容舒详细地剖析了诗句之间的承接关系，杜诗的脉络被揭示得颇为清晰流畅。当然，纪容舒也并不完全拘泥于起承转合这样的解诗套路，对于杜诗中结构浑成之作，纪容舒也能根据具体情况做出变通。如《夜宴左氏庄》："风林纤月落，衣露净琴张。暗水流花径，春星带草堂。检书烧烛短，看剑引杯长。诗罢闻吴咏，扁舟意不忘。"纪容舒解曰："按此诗鼓琴、看剑、检书、赋诗，宴乐之事无不具。风林、初月、夜露、春星以及暗水、花径、草堂、扁舟，时序、景物重叠铺叙，而不见堆排痕迹，逐次紧接，一气直下，须玩其镕铸之浑成。"这样的例子在书中所在皆是，此不备举。那么，同样是解析杜律，纪容舒的关注点为何和顾宸有如此巨大的差异呢？笔者认为，至于纪容舒《杜律详解》为何如此热衷于剖析杜律中起承转合的章法结构,我们只有到其成书的历史文化背景中去,才能了解其解杜倾向的深层原因。

四、纪容舒《杜律详解》出现的历史文化背景

以起承转合之法解析杜律肇始于明人,清初的金圣叹运用此法解杜产生了深远的影响。不过纪容舒对杜诗的疏解方法并不是对金圣叹的直接承袭,而是有着另外深刻的文化背景。清初以八股文取仕,诗赋受到社会的轻贱。康熙十八年(1679)博学鸿词考试,试题改为《璇玑玉衡赋》一篇和《省耕诗》五言排律二十韵一首。康熙五十四年(1715),又诏令科举二场加试五言六韵律诗一首。此后乾隆元年(1736)、乾隆二年(1737)召试博学鸿词也都曾用诗。直到乾隆二十二年(1757),明确规定乡会试五言八韵一首,童试五言六韵,生员岁科考及考试贡生与复试朝考等试五言八韵,此后遂成定制。科举内容的变化,对清代试帖诗的编选刊刻具有很大的促进作用。翁方纲《复初斋试律说》、法式善《同馆试律钞》、金雨叔《今雨堂诗墨》、王芑孙《九家试帖》、张玉田《七家试帖》等就是当时较为著名的试帖诗选本。与此同时,唐人试帖诗的编选也应士子之需大量涌现,毛奇龄《唐人试帖》,毛张健《试体唐诗》,吴学濂《唐人应试六韵诗》,王锡侯《唐诗试帖详解》,臧岳《应试唐诗类释》,徐曰琏、沈士骏《唐律清丽集》,范文献、黄达、王兴模《唐人试帖纂注》,李因培《唐诗观澜集》等,都是风行一时的著名选本。这些试帖诗选本在评点解说试律章法结构方面不厌

其烦，目的就是开示学者法门，满足士子的科场需要，都是直接针对应试的。在试帖诗编选的热潮中，纪昀本人就是一个身体力行的急先锋。他编的《庚辰集》《我法集》《馆课存稿》《唐人试律说》等书，在当时名声甚噪。因此，纪容舒《杜律详解》对律诗诗法阐释的热衷，当和试帖诗风行的社会文化背景有着紧密联系。

试帖诗在诗法上有细密严谨的讲究，如诗题、限韵、结构、对仗等，因此试帖诗选本中对这些方面时时可见详细的疏解。我们发现纪容舒《杜律详解》对杜诗如何点题、承接、照应等的关注，和试帖诗选本几乎同一声口。如杜诗《暮登四安寺钟楼寄裴十迪》首联“暮倚高楼对雪峰，僧来不语自鸣钟”，纪容舒曰：“首句点‘暮’字、‘楼’字，以‘倚’字替‘登’字；次句点‘钟’字。”这简直就是在向初学者示范作诗之法。《杜律详解》中此类对“诗法”的提示，成为和疏解诗意同等重要的内容。纪昀在《唐人试律说序》中云：“为试律者，先辨体，题有题意，诗以发之，不但如应制诸诗唯求华美，则襞积之病可免矣。次贵审题，批款导会，务中理解，则涂饰之病可免矣。次命意，次布局，次琢句，而终之以炼气炼神。气不炼，则雕锼工丽，仅为土偶之衣冠；神不炼，则意言并尽，兴象不远，虽不失尺寸，犹凡笔也。大抵始于有法，而终于以无法为法；始于用巧，而终于以不巧为巧。此当寝食古人，培养其根柢，陶熔其意境，而后得其神明变化，自在流行之妙，不但求之试律间也。”①虽然了解诗法是为了“得鱼忘筌”，以达到“无法为法”“不巧为巧”的境地，但是初学者必须经过“辨体”“审题”“命意”“布局”“琢句”

① 纪昀：《唐人试律说》，清乾隆庚辰（1760）刻本。

这些最基本规范的训练,才能达到“炼气炼神”“神明变化”的高级阶段,而这一切都必须从“寝食古人”作品做起,因此杜律正好成为士子揣摩的绝好范本。还有一点需要指出的是,我们从纪容舒《杜律详解》一书中看到了纪昀在试帖诗选本中同样的解诗倾向,这除了证明纪昀的家学渊源之外,也从侧面证明了时代政治文化对诗歌阐释的影响。

《四库全书总目》所体现的杜诗学*

《四库全书》的编纂以及《四库全书总目》的撰写，是清代杜诗学史上的一件大事，是清中叶对杜诗学的一次全面总结和检讨。《四库全书》共收录杜集六种，其中宋代四种，明、清各一种，即宋郭知达《九家集注杜诗》，宋黄希、黄鹤父子《黄氏补注杜诗》《集千家注杜诗》，文天祥《文信国集杜诗》，明唐元竑《杜诗捃》，清仇兆鳌《杜诗详注》。存目杜集十六种，其中元代一种、明代八种、清代七种，即旧题元虞集《杜律注》、明单复《读杜愚得》、明张綖《杜诗通》、明颜廷榘《杜律意笺》、明赵统《杜律意注》、明林兆珂《杜诗钞述注》、明傅振商《杜诗分类》、明杨德周《杜诗解》、明陈与郊《杜律注评》、清黄生《杜诗说》、清张溍《读书堂杜诗注解》、清张远《杜诗会稡》、清吴见思《杜诗论文》、清卢元昌《杜诗阐》、清纪容舒《杜律疏》、清浦起龙《读杜心解》；另外还收录两种杜甫年谱，即赵子栎《杜工部年谱》及鲁訔《杜工部诗年谱》；"集部诗文评类一"收录宋蔡梦弼《草堂诗话》一种。《四库全书》的编纂对杜集的保存流传起到了很大的作用，然而其"寓禁于征"的政策也造成了许多杜诗注本的湮没。其对杜集版本的选择收录采取了"贵远贱近"的标准，然因过分

---

* 本文原载于《杜甫研究学刊》2003年第1期。

迷信宋版书，亦产生了一些失误。四库馆臣在《四库全书总目》中对杜诗注本的考证亦精芜并存。其杜集提要的撰写多是贬多于褒，体现了对杜诗学史总体认识的不足。

一、保存杜集文献版本的功过得失

（一）“贵远贱近”的收录标准

《四库全书》的编纂对杜诗学最大的功绩首先是保存了文献，对杜诗学能够薪火相续起到了重要作用。在没有官方组织力量对杜集文献加以大规模整理之前，杜集的流传仅靠私人藏书作为文化传承的载体。但由于战乱、水火等多种因素，这些典籍的收藏往往难以持久，如钱谦益的绛云楼藏书和顾宸的辟疆园藏书就均毁于火。因此可见，官方的整理保存对杜集文献的流传和普及具有重大意义。如《四库全书》收录的《集千家注杜诗》，四库馆臣曰：“然宋以来注杜诸家鲜有专本传世，遗文绪论，颇赖此书以存。其筚路蓝缕之功，亦未可尽废也。”足见其文献价值。另如林兆珂《杜诗钞述注》流传甚罕，亦赖四库存目得以彰显。

对宋代的杜诗注本，四库馆臣认为“宋人喜言杜诗，而注杜诗者无善本”（《九家集注杜诗》提要），不过本着“贵远贱近”的原则，将《四库全书》收录的标准定为“去取宽于元以前，严于明以后”（于敏中《于文襄公论〈四库全书〉手札》）。他们认为“古书亡佚，愈远愈稀，片羽吉光，弥足珍贵”（《四库全书总目》子部杂家类《苏氏演义》提要），所以收录了宋代郭知达《九家集注杜诗》、黄希黄鹤父子《黄氏补注杜诗》和《集千家注杜诗》三种注本及蔡梦弼《草堂诗话》、赵子栎《杜工部年谱》、鲁訔《杜工部诗年谱》。这些珍贵文献得以流通和传播，对清代杜诗学的发展产生了巨大影响，《四库全书》的编纂可谓功不可没。

（二）“寓禁于征”对杜集注本的湮没

《四库全书》的编纂由于采取“寓禁于征”，造成了许多杜集注本的湮没，其中不乏影响深远的重要注本。以《钱注杜诗》为例，由于乾隆帝鄙薄钱谦益的为人，将其列入《贰臣传》中，几欲天壤间不留其一字，所以对在清初产生了重大影响的《钱注杜诗》，四库馆臣只能一字不提。可是钱注的影响是不容抹杀的，即以列入存目的张溍《读书堂杜诗注解》、张远《杜诗会稡》、浦起龙《读杜心解》等书为例，都以得力于钱注为多。朱鹤龄《杜工部诗集辑注》则更因钱注的关联，亦不能著录，可谓与钱注同进同退。另外，四库馆臣将版本较胜的清张缙彦辑定的《杜诗分类集注》摒弃不录，而将明傅振商《杜诗分类》列入存目，可谓弃善而存劣。这是因为乾隆帝亦将张缙彦打入《贰臣传》中。金圣叹的《杜诗解》四库馆臣在提要中亦无一字及之，这是因为金圣叹在“哭庙案”中殒身，其作品一直被禁。至于其他对杜集中“违碍”字句如“胡”“羯虏”等肆意的删削挖改，更是不可胜道。

（三）版本选择的疏失

本着“贵远贱近”的态度，四库馆臣多注重宋人的版本，甚而过于迷信宋版书，如其认为赵子栎《杜工部年谱》“所援引亦简略，不及鲁谱之详，以其旧本而存之，以备参考焉尔”。于蔡梦弼《草堂诗话》则曰:“此书本为吴县惠栋所藏,盖亦希觏之笈矣。”对清代的杜集注本仅收录仇兆鳌《杜诗详注》一种,而将黄生《杜诗说》、张溍《读书堂杜工部诗集注解》、张远《杜诗会稡》、吴见思《杜诗论文》、卢元昌《杜诗阐》、浦起龙《读杜心解》均贬入存目。这反映出四库馆臣对于已经取得辉煌成绩的顺、康朝杜诗学成就认识不足。

其实,迷信宋版书的四库馆臣对版本的鉴别也有失误之处,如他们认为郭知达《九家集注杜诗》为罕见的善本:“振孙称曾刊版五羊漕司,字大宜老,最为善本。此本即曾家所初印,字画端劲而清楷,宋版中之绝佳者。振孙所言,固不为虚云。”这则提要其实是馆臣们仰皇帝之鼻息而成。乾隆帝看到此书后以为是宋本,其《题郭知达〈集九家注杜诗〉》云:

> 平生结习最于诗,老杜真堪作我师。书出曾锓实郭集,本仍宝庆及淳熙。九家正注宜存耳,余氏支辞概去之。适以遗编搜四库,乃斯古刻见漕司。希珍际遇殊惊晚,尤物闇章固有时。重以琳琅续天禄,几闲万遍读何辞。[①]

这就为馆臣们认定此书为宋版定下了基调。然而,洪业在《杜诗引得序》中即指出,此本的卷二五、二六两卷掺进了别本,当刻于元明时,而非宋本原貌。[②] 蔡锦芳《四库全书〈九家集注杜

① 董诰编:《皇清文颖续编》卷首,清嘉庆十五年(1810)武英殿刻本。

② 参见洪业:《杜诗引得》,上海古籍出版社1985年版,第79页。

诗〉所用底本考》一文也指出了此本与宋本的差异,①这无疑使四库底本的学术价值大打折扣。

二、对杜诗学史的总体看法

《四库全书总目》的编写时代,清初杜诗学兴盛的高潮已经结束,钱注、朱注、仇注等重要注本都已完成,清代杜诗学已经取得了重大成就,此时对以往的杜诗学得失做一番探讨总结无疑显得十分必要和迫切。而通过四库馆臣对各时代注本撰写的提要可以发现,其评价是贬多于褒,体现对清初杜诗学成就认识的不足。

(一)对伪苏注的批评及反穿凿思想的表现

四库馆臣对伪苏注的批评最为激烈,如《九家集注杜诗》提要,对郭知达将“假托名氏,撰造事实”的伪苏注删削不载,称赞为“别裁有法”。而批评黄鹤《黄氏补注杜诗》中“当时所称伪苏注者,乃并见采缀”,另外在《杜诗详注》提要中也指出了“无千家诸注伪撰故实之陋习”的优点。这都体现了四库馆臣对杜诗伪注保持着警惕。

四库馆臣虽然在当时考据学风盛行的影响下要求注家对笺释典故、训诂名物一丝不苟,但提倡在对字句训诂的基础上着意领会诗意。如其称赞唐元竑《杜诗捃》:“元竑所

---

① 参见蔡锦芳:《四库全书〈九家集注杜诗〉所用底本考》,《四川师范大学学报》(哲学社会科学版)1999年第4期。

论，虽未必全得杜意，而刊除附会，涵泳性情，颇能会于意言之外……然大旨合者为多，胜旧注之穿凿远矣。"称张綖《杜诗通》曰："每首先明训诂名物，后诠作意，颇能去诗家钩棘穿凿之说。"同时，对牵合穿凿的注释表示强烈的不满。如其指出《黄氏补注杜诗》"题与诗皆无明文，不可考其年月者，亦牵合其一字一句，强为编排，殊伤穿凿"。对单复《读杜愚得》评曰："鲁訔、黄鹤诸家穿凿字句、钩稽岁月，率多未安。是编冠以新定年谱，亦未免附会。"对强以史实附会杜诗造成的穿凿非常不满。

在解评杜诗的方法上，四库馆臣反对解诗如评时文，或如八股讲章，强调诗与文的不同。如其评黄生《杜诗说》曰："然分章别段，一如评点时文之式，又不免失之太浅。"评《杜诗阐》曰："然其注如四书讲章，其评亦如时文批语，说诗不当如是，说杜诗尤不当如是也。"评《读杜心解》曰："又诠释之中，每参以评语，近于点论时文，弥为杂糅。"

（二）对元、明及清初杜诗学成就认识不足

《四库提要》中虽然也有一些持论允当的评价，如对鲁訔《杜工部诗年谱》评曰："虽多有附会，又乌可以一眚掩乎？"对仇兆鳌《杜诗详注》评曰："核其大局，可资考证者为多，亦未可竟废也。"然而，统观全部杜集提要，将注本的优缺点并陈、评骘至当之提要竟属凤毛麟角。四库馆臣对明清许多重要注本的评价多是贬损、指斥，而对其特色与对杜诗学的主要贡献却鲜有涉及，这似乎与提要撰写所奉体例有一定的关系。四库馆臣在《四库全书总目》卷首《凡例》中称其所作提要"主于考订异同，别白得失，故辨驳之文为多。然大抵于众说互殊者，权其

去取;幽光未耀者,加以表章……盖不可不辨者,不敢因袭旧文;无可复议者,亦不敢横生别解。凡以求归至当,以昭去取之至公"。不管怎样,"辨驳之文为多"造成了对杜集"贬多于褒"的事实。如对明代颇有成就的单复《读杜愚得》评云:"是编冠以新定年谱,亦未免附会。其笺释典故,皆剽掇千家注,无所考证。注后隳括大意,略为训解,亦循文敷衍,无所发明。至每篇仿《诗传》之例,注兴也、赋也、比也字,尤多所牵合矣。"对其书的年谱、注典、串解诗意、比兴的提示等几个方面竟连续下了"未免附会""无所考证""无所发明""多所牵合"四个贬损否定的断语,真让人产生怀疑:既然如此无足取的注本,为什么还要列入存目呢?大多数杜集提要中诸如此类一棍子打倒的否定贬损之评,未必会对后学"辨章学术,考镜源流"起到多大的作用。

另以吴见思《杜诗论文》为例,如果说对其"三折句法"的批驳尚显示四库馆臣反琐碎的思想之外,那么对该书"但诠释作意,谓之杜诗论文",批评曰"夫笺注典故,所以明文义也。论事自论事,论文自论文,是已两无据矣!"则似未理解吴见思"论文"的苦心。这些都显得四库馆臣缺乏应有的学术胸襟和包容心。这些指责掩盖了对杜诗学的见识浅陋以及对杜诗学史总体认识的不足。因为仅就四库收录和列入存目的注本来说,其中很多注本的成就是有目共睹的。而四库馆臣的提要,对该注本的主要特点远未能作出准确的概括,甚至有些提要根本就是无关痛痒之论。如本来"援据繁富"是仇注之长,然而仇氏拘泥于"无一字无来处"说注杜,烦琐恰又是其缺点,造成了诸如隔靴搔痒、释事忘义等弊。而四库提要曰:"吟杜卷中载徐增一诗,本出其《说唐诗》中。所谓'佛让王维作,才怜李白狂'者,盖以维诗杂禅趣、白诗多逸气,以互形甫之谨严。兆鳌乃改上句为‘赋似相如逸’，乖其本旨。”仅指摘其考证小疵，不免显得一叶障目。

以上是四库馆臣认为“不可不辨者”，他们称对那些“无可复议者，亦不敢横生别解”，然统观四库全部杜集提要，真正未置褒贬者，唯有纪昀之父纪容舒所著《杜律疏》一书，其提要云：“此书因顾宸所撰《辟疆园杜诗注解》繁碎太甚，又多穿凿，乃汰其芜杂，参以己意，以成是编。初名《杜诗详解》。其后以所解皆律诗，又字字句句备为诠释，体近于疏，因改今名焉。”则四库馆臣明知有顾宸的《辟疆园杜诗注解》一书，却故意不录入提要，是因为《杜律疏》的著者纪容舒乃是四库馆总裁官纪昀之父，此书全是抄袭顾宸《辟疆园杜诗注解》而成，为了掩盖纪容舒的剽窃劣迹，四库馆臣才故意将顾注弃而不录，这就造成了纪书存而顾注亡的事实。顾宸注本固然存在穿凿琐碎之弊，然而其巨大成就仍不能一笔抹杀，其书在清代杜诗学界影响相当广泛，可是在遭到四库馆臣如此贬抑之后，其流布一直未广，除今传康熙二年（1663）吴门书林刊本十七卷以外，《辟疆园杜诗注解》此后一直无再刻本，目前正面临散佚的危险。这不能不说是纪昀以一己之私造成巨大学术损失的恶劣行为。

三、四库杜集提要考证的成绩和疏失

（一）严谨学术规范的强调

《四库全书总目》杜集提要的撰写充分体现了作为汉学大本营的四库馆臣对考证要求的精详。如其指出《杜诗详注》中

“摭拾类书,小有舛误”。又如对《九家集注杜诗》曰:“又有曾噩重刻序,作于宝庆元年。噩,据《书录解题》作字子肃,闽清人。凌迪知《万姓统谱》则作字噩甫,闽县人。庆元中尉上高,复迁广东漕使。与陈振孙所记小异。振孙与噩同时。迪知所叙又与序中结衔合,未详孰是也。”评单复《读杜愚得》曰:“其笺释典故,皆剽掇千家注,无所考证。”评赵统《杜律意注》曰:“虽颇有所校正,而漫无考证。”另对旧注中考证的不规范之处也多加指摘。如指出林兆珂《杜诗钞述注》“注中援引事实,多不注出典”;吴见思《杜诗论文》“考证亦多未详”;浦起龙《读杜心解》本来以解意为主,笺释次之,四库馆臣批评其“句下之注,漏略特甚”。称杨德周《杜诗解》“其最不检者,如八卷补注例第一条云,韩昌黎曰:人各有能有不能。抑而行之,必发狂疾。故杜云‘束带发狂欲大叫’。如此注,那得不补云云。是杜诗乃用韩语,天下宁有是事!”这里四库馆臣似乎接受了朱鹤龄“注子美诗,须援据子美以前之书”①的观点。这些都显示出四库馆臣的严谨。

(二)考证之失

四库馆臣于杜集提要中所作考证虽甚为后来注家所重,然仔细考核其论,却多抄袭自旧注,且多错讹,未为定论。如在《黄氏补注杜诗》提要中论《高都护骢马行》曰:“(黄)鹤以为天宝七载作。考高仙芝平小勃律后,以天宝八载方入朝,诗中有‘飘飘远自流沙至’语,则当在八载,而非七载。”按,仇注曰:

---

① 朱鹤龄:《愚庵小集》卷十,上海古籍出版社 1979 年版,第 466—467 页。

"此诗当是天宝八载所作。黄云七载,梁云十一载,皆非。"四库馆臣之论完全袭自仇注,非其独见。同书又考《喜雨》之作年曰:"《喜雨》一首,鹤谓永泰元年所作。考诗末甫自注'浙右多盗贼'语,正指宝应元年袁晁之乱,诗当作于是年。时甫方在梓、阆间,故有巴人之句,鹤说非是。似此者尚数十条,皆为疏于考核。"四库馆臣虽指出黄鹤将此诗系于永泰元年有误,然其将此诗系于宝应元年亦误。考史实,袁晁反在宝应元年八月,《喜雨》诗云"春旱天地昏",自是作于次年春,即广德元年。再如同书考《遣兴》诗之"萧京兆"曰:"'赫赫萧京兆'句,鹤以京兆为萧至忠,不知至忠未尝官京兆尹,诗中所指当是萧炅。"按,此诗之"萧京兆"为萧至忠,《九家集杜杜诗》引赵次公说即主此论,其后黄鹤亦沿此说,钱谦益《钱注杜诗》则力驳之,详论"萧京兆"当为萧炅。可见四库馆臣此考亦非独见,乃窃自钱笺,却未标明,实属掠美。

另外,四库提要所作考证还有许多其他疏失,如考《杜诗攟》的著者唐元竑为"万历戊子举人",有学者就据同治《湖州府志》、光绪《乌程县志》、姜亮夫《历代人物年里碑传综表》指出,唐元竑中举的时间应为"壬子",而非"戊子"。① 又如《史通通释》提要称《读杜心解》著者浦起龙为"雍正甲辰进士",甲辰,为雍正二年(1724),实则浦起龙为雍正庚戌(1730)进士,列二甲第十六名。②

总之,《四库全书》的编纂与《四库全书总目》的撰写对杜

---

① 参见杨武泉:《四库全书总目辨误》,上海古籍出版社 2001 年版,第 198 页。

② 参见朱保炯、谢沛霖编:《明清进士题名碑录索引》,上海古籍出版社 1980 年版,第 2698 页。

集文献的保存与传播流布做出的贡献值得肯定。然而,一代学术总结性的杜集提要的撰写存在许多失误,似不足概括清代前期杜诗学研究的总体水平,其对杜诗学史的整体认识与四库全书这一大型丛书的地位是不相称的。另外,四库馆臣虽然反对穿凿附会,提倡对诗意的阐释发挥,然而囿于当时的考据之风,杜集提要中显示出对名物考据的热衷与偏爱,客观上造成并助长了"释事忘义"风气的蔓延,其原因和教训都值得后代总结与吸取。

杜甫生平及诗歌研究

一段被忽略的历史:杜甫是玄宗封禅泰山的亲历者*

目前学界一般认为,杜甫《奉赠韦左丞丈二十二韵》中"甫昔少年日,早充观国宾"是指杜甫于开元二十四年(736)在洛阳参加进士考试。本文运用"诗史互证"的方法详细考辨,指出以上诗句应是指杜甫于开元十三年(725)在洛阳亲睹玄宗封禅泰山出发仪仗之事,并由此揭示杜甫早年生平中一直被掩盖和忽略的一段历史。正是由于以封禅泰山为标志的开元盛世给少年杜甫留下了难以磨灭的辉煌印象,所以当他面对安史之乱后国家残破、民生凋敝的惨象时,才会在诗中表现出超乎常人的强烈痛心和巨大的心理落差。

一、唐玄宗封禅泰山始末

有唐一代共进行过三次封禅泰山的活动,高宗、武后、玄宗朝各一次。其中开元十三年,唐玄宗封禅泰山,标志着开元盛世的到来。唐玄宗于开元十二年(724)闰十二月下诏准备封

---

* 本文原载于《开封大学学报》2008年第1期。

禅事宜，到开元十三年十一月从东都洛阳出发，前后共准备了将近一年的时间。在封禅之前，朝臣们对封禅仪注进行了详尽的讨论，改革了高宗、武后朝的封禅形式，奠定了《开元礼》的基础。玄宗封禅的庞大队伍用了近一个月的时间到了泰山，随后玄宗在泰山之巅举行了隆重的祭祀天地的仪式，并将为子孙、苍生祈福的玉牒公之于众，宣布大赦天下。玄宗亲制《纪太山铭》，中书令张说撰《封祀坛颂》、侍中源乾曜撰《社首坛颂》、礼部尚书苏颋撰《朝觐坛颂》以纪德。十二月二十日玄宗车驾返回东都，前后共两个月时间。玄宗这次封禅泰山的规模，比之高宗、武后的封禅显得更为宏大壮观，《旧唐书·礼仪志三》载，参加这次封禅的人员有"文武百僚，二王后，孔子后，诸方朝集使，岳牧举贤良及儒生，文士上赋颂者，戎狄夷蛮羌胡朝献之国，突厥颉利发，契丹、奚等王，大食、谢䫻、五天十姓，昆仑、日本、新罗、靺鞨之侍子及使，内臣之番，高丽朝鲜王，百济带方王，十姓摩阿史那兴昔可汗，三十姓左右贤王，日南、西竺、凿齿、雕题、牂柯、乌浒之酋长"。可以看出，此次封禅称得上是一次国际性的盛会，是玄宗开元时代一次重大的政治、外交活动。从取得的效果和作用来看，这次封禅反映了开元时代国泰民安的社会状况，强化了人们意识中天子统治的合理性和神圣性，同时向周边藩国展示了天朝大国的声威，通过封禅成功地实现了外交怀柔的目的，加强了与各少数民族和外国的友好往来，形成了"东封太山，西戎扆跸，开元之代，继踵来降"（《旧唐书·突厥传下》）的兴盛局面。因此，唐玄宗这次封禅泰山，可谓李唐王朝和平统一的象征，是对盛唐气象最生动的一次诠释。

二、杜甫亲历封禅的证据

开元十三年玄宗封禅泰山之时杜甫只有十四岁,那么当时他是否亲眼见过这次空前的国家盛典呢?答案是肯定的,这个答案就隐藏在杜诗名篇《奉赠韦左丞丈二十二韵》当中。杜甫在《奉赠韦左丞丈二十二韵》中说:“甫昔少年日,早充观国宾。读书破万卷,下笔如有神。李邕求识面,王翰愿卜邻。”说的就是自己少年时代生活的情况。可惜诸家注本对“甫昔少年日”这一句的解释有误,相应地对下一句“早充观国宾”的理解也就出现了偏差,于是涉及杜甫早年生平重大事件的线索竟然被历代的杜甫研究者们轻易地忽略了。

(一)旧注存在的疑问

最早对这两句诗进行解释的是宋代的黄鹤,其在《黄氏补千家集注杜工部诗史》中先驳斥了师古所提出的“天宝十三载,甫献三赋召试文章”的错误解释,他指出:“公本传尝举进士不第,故《壮游》诗云‘中岁贡故乡,忤下考功第’,殆是公尝预京兆贡举,故云。唐初考功员外郎试进士,《志》云:开元二十四年以考功郎李昂,为举人诋诃,帝以员外郎望轻,徙礼部以侍郎主之。则公预举在二十四年之前,时年方二十余岁,宜自谓少年也。”①

① 黄希、黄鹤:《黄氏补千家注纪年杜工部诗史》卷一,《中华再造善本·金元编·集部》影印山东省博物馆藏元至元二十四年(1287)詹光祖月崖书堂刻本,北京图书馆出版社2006年版。

他认为“甫昔少年日，早充观国宾”当是指杜甫在开元二十四年前参加乡贡之事。其后钱谦益、仇兆鳌、浦起龙、杨伦等人均袭其说而未置辨。萧涤非先生在《杜甫诗选注》中注释这两句诗的时候也大致采纳了这种说法：“开元二十三年杜甫由乡贡参加进士考试，时年二十四，所以说‘早充观国宾’。‘充’即充当。”①萧涤非先生之后的杜诗注释者对这种解释亦未有质疑，均承袭其说，兹举出目前几种影响较大的杜诗注本为例。

邓魁英、聂石樵选注《杜甫选集》云：

> 观国宾：观国光的王宾，语本《易·观》：“观国之光，利用宾于王。”宾：宾兴之意。《周礼·地官·大司徒》：“以乡三物教万民，而宾兴之。”注：“乡大夫举其贤者能者，以饮酒之礼宾客之，既则献其书于王矣。”后代地方设宴以待应举之士，即此遗意。杜甫于开元二十三年（735）在洛阳参加进士考试，其时二十四岁，故云“少年日”。②

张忠纲先生《杜甫诗选》云：

> 二句指开元二十四年（736）杜甫以乡贡的资格在洛阳参加进士考试的事。那时他才二十五岁，就已是“观国之光”（参观王都）的王宾了，所以说“少年”“早充”。观

---

① 萧涤非选注：《杜甫诗选注》，人民文学出版社 1998 年版，第 20 页。

② 邓魁英、聂石樵选注：《杜甫选集》，上海古籍出版社 1983 年版，第 17 页。

国宾,语出《易·观卦》:“观国之光,利用宾于王。”①

可以看出,以上这些注本的说法虽互有出入,但在解释“甫昔少年日”的时候,都一致认为是开元二十四年(736)前后,“早充观国宾”是指杜甫参加进士考试之事。也就是说,杜甫在诗中提到的这次国家隆重典礼应该是杜甫二十五岁时参加的进士考试。

笔者以为,果如以上诸家注本所言的话,难免会出现以下不可回避的问题和矛盾。第一,杜甫在洛阳参加进士考试时已经是二十五岁的青年,这与诗中所云“少年日”在时间上明显不甚一致,如此解释,显得扞格不通。第二,将“少年日”解释成二十五岁的青年,与下句“早充观国宾”的“早充”不能衔接,造成了两句诗的首尾难顾,因为以二十五岁的年纪去充观国宾,已经不能算“早”了。第三,“早充观国宾”下面的“李邕求识面,王翰愿卜邻”两句,回忆的是诗人十四五岁时的经历(说详下文),若“早充观国宾”说的是二十五岁参加进士考试,那么整首诗在叙事顺序上存在明显的颠倒,以杜甫思维的缜密,当不会犯这样的错误。第四,若将“观国宾”解释成参加进士考试,也有些想当然,因为唐代的进士考试虽然可以作为国家的重要庆典,但是这种考试其实几乎年年举行,是非常频繁的,京城人士甚至早已习以为常、司空见惯。那么,充当这样的国宾显得亦有些并不十分珍贵和难得,似乎不值得杜甫在诗中特别骄傲地提出来。因为我们在《奉赠韦左丞丈二十二韵》诗中发现,杜甫对自己的生平经历仅仅提到了这一件事,那么这件

① 张忠纲选注:《杜甫诗选》,中华书局2005年版,第23页。

事应该是十分重要的事情，是一次非同寻常的人生经历。

（二）“早充观国宾”有可能是指亲睹玄宗封禅的出发仪仗

既然杜甫所观的典礼不是进士考试，那么这次国家的盛典是什么呢？笔者认为，杜甫诗中提到的这次国家盛典，有可能是开元十三年玄宗封禅泰山之举。也许有人会提出疑问：开元十三年杜甫才十四周岁，这么小的年纪充当“观国”之宾的可能性有多大呢？其实，杜甫从十四岁开始就已经出入王侯官宦的府邸，在文坛上崭露头角了。《壮游》诗云：“往昔十四五，出游翰墨场。斯文崔魏徒，以我似班扬。”原注：“崔郑州尚、魏豫州启心。”可见杜甫当时在洛阳与郑州刺史崔尚、豫州刺史魏启心等交游，并以出众的文才博得了他们的赞叹。那么，杜甫在《壮游》诗中所云是否为实录？十四五岁的少年竟能博得崔、魏那样的高官的称赏，这是不是杜甫自吹自擂的大话呢？这个问题我们从杜甫其他的诗篇中还可以得到证实。杜甫晚年名作《江南逢李龟年》诗中云：“岐王宅里寻常见，崔九堂前几度闻。正是江南好风景，落花时节又逢君。”这首诗作于大历五年（770）春，流寓潭州（今湖南长沙）的杜甫遇见漂泊江南的宫廷乐师李龟年，不禁今昔盛衰、身世蹉跎之感慨，遂写下此诗。诗中提到的岐王和崔九，即岐王李范和殿中监崔涤，二人都卒于开元十四年（726），而开元十四年杜甫才十五岁。由此可见，这个早熟的、充满自信的天才少年，确实是在十四五岁的时候就已经出入王侯第宅与宴酬唱了，《壮游》诗中“往昔十四五，出游翰墨场”的记载并不是诗人说大话，而是实录。既然杜甫十四五岁时经常出入高官显贵的宅第，作为李范、崔涤的座上客,那么,他当然有可能早早地就充当过观国家之光的宾客。笔者以为少年杜甫的这次“观光”的是一次国家的重大庆典,这次国家典礼很有可能是开元十三年玄宗东封泰山的出发仪式。《旧唐书·玄宗纪》载:“(开元十三年)冬十月……辛酉,东封泰山,发自东都。”玄宗封禅泰山,是开元年间的一件大事。天子大驾发自东都,皇亲国戚、高官显贵跟从,一定有一场隆重的出发仪式,则杜甫所谓“早充观国宾”,当指此事而言。需要特别指出的是,《江南逢李龟年》中提到的李范和崔涤,都曾陪同玄宗一起东封泰山。清代金棨《泰山志》卷十五《金石记》引阮元《山左金石录》所录玄宗封禅的从祀人员名单中,就有和杜甫交好的岐王李范。另外,崔涤更是玄宗封禅泰山的有功之臣,《旧唐书·崔涤传》载:“从(玄宗)东封还,加金紫光禄大夫,封安喜县子。开元十四年卒,赠兖州刺史。”所以,笔者认为“甫昔少年日,早充观国宾”这两句诗透露出杜甫早年经历的一个重要信息,即亲历“开元全盛日”的杜甫,少年时期亲身经历了国家最隆重的一次典礼,这就是开元十三年玄宗封禅泰山。至于杜甫作为岐王李范和殿中监崔涤的座上客是否有资格从行至泰山,这确实是个问题,在没有充分的材料证明之前只能存疑。但目前至少有一点是可以肯定的,即少年杜甫至少目睹了玄宗封禅队伍从洛阳出发的盛大仪仗。即便如此,这次标志着国家兴旺昌盛的封禅活动也给杜甫留下了难以磨灭的印象,这对他以后积极从政,坚持匡佐君主实现开明的政治理想都具有举足轻重的作用。但是非常可惜的是,这样重要的信息竟然被历代的注杜学者轻易地忽略了。

（三）杜诗中的其他旁证

杜甫少年时代活跃的身影，从杜诗中我们还能找到一些证明。《壮游》诗中已经提到，“斯文崔魏徒，以我似班扬”，郑州刺史崔尚、豫州刺史魏启心等交口称赞少年杜甫的诗才，以为他很像汉代大文学家班固和扬雄，那么《奉赠韦左丞丈二十二韵》中“读书破万卷，下笔如有神。赋料扬雄敌，诗看子建亲。李邕求识面，王翰愿卜邻”，说的应该也是杜甫少年时的情形，“读书破万卷，下笔如有神”的杜甫，觉得自己作赋可与扬雄相匹敌，写诗可与曹植相比肩。这和“斯文崔魏徒，以我似班扬”的称赞是多么的相似！杜甫这个少年天才的名声，竟然惊动了当时的大文豪、著名书法家李邕，他曾慕名主动去结识这个少年，而且连当时著名诗人王翰也愿意和杜甫作邻居。《壮游》又云：“脱落小时辈，结交皆老苍。”也可见少年杜甫的傲气与自负。朱鹤龄在《杜工部诗集辑注》中指出：“邕、翰皆公同时前辈，‘识面’‘卜邻’，乃当时实事。”①既然是“实事”，那么我们下面就分别考察一下李邕和王翰与杜甫初识的时间。先看杜甫和李邕的交往：天宝四载夏，杜甫与北海太守李邕相会于济南历下亭，作《陪李北海宴历下亭》，诗云：“东藩驻皂盖，北渚凌青荷。海右此亭古，济南名士多。”后来他在《八哀诗·赠秘书监江夏李公邕》中又云：“伊昔临淄亭，酒酣托末契。重叙东都别，朝阴改轩砌。”其中，“重叙东都别”之句说明二人济南之会并不是初次相逢，此前他们在洛阳曾经相会，这次会面的

① 朱鹤龄撰，韩成武等点校：《杜工部诗集辑注》卷一，河北大学出版社2009年版，第28页。

时间是可以约略考出的。据朱关田《李邕年谱》载,李邕开元年间曾两次入洛阳,第一次是开元十二年由陈州刺史任上计入洛阳,第二次是开元二十九年七月由滑州刺史上计,因受人讪谤,至秋返回本州。① 因开元十二年、二十九年杜甫均在洛阳,所以他在《八哀诗》中所说的"东都别"不知是指哪一次。但是开元二十九年杜甫已经三十岁,而立之年的诗人受到前辈李邕的赏识固然值得骄傲,但实在不值得特别炫耀。但假若是开元十二年的话,情况就大不相同了,因为开元十二年李邕已经五十岁,而杜甫方当十三岁,若有"李邕求识面"这样的事,那对少年杜甫来说就算一种殊荣了,自然是非常值得夸耀的。因此,笔者认为"李邕求识面"极有可能发生在开元十二年。同样,"王翰愿卜邻"的时间也是可以考出的。假如王翰卜邻确有其事的话,那他什么时候才有可能在洛阳和杜甫会面呢?考《旧唐书·王翰传》,开元十四年,张说罢相,王翰出为汝州长史,改仙州别驾,后贬道州司马,卒。② 也就是说,只有在开元十四年被贬以前,王翰才有可能与杜甫有卜邻之事;而开元十四年杜甫刚好十五岁,这正好证明了杜诗中所说的"王翰愿卜邻"是其少年时代发生的事。那么,我们再来看一下《奉赠韦左丞丈二十二韵》的叙述顺序:"纨袴不饿死,儒冠多误身。丈

---

① 参见朱关田:《唐代书法家年谱》,江苏教育出版社2001年版。

② 闻一多《唐诗大系》根据新、旧唐书中王翰本传,定其卒年为开元十四年(726)。傅璇琮《唐代诗人丛考》对此提出质疑,认为王翰开元二十三年尚在世,其根据就是杜甫《奉赠韦左丞丈二十二韵》中"王翰愿卜邻"之句。然傅说立论的基础是首先相信了"早充观国宾"乃杜甫开元二十三年在洛阳应试不第的定论,并以之为据推算王翰的卒年,因此亦存在疑问。

人试静听，贱子请具陈。甫昔少年日，早充观国宾。读书破万卷，下笔如有神。赋料扬雄敌，诗看子建亲。李邕求识面，王翰愿卜邻。自谓颇挺出，立登要路津。致君尧舜上，再使风俗淳。”可见，从“甫昔少年日”一直到“王翰愿卜邻”，说的都是十四五岁左右的事情，这几句是诗人自叙少年读书时期的“挺出”之才。若将前面的“甫昔少年日，早充观国宾”解释成二十五岁参加进士考试之事，与后面的十四五岁为李邕、王翰赏识，在叙述时间上存在颠倒，显得语无伦次，因此是不可信的。而将“早充观国宾”解释成诗人参观过开元十三年玄宗封禅泰山仪仗，和下文的“李邕求识面，王翰愿卜邻”在时间上则是相当吻合的。

三、意义和结论

总之，杜甫早年事迹虽已多不可考，但通过杜诗中的蛛丝马迹，使用“以诗证史”“以杜证杜”的科学方法，我们还是可以窥见杜甫早年一些被忽略的事迹，特别是他十四五岁“出游翰墨场”时的交游经历，尽管这些事迹已经非常模糊。笔者认为，《奉赠韦左丞丈二十二韵》中“甫昔少年日，早充观国宾”这样的诗句透露出一个难以察觉的信息，即少年杜甫在东都洛阳目睹了玄宗封禅泰山出发的仪仗。盛世的辉煌给少年杜甫留下了难以磨灭的印象，因而当盛唐衰微后他对盛世的缅怀就更加强烈。这样我们也许就会充分理解，作为一个“开元盛世”的亲历者，当杜甫面对安史之乱后国家残破、民生凋敝的惨象时，抚今追昔的他才会在诗中表现出超乎常人的强烈痛心和巨大的心理落差！那么当我们再去阅读杜甫《忆昔》等诗的时候,对诗中“伤心不肯问耆旧,复恐初从离乱说”那样强烈的痛心,也许就更能深入理解了。这都是考索杜甫早年事迹带给我们的启示。

“以土代火”与“四星聚尾”：杜甫献《三大礼赋》的政治文化背景及相关问题考述*

杜甫于天宝九载(750)冬末献《三大礼赋》为玄宗所赏，玄宗命其待制集贤院，令宰相考试其文章，以为名实相副，遂获“参列选序”资格，守选数年后终于释褐入仕，可见献《三大礼赋》是其求仕生涯的转折点。然而考察杜甫此次献赋的政治文化背景却可以发现，其后有着较为错综复杂的隐情，此前杜甫研究界对此多习焉不察、未暇深究，故本文拟对杜甫此次献赋的政治文化背景进行深入探析，以期还原历史真相及其复杂性，并重新反思杜甫与当时两大政治集团之关系。

一、邹衍“五德终始”说——“以土代火”说的历史溯源

天宝九载八月，处士崔昌上书向玄宗建议，请求确立唐朝

---

* 本文原载于《文史哲》2020年第3期。

为土德,即所谓“以土代火”说,新、旧《唐书》及《资治通鉴》《册府元龟》《唐会要》均记载此事,其中《资治通鉴》曰:

> (天宝九载八月)辛卯,处士崔昌上言:“国家宜承周、汉,以土代火;周、隋皆闰位,不当以其子孙为二王后。”事下公卿集议,集贤殿学士卫包上言:“集议之夜,四星聚于尾,天意昭然。”上乃命求殷、周、汉后为三恪,废韩、介、酅公。①

另《册府元龟》曰:

> 九月,处士崔昌上封事,以国家合承周、汉,其周、隋不合为二王后,请废。

又曰:

> 初,崔昌上封事,推五行之运,以皇家土德,合承汉行。自魏晋至隋,皆非正统,是闰位。书奏,诏公卿议,是非相半。时上方希古慕道,得昌疏,甚与意惬,宰相林甫亦以昌意为是。会集贤院学士卫包抗疏奏曰:“昨夜云开,四星聚于尾宿。又都堂会议之际,阴雾四塞,绪言之后,晴空万里,此盖天意明国家承汉之象也。”上以为然,遂行之。②

---

① 司马光等:《资治通鉴》卷二百一十六,中华书局1956年版,第6899页。

② 王钦若等编纂,周勋初等校订:《册府元龟》卷四,凤凰出版社2006年版,第44页。

又《唐会要》卷二十四“二王三恪”条曰：

(天宝)九载六月六日,处士崔昌上封事,以国家合承周、汉,其周、隋不合为二王后,请废。诏下尚书省,集公卿议。昌负独见之明,群议不能屈。会集贤院学士卫包抗表,陈论议之夜,四星聚于尾宿,天象昭然。上心遂定,乃求殷、周、汉后为三恪,废韩、介、酅等公。①

而《旧唐书·玄宗纪下》所载崔昌上书的时间则为九月,其曰：

九月乙卯,处士崔昌上《五行应运历》,以国家合承周、汉,请废周、隋,不合为二王后。②

上述史籍中关于崔昌上书时间的记载不一,有六月、八月、九月三种说法,应以八月说为是。既然卫包说集议之夜已经见到四星聚尾,此天象应刚刚发生不久,则崔昌上书时间似以八月、九月稍稍近之。

崔昌所论“以土代火”说,乃本之于战国时齐国阴阳家邹衍所创制的“终始五德”说,此说认为天道运行、王朝更迭都是五德转移、相生相克的结果,其实质是为王朝争正统。历代改元皆偏爱土德,这是因为五行之中土德为尊,重秉土德,回归五德终始之原初属性,意味着一轮新循环的开始,有除旧布新、万

① 王溥:《唐会要》卷二十四,中华书局1955年版,第462页。
② 刘昫等:《旧唐书》卷九,中华书局1975年版,第224页。

象更始之意,故特别受到新朝统治者青睐。

当然唐代的“以土代火”说并非是崔昌首创,此说至少可以追溯至隋代的王通及初唐的王勃。王通《中说·关朗》曰:

> 元魏以降,天下无主矣。开皇九载,人始一……此吾所以建议于仁寿也。陛下真帝也,无踵伪乱,必绍周汉,以土袭火。色尚黄,数用五除四代之法,以乘天命,千载一时,不可失也。①

王通将此说献给隋文帝,建议其秉承土德,以土袭火,然而由于隋朝短祚,并未来得及采纳,其孙王勃于高宗朝又重提此说,《新唐书·王勃传》载:

> 自黄帝至汉,五运适周,土复归唐,唐应继周、汉,不可承周、隋短祚。乃斥魏晋以降非真主正统,皆五行沴气,遂作《唐家千岁历》……天宝中……有崔昌者采勃旧说,上《五行应运历》,请承周、汉,废周、隋为闰。②

至此,五德终始说由邹衍以迄王通、王勃、崔昌的传承脉络便已很清晰。然《资治通鉴·唐纪一》载:“(武德元年五月)戊午,隋恭帝禅位于唐,逊居代邸。甲子,唐王即皇帝位于太极

---

① 王通撰,王雪玲校点:《中说》卷十,辽宁教育出版社 2001 年版,第 46—47 页。

② 欧阳修、宋祁等:《新唐书》卷二〇一,中华书局 1975 年版,第 5740 页。

殿……推五运为土德,色尚黄。”①可见高祖李渊即位之初唐朝早就宣称秉持土德。这是因为隋开皇元年有赤雀之符,故而自定为火德,《隋书·高帝纪上》曰:“(开皇元年)六月癸未,诏以初受天命,赤雀降祥,五德相生,赤为火色……而朝会之服,旗帜牺牲,尽令尚赤。”②而李渊又是通过禅让的方式从隋恭帝手中获得帝位,则据刘向五德相生说(非相克说),以土继火,唐朝自然就应秉持土德。然而王勃却认为魏晋至于周隋,非真主正统,皆五行之沴气,不可承之,唐朝应直接承继自“黄帝至汉”这个“五运真主”的统系而自为土德。王勃此说当时虽未被采纳,然其影响力却不容小觑。这种影响经李嗣真、崔昌等人不断发挥,至天宝九载终于被玄宗认可采纳,“以土代火”说至此方得以真正落实。

不过崔昌上书时身份乃一“处士”,一般而言,涉及国家五行属性这样的大事由一介布衣提出,其背后必有高层支持。而从史料来看,崔昌的真正后台正是宰相李林甫。《册府元龟》即载“宰相林甫亦以昌意为是”,另《新唐书·王勃传》曰:

> 右相李林甫亦赞佑之,集公卿议可否,集贤学士卫包、起居舍人阎伯玙上表曰:“都堂集议之夕,四星聚于尾,天意昭然矣。”于是玄宗下诏,以唐承汉,黜隋以前帝王,废介、酅公,尊周、汉为二王后,以商为三恪,京城起周武王、

---

① 司马光等:《资治通鉴》卷一百八十五,中华书局1956年版,第5791页。

② 魏征等:《隋书》卷一,中华书局2000年版,第10页。

汉高祖庙。授崔昌太子赞善大夫,卫包司虞员外郎。①

“以土代火”说由来已久,自李唐立国至玄宗天宝九载已历一百三十余年,玄宗在关系国家本体属性的大事上仍持较为慎重的态度。这是因为武周革命前夕,即曾有李嗣真建议以周、汉为二王后,而废周、隋之事。武则天于载初元年(689)正月宣布:“以周、汉之后为二王后,封舜、禹、汤之裔为三恪。周、隋同列国,封其嗣。”②及唐中宗神龙元年(705)五月复唐后,又反武后之政,改归旧辙,复以北周与隋之后裔为二王后,明显带有与武周决裂之意。另据《册府元龟》载:“唐玄宗开元中,有上书请以皇家为金德者,中书令萧嵩奏请百僚详议,侍中裴光庭以国家符命,久著史策,若有改易,恐贻后学之诮,密奏请依旧为定,乃下诏停百僚集议之事。”③又玄宗曾于天宝七载下诏访求后魏子孙以补全三恪之数,天宝八载七月立孝文帝十世孙元伯明为三恪,袭封韩国公。如今据区区一个处士之论,既要部分推翻高祖所秉持土德之理论依据,又要推翻自己叔父唐中宗的决策、重蹈武周之旧辙,而且恰好又是对一年前新立三恪之举的自我打脸,因此玄宗觉得实在应该慎重行事。然而,由于宰相李林甫的公开支持,玄宗也不便明确反对,遂将此事下公卿集议,说明他内心仍是纠结和矛盾的。不过天宝十二载(753)杨国忠拜相之后,竟轻易就推翻了当年李林甫支持的

① 欧阳修、宋祁等:《新唐书》卷二〇一,中华书局 1975 年版,第 5740 页。

② 欧阳修、宋祁等:《新唐书》卷四,中华书局 1975 年版,第 89 页。

③ 王钦若等编纂,周勋初等校订:《册府元龟》卷四,凤凰出版社 2006 年版,第 43 页。

“以土代火”说，从中可见玄宗对五行统绪的复杂矛盾态度。《新唐书·王勃传》载：

> 杨国忠为右相，自称隋宗，建议复用魏为三恪，周、隋为二王后，酅、介二公复旧封。贬崔昌乌雷尉，卫包夜郎尉，阎伯玙涪川尉。①

又《册府元龟》曰：

> 及是杨国忠根本林甫之短，乃奏曰：周、汉远，不当为二王后。卫包助邪，独与林甫计议，大紊彝伦。上疑之，下包狱，案鞫，遂贬为夜郎郡夜郎尉，崔昌为玉山郡乌雷尉，并员外置。②

这次改弦更张距天宝九载崔昌、卫包等人的“以土代火”说被采纳仅仅三年，究其原因，除了杨国忠得宠与李林甫因失势遭到清算之外，大概还有天宝九载“四星聚尾”天象带来的政治危机早已过去，既然皇位依然稳固，玄宗此时已不再关心改置“二王三恪”这些无关紧要的利益分配问题。

朝廷上这场关乎五行玄学的讨论中，正反双方在争执中相持不下，按照常理，这种讨论有可能持续很长时间，甚或最终因毫无头绪被搁置，然而突发的奇异天象却加速了玄宗的决断，

---

① 欧阳修、宋祁等：《新唐书》卷二〇一，中华书局 1975 年版，第 5740 页。

② 王钦若等编纂，周勋初等校订：《册府元龟》卷四，凤凰出版社 2006 年版，第 44 页。

让他迅速接受了崔昌的“以土代火”说并马上下令实施,这就是“四星聚尾”。以下将此特异天象对天宝末年政治之影响稍作论析。

二、“四星聚尾”天象对天宝末期政治的深刻影响

在朝廷正讨论“以土代火”说期间,适逢“四星聚尾”特异天象出现,卫包等人以为“天意昭然”,遂使玄宗下定决心接受崔昌此说。那么,这一天象究竟意味着什么呢?我国古代的星占之术,往往与现实的政治斗争密切相关,有学者指出,隋唐统治者均笃信星占之学,星占学已经成为隋唐政治、意识形态的重要支撑。① 而据《史记·天官书》载,凡遇四星聚尾、五星聚尾等特异天象,“五星合,是为易行,有德,受庆,改立大人,掩有四方,子孙蕃昌;无德,受殃若亡”②。又《宋书·天文志三》曰:

> 《星传》曰:“四星若合,是谓太阳,其国兵丧并起,君子忧,小人流。五星若合,是谓易行,有德受庆,改立王者,奄有四方;无德受罚,离其国家,灭其宗庙。”今案遗文所存,五星聚者有三:周汉以王齐以霸,周将伐殷,五星聚房;齐桓将霸,五星聚箕;汉高入秦,五星聚东井……四星聚者

---

① 参见周晓陆:《步天歌研究》,中国书店 2004 年版,第 189 页。
② 司马迁:《史记》卷二十七,中华书局 1959 年版,第 1321 页。

> 有九：汉光武、晋元帝并中兴，而魏、宋并更纪。是则四星聚有以易行者矣。昔汉平帝元始四年，四星聚柳、张各五日，柳、张，三河分，后有王莽、赤眉之乱，而光武兴复于洛。晋怀帝永嘉六年，四星聚牛、女，后有刘聪、石勒之乱，而元皇兴复扬土。汉献帝初平元年，四星聚心，又聚箕、尾。心，豫州分。后有董卓、李傕暴乱，黄巾、黑山炽扰，而魏武迎帝许都，遂以兖、豫定，是其应也……建安二十二年，四星又聚，二十五年而魏文受禅，此为四星三聚而易行矣。①

历史上周将伐殷、齐桓将霸、汉高入秦皆为改朝换代之剧变，可见无论是四星聚还是五星聚，多被视为天下大乱、易代革命之征兆，故而这次“四星聚尾”对唐玄宗统治的合法性是一次极大的挑战，玄宗对此亦颇为焦虑和恐惧，因为熟稔星象政治的他深深知道这种特异天象对统治者意味着什么。早在景云元年(710)起兵诛杀韦后的前夜，正当他犹豫不决之际，也是特殊天象的出现坚定了他的决心。《资治通鉴》载：“时羽林将士皆屯玄武门，逮夜，葛福顺、李仙凫至隆基所，请号而行。向二鼓，天星散落如雪，刘幽求曰：‘天意如此，时不可失！’福顺拔剑直入羽林营，斩韦璿、韦播、高嵩以徇。”②《册府元龟》亦载：“时轩辕星落于紫微中，王师虔及僧普润皆素晓玄象，遂启帝(玄宗)曰：‘大王今日应天顺人，诛锄凶慝，上象如此，亦何忧

---

① 沈约：《宋书》卷二十五，中华书局 1974 年版，第 735—736 页。

② 司马光等：《资治通鉴》卷二〇九，中华书局 1956 年版，第 6645 页。

也!’”①此后太平公主也曾利用彗星的出现对李隆基进行攻击。延和元年(712)七月,彗星出西方,经轩辕入太微,至于大角。太平公主欲离间李隆基父子二人的关系,遂使术者言于睿宗:“彗所以除旧布新,又帝座及心前星皆有变,皇太子当为天子。”②故而玄宗对于政治斗争中的天文玄象不仅非常笃信,而且十分敏感,所以卫包、阎伯玙以“天意昭然”进行劝谏,无意中正好触动了玄宗那根敏感的神经。虽然“四星聚尾”有易代改朝之隐喻,但《史记》上毕竟还说有德者受庆、无德者受殃,这就仍留有回旋余地。那么,为了证明自己并非无德之君,恰好顺水推舟地同意崔昌等建言之“以土代火”说,确立国家之土德,并举行盛大庆典,不正好证明有德受庆吗?况且开元三年(715)八月,已经出现过五星聚于箕、尾二宿之象,占星者当时亦以为是有德受庆、无德受殃之兆,后来此事则被公认为正是开元盛世之兆,那么这次面对“四星聚尾”再来一次故技重施,将社会舆论往有德受庆方面引导不就可以化解这次信任危机了吗?故为消除此事在政治上的负面影响,玄宗遂决定采纳崔昌之说,于次年正月举行三大礼,以示有德受庆。《旧唐书·玄宗纪下》曰:“十载春正月乙酉朔。壬辰,朝献太清宫;癸巳,朝飨太庙;甲午,有事于南郊,合祭天地,礼毕,大赦天下。”③另《唐大诏令集》载《天宝十载南郊赦》曰:“然则上稽历象,旁采舆议,爰以土德,承汉火行。是凭大易之辞,用绍前王

---

① 王钦若等编纂,周勋初等校订:《册府元龟》卷二十,凤凰出版社2006年版,第198页。

② 司马光等:《资治通鉴》卷二百一十,中华书局1956年版,第6673页。

③ 刘昫等:《旧唐书》卷九,中华书局1975年版,第224页。

之烈。祯祥累应，正闰攸分。不改旧章，惟新景运。属岁初吉，乘时布和。"[①]嗣后，除了改易二王三恪，建周武王、汉高祖庙之外，玄宗还实施了一系列相应的政策，如天宝十载（751）五月下诏"改诸卫幡旗绯色者为赤黄，以符土运"[②]，"改诸卫旗幡队仗，先用绯色，并用赤黄色，以符土德"[③]，"后二岁，礼部试天下造秀，作《土德惟新赋》，则其事也"[④]。

以上这些还只是玄宗在朝堂上的反应及应对措施，当时民间对"四星聚尾"的认识却与官方颇为不同，段成式《酉阳杂俎》记载：

> 王皎先生善他术，于数未尝言。天宝中，偶与客夜中露坐，指星月曰："时将乱矣！"为邻人所传。时上春秋高，颇拘忌，其语为人所奏，上令密诏杀之。[⑤]

善于观察星象的王皎从星月之变中断言天下将乱，其背景极有可能就是天宝九载发生的"四星聚尾"之事，王皎将其解读为"无德受殃"，正好触犯了玄宗的忌讳，遂招致杀身之祸。

其实天宝九载"四星聚尾"的特异天象对河北的安史之徒亦产生了重要影响，不过以前由于缺乏相关的史料，学界对相

---

① 宋敏求编，洪丕谟等点校：《唐大诏令集》卷六十八，学林出版社1992年版，第348页。

② 刘昫等：《旧唐书》卷九，中华书局1975年版，第225页。

③ 刘昫等：《旧唐书》卷四十五，中华书局1975年版，第1954页。

④ 封演撰，赵贞信校注：《封氏闻见记校注》卷四，中华书局2005年版，第27—28页。

⑤ 段成式撰，曹中孚校点：《酉阳杂俎》前集卷二，上海古籍出版社2012年版，第15页。

关情况一直未能充分了解,直到近年一些墓志碑刻文献出土,"四星聚尾"在安史一方产生的影响方被学界掌握。洛阳九朝刻石文字博物馆藏《大燕赠魏州都督严府君墓志铭》(简称《严复墓志》)拓片曰:

> 天宝中,公见四星聚尾,乃阴诫其子今御史大夫、冯翊郡王庄曰:"此帝王易姓之符,汉祖入关之应,尾为燕分,其下必有王者,天事恒象,尔其志之。"……及十四年,义旗南指,奄有东周,鞭笞群凶,遂帝天下。金土相代,果如公言,殷馗之识,无以过也。①

其墓志铭文中还有"昊穹有命,命燕革唐。公之令子,预识兴王。翼佐龙战,时惟鹰扬"之语,陈尚君先生以为这篇墓志"是迄今为止关于安史叛乱文献中最重要的文字"②。严复乃严庄之父,安禄山心腹、安史之乱的参与策划者。因为"燕为尾分",故严复见到四星聚尾天象后,以为"昊穹有命,命燕革唐",便坚定了拥立安禄山篡逆之决心,遂怂恿和支持其子严庄为安禄山出谋划策,通过《严复墓志》可知"四星聚尾"一事对河北士人心理产生了深刻影响,对安禄山起兵叛唐确实起到了一定的刺激与促进作用。然而天宝末年的特异天象并未停止,如天宝十三载"夏五月,荧惑守心五十余日"③,"荧惑守心"是星占学中最凶天象,《新唐书·五行志》曰:"天宝十三载

---

① 齐渊、缪韵编:《唐严复墓志》,文物出版社2011年版,第10页。

② 陈尚君:《〈洛阳新获七朝墓志〉新史料评述》,《洛阳师范学院学报》2011年第12期。

③ 刘昫等:《旧唐书》卷九,中华书局1975年版,第228页。

五月,荧惑守心五旬余,占曰:‘主去其宫。’十四载十二月,月食岁星在东井,占曰:‘其国亡。’东井,京师分也。”①那么,“荧惑守心”“月食岁星”这些能导致“去宫”“国亡”的天象出现是否也同样加快了安史之徒的叛乱步伐呢?目前尚缺乏相关史料可为佐证,看来仍有待出土文献的进一步补充与验核。

由以上所论可见,玄宗一方努力搞三大礼、宣扬“以土代火”,制造“有德受庆”虚假盛典以弥缝“四星聚尾”在政治上带来的消极影响,而另一方安史之徒则利用这场天象异动作为起兵的政治号召,从中可见天宝九载的“四星聚尾”天象在社会及人民心理上引起巨大震动,一场关乎向心与离心、凝聚与叛逆的巨大博弈都围绕此事渐次展开,并最终酿成几年以后的安史之乱。因此,解读杜甫献《三大礼赋》的动机和背景,若不结合如此复杂的政治文化背景,就不能深入理解文本后面蕴含的种种玄机,相应地对杜甫与李、杨政治集团的真正关系也就容易出现误读与曲解。

三、杜甫与崔昌关系之反思与考述

(一)杜甫《三大礼赋》与崔昌“以土代火”说的密切关联

详细解读杜甫的《三大礼赋》就可发现,这三篇赋乃是与崔昌“以土代火”说紧密呼应。杜甫在赋中首先对玄宗采纳崔

---

① 欧阳修、宋祁等:《新唐书》卷三十三,中华书局1975年版,第856页。

昌之议表示肯定和赞许。《朝献太清宫赋》开篇云：“冬十有一月，天子既纳处士之议，承汉继周，革弊用古，勒崇扬休。明年孟陬，将摅大礼以相籍，越彝伦而莫俦。”又《朝献太清宫赋》曰：“伊庶人得议，实邦家之光。”其次，在五行统绪中孰为正统、孰为闰位问题上，杜甫和崔昌的论调完全一致，都认为魏、晋以至于周、隋皆“五行之沴气”，“不可承之”。《朝享太庙赋》曰：“臣窃以自赤精之衰歇，旷千载而无真人。及黄图之经纶，息五行而归厚地，则知至数不可以久缺，凡材不可以长寄。”又《朝献太清宫赋》曰：

上穆然，注道为身，觉天倾耳，陈僭号于五代，复战国于千祀。曰：呜呼！昔苍生缠孟德之祸，为仲达所愚。凿齿其俗，窦窳其孤。赤乌高飞，不肯止其屋；黄龙哮吼，不肯负其图。伊神器臬兀，而小人呴喻。历纪大破，创痍未苏，尚攫拏于吴蜀，又颠踬于羯胡。纵群雄之发愤，谁一统于亨衢？在拓跋与宇文，岂风尘之不殊。比聪廆及坚特，浑貔豹而齐驱。愁阴鬼啸，落日枭呼。各拥兵甲，俱称国都。且耕且战，何有何无。惟累圣之徽典，恭淑慎以允缉。兹火土之相生，非符谶之备及。炀帝终暴，叔宝初袭，编简尚新，义旗爰入。既清国难，方睹家给。窃以为数子自诬，敢正乎五行攸执。

……天师张道陵等，洎左玄君者，前千二百官吏，谒而进曰：今王巨唐，帝之苗裔，坤之纪纲。土配君服，宫尊臣商。起数得统，特立中央。①

① 萧涤非主编：《杜甫全集校注》卷二十一，人民文学出版社 2014 年版，第 6133—6134 页。

这实际上就是以文学性的语言，对崔昌所论“以土代火”“土复归唐”说进行的生动阐释。杜甫在赋中认为，自魏晋以迄北魏、北周、隋皆不敢“正乎五行攸执”，这与崔昌“自魏晋至隋，皆非正统，是闰位”之论真可谓珠联璧合、一唱一和。这说明杜甫对崔昌、卫包等人“以土代火”之论不仅非常熟悉，而且对其精神内涵已做到深刻理解，这甚至让人有点怀疑他是崔昌此论的最早谋划者。若果真如此的话，杜甫也就能在天宝九载八月之前提前对《三大礼赋》进行构思和创作。张忠纲先生已指出，杜甫乃是在天宝九载冬预献《三大礼赋》，即天宝九载十二月底之前。[①] 而《朝献太清宫赋》曰：“冬十有一月，天子既纳处士之议。”又曰：“明年孟陬，将摅大礼。”既然杜甫在赋中提到十一月，说明三赋只能作于此后。另外，赋中说“壬辰，既格于道祖”“甲午，方有事于采坛绀席”，正好与《旧唐书》所记三大礼的时间完全吻合，这说明杜甫作赋时已经提前知道了三大礼的具体日程安排，则此赋的最终完成已经非常接近天宝九载年底。这样一来，《三大礼赋》就必须于十一月至十二月之间完成，可问题是如此短促的时间杜甫真的能完成这三篇恢宏巨制的写作吗？《三大礼赋》创作除了构思章节、斟酌字句之外，既需要了解“以土代火”的理论内涵，又需要了解三大礼的具体礼仪和实施步骤，甚至找献纳使投匦献赋以上达天听无疑都需要一些时间，即使才华横溢如杜甫，短时间内恐亦难以完成。而假若杜甫通过其他渠道预知了崔昌上书的内容，于其上书之前便预先进行构思写作，时间上无疑会从容得多。毕竟赋中关

---

① 参见张忠纲：《杜甫献〈三大礼赋〉时间考辨》，《文史哲》2006年第1期。

于三大礼的确切时日可以暂先草拟一下,直到最后献赋时再将获知的准确时间加以修改替换即可。而从《三大礼赋》的内容及艺术成就来看,绝不像是短时间内匆匆完成的,假若杜甫有充裕的创作时间,那是不是更说明他与崔昌等人早就熟识呢?

关于杜甫与崔昌二人之间的关系,学界此前尚未见有人提及,陈冠明《杜甫亲眷交游考》及张忠纲主编《杜甫大辞典》"家世交游"部分均未收与崔昌有关的条目,似乎二人并无交集。然从杜甫献《三大礼赋》及其与崔昌建言的默契程度来看,二人不可能没有交往。况崔姓乃杜甫母系之姓,杜集中提到许多崔姓舅氏,那么崔昌是否也是杜甫母系家族的亲属呢?今检杜集中有《奉送崔都水翁下峡》一诗,似为杜甫与崔昌关系的唯一诗证,诗曰:

> 无数涪江筏,鸣桡总发时。别离终不久,宗族忍相遗?白狗黄牛峡,朝云暮雨祠。所过凭问讯,到日自题诗。①

此诗作于梓州,都水,即都水使者之简称。诗中说"宗族忍相遗",表明杜甫与这个"崔都水"确实是亲属关系。仇兆鳌曰:"崔为都水使,与公为甥舅,故称曰翁。"那么,这个崔都水是否即是崔昌呢?这就需要考察一下崔昌是否担任过都水使者之职。

(二)崔昌官职变迁考略

崔昌于天宝九载献"以土代火"说时还只是一个处士,即

---

① 仇兆鳌注:《杜诗详注》卷十二,中华书局1979年版,第982页。

未任官职。其建言被玄宗采纳后，授为太子赞善大夫之职。据《旧唐书·职官志》，太子左右赞善大夫为正五品上阶。不过到了天宝十二载(753)，右相杨国忠反李林甫之政，将当年参与策划此事的崔昌、卫包、阎伯玙等人全部外贬，其中崔昌被贬为乌雷尉。《唐会要》曰："(天宝)十二年五月九日，魏、周、隋依旧为三恪及二王后，复封韩、介、酅等公，其周汉、魏晋、齐梁帝王庙依旧制。六月九日，崔昌、卫包等皆贬官。"①可知崔昌被贬为乌雷尉的时间应在是年六月九日。乌雷属玉山郡，即今广西东兴，唐时属下县。据《旧唐书·职官志三》，下县县尉的品阶为从九品下。崔昌从正五品上的太子赞善大夫贬为从九品下的乌雷尉，官阶连降十九级，几乎是一撸到底，可见这次贬谪对崔昌而言是多么严厉的惩罚。崔昌在乌雷尉任上大约数年后，改任试都水使者，改任的具体时间不详。由于崔昌参与了上元二年(761)嗣岐王李珍谋逆案被处死，关于崔昌的任职情况才得以前后连贯起来。李珍谋逆事见《旧唐书·李范传》：

> 珍赐死，其同谋右武卫将军窦如玢、试都水使者崔昌、右羽林军大将军刘从谏、蔚州长塞镇将朱融、右卫将军胡洌、直司天台通玄院高抱素、右司御率府率魏兆、内侍省内谒者监王道成等九人，特宜斩决。试太子洗马兼知司天台冬官正事赵非熊、陈王府长史陈闳、楚州司马张昂、右武卫兵曹焦自荣、前凤翔府郿县主簿李屺、国子监广文进士张奂等六人，特宜决杀。驸马都尉薛履谦预逆谋，宜赐自尽。

① 王溥：《唐会要》卷二十四，中华书局1955年版，第462—463页。

> 乃以济兼桂州都督、侍御史,充桂管防御都使。左散骑常侍张镐坐与交通,贬辰州司户。①

又《旧唐书·肃宗本纪》曰:

> 夏四月乙亥朔,嗣岐王珍得罪,废为庶人,于溱州安置,连坐窦如玢、崔昌处斩,驸马都尉杨洄、薛履谦赐自尽,左散骑常侍张镐贬辰州司户长任。②

又《旧唐书·敬羽传》载:

> 嗣薛王珍潜谋不轨,诏羽鞫之……珍坐死,右卫将军窦如玢、试都水使者崔昌等九人并斩,太子洗马赵非熊、陈王府长史陈闳、楚州司马张昴、左武卫兵曹参军焦自荣、前凤翔府郿县主簿李岊、广文馆进士张夐等六人决杀,驸马都尉薛履谦赐自尽,左散骑常侍张镐贬辰州司户。③

又《唐大诏令集》卷三十九有《嗣岐王珍免为庶人制》,署为"上元二年四月"④。可知崔昌参与谋反时所任官职为"试都水使者"。《旧唐书·职官志三》载:"都水监,使者二人,正五品

---

① 刘昫等:《旧唐书》卷九十五,中华书局1975年版,第3017页。

② 刘昫等:《旧唐书》卷十,中华书局1975年版,第261页。

③ 刘昫等:《旧唐书》卷一百八十六下,中华书局1975年版,第4860—4861页。

④ 宋敏求编,洪丕谟等点校:《唐大诏令集》卷三十九,学林出版社1992年版,第163页。

上……掌川泽、津梁之政令,总舟楫、河渠二署之官属。”[①]所谓“试”者,即试任其职或试假其衔,《通典》曰:“试者,未为正命。”[②]一般是指资历低而担任高级职务者。崔昌从九品下阶的乌雷尉被擢拔为正五品上阶之试都水使者,虽为超阶任用,然与其当年释褐所任太子赞善大夫一职同为正五品上阶,故从官阶的角度来看,似有官复原职之意。综上所述,崔昌历任官职分别为太子赞善大夫(天宝九载九月)、乌雷尉(天宝十二载六月)、试都水使者(任职时间不详),并于上元二年四月在试都水使者任上因参与谋反被肃宗处死。

通过以上考证可见,崔昌确实担任过试都水使者之职,因此杜甫漂泊梓州期间《奉送崔都水翁下峡》一诗极有可能就是送别崔昌所作。若果真如此的话,杜甫与崔昌确为亲戚关系,故其在崔昌上“以土代火”说之前与之定有较为密切的交往,如此再返观其献《三大礼赋》与崔昌上“以土代火”说高度一致,也就容易理解了。

(三)杜甫《奉送崔都水翁下峡》实际作年应为上元二年

如前所论,杜甫《奉送崔都水翁下峡》一诗中的“崔都水翁”确是试都水使者崔昌,则历代杜诗注本中关于《奉送崔都水翁下峡》作年的结论需要进行相应更改。因为崔昌于上元二年四月即因谋反被处死,则此诗的作年当不晚于此年。那

---

① 刘昫等:《旧唐书》卷四十四,中华书局1975年版,第1897页。

② 杜佑:《通典》卷十九《职官典一》,中华书局1988年版,第471页。

么，杜诗旧注中一般将此诗系于何年呢？检黄鹤《黄氏补注》将此诗系于广德元年（763），从仇兆鳌《杜诗详注》以至萧涤非《杜甫全集校注》、谢思炜《杜甫集校注》均依黄鹤此说。黄鹤将此诗编于广德元年的理由是：“诗云‘无数涪江筏’，当是广德元年梓州作。观末句，则知公有意于到夔矣。”①可知黄鹤确定此诗编年的依据就是诗中“无数涪江筏”之句，因为这句诗中提到了“涪江”，于是黄鹤便将“涪江”与梓州联系起来，而杜甫广德元年确实到过梓州，故而这首诗便如此被确定为广德元年于梓州所作。如今已知“崔都水”确为崔昌，则将此诗编于广德元年显然不能成立，此诗必作于上元二年四月崔昌谋反被杀之前。值得注意的是，《奉送崔都水翁下峡》一诗颈联“白狗黄牛峡，朝云暮雨祠”乃是用当句对预拟崔翁经过之地，暗中透露出此次崔都水的行踪路线乃是从梓州的涪江入嘉陵江再入长江，然后返回京师，似为都水监对这些水系郡县的一次全面考察。考虑到由梓州乘船经水路至京师长安需耗费不少时日，则杜甫此诗作于上元二年年初方较为合理。检诸种杜甫年谱，于上元二年均未有去梓州的记载，不过杜甫曾于上元元年秋去彭州访高适，又去新津会裴迪、王缙，上元二年春复往新津游历，则亦不能排除其上元二年初游梓州之可能。或许有人会质疑，杜诗的编年经历代注家反复梳理，难道可以随便改易吗？其实此诗的情况较为特殊，检宋本《杜工部集》并未收此诗，宋百家本则收录于《补遗》之中，乃是未定编年之作。又检钱谦益《钱注杜诗》卷十八可知，此诗最早收录于吴若本《杜工部

---

① 黄鹤、黄希：《黄氏补千家注纪年杜工部诗史》卷二十四，北京图书馆出版社 2006 年版。

集》之中，乃宋朝奉大夫员安宇所收 27 篇杜甫佚诗之一，故《奉送崔都水翁下峡》一诗最初并无明确编年，完全可以按照实际情况重新编排酌定。

（四）嗣岐王李珍谋反案中的天象玄学因素

另外需要补充的是，关于上元二年嗣岐王李珍谋反之原因，史籍里仅称李珍因仪表伟岸颇类玄宗，又有朱融等人诱导，遂有不轨之企图。其实嗣岐王李珍谋反案的发生，有着极为复杂的历史背景。综合来看，李光弼率领的唐军于是年二月邙山兵败后，史思明叛军对两京的军事威胁陡然增大，加之肃宗身体健康情况的恶化，遂使得李珍等人萌生谋逆之心。不过除此之外，笔者认为肃宗上元前后特异天象频现也是促使李珍谋反之重要诱因。肃宗将年号由乾元改为上元便是因为特异天象屡次出现，《旧唐书·肃宗本纪》载，乾元三年(760)四月“丁巳夜，彗出东方，在娄、胃间，长四尺许”①，“闰四月辛酉朔，彗出西方，其长数丈”②，闰四月“己卯，以星文变异，上御明凤门，大赦天下，改乾元为上元，追封周太公望为武成王，依文宣王例置庙。时大雾，自四月雨，至闰月末不止。米价翔贵，人相食，饿死者委骸于路”③。然而，即使改元之后肃宗朝的特异天象仍未停止。上元元年五月癸丑，“是夜，月掩昴”④，十二月“癸未

① 刘昫等:《旧唐书》卷十，中华书局 1975 年版，第 258 页。
② 刘昫等:《旧唐书》卷十，中华书局 1975 年版，第 258 页。
③ 刘昫等:《旧唐书》卷十，中华书局 1975 年版，第 259 页。
④ 刘昫等:《旧唐书》卷十，中华书局 1975 年版，第 259 页。

夜,岁星掩房”①。上元二年二月“辛未夜,月有蚀之,既”②,“建辰月(十月)壬午,诏天下见禁系囚,无轻重一切释放。丙戌夜,月有白冠”③。另《旧唐书·天文志·灾异编年》载:

> (上元)二年七月癸未朔,日有蚀之,大星皆见。司天秋官正瞿昙譔奏曰:“癸未太阳亏,辰正后六刻起亏,巳正后一刻既,午前一刻复满。亏于张四度,周之分野。甘德云,‘日从巳至午蚀为周’,周为河南,今逆贼史思明据。《乙巳占》曰,‘日蚀之下有破国’。”其年九月,制去上元之号,单称元年。④

彗星、日食等特异天象的频繁出现被理解为上天对最高统治者发出的严重警告,倘若李珍集团中真有精通星象者能提前推算到此次日食,并将其附会到史思明身上,便极有可能将这次日食作为谋反的依据。其实李珍集团中的高抱素、崔昌、朱融均为星相学家,其中高抱素为司天台通玄院的直官,专门负责观天定历,无疑是为李珍篡位提供星象依据的重要人物。另外,试都水使者崔昌曾于天宝九载献“以土代火”说和《五行应运历》,在朝廷集议时“负独见之明,群议不能屈”,无疑也是擅长星象历法之人。至于朱融,新、旧唐书均称其为“蔚州长塞镇将”,蔚州长塞镇即今山西灵丘,那么一个小小镇将又如何会成为这次谋逆案的核心人物呢?检《资

① 刘昫等:《旧唐书》卷十,中华书局1975年版,第258页。
② 刘昫等:《旧唐书》卷十,中华书局1975年版,第260页。
③ 刘昫等:《旧唐书》卷十,中华书局1975年版,第262页。
④ 刘昫等:《旧唐书》卷三十六,中华书局1975年版,第1324页。

治通鉴》称朱融为“术士”，另《册府元龟》曰：“上元中，日者朱融与嗣岐王珍交通。”[①]可见除了长塞镇将的身份外，朱融还是“术士”和“日者”。所谓“日者”，即以占候卜筮为业之人，因此他与高抱素、崔昌等人一样，都是擅长星象历法的玄学家。朱融、崔昌等人很有可能通过推算预知了此次日食发生的时间，并将其与史思明叛军附会在一起，借以说服李珍及其他成员坚定谋逆的决心。联想到天宝九载“四星聚尾”的特殊天象曾引发安禄山叛乱的史实，上元元年的“星文变异”对图谋叛逆者的诱发作用也是不容忽视的，李珍集团中崔昌、朱融、高抱素这几位擅长玄学星象人物的存在似乎更加证明了这一点。

四、杜甫与李林甫集团关系之再反思

对杜甫与崔昌关系的重新考察，亦促使我们对杜甫与李林甫之间的关系进行再反思。杜甫《奉赠鲜于京兆二十韵》曰：“献纳纡皇眷，中间谒紫宸。且随诸彦集，方觊薄才伸。破胆遭前政，阴谋独秉钧。微生沾忌刻，万事益酸辛。”[②]仇兆鳌《杜诗详注》曰：“公初应诏而见黜，后以召试而仍弃，皆林甫为之。”[③]按，此论不确。卢多果指出：杜诗中“主上顷见征”指杜甫献《三大礼赋》，“破胆遭前政”亦写于献赋后，皆与天宝六载

---

① 王钦若等编纂，周勋初等校订：《册府元龟》卷六百二十七，凤凰出版社2006年版，第7253页。

② 仇兆鳌注：《杜诗详注》卷二，中华书局1979年版，第140页。

③ 仇兆鳌注：《杜诗详注》卷二，中华书局1979年版，第143页。

制举无关。[1] 也就是说,杜甫并未参加过天宝六载那场"野无遗贤"的考试,诗中所云应是指天宝十载杜甫献《三大礼赋》之事。杜甫此次献赋并未得官,与李林甫对文士的"忌刻"有关。此外,还有人说杜甫一直没走杜位、李林甫的后门来谋求一官半职,说明君子有所为有所不为。这又把杜甫说得过于清高,究其原因,是在人们心目中李林甫是口蜜腹剑的大奸臣,而杜甫则是崇高而忠贞的诗圣,即便杜甫曾于李林甫之女婿杜位宅守岁,人们仍不愿承认杜甫与李林甫在政治上有什么瓜葛。其实饥寒交迫的杜甫斯时曾先后向哥舒翰、鲜于仲通乃至杨国忠投赠诗篇,有饥不择食之急迫,倘若他真的通过杜位、李林甫这层关系对朝廷的动向有所了解,抓住时机献赋,我们又如何忍心对其进行苛责呢?如今通过对杜甫献《三大礼赋》前后政治态势的解析,可知此事背后乃是李林甫、杨国忠两股政治势力的角逐,而从杜甫献《三大礼赋》的举动可以看出,他无疑是旗帜鲜明地站在李林甫一方的。考虑到地位寒微的杜甫难以和位高权重的李林甫搭上关系,因此作为李林甫之婿的杜位,其中介作用就非常值得关注。另外,陈贻焮先生在《杜甫评传》中认为,杜甫这次献《三大礼赋》的时机实在是选择得太妙了,一定有懂行的高人在后面替他出谋划策,并从杜甫《奉赠太常张卿垍二十韵》等投赠诗分析,认为对杜甫进行点拨的高人非张垍、张均兄弟莫属。[2] 实际上,我们若从杜甫与崔昌集团的密切关系来看,就

① 参见卢多果:《杜甫应天宝六载制举事质疑——兼论天宝中杜甫的行止》,《文史》2023 年第 1 期。

② 参见陈贻焮:《杜甫评传》,北京大学出版社 2003 年版,第 154 页。

可以发现这一判断也是值得商榷的。杜甫通过杜位、李林甫这层关系侦知朝廷的最新动态，无疑要比张垍、张均兄弟的渠道更为直接方便。当然，作为“以土代火”说具体的策划者，崔昌、卫包、阎伯玙无疑是站在最前列的，杜甫则只是此事的鼓噪者和宣传者，况且这种鼓噪又是在皇帝决定采纳崔昌的建言之后，政治上毫无风险，或许也正是因为此，他才未被划入崔昌一伙，从而侥幸躲过了天宝十二载杨国忠对崔昌集团的清算。这样一来，从杜甫与崔昌集团关系的角度来看，其献《三大礼赋》后未立即授官，对他来说反而是一种保护，如若不然的话，杜甫于天宝十载便因献赋而授官，到了天宝十二载杨国忠报复时岂不是要被列为崔昌一党，同被外贬？故从这一角度来看，我们似乎应该为杜甫躲过一次政治劫难而替他感到庆幸，不过从中也可窥见杜甫作为外围人员与李林甫集团的疏离程度。

总之，天宝九载“以土代火”说与“四星聚尾”天象的重叠对天宝后期的政治影响极为深远，从出土文献来看其影响的深刻性与广泛性要远超学界以前的认识。通过杜甫于此时献《三大礼赋》一事，可以管窥其与李林甫集团的关系。另外，通过考察崔昌生平履历，可以确认其与杜甫为亲族关系，这对厘定相关杜诗的编年都具有重要的参考作用。而从杜甫与卫包关系的角度来看，亦可加深对其献《封西岳赋》的理解。天宝九载发生的几件大事不仅是杜甫长安求仕生涯的转捩点，也是李唐王朝由盛世巅峰走向分裂与崩溃的分水岭，对解读杜甫的生平及思想具有重要的意义和价值，故不惮繁冗，略考述如上，希请海内方家批评指正。

名岂文章著：论杜甫生前诗名为赋名所掩*

关于杜甫生前文名大小的问题，目前学界存在较大的分歧和争议，然而这些争论往往将杜甫生前的诗名与赋名混为一谈，从而都忽略了一个基本的事实，那就是杜甫生前的诗名与赋名其实并不一致。杜甫因天宝九载冬献《三大礼赋》而骤得赋名，此后其诗名一直为赋名所掩，这才是唐人选唐诗中不选杜诗的根本原因，也是李杜生前文名的主要差异。杜甫的友人中少有称其诗才者，却多赞其赋才，杜甫亦常以汉代赋家扬雄、司马相如自称。杜诗中诸如“岂有文章惊海内”“名岂文章著”“百年歌自苦，未见有知音”等，都透露出杜甫对当时这种认知错位的无奈与感喟。

一、杜甫生前诗名的表现及学界的分歧与争论

杜甫的诗歌在其生前是颇遭冷遇的，主要表现在以下几个

---

* 本文原载于《文史哲》2017 年第 2 期，转载于《高等学校文科学术文摘》2017 年第 3 期。

方面。第一，大历四年(769)春，杜甫在《南征》诗中哀叹道："百年歌自苦，未见有知音。"①第二，杜甫同时人编纂的几种唐诗选本，如芮挺章《国秀集》、元结《箧中集》、高仲武《中兴间气集》均未选录杜诗。第三，在杜甫参与的几次盛唐诗会中，未见有诗人对其诗作加以赞誉。如天宝三载(744)秋，李白、杜甫与高适三人同登吹台(今开封东南)及单父琴台(在今单县)，杜甫《遣怀》诗曰："忆与高李辈(原注：适、白)，论交入酒垆。两公壮藻思，得我色敷腴。气酣登吹台，怀古视平芜。芒砀云一去，雁鹜空相呼。"《昔游》诗曰："昔者与高李(原注：高适、李白)，晚登单父台。寒芜际碣石，万里风云来。"而在李白、高适的同期诗作中，却均未提到杜甫。又如天宝十一载(752)秋，杜甫与高适、岑参、薛据、储光羲等人同登长安慈恩寺塔(即今大雁塔)互相作诗唱和。高适、杜甫与储光羲的诗题都是《同诸公登慈恩寺塔》，岑参的诗题为《与高适薛据同登慈恩寺》。杜诗题下自注曰："时高适、薛据先有此作。"岑参、杜甫在诗题和自注中都特地提到了高适和薛据，然高、薛、岑三位诗人却均未提及杜甫，仅从作诗迟速的角度恐怕并不能完全解释，从中或可想见杜甫在当时诗坛的末流地位。第四，李白对杜甫有"饭颗山"之讥。在杜甫赠李白的十几首诗中，对李白的诗才可谓不吝赞词，诸如"白也诗无敌，飘然思不群。清新庾开府，俊逸鲍参军""笔落惊风雨，诗成泣鬼神""李白一斗诗百篇"之类，不胜枚举，然而在李白赠杜甫的诗中，却只论友

① 仇兆鳌注：《杜诗详注》卷二十二，中华书局1979年版，第1950页。以下凡引杜甫诗文，皆据此本，不另注出。

情，未见对其诗才有片言只字的赞誉。不仅如此，孟启[①]《本事诗·高逸第三》中还载有李白《戏赠杜甫》："饭颗山头逢杜甫，头戴笠子日卓午。借问何来太瘦生，总为从前作诗苦。"[②]从中可见李白对杜甫的诗才不仅不持欣赏的态度，相反，却极尽谐谑嘲讽之能事。当然，李白此诗一向被认为是伪托之作，不能拿来作为直接证据，但是从中仍可一窥晚唐五代人对杜甫的认知态度。[③]

此外，我们通过杜诗还可以看到，杜甫生前并不能说籍籍无名，相反，在其人生的每个阶段，都不乏对其才华的赞誉者，但这些赞誉多数却并不是针对其诗才。杜甫十四五岁刚在文坛崭露头角之时，郑州刺史崔尚、豫州刺史魏启心便曾对其大加赞誉，《壮游》诗曰："往者十四五，出游翰墨场。斯文崔魏徒，以我似班扬。"同诗又说："许与必辞伯，赏游实贤王。"假若再证之《江南逢李龟年》"岐王宅里寻常见，崔九堂前几度闻"之句，以及《奉赠韦左丞丈二十二韵》中"赋料扬雄敌，诗看子建亲。李邕求识面，王翰愿卜邻"，就可以知道崔尚、魏启心以及岐王李范、殿中监崔涤、李邕、王翰等人对少年杜甫的文学才

---

① 陈尚君《〈本事诗〉作者孟启家世生平考》（《唐代文学研究》第12辑，广西师范大学出版社2006年版）指出，《本事诗》作者之名，有"启""棨""綮"三种说法，现据新出土文献，可以确定"启"字为正，今从其说。

② 孟启：《本事诗》，丁福保辑：《历代诗话续编》，中华书局1983年版，第14页。

③ 在孟启《本事诗》之前，段成式《酉阳杂俎》前集卷十二中已经提到此诗："众言李白唯戏杜考功'饭颗山头'之句，成式偶见李白《祠亭上宴别杜考功》诗。"可见于段成式（803？—863）之时，已有"饭颗山"一诗流传，只是《酉阳杂俎》中并未全引，至孟启《本事诗》方首次完整引录该诗，遂为后人所据。

华都颇为赏识。《奉赠韦左丞丈二十二韵》中还说："甚愧丈人厚，甚知丈人真。每于百僚上，猥诵佳句新。"可知尚书左丞韦济亦曾在朝廷的同僚中推奖杜甫的诗歌。应该说此时杜甫的诗名还局限于一定范围之内，故而陈铁民先生曰："如果是时杜甫诗名已盛，还需要如此宣扬、推荐吗？"①所论甚是。上元三年(762)九月，严武《巴岭答杜二见忆》诗曰："可但步兵偏爱酒，也知光禄最能诗。"诗中将杜甫比作阮籍和颜延年，并以"最能诗"赞之。广德二年(764)前后，任华《寄杜拾遗》曰：

> 杜拾遗，名甫第二才甚奇。任生与君别来已多时，何曾一日不相思。杜拾遗，知不知，昨日有人诵得数篇黄绢词。吾怪异奇特借问，果然称是杜二之所为。势攫虎豹，气腾蛟螭。沧海无风似鼓荡，华岳平地欲奔驰。曹刘俯仰惭大敌，沈谢逡巡称小儿。昔在帝城中，盛名君一个。诸人见所作，无不心胆破。郎官丛里作狂歌，丞相阁中常醉卧。前年皇帝归长安，承恩阔步青云端。积翠扈游花匼匝，披香寓直月团栾。英才特达承天眷，公卿谁不相钦羡。只缘汲黯好直言，遂使安仁却为掾。如今避地锦城隅，幕下英寮每日相就提玉壶。半醉起舞捋髭须，乍低乍昂傍若无。古人制礼但为防俗士，岂得为君设之乎！而我不飞不鸣亦何以，只待朝庭有知己。曾读却无限书，拙诗一句两句在人耳。如今看之总无益，又不能崎岖傍朝市。且当事耕稼，岂得便徒尔。南阳葛亮为友朋，东山谢安作邻里。

① 陈铁民：《试论唐代的诗坛中心及其作用》，袁行霈编：《国学研究》第八卷，北京大学出版社2001年版，第29页。

闲常把琴弄,闷即携樽起。莺啼二月三月时,花发千山万山里。此中幽旷无人知,火急将书凭驿使,为报杜拾遗。①

此诗将杜甫比为曹刘、沈谢,对杜甫的赞誉可谓无以复加,这是我们目前所能见到的同时人对杜甫的最高评价,然而任华这样的推崇似乎并未被当时普遍认可。直到杜甫晚年,才又有些人对其诗歌进行颂扬。大历四年(769)春,湖南观察判官郭受在衡阳遇到杜甫,作《杜员外兄垂示诗因作此寄上》:“新诗海内流传遍,旧德朝中属望劳。郡邑地卑饶雾雨,江湖天阔足风涛。松花酒熟旁看醉,莲叶舟轻自学操。春兴不知凡几首,衡阳纸价顿能高。”杜甫答之以《酬郭十五判官》:“才微岁晚尚虚名,卧病江湖春复生。”是年秋,杜甫在潭州(今湖南长沙)遇到将赴韶州刺史任的韦迢,韦迢作《潭州留别杜员外院长》,其中曰:“大名诗独步,小郡海西偏。”从上述事实可见,杜甫的诗名似乎经历了由不甚知名到逐渐流传海内的过程,然总体来看,杜甫的诗歌在其生前并未受到诗坛的重视。

除了杜诗的记载以外,文献中较早提到杜甫生前诗名的都是中晚唐人,如李肇《唐国史补》就称杜甫为“位卑而著名者”,且与“李北海、王江宁、李馆陶、郑广文、元鲁山”等人齐名。②孟启《本事诗·高逸第三》曰:“杜逢禄山之难,流离陇蜀,毕陈

---

① 韦庄:《又玄集》卷上,傅璇琮编撰:《唐人选唐诗新编》,陕西人民教育出版社 1996 年版,第 599—600 页。按,任华此诗亦见《文苑英华》卷三四〇、《全唐诗》卷二六一。

② 李肇:《唐国史补》卷下,上海古籍出版社 1957 年版,第 53 页。

于诗，推见至隐，殆无遗事，故当时号为诗史。”①按照孟启的说法，杜甫在“当时”就已经被人们称为“诗史”，这说明其诗名起码在“流离陇蜀”之后就已经很大了。此说对后人影响甚著，然而《本事诗》中这条材料的真实性相当可疑，因为在孟启之前的文献中根本见不到任何称杜甫为“诗史”的记载。据学界考证，《本事诗》成书于景福元年（892）以后②，此时上距杜甫之死的大历五年（770）已有一百二十二年，显然孟启本人并不可能亲历杜甫生活之“当时”，然而在《本事诗》之前的文献中却没有其他任何关于“诗史”的记载，则此说为孟启杜撰的可能性较大，故裴斐先生曰：“‘当时号为诗史’，一如刘昫所说‘天宝末甫与李白齐名’，并无文献根据，实为史家稗官惯用的假托之辞。”③由于《唐国史补》《本事诗》这些文献出现时间较晚，其内容多为中晚唐人伪托杜撰，故不当引以为据。

总之，由于杜诗在流传和接受的过程中存在着以上那样复杂的情形，目前学界对于杜甫生前到底是诗名昭著还是默默无闻仍存在巨大分歧。持遭受冷遇说者，可以冯至先生为代表，其在《论杜诗和它的遭遇》一文中说：“当时人们对于杜甫，却十分冷淡，在他同时代比较著名的诗人中，无论是识与不识，竟

---

① 孟启：《本事诗》，丁福保辑：《历代诗话续编》，中华书局 1983 年版，第 15 页。

② 参见胡可先、童晓刚：《〈本事诗〉新考》，《中国典籍与文化》2004 年第 1 期；龚方琴：《〈本事诗〉成书年代新考》，《古典文献研究》第十三辑，凤凰出版社 2010 年版，第 314 页。

③ 裴斐：《唐宋杜学四大观点述评》，《杜甫研究学刊》1990 年第 4 期。关于《本事诗》等晚唐五代笔记小说对杜甫生平事迹的杜撰问题，可参阅拙文《论晚唐五代笔记小说对杜甫生平事迹的杜撰》，《中国典籍与文化》2014 年第 1 期。

没有一个人提到过他的诗。像杜甫写的这样杰出的诗篇,在当时受到如此冷淡的待遇,几乎是难以想象的。"①但是,仍有为数不少的学者坚持认为所谓诗人生前受到轻视是一种误解。如张浩逊认为,杜甫的诗名在生前就已彰显,在他身后更为普遍。② 张起认为:不能据唐人选唐诗未选杜诗就认为杜甫充其量只能算是二流诗人,这是因为选家在选录诗歌时受其认知水平、审美标准的制约,因而其选录具有极大的随意性或极端的自我性。③

对于杜甫的诗歌在其生前不为当时所重的原因,主要有以下几种解释。第一,杜诗的审美观和创作倾向与开元时期主流审美趣味迥异。唐人王赞《玄英先生诗集序》曰:"杜甫雄鸣于至德、大历间,而诗人或不尚之。呜呼!子美之诗,可谓无声无臭者矣。"④王赞指出,杜甫的诗歌不为当时所重的原因是"诗人或不尚之",这其实就涉及杜诗的创作风格与审美倾向问题。目前学界在论及唐人选唐诗不选杜甫的原因时,也多从此生发。许多学者都认为杜甫的审美观和创作倾向与开元时期主流审美趣味迥异是杜诗不为当时所重的一个重要原因。如胡明认为,由于编选者的编选目的、艺术趣尚、创作倾向等复杂

---

① 冯至:《杜甫传》,百花文艺出版社 2003 年版,第 193 页。

② 参见张浩逊:《生前文章惊海内,身后垂名动万年——论唐人对杜诗的接受》,《常熟理工学院学报》2008 年第 3 期。

③ 参见张起:《牛溲马浡皆有意,不许后生漫涂鸦——唐人选本不选杜诗不能证明杜甫是二流诗人》,《杜甫研究学刊》2009 年第 3 期。

④ 方干:《玄英集》卷首,《影印文渊阁四库全书》第 1084 册,台北:台湾商务印书馆 1986 年版,第 44 页。

原因,“他们竟没有注意到杜甫,或者说竟放弃了杜甫”①。吴河清认为,杜诗时事化和政治化的创作倾向,是其不被当时选本选录的重要原因。② 杨胜宽认为,主要是杜诗的内容和艺术风格与殷璠的选诗标准相异而致其落选。③ 第二,开元之际,杜甫刚进入诗坛不久,故未能引起选家的重视。这时杜甫的政治地位较低,加之生活贫困,因而其诗歌也连带着被人瞧不起。如杜存亭认为,杜甫的政治地位较低,接近皇帝的时间晚,又多次受到排挤和打击,使他不可能借助政治力量扩大自己的创作影响。④ 第三,杜诗由于传播原因受限。如傅璇琮先生认为,《河岳英灵集》不选杜诗是客观条件造成的,因为当时交通条件的限制,僻居江东丹阳的殷璠不能及时得到困居长安的杜甫诗歌创作的信息。⑤ 吴相洲还指出,唐代诗歌与音乐在传播上是互相促进的,然而杜诗在形式上与音乐关系并不密切,多不合乐,这导致了杜诗在传播上受到局限,未引起歌诗选家的注意。⑥ 邱睿则认为,由于杜诗的内容突破传统的代言体抒情范

① 胡明:《关于唐诗——兼谈近百年来的唐诗研究》,《文学评论》1999 年第 2 期。

② 参见吴河清:《今存唐人选唐诗不选杜甫诗探源》,中国唐代文学学会等主编:《唐代文学研究》第十二辑,广西师范大学出版社 2008 年版,第 519 页。

③ 参见杨胜宽:《从〈河岳英灵集〉不选杜诗说到殷璠的选诗标准》,《杜甫研究学刊》1994 年第 1 期。

④ 参见杜存亭:《“百年歌自苦,未见有知音”——试谈杜甫的诗为什么生前不受重视》,《新疆石油教育学院学报》1988 年第 1 期。

⑤ 参见傅璇琮、李珍华:《河岳英灵集研究》,中华书局 1992 年版,第 31 页。

⑥ 参见吴相洲:《唐诗创作与歌诗传唱关系研究》,北京大学出版社 2004 年版,第 203—212 页。

式,多是自我抒情,因其非大众化而受到了传播局限,从而造成他从同时代人的诗选中落选。①

笔者以为,以上诸种解释虽各有见地,但往往只关注杜甫生前的诗名,而都忽略了杜甫生前的赋名,这样一来虽见仁见智,聚讼纷纭,却一直未能找到问题的症结所在。研讨杜甫生前的文名需要搞清楚一个基本的事实和前提,即杜甫生前的文名包括诗名与赋名两个方面,二者虽有交叉,却并不一致。若对诗名与赋名不加区分而笼统讨论杜甫生前名气的大小,就容易沦为伪命题。

二、杜甫生前诗名为赋名所掩

杜甫在文坛上名声和地位的正式确立,主要是由于其献《三大礼赋》为玄宗所赏,人们由此认识到杜甫的文学才能,并在此后一直以文章之才目之。这和后人对杜甫的认知,存在着极大的落差。正是杜甫在当时骤得赋名,其诗名长期为赋名所掩,才造成了当时人对杜甫文学才能认识的偏差和错位,而这应是当时唐诗选本不选杜诗的一个重要原因。

(一)杜甫因献《三大礼赋》为玄宗所赏而骤得文名

天宝九载(750)十一月,玄宗由于采信了处士崔昌、集贤殿学士卫包的进言,最终决心直承周、汉,以土代火,确立唐朝

① 参见邱睿:《唐人选唐诗无杜诗现象补说》,《文史杂志》2007年第2期。

为土德，遂于天宝十载(751)正月初八、初九、初十分别举行了祭祀老子、太庙和天地的三大典礼。杜甫乃适逢其时地进献了《三大礼赋》，即《朝献太清宫赋》《朝享太庙赋》《有事于南郊赋》。[①] 至于此次献赋的结果，《旧唐书》杜甫本传曰："天宝末，献三大礼赋，玄宗奇之，召试文章。"[②]《新唐书》杜甫本传则曰："甫奏赋三篇，帝奇之，使待制集贤院，命宰相试文章。"[③]在待制集贤院期间，集贤学士崔国辅、于休烈等人对杜甫赞誉有加，《奉留赠集贤院崔国辅于休烈二学士》云："谬称三赋在，难述二公恩。"自注："甫献《三大礼赋》出身，二公尝谬称述。"在《莫相疑行》中，杜甫自豪地宣称"往时文采动人主"，他还追忆了在集贤院中考试文章的场景："忆献三赋蓬莱宫，自怪一日声烜赫。集贤学士如堵墙，观我落笔中书堂。"《壮游》又云："曳裾置醴地，奏赋入明光。天子废食召，群公会轩裳。"可见杜甫由于献赋受到了皇帝的赏识，在当时产生了何等轰动的效果。这使得杜甫一下子从一个籍籍无名的下层文士，变成一个尽人皆知的著名文人。而皇帝下令考试其文章，其中隐含的赏识意味是不言而喻的，所以这次考试自然也就得到了很好的结果。杜甫在《进封西岳赋表》中说："顷岁，国家有事于郊庙，幸得奏赋，待罪于集贤，委学官试文章。再降恩泽，仍猥以臣名实

---

① 关于杜甫献《三大礼赋》的时间，学界一直沿袭钱谦益《钱注杜诗》之天宝十载说，其实杜甫献《三大礼赋》应在天宝九载冬，这可从赋文本身和当时的历史文献资料中得到证明，其详可参阅张忠纲：《杜甫献〈三大礼赋〉时间考辨》，《文史哲》2006 年第 1 期。

② 刘昫等：《旧唐书》卷一百九十下，中华书局 1975 年版，第 5054 页。

③ 欧阳修、宋祁等：《新唐书》卷二百〇一，中华书局 1975 年版，第 5736 页。

相副,送隶有司,参列选序。”此次召试文章的结果是得到了“参列选序”的出身,并没有立即授官。因为按照唐代的铨选制度,获得出身后仍需守选三年。① 虽然这与杜甫“致君尧舜上”的伟大理想仍有很大的距离,但他毕竟因为此次献赋获得了“出身”,同时也在朝野中获得极大的声誉。当然,这个声誉的取得与皇帝的赏识是密不可分的,正是玄宗“奇之”,才使得杜甫文名大振,然而这个文名显然与其诗歌创作并没有什么联系。斯时人们一提起杜子美,恐怕立即想到的是他的赋作,而非其诗歌。杜甫这一鹊起之文名很快在流传过程中被世人符号化和概念化,以至于后来杜甫将精力由作赋转向了诗歌创作,并不断写出越来越多的优秀诗篇,这一根深蒂固的世俗印象也难以在短期内有所转变。因此,芮挺章、元结、高仲武这些唐诗选家们即使对杜甫有所耳闻,也只能是闻其赋名,很难把他和诗歌联系起来,更谈不上选录其诗作了。虽然朋友中亦不

---

① 关于杜甫天宝十载获得“参列选序”后直至天宝十四载(755)方得授官的原因,陈贻焮先生认为是权相李林甫作梗。天宝六载,玄宗“诏天下有一艺者诣京师就选”,李林甫使包括杜甫在内的考生全部落榜,并上表称“主上圣明,野无遗贤”。陈贻焮先生据此认为,杜甫迟迟未能得官,很可能是因为李林甫出于政治上的考虑:“决不能让他高中,决不能承认上次落第者之中还有可选拔的‘遗贤’,决不能自己打自己的嘴巴。”参见陈贻焮:《杜甫评传》,北京大学出版社 2003 年版,第 159—160 页。然而,王勋成通过考证后指出,唐代的铨选制度规定,制举获得出身者要候选三年,才能来京都参加吏部铨选,授予官职。从天宝十一载春算起,直到天宝十四载春方满三年。然而,吏部的冬集铨选是从每年十月开始,所以杜甫又多等了大半年才得以释褐除授。参见王勋成:《唐代铨选与文学》,中华书局 2001 年版,第 51—54 页;又见王勋成:《杜甫初命授官说》,中国唐代文学学会等主编:《唐代文学研究》第十一辑,广西师范大学出版社 2006 年版,第 425 页。

乏为其诗作扬揄者，却常为世俗所惊怪，徒增烦扰，故杜甫常叮嘱朋友“将诗莫浪传”（《泛舟送魏十八仓曹还京，因寄岑中允参、范郎中季明》）、“将诗不必万人传”（《公安送韦二少府匡赞》），恐怕正是由于这个原因。

（二）杜甫之朋辈多称述其赋才，却鲜有称其诗才者

杜甫与李白、王维、高适、岑参等著名诗人均有交往，然而我们只见杜诗中称道李白等人的诗才，却不见上述诗人对杜甫诗歌哪怕只言片语的赞誉。如前所述，当时文人也有不少称赞杜甫诗才的，这些赞誉多集中在两个时期：一是诗人的少年时期，有李邕、王翰、崔尚、魏启心等人；一是诗人的晚年，有郭受、韦迢等人。杜甫《壮游》诗曰：“往昔十四五，出游翰墨场。斯文崔魏徒，以我似班扬。”诗后自注：“崔郑州尚，魏豫州启心。”我们注意到崔尚和魏启心在赞誉少年杜甫文学才华的时候，称其“似班扬”。文学史上的班固和扬雄以赋闻名，可见这两位文坛耆宿对少年杜甫的称赞，是针对其文赋创作中显露的才华而言。也许是出于科举入仕的目的，杜甫此时的文字训练似乎主要还是集中在文赋上，还未倾其全力于诗歌创作。无独有偶，作于大历三年（768）秋的《送顾八分文学适洪吉州》云：“视我扬马间，白首不相弃。”可见老友顾诫奢也是以扬雄和司马相如来比拟杜甫的，这与当年崔尚和魏启心的评价真是惊人地相似！作于天宝七载（748）的《奉寄河南韦尹丈人》曰：“有客传河尹，逢人问孔融。”题下原注：“甫故庐在偃师，承韦公频有访问，故有下句。”可见河南尹韦济曾以孔融之才称誉杜甫。在建安七子中，孔融亦以文章擅名，曹丕在《典论·论文》中称其为“扬、班俦也”。因此从韦济称赞杜甫的话中，我们也隐约

可见杜甫早年倾力于文赋创作的影子。

杜甫赠给好友高适的不少诗歌中都对其诗歌称赞有加，如“方驾曹刘不啻过”（《奉寄高常适》）、“独步诗名在”（《闻高常侍亡》）等；但是在高适赠杜甫的诗中，我们看到的却是另外一番情景。上元元年杜甫初到成都时，高适有《赠杜二拾遗》曰：“草《玄》今已毕，此外复何言？”《玄》，即《太玄经》，汉代扬雄曾模拟《周易》而作《太玄》。高适在赠诗中将杜甫与汉代扬雄进行比拟，称其文笔近似扬雄，显然是赞许杜甫的文才，却并未称道其诗才。这说明老朋友高适对杜甫的文赋之才有非常强烈的印象。这种印象的得来，极有可能源自杜甫早年耸动人主的《三大礼赋》。而杜甫的答诗《酬高使君相赠》云：“草《玄》吾岂敢，赋或似相如。”可见杜甫本人非常认可高适这一赞许，虽然他谦虚地表示自己的文章还远达不到扬雄《太玄经》的水平，但认为自己赋作的水平倒是可以和司马相如相仿佛。“赋或似相如”，说明诗人对自己赋作成就和才能高度自信。应该说高适的这一评价，代表了杜甫朋友们对他的一般看法。也就是说，在周围朋友们眼中，杜甫首先是一个以作赋知名的文章之士，这应已为大家所公认，而且杜甫对这样的评价也相当认同和接受。杜甫《堂成》云：“旁人错比扬雄宅，懒惰无心作《解嘲》。”从这样的诗句中，我们都可以看出旁人对杜甫的认知与评价。

在杜甫的朋友中，只有严武对杜甫有过“也知光禄最能诗”（《巴岭答杜二见忆》）的评价，从这个评价来看，严武真不愧为杜甫“知己中第一人”①，但这个评价在当时无疑属于另

① 浦起龙：《读杜心解》卷一之五，中华书局1961年版，第149页。

类。当然,严武也常以赋名称赞杜甫,如其《寄题杜二锦江野亭》云:“莫倚善题《鹦鹉赋》,何须不著鵕鸃冠。”其中,“莫倚善题《鹦鹉赋》”仍是称赞杜甫的赋才,《鹦鹉赋》乃汉末祢衡所作,故此诗是以祢衡之赋才来比拟杜甫。从严武这种称赞中,我们似乎仍可看到杜甫文名源于献赋的影子。可见在严武眼中,老杜虽也不断用诗歌与其唱酬,但他最看重的仍是杜甫的赋作,严武这种看法与高适也颇为相似。

此外,杜甫同时人任华有《杂言寄杜拾遗》:“昨日有人诵得数篇黄绢词,吾怪异奇特借问,果然称是杜二之所为。势攫虎豹,气腾蛟螭。沧海无风似鼓荡,华岳平地欲奔驰。曹刘俯仰惭大敌,沈谢逡巡称小儿。昔在帝城中,盛名君一个。诸人见所作,无不心胆破。”学界对任华此诗的解读,大都认为“势攫虎豹”云云,是对杜诗风貌的形容。如王运熙、杨明曰:“形容杜诗豪迈壮阔……后来杜牧赞扬杜甫诗有云‘李杜泛浩浩’,‘少陵鲸海动’。黄滔赞扬李杜、元白诗有云‘信若沧溟无际,华岳干天’,均以沧海、高山形容杜诗,语意与任华诗相近,或许受到任诗启发。”①然而,需要指出的是,任华所谓“黄绢词”,并不能完全等同于“诗歌”。这是因为“黄绢词”乃是用“绝妙好辞”之典,事见《世说新语·捷悟》:曹操路过曹娥碑旁(碑文为邯郸淳所撰),见碑背上蔡邕所题“黄绢幼妇,外孙齑臼”,乃“绝妙好辞”之隐语。所以,“黄绢词”原本是特指文章,后世乃变为诗文之统称。若明乎此,我们再联系杜甫生前的文名,就有理由怀疑,任华《杂言寄杜拾遗》中对杜甫的评价,极

---

① 王运熙、杨明:《中国文学批评通史(隋唐五代卷)》,上海古籍出版社 1996 年版,第 301—302 页。

有可能是针对其文赋而言。况且细绎任华诗中“势攫虎豹,气腾蛟螭。沧海无风似鼓荡,华岳平地欲奔驰”这样的评价,感觉其所赞也不太像是杜诗的风格,倒更像是指其文赋。据张忠纲先生考证,任华此诗作于广德二年(764)前后。[①] 吴光兴则认为,此诗作于宝应元年(762)春。[②] 而我们在杜甫广德二年以前的杜诗中难以找到当得起“势攫虎豹,气腾蛟螭”这样评价的作品,而天宝间所作之《三大礼赋》《封西岳赋》等赋作,倒恰是这样的风格。比如《朝献太清宫赋》中“九天之云下垂,四海之水皆立”之语,就被宋人赞为“磊落惊人”“前无古人”,这和任华的评价就非常相似。另外,任华赠诗中“昔在帝城中,盛名君一个。诸人见所作,无不心胆破”这样的称誉,也并不符合杜甫当时在诗坛上被冷落的状况。倘若任华所称杜甫在长安城中曾独享“盛名”并非虚誉的话,那除了献《三大礼赋》倾动人主这件事之外,我们实在找不到其他解释。任华所谓令诸人“心胆破”的作品,也极有可能是指杜甫《三大礼赋》之类的文赋。既然任华在赠诗中透露出的种种线索都指向了杜甫献赋一事,那么《杂言寄杜拾遗》对杜甫的称赞,就不能想当然地看作对其诗歌的赞誉,极有可能是笼统地针对杜甫的诗赋而言,而其中文赋应占据着相当大的比重。

(三)杜甫诗文中对其赋名之记录

杜甫《奉赠韦左丞丈二十二韵》云:“赋料扬雄敌,诗看子

---

① 参见张忠纲:《任华——并尊李杜第一人》,《山东杜诗学文献研究》,齐鲁书社2004年版,第144页。

② 参见吴光兴:《李杜诗风与唐诗疆域“三国”说》,《文学遗产》2011年第5期。

建亲。"对自己的文学才能是诗赋并提的,且先说赋才,后说诗才。《敬赠郑谏议十韵》曰:"使者求颜阖,诸公厌祢衡。"《陪郑广文游何将军山林十首》其四曰:"词赋工无益,山林迹未赊。"《赠献纳使起居田舍人澄》曰:"扬雄更有《河东赋》,唯待吹嘘送上天。"从以上这些诗句可以看出,杜甫既以赋才见知于当时,也常以祢衡、扬雄这些汉代赋家来自拟。其《进雕赋表》亦曰:"倘使执先祖之故事,拔泥涂之久辱,则臣之述作,虽不能鼓吹六经,先鸣数子,至于沉郁顿挫,随时敏捷,扬雄、枚皋之徒,庶可企及也。"可见杜甫亦是以扬雄、枚皋自我期许的。《进雕赋表》又曰:"臣幸赖先臣绪业,自七岁所缀诗笔,向四十载矣,约有千有余篇。"此表是写给皇帝看的,以杜甫心性的忠直,表中所云,必为实录。杜甫称七岁以来"所缀诗笔"大约已有一千多篇。所谓"诗笔",涉及六朝的"文笔之辨"。一般认为,有韵之文为文,无韵之文为笔。因此,杜甫三十九岁前所作的千余篇作品中,除了诗赋之外,还应有相当篇幅为文章。其实在杜甫献《三大礼赋》之前,杜甫的文章才能已为时人所认可,如天宝九载,驸马郑潜曜就曾请杜甫为其岳母皇甫氏撰写《唐故德仪赠淑妃皇甫氏神道碑》,杜甫在碑文中曰:"以白头之嵇阮,岂独步于崔蔡。"是说自己之狂傲,虽如魏晋之嵇康、阮籍;而碑诔之文,尚难企及汉代崔骃、蔡邕等撰碑大家。这当然是杜甫的谦虚之词,不过从中可以见出杜甫是以崔骃、蔡邕的文章之才自比的。另外,杜甫《戏赠阌乡秦少府短歌》云:"同心不减骨肉亲,每语见许文章伯。"则秦少府一定是以"文章伯"对老杜加以称许的。《宾至》亦云:"岂有文章惊海内,漫劳车马驻江干。"看来这位来宾一定也是先对杜甫说了"久仰文章大名"之类的话,杜甫才会以"岂有文章惊海内"来作答,这也从侧面说明当时杜甫在社会上的名声是和其“文章”密切相关的,特别是为玄宗所赏的《三大礼赋》。《宾至》这一联从平仄声律来看,将“文章”二字换成“诗歌”是完全没有问题的,但杜甫却只对这位慕名而来的友人说“岂有文章惊海内”,因为杜甫知道,让他“惊海内”的只有文章,而非诗歌。同样,杜甫在名篇《旅夜书怀》中云:“名岂文章著,官应老病休。”如果我们仔细体会诗意,“名岂文章著”和“岂有文章惊海内”一样,都富有酸楚的弦外之音,那就是“文章”之名乃俗世之誉,而我诗歌之才却一直难有知音。萧涤非先生对“名岂文章著”一句解释道:“这是不服气的话。一般人都认为我献赋蒙赏,以文章著名,哪知我的志愿并不在文章呢。”①萧涤非先生此论准确地把握住了诗人激愤的心情,可称胜解。又杜甫于大历三年(768)夏在江陵作《又作此奉卫王》云:“白头授简焉能赋?愧似相如为大夫。”悬揣诗意,当是卫伯玉于新楼落成以后请杜甫作赋,而杜甫则以年老力竭推辞,可见杜甫斯时之赋是闻名遐迩的。此外,杜甫在其绝笔诗《风疾舟中伏枕书怀三十六韵奉呈湖南亲友》中又云:“哀伤同庾信,述作异陈琳。”陈琳虽名列建安七子,诗、文、赋皆能,然其得名,乃因其《为袁绍檄豫州文》,其最为当世所重者乃其章表,而非诗歌。曹丕《又与吴质书》即曰:“孔璋章表殊健。”故细味“述作异陈琳”,其实与“名岂文章著”正是同样的慨叹。若明乎此,如果我们再反观杜甫晚年“百年歌自苦,未见有知音”那样的哀叹,就可以知道杜甫生前的诗名确实是非常衰微和寂寥,而这诗名的衰微不彰则是

① 萧涤非选注:《杜甫诗选注》,人民文学出版社 1998 年版,第 225 页。

因为受到了赋名的长期掩盖，这种社会认知的错位让诗人觉得是那么的无奈与孤独。

（四）附论：从“文章四友”看唐代的“文章”观念

在唐人眼中，“文章”概念包括了诗赋、表章、奏记等诸多体式，但“文章”与“诗歌”之间却并不能完全画等号，因为自六朝开始，已有“文笔”之分、“诗笔”之辨，人们已经习惯将是否有韵作为划分诗与笔的标准。而作为与诗歌对应的狭义“文章”概念，多是指书奏、制诰、表章等，并非特指诗歌。然当代有学者提出，“文章即诗歌”是唐代流行的文学观念，①并举出韩愈《调张籍》“李杜文章在，光焰万丈长”以及《荐士》“国朝盛文章，子昂始高蹈”为例证来加以证明，这其实是一种以后例前的想当然。韩愈以广义的“文章”概念涵盖了诗歌，并不能说二者就完全等同。另外，白居易《与元九书》“文章合为时而著，歌诗合为事而作”将二者对举，虽可理解为互文见义，但并不能据此认定“文章即诗歌”。而且，从文学观念的发展史来说，既然六朝时期人们已经普遍具有区分“文”与“笔”的意识，那么到了唐代怎么又突然大幅退步，以至于将“文章”的概念又等同于诗歌了呢？这都是不易讲通的。为了说明初盛唐时期“文章”概念的具体含义，下面以“文章四友”为例，谈谈当时“文章”与“诗歌”二者之间的区别。

《新唐书·杜审言传》称“（杜审言）少与李峤、崔融、苏味

---

① 参见吴光兴：《论唐人“文章即诗歌”的文学观念》，《文学评论》2014年第6期。

道为‘文章四友’,世号崔、李、苏、杜。”①“文章四友”在当时均以“文章”之才闻名,这个“文章”却并不是特指诗歌。总的来看,他们最为世人所推重的体式仍是诏诰策表等文体。杜审言曾说:“吾之文章,合得屈宋作衙官;吾之书迹,合得王羲之北面。”②可见他主要是以“文章”而得重名,并对此颇为自负。耐人寻味的是,同时人对杜审言的诗歌赞誉极少,反倒是对其文章词赋甚多推许,如陈子昂《送吉州杜司户审言序》曰:“杜司户炳灵翰林,研机策府,有重名于天下,而独秀于朝端……群公爰祢衡之俊,留在京师;天子以桓谭之非,谪在外郡。”③宋之问《祭杜学士审言文》曰:“摇笔于万年芳树”“登君词赋于云台之上”。④ 武平一《请追赠杜审言官表》曰:“审言誉郁中朝,文高前列,是以升荣粉署,擢秀兰台。往以微瑕,久从远谪。陛下膺图玉扆,下制金门,收贾谊于长沙,返蔡邕于左校。审言获登文馆,预奉属车,未献长卿之辞,遽启元瑜之悼。”⑤可以看到,陈子昂等人是以祢衡、桓谭、贾谊、蔡邕、司马相如、阮瑀来比拟杜审言之文学才能的,显然并不是仅以诗人目之。此外,杜甫在《进雕赋表》中亦称:“亡祖故尚书膳部员外郎先臣审言,修文于中宗之朝,高视于藏书之府,故天下学士到于今而师之。”因

① 欧阳修、宋祁等:《新唐书》卷二百一十,中华书局 1975 年版,第 5736 页。

② 刘昫等:《旧唐书》卷一百九十上,中华书局 1975 年版,第 4999 页。

③ 陈子昂:《陈伯玉文集》卷七,《四部丛刊初编》本,商务印书馆 1929 年版。

④ 董诰等编:《全唐文》卷二四一,中华书局 1985 年影印本。

⑤ 董诰等编:《全唐文》卷二六八,中华书局 1985 年影印本。

此杜甫在献《三大礼赋》文名大著之后欣慰地说“家声庶已存”，是说通过自己这次献赋，杜家擅长文章之名终于又一次得到了世人的认可。如果联系杜甫献赋知名的事实，“家声庶已存”中这个“家声”，多半指的还是杜审言的“文章”之名。遗憾的是杜审言没有一篇文章流传于后世①，所以文学史家们在论及杜审言的文学成就时，只能单单称道其诗歌，却完全忽略了杜审言以“文章”傲于当时的史实。

除了杜审言之外，“文章四友”中的其他三人其实也均以文章驰名当时。如《旧唐书·李峤传》曰：“朝廷每有大手笔，皆特令峤为之。”②《唐诗纪事》称其“为文章宿老，一时学者取法焉”③。李峤《自叙表》曰：“臣曾涉经典，笃好文史，渐六艺之腴润，驰百家之阃阈。至若操觚秉牍、纪事属辞，虽窃比老彭，诚未拟于先哲。而上追班马，敢自强于后进。”④显然，李峤自言“上追班马”的“纪事属辞”之作并不是说诗歌，而是专指制诰表奏等文体。同样地，苏味道亦以文章成名，《新唐书·苏味道传》称其“九岁能属辞，与里人李峤俱以文翰显，时号‘苏李’”⑤。《旧唐书·苏味道传》曰：“裴居道再登左金吾将

---

① 近年唐代碑志不断出土，赵君平、赵文成《河洛墓刻拾零》（北京图书馆出版社 2007 年版，第 148 页一书）收录了杜审言撰《大周故朝散郎检校潞州司户参军琅邪王君墓志铭并序》，这是目前所能见到的杜审言的唯一传世之文。

② 刘昫等：《旧唐书》卷九十四，中华书局 1975 年版，第 2993 页。

③ 计有功：《唐诗纪事》卷十，中华书局 1965 年版，第 145 页。

④ 李昉等编：《文苑英华》卷六〇二，中华书局 1966 年版，第 3127 页。

⑤ 欧阳修、宋祁等：《新唐书》卷一百一十四，中华书局 1975 年版，第 4202 页。

军,访当时才子为谢表,托于味道,援笔而成,辞理精密,盛传于代。"①可见苏味道的文名与李峤一样,乃是由于谢表一类的"文翰",而非诗歌。崔融也是以擅长表疏、碑志、哀册之文著称于时,所撰《启母庙碑》《洛出宝图颂》等被誉为"大手笔"。《新唐书·崔融传》曰:"融为文华婉,当时未有辈者,朝廷大笔,多手敕委之,其《洛出宝图颂》尤工,撰《武后哀册》最高丽,绝笔而死,时谓思苦神竭云。"②崔融之绝笔《则天哀册文》被当时人誉为"三二百年来无此文"③! 可见"文章四友"在当时享有盛名主要是由于文章之才,并非凭其诗歌成就。然而,现当代诸种文学史中对"文章四友"的论析却仅谈其诗歌创作,这无疑是不符合历史事实的。笔者检索了杜晓勤《二十世纪中国文学研究·隋唐五代文学研究》第四章第七节"文章四友研究"部分,发现20世纪对"文章四友"的研究论著中,清一色是论其诗歌成就的,竟没有一篇论述其文章成就,④这表明目前学界对"文章四友"文学成就的理解尚存在很大的误解与偏差,故应加强对"文章四友"文章成就特色的研究,以改变和扭转传统认识的偏颇及此前研究中避重就轻之弊,从而促进对"文章四友"文学成就的全面认识。

总之,初盛唐时期的"文章"概念并不完全等同于"诗歌",在作为特指时,"文章"还常常是指与诗体相对的表章奏记等

---

① 刘昫等:《旧唐书》卷九十四,中华书局1975年版,第2991页。

② 欧阳修、宋祁等:《新唐书》卷一百一十四,中华书局1975年版,第4196页。

③ 刘餗:《隋唐嘉话》卷下,中华书局1979年版,第41页。

④ 参见杜晓勤:《隋唐五代文学研究》(上),北京出版社2001年版,第279—285页。

文体。因此杜甫所云“岂有文章惊海内”“名岂文章著”之“文章”并不能简单地理解成诗歌,这些诗句都包含着对自己在当时仅以赋名独擅而诗名却湮没无闻之感喟与无奈。

三、杜甫赋名在后世之衰微

杜甫去世之后,人们开始认识到其诗歌的成就和价值,而其赋名则随着时间的推移逐渐为世人所遗忘。润州刺史樊晃于大历七年(772)采辑杜甫遗文 290 篇编成《杜工部小集》六卷,这是目前所知最早的杜诗选本。由于该书已经散佚,其 290 篇遗文中是否选录了杜甫的赋作,目前已不得而知。然而,陈尚君先生从宋代杜集异文中考出《杜工部小集》选录之杜诗篇目 62 题,98 首,则全部是诗歌,没有一篇文赋。① 另外,大历时期已经有诗人开始学习杜诗,如蒋寅指出:“(戎昱诗)无论在立意遣词还是在创作倾向上,都与杜诗有一脉相承的关系。”②到了中唐时期,韩愈、元稹、白居易等人都开始大力提倡杜诗,已不再提其赋作。如元和八年(813)元稹所撰《唐故工部员外郎杜君墓系铭》称杜甫为“诗人以来,一人而已”,对杜诗推崇到无以复加的程度,并首创李杜优劣论,认为李不如杜。韩愈于元和十一年(816)作《调张籍》:“李杜文章在,光焰万丈长。不知群儿愚,那用故谤伤? 蚍蜉撼大树,可笑不自量。”韩

---

① 参见陈尚君:《杜诗早期流传考》,《唐代文学丛考》,中国社会科学出版社 1997 年版,第 310 页。

② 蒋寅:《大历诗人研究》,中华书局 1995 年版,第 14 页。

愈所称光焰万丈的“李杜文章”应是指诗歌而言。又白居易《与元九书》曰:“世称李杜之作……索其风雅比兴,十无一焉。杜诗最多,可传者千余篇。”显然白居易此时关注的是杜甫的诗歌,亦未及其文赋。此外,顾陶于大中十年(856)编选的《唐诗类选》收录了杜诗,这是唐人选唐诗中第一次收录杜诗,顾陶在《唐诗类选序》中云:“国朝以来……诗之作者继出,则有杜李挺生于时,群才莫得而问。”[①]顾陶明显是将杜甫作为诗人来看的。值得注意的是,他竟将杜甫置于李白之前,称为“杜李”而非“李杜”,且书中选录杜诗30多首,因此卞孝萱先生称《唐诗类选》为唐代第一尊杜选本。[②] 可见到了中晚唐时期,人们对杜甫文学成就的认识,已经出现了一边倒的情况,无一例外地只重视其诗歌,对其赋作已很少提及。

到了宋代,人们已普遍认为杜文不如杜诗,如苏轼曾说:“曾子固文章妙天下,而有韵者辄不工;杜子美长于歌诗,而无韵者几不可读。”[③]秦观称:“人才各有分限,杜子美诗冠古今,而无韵者殆不可读。”[④]陈师道《后山诗话》引黄庭坚曰:“诗文各有体,韩以文为诗,杜以诗为文,故不工耳。”[⑤]虽然赋作亦属

---

① 李昉等编:《文苑英华》卷七一四,中华书局1966年版,第3686页。

② 参见卞孝萱:《〈唐诗类选〉是第一部尊杜选本》,《唐代文史论丛》,山西人民出版社1986年版,第193—203页。

③ 胡仔:《苕溪渔隐丛话》后集卷五引《艺苑雌黄》,人民文学出版社1962年版,第34页。

④ 苏轼:《东坡题跋》卷三,《丛书集成初编》本,第53页。又见严有翼:《艺苑雌黄》,郭绍虞辑:《宋诗话辑佚(附辑)》,中华书局1980年版,第546页。

⑤ 陈师道:《后山诗话》,何文焕辑:《历代诗话》,中华书局1981年版,第303页。

“有韵之文”，然而除了诗歌之外，宋人实际上对包括赋体在内的杜甫其他体式的成就均予忽略。由于苏轼、黄庭坚等人的巨大影响力，人们对杜甫只擅写诗、无韵之文不工的认识渐趋一致。这些认识对当时的杜诗学界影响甚大，所以即便在“千家注杜”热潮中，宋人对杜甫文赋的注释亦颇为寂寥冷落。在现存的十种宋代杜集中，赵次公《杜诗先后解》、郭知达《九家集注杜诗》、《分门集注杜工部诗》、《王状元集百家注杜陵诗史》等著名注本中对杜甫文赋都未予收录，仅有“二王本”、吴若本《杜工部集》收录了杜甫文赋，且白文无注。宋代唯一对杜甫文赋进行注释的是吕祖谦《杜工部进三大礼赋注》一卷，此本仅简略注释了杜甫的《三大礼赋》，且流传极罕，似仅赖清初钱谦益《钱注杜诗》的载录流传，①从中可见宋人对杜甫文赋的轻视。这种情形一直延续到清代，甚至连杜诗注释大家仇兆鳌也认为杜甫未能做到诗文兼善，其曰：“少陵诗名独擅，而文笔未见采于宋人，则无韵之文，或非其所长。”②仇氏这种认识与宋人可谓一脉相承。在清初的注杜热潮中，仅有钱谦益《钱注杜诗》、朱鹤龄《杜工部诗集辑注》、张溍《读书堂杜工部诗集注解》、张远《杜诗会粹》及仇兆鳌《杜诗详注》五种注本对杜甫文赋加以注解。其中钱谦益《钱注杜诗》对杜甫文赋的笺注乃是完全转录吕祖谦的《三大礼赋注》，钱氏自己仅增补数条而已。直到朱鹤龄《杜工部诗集辑注》才首次对杜甫文赋进行了全面

---

① 吕祖谦：《杜工部进三大礼赋注》，收录于《东莱集注观澜文集》乙集卷三，编入黄灵庚、吴战垒主编：《吕祖谦全集》第十册，浙江古籍出版社2008年版，第326—337页。

② 参见仇兆鳌注：《杜诗详注》卷一，中华书局1979年版，“杜诗凡例”，第25页。

注释,然其注释的重点仍是《三大礼赋》,对杜甫其余文赋的注解都过于简略。朱氏曰:“子美文集,惟吕东莱略注《三礼赋》。余因为广之,钩贯唐史,考正文义,允称杜集备观。”[①]“杜集备观”云云,实属言过其词。与朱注同时,张溍《读书堂杜诗注解》亦对杜甫文赋进行了解评,然发见甚少,错误百出,颇为浅陋。张远《杜诗会稡》仅对六篇杜赋作了注释,又多依傍朱注,实少发明。又过了三十多年,仇兆鳌在朱鹤龄杜文注解的基础上踵事增华,对杜甫文集的注释至此才勉强完成。然仇氏对杜甫文赋的注释中漏略讹误尚多,与杜诗注释的详尽相比不可同日而语,杜甫文赋注释的这种面貌此后停滞了近三百年而毫无变化。

现当代的杜甫文赋研究也一直较为冷清,仅有刘开扬先生于20世纪80年代初对杜文研究用力较多,其《杜文窥管》与《杜文窥管续篇》对杜甫的赋、表、杂文及诗序进行了较为深入的探讨。[②] 除此之外,当代学界关于杜甫文赋的研究甚少,单篇论文仅有区区十余篇。直到2014年萧涤非先生主编的《杜甫全集校注》完成出版,对杜甫文赋的注释方又取得新的进展。

通过以上对杜甫文赋接受史的简单回顾,特别是通过两宋、明末清初两次注杜高潮中杜甫文赋注释的冷寂状况可以看出,自杜甫去世后,人们对其文赋成就已不甚关注;中晚唐以迄宋代,杜甫则仅余诗名,其赋名已被历史的大浪淘尽,这与杜甫

① 朱鹤龄撰,韩成武等点校:《杜工部诗集辑注》,河北大学出版社2009年版,“凡例”,第23页。

② 参见刘开扬:《柿叶楼存稿》,上海古籍出版社1983年版,第126—193页。

生前的煊赫赋名形成了极大反差。然而我们现在谈论杜甫生前的名声,若不能回到历史的当下,而仅是依据中晚唐人及宋人的结论,显然不能彻底把这个问题解释清楚。若能充分重视杜甫生前的赋名,注意将其赋名与诗名加以区分,许多悬而未决的问题都可以迎刃而解,这其中就包括了李杜齐名、唐人选唐诗中不选杜诗等疑难问题。

四、结论

杜甫曾说"文章千古事,得失寸心知"(《偶题》),诗人对自己在文学领域取得的成就是自知的,然而他对自己仅以"文章"之名享誉文坛而诗名却衰微不彰的现实,却只能抱以无限的感慨与无奈。杜甫的文名起于天宝九载末的献赋,此后其卓著的赋名就如一檠炽烈的灯,被世人认作杜甫的标志性符号。而正是由于其赋名的光芒过于耀眼,乃至出现了"灯下黑"的现象,杜甫在诗歌方面取得的辉煌成就一度被掩盖,并一直为当时的诗歌选家及其朋辈所忽略。直至杜甫去世近半个世纪后的中唐,人们对杜甫文学成就的认识和评价才逐渐趋于公允。此后随着时间的推移,人们对杜甫当年的煊赫赋名才逐渐模糊乃至淡忘,杜甫在后人心目中的地位也就变得完全由其诗歌成就所决定了。正是因为在杜甫生前和死后的接受中存在这样一个不易察觉的转换过程,所以当代学界在讨论杜甫生前诗名为何不彰的原因时才会忽略杜甫当时赋名这个因素,因而就偏离了历史的真实,现在是到了该澄清和扭转这一认识的时候了。

杜甫的官阶变迁及其相关问题考辨*

杜甫自献赋得官之后，一生的官阶屡经变迁，这些变迁与杜甫的人生轨迹密切相关，是考察诗人生平经历的重要参照系。考察杜甫官阶的变迁会涉及唐代的科举、铨选、劳考、升迁等制度，目前学界对其中的许多问题尚存不少歧见与误解，亟须加以澄清。

一、献赋、参列选序与守选

天宝九载（750）冬，杜甫因献《三大礼赋》为玄宗所赏。《新唐书·杜甫传》载："甫奏赋三篇，帝奇之，使待制集贤院，命宰相试文章。"①《莫相疑行》中记录了当时考试的情况："集贤学士如堵墙，观我落笔中书堂。"②《奉留赠集贤院崔于二学

---

* 本文原载于《吉林师范大学学报》（人文社会科学版）2017 年第 2 期。

① 欧阳修、宋祁等：《新唐书》卷二〇一，中华书局 1975 年版，第 5736 页。

② 仇兆鳌注：《杜诗详注》卷十四，中华书局 1979 年版，第 1213 页。按，本文所引杜甫诗文均出此书，下不出注。

士》又曰:“天老书题目,春官验讨论。”诗后自注:“甫献《三大礼赋》出身,二公尝谬称述。”天老,即宰相。春官,即礼部官员。关于这次特殊考试的结果,杜甫在其后的《进封西岳赋表》中有过交代:“倾岁,国家有事于郊庙,幸得奏赋,待罪于集贤,委学官试文章。再降恩泽,仍猥以臣名实相副,送隶有司,参列选序。”合以杜甫自己“献《三大礼赋》出身”之注,可知杜甫这次献赋蒙赏,并未立即授官,而是获得了“出身”,即所谓“参列选序”。选序,即选拔人才和升官晋级的程序,意即杜甫已经获得了当官的资格,进入了候选程序。然而,王勋成却认为:“所谓‘出身’,即仅给予散官衔。这种散官衔,只有在授职事官位时才一并授予。”[1]这当是一种误解。“出身”不能理解成授予散衔。《旧唐书·职官志一》曰:“凡九品以上职事,皆带散位,谓之本品。”[2]可见散官之衔是九品以上的职事官方能授予,其时杜甫并未授官,当然更谈不上先授散衔之事了。

杜甫于天宝十载(751)获得“参列选序”之出身,直至天宝十四载(755)方得授官,对于个中缘由,学界也有不少模糊认识乃至误解。如朱东润先生《杜甫叙论》解释说:“事实上这件事是拖着,从天宝十载(七五一)一直拖到天宝十四载(七五五)。”[3]而陈贻焮先生在《杜甫评传》中认为,是由于权相李林甫作梗,其云:“问题就出在‘命宰相试文章’这几个字上面。”当时的左相是陈希烈,右相是李林甫。天宝六载玄宗“诏天下有一艺者诣京师就选”,李林甫使包括杜甫在内的考生全部落

---

① 王勋成:《杜甫是如何授右卫率府胄曹参军的》,高人雄主编:《唐代文学与西北民族文化研究》,民族出版社 2008 年版,第 210 页。

② 刘昫等:《旧唐书》卷四十二,中华书局 1975 年版,第 1785 页。

③ 朱东润:《杜甫叙论》,人民文学出版社 2006 年版,第 25 页。

榜,并上表称“主上圣明,野无遗贤”,陈贻焮先生据此推论道:杜甫迟迟未能得官,“很可能取决于这个权奸这样一个政治上的考虑:决不能让他高中,决不能承认上次落第者之中还有可选拔的‘遗贤’,决不能自己打自己的嘴巴”①。陈贻焮先生的这种看法,一度左右着学界对此问题的认识,此后的诸种杜甫传记都承继了这种说法。然而,王勋成通过考证发现,唐代的铨选制度规定,制举获得出身者要候选三年才能来京都参加吏部铨选,授予官职。② 他还指出,集贤院对杜甫的考试,并不是其献赋后接着举行的,按照唐朝的考试制度,必须凑够一定人数时才引试注拟,所以这场考试从天宝十载一直拖到天宝十一载春才开考。③ 考完以后,杜甫得到“文善”“名实相副”的评价,虽然终于获得了“出身”,可还要守选三年。从天宝十一载春算起,一直到天宝十四载春方满三年。然而吏部的冬集铨选是从每年十月开始,所以杜甫又多等了大半年才得以释褐除授。韩成武先生总结道:“李林甫固然是个权奸,但把杜甫未能立即得官说成是他捣的鬼,却是冤枉了他。因为,唐代的铨选制度决定了杜甫不可能立即被授予官职,他必须按照制度的规定候选三年。”④

---

① 陈贻焮:《杜甫评传》,北京大学出版社 2003 年版,第 159—160 页。

② 参见王勋成:《唐代铨选与文学》,中华书局 2001 年版,第 51—54 页。

③ 参见王勋成:《杜甫初命授官说》,中国唐代文学学会等主编:《唐代文学研究》第十一辑,广西师范大学出版社 2006 年版,第 425 页。

④ 韩成武:《杜甫献赋出身而未能立即得官之原因考》,《杜甫研究学刊》2008 年第 3 期。

二、河西尉、右卫率府兵曹参军

天宝十四载十月，杜甫在长安作《官定后戏赠》："不作河西尉，凄凉为折腰。老夫怕趋走，率府且逍遥。耽酒须微禄，狂歌托圣朝。故山归兴尽，回首向风飙。"题下原注："时免河西尉，为右卫率府兵曹。"杜甫在诗中提到两个官职是怎么回事呢？检杜诗《夔府书怀四十韵》"昔罢河西尉，初兴蓟北师"，可见河西尉之职是安史之乱爆发前所授，确实是与右卫率府兵曹同时先后所获。这是因为当时吏部在铨选中实行"三注三唱"制度，河西尉一职应是一注一唱时所拟，杜甫以其"凄凉折腰"而未接受。直到第二次注拟为右卫率府兵曹参军时，杜甫才表示接受。然而，元稹《唐故工部员外郎杜君墓系铭》中却说杜甫所任官职为"右卫率府胄曹参军"，并非"兵曹参军"。此后《新唐书·杜甫传》沿袭了元稹的说法，遂对后世产生了深远影响。例如，清初钱谦益《钱注杜诗》在《官定后戏赠》后保留了杜甫自注"时免河西尉，为右卫率府兵曹"，却又注曰："天宝十四载，授河西尉，不拜，改右卫率府胄曹参军。"①这就将"兵曹参军"与"胄曹参军"二说完全对立起来。一个是杜甫自注，一个是元稹所说，两说相较，一般来说当然是杜甫自注更为可信。如张海珊就认为，元稹《墓系铭》中"胄曹参军"之"胄"字，显然是"兵"字之误。② 不过现存宋本杜集中的文字讹误很

---

① 钱谦益：《钱注杜诗》卷九，上海古籍出版社 1979 年版，第 312 页。

② 参见张海珊：《杜甫是胄曹参军吗?》，《文学遗产》1980 年第 2 期。

多,其中杜甫自注也并不能完全排除存在鲁鱼亥豕之误的可能。而元稹的《唐故工部员外郎杜君墓系铭》作于元和八年(813),且其时代距杜甫去世才四十三年,是关于杜甫生平事迹最早的文献记载,其可信程度甚至还超过宋本《杜工部集》。故而对目前所存两种说法究竟孰是孰非,从文献的角度尚无法做出明确的判断。又据《唐六典》《新唐书·百官志》,右卫率府兵曹参军掌武官簿书,而右卫率府胄曹参军掌军用铠甲器械及本府营缮,官阶均为从八品下。则两种官职名称虽颇为近似,但所掌之职却并不相同。另外,右卫率府兵曹参军(或胄曹参军)是职事官,同时杜甫亦应授散阶。在唐代官制九品三十阶的系统内,文官从八品下阶对应的散阶是承务郎,然而无任何材料能够证明杜甫初入仕的散阶为承务郎,因此这只能是一种猜测而已。

三、宣议郎、行左拾遗

杜甫在《奉谢口敕放三司推问状》最后署曰:“至德二载六月一日,宣议郎、行左拾遗臣杜甫状奏。”宣议郎,即宣义郎,是唐代散官之名,《新唐书·百官志》曰:“凡文散阶二十九……从七品下曰宣义郎。”[①]杜佑《通典》曰:“游骑尉,隋制散官,大唐改为宣义郎,盖取梁宣义将军之名。”[②]《新唐书·百官志》又

① 欧阳修、宋祁等:《新唐书》卷四十六,中华书局 1975 年版,第 1187 页。

② 杜佑:《通典》卷三十四《选举三》,中华书局 1988 年版,第 938 页。

曰："左拾遗六人，从八品上。掌供奉讽谏，大事廷议，小则上封事。"①《奉谢口敕放三司推问状》"行左拾遗"之"行"字下，元分类本《杜工部集》多"在"字，疑为后人所加。《旧唐书·职官志一》曰：

> 凡九品已上职事，皆带散位，谓之本品。职事则随才录用，或从闲入剧，或去高就卑，迁徙出入，参差不定。散位则一切以门荫结品，然后劳考进叙。《武德令》：职事高者解散官，欠一阶不至为兼，职事卑者，不解散官。《贞观令》：以职事高者为守，职事卑者为行，仍各带散位。其欠一阶，依旧为兼，与当阶者，皆解散官。永徽已来，欠一阶者，或为兼，或带散官，或为守，参而用之。其两职事者亦为兼，颇相错乱。咸亨二年，始一切为守。②

杜甫斯时的散阶和本品是宣义郎，为从七品下，比其职事官左拾遗的从八品上要高一阶。洪业先生指出："在署衔时杜甫在自己的官衔前用了一个'行'字，这在唐代文书用法中表示他现在的官阶要高于左拾遗（参见《旧唐书》卷四十二、《新唐书》卷二〇三）。""尽管拾遗的品阶是从第八品上阶，但杜甫的实际官阶是从第七品下阶。"③熟稔唐代官阶制度的洪业先生所

① 欧阳修、宋祁等：《新唐书》卷四十七，中华书局 1975 年版，第 1207 页。

② 刘昫等：《旧唐书》卷四十二，中华书局 1975 年版，第 1785—1786 页。

③ 洪业：《杜甫：中国最伟大的诗人》，上海古籍出版社 2011 年版，第 107—108 页。

论极为正确,“行在左拾遗”应作“行左拾遗”,即所谓“职事卑者为行”。又据《旧唐书·肃宗本纪》,至德二载十二月收复两京之后,肃宗大加封赏,“文武三品已上,赐爵一级;四品已下,加一阶”[①]。此时杜甫因疏救房琯已被肃宗疏远,但并未被立即贬斥,从杜诗中可以看到,杜甫还能得到口脂面药和宫衣这些赏赐,则这次封赏加阶,按理说杜甫亦应有份。这次“加一阶”,应是指增加散阶,故杜甫的散阶应由从七品下之宣议郎,升为从七品上之朝散郎。不过杜甫是否真的享受了肃宗扈从功臣的待遇,在目前的材料中还找不到任何线索。况且结合杜甫行将被贬的背景,则此次升级对杜甫而言似乎显得有点可望而不可即。

四、华州司功参军

由于疏救房琯触怒了肃宗,杜甫于乾元元年(758)六月被贬为华州司功参军。《新唐书·百官志》曰:“功曹司功参军事,掌考课、假使、祭祀、礼乐、学校、表疏、书启、禄食、祥异、医药、卜筮、陈设、丧葬。”[②]上州刺史的司功参军,官阶为从七品下;中州刺史的司功参军,官阶为正八品下。又据《唐六典》“凡户满四万已上为上州”,[③]华州属于上州,故杜甫在华州司功参军任上的官阶是从七品下阶,这与左拾遗的官阶比是升了

① 刘昫等:《旧唐书》卷十,中华书局 1975 年版,第 250 页。

② 欧阳修、宋祁等:《新唐书》卷四十九下,中华书局 1975 年版,第 1312 页。

③ 李林甫等:《唐六典》卷三十,中华书局 1992 年版,第 745 页。

三级，与其散阶宣议郎的级别终于一致。但唐代重京官，轻外任，杜甫由近侍之臣移为华州掾曹，自然难免有迁谪之感，这从《从左拾遗移华州掾》等诗中都可以看出。杜甫对华州司功参军一职颇为不喜，在诗中很少提及，所以成都的田父泥饮时仍以拾遗称呼他，后来任检校工部员外郎之后，杜甫便又常以"尚书郎"自许，诗人这种选择性遗忘，也是耐人寻味的。

杜甫在华州司功任上待了约有一年零两个月，于乾元二年(759)秋后弃官西去。对于杜甫华州弃官的原因，学界尚有不少分歧。这些分歧的产生，主要源于对杜甫《立秋后题》诗中"罢官亦由人，何事拘形役"二句的不同理解。新、旧唐书杜甫本传中均称杜甫为主动弃官，当代学者萧涤非、程千帆先生指出，除了"关辅乱离""谷食踊贵"的客观原因外，杜甫对肃宗的绝望才是其离任的真正原因。此后阎琦、李宇林、王勋成等人又将"罢官"理解为被动的。阎琦认为，杜甫被罢官的原因与其在华州任内荒怠政务有关。① 李宇林认为，杜甫罢官的原因不是荒怠政务，而是由于身患疟疾，难以应付繁重的公务。② 王勋成则从唐代考课制度的角度出发，提出"考满罢秩"说。③ 据杜佑《通典》："凡居官，以年为考，六品以下，四考为满。"④ 考满后，就得罢秩守选，五年后方可再参加吏部的冬集铨选。杜甫于天宝十四载(755)秋冬之际授右卫率府兵曹参军，至乾

① 参见阎琦：《杜甫华州罢官西行秦州考论》，《西北大学学报》(哲学社会科学版)2003 年第 2 期。

② 参见李宇林：《杜甫罢官华州原因探析》，《天水师范学院学报》2005 年第 1 期。

③ 参见王勋成：《杜甫罢官说》，《兰州大学学报》2004 年第 2 期。

④ 杜佑：《通典》卷十五《选举三》，中华书局 1988 年版，第 361 页。

元二年秋任华州司功参军，正好相距四年，按考限，四考为满，需要罢秩守选。罢官后的杜甫没了生活来源，又加之“关辅饥”“谷食踊贵”，只好远赴秦州投亲靠友了。此说从铨选制度的角度解释了杜甫华州弃官的客观原因，极具参考意义。韩成武先生则通过详细地梳理史料后指出，“罢官”在古代既有主动辞官之意，也有被免除官职之意，而当今做官的人很少能够自我罢官，因此才会出现几种杜甫被罢免的说法。杜甫华州弃官的根本原因还是由于对昏庸肃宗的彻底失望。[①] 除此之外，洪业先生对杜甫罢官的原因还提出过一个新奇的猜想。杜甫的华州司功参军一职是主管文教事务的，他在华州任上撰写的《华州试进士策问五首》表现出“贵切时务”的思想倾向。洪业先生据此认为，华州的考生对杜甫所出策问题目并不认可，甚至可能充满怨言，这使得诗人对司功参军的官职产生了厌倦之情。他还将此事与《秋兴八首》中“刘向传经心事违”一句联系起来，认为这句诗是指杜甫“在华州办教育，未办好，几乎闹出学潮”[②]。在杜甫一生所任的诸种官职中，确实只有华州司功参军一职方可与“刘向传经”相联系，洪业先生的这种大胆猜想，虽未必允当，却颇能启人之思。

---

① 参见韩成武：《也说“罢官”与“弃官”》，《天水师范学院学报》2005 年第 3 期。

② 洪业：《我怎样写杜甫》，洪业：《杜甫：中国最伟大的诗人》，上海古籍出版社 2011 年版，第 360 页。

五、京兆功曹参军

杜甫于华州弃官之后，由秦州、同谷辗转入蜀，其间数年未再除授官职。然元稹《唐故工部员外郎杜君墓系铭》曰："出为华州司功参军，寻迁京兆功曹。"所谓"寻迁"云云，实不确。杜甫被贬为华州司功参军是乾元元年（758）六月，次年立秋之后弃官。而通过杜诗可知，其授京兆功曹的时间则在广德元年（763）前后。杜甫是年春在阆州作《奉寄别马巴州》："勋业终归马伏波，功曹非复汉萧何。扁舟系缆沙边久，南国浮云水上多。独把渔竿终远去，难随鸟翼一相过。知君未爱春湖色，兴在骊驹白玉珂。"题下原注："时甫除京兆功曹，在东川。"这时距杜甫华州弃官已过去五年。若按照唐代的铨选制度，杜甫从弃华州司功参军至此已经守选五年，正是应该重新授职之时，而关注杜甫任职问题的王勋成先生对此似未见及。既然从铨选制度看，杜甫似乎一直都循着资历逐步升迁，因此我们也有理由相信，杜甫的散阶也应是按照劳考制度在逐步进阶，而不是一直在宣议郎的品阶上停滞不前。京兆府的功曹参军为正七品下阶，这比华州司功参军的从七品下阶要高两级。且此官为实授之职事官，据《唐六典》，京兆府的七品职事官有职分田三顷五十亩，[1]待遇还算优厚，至少能保证温饱无忧。当然，杜甫并未从俸禄的角度考虑，而是认为唐代的功曹一职已远非汉代可比，因为很难再像萧何那样建立不世勋业。然而，由于杜

---

[1] 参见李林甫等：《唐六典》卷七，中华书局1992年版，第223页。

甫在诗中表现出对“京兆功曹”一职的否定态度，故学界均据此认为杜甫并未担任此职。其实未去赴任并不等于未接受此官职，杜甫在自注中已经明确说明吏部除授的命令已经颁布，告身当已下达，或已辗转送至东川。另外，若将杜甫自注与元稹《墓系铭》的记载合起来看，也可以证明杜甫是接受了此官的，只是由于战乱频仍，自身远离朝廷，难以前往京兆府赴任而已，所以《新唐书》说杜甫“补京兆功曹参军，不至”，而非“不就”。可见不能说杜甫未任此官，“功曹非复汉萧何”云云，只是杜甫发的牢骚而已，并不能当真。此后杜甫在严武幕府被表荐为检校工部员外郎，为从六品上。从华州司功参军的从七品下，一下子跳到从六品上的检校工部员外郎，中间差五阶，若是没有京兆功曹这一正七品下阶的前资官为背景，就显得太突兀了，那几乎是不可能的。所以，检校工部员外郎的官阶也能从侧面佐证杜甫曾任京兆功曹一职。另外，关于《奉寄别马巴州》的作年，有上元二年（761）、广德元年（763）、广德二年（764）三种说法。若从官职的角度来看，杜甫于广德二年春刚刚除京兆功曹，六月又授检校工部员外郎，实在显得过于频繁。而上元二年又未见杜甫在东川活动的迹象，故此诗系作于广德元年似较妥。

六、检校工部员外郎、幕府参谋

广德二年六月，严武重新镇蜀，表荐杜甫为节度参谋、检校尚书工部员外郎。元稹《唐故工部员外郎杜君墓系铭》曰：“剑南节度使严武状为工部员外郎，参谋军事。”检校官是唐代地方军政长官向朝廷“表除”或“状荐”的一种特殊官衔，与散官、勋官、爵号一样，是与“使职”相对的一种虚衔。据《唐六典》，工部员外郎为从六品上阶。① 因为元稹的《唐故工部员外郎杜君墓系铭》即以“检校工部员外郎”为标题，则此官应为杜甫平生最高之官衔。唐代的官阶以五品作为中高级官吏与下层官吏之分界，令狐绹曰：“六品以下，官多数卑，皆吏部注拟；五品以上，则政府制授，各有籍，命曰具员。”②然而，在宋本《杜工部集》中，杜甫的结衔署曰“剑南东西川节度参谋、宣议郎、守检校尚书工部员外郎、赐绯鱼袋”，可见杜甫斯时的散阶仍为宣议郎，与任左拾遗时相同。宣议郎为从七品下，而检校尚书工部员外郎为从六品上，杜甫散衔的品阶要比所授之职的品阶低，故用“守”字。另外，赐绯鱼袋者，乃是加恩。唐代章服制度规定：凡官三品以上服紫，佩金鱼袋；四、五品服绯，佩银鱼袋；六、七品服绿，八、九品服青，皆无鱼袋。③ 王勋成认为，杜甫“虽是检校工部员外郎，但却是赐绯鱼袋，已是视五品的官员，即相当于五品官。而五品官，就意味着彻底地脱离了选门”④。所谓“赐绯鱼袋即为视五品”的说法，实在是一种误解。从唐代赐绯紫制度的发展与演变来看，赐绯鱼袋与官职并无任何直接的联系，只是皇帝给予的一种特殊恩宠，与官职和相关

---

① 参见李林甫等：《唐六典》卷七，中华书局 1992 年版，第 216 页。

② 司马光等：《资治通鉴》卷二四八，中华书局 1956 年版，第 8032 页。

③ 参见刘昫等：《旧唐书》卷四十五，中华书局 1975 年版，第 1952、1954 页。

④ 王勋成：《杜甫授检校工部员外郎之始末》，中国唐代文学学会等主编：《唐代文学研究》第十三辑，广西师范大学出版社 2010 年版，第 581 页。

待遇并不挂钩。况且有学者指出，玄宗开元后期，为赏赐外藩和表彰军功，绯鱼袋已经出现滥赏的趋势，[①]则赐鱼与官职之间更谈不上什么关联了。另外，唐代与服色相关的官品并不是指使职，而是指散官之品阶。如王楙《野客丛书》曰："唐制：服色不视职事官，而视官阶之品。"[②]钱大昕《十驾斋养新录》卷十"唐人服色视散官"对此亦有论析。可见杜甫之服绯，并不是根据其检校工部员外郎之职（从六品上），而是根据其宣议郎的散阶（从七品下）。这样说来，杜甫此时距离服绯之阶尚差七级，可见获得赐绯对老杜而言是一项何等的殊荣，不过这项殊荣并不能代表杜甫已经跻身五品大员之列。唐玄宗开元二十一年（723）二月曾对官员由六品升为五品有严格的限制，其升职的条件为"历十六考"，并"永为常式"。若按此标准，杜甫至少还得等十六年方能有资格升为五品，可见刚升为从六品下，骤然"视五品"对杜甫而言是一件多么渺茫的事情。但是，从至德二载（757）任左拾遗起，杜甫的散阶便为宣议郎，至广德二年（764）授检校工部员外郎，中间已经过去了八年，难道以"劳考进叙"的散阶竟一直没有变化吗？这是令人感到非常疑惑之处。因为假若按照正常的官职与散阶的对应关系，从六品上的检校工部员外郎，其对应的散阶应为奉议郎，而非宣议郎。六品职事官的散阶竟仍为七品下，显得差距过大，着实不妥。不过，除了《奉谢口敕放三司推问状》之外，诸种相关文献中均只记杜甫之职事官，而未记散阶，这也可能是宋本《杜工

① 参见王佳：《唐代鱼袋制度研究》，暨南大学硕士学位论文，2012年，第30页。

② 王楙：《野客丛书》卷二十七，中华书局2007年版，第311页。

部集》署杜甫结衔时仍署"奉议郎"的根本原因。

此外,还有一个问题,大历四年(769)秋,赴韶州刺史任的韦迢作《早发湘潭寄杜员外院长》,诗云:"北风昨夜雨,江上早来凉。楚岫千峰翠,湘潭一叶黄。故人湖外客,白首尚为郎。相忆无南雁,何时有报章。"那么,韦迢为何称杜甫为"院长"呢?原来唐人往往尊称员外郎为院长,李肇《唐国史补》曰:"宰相相呼为元老,或曰堂老。两省相呼曰阁老,尚书丞郎、郎中相呼为曹长。外郎、御史、遗补相呼为院长。上可兼下,下不可兼上,唯侍御史相呼为端公。"①可见"院长"乃是一种尊称,如曾任司门员外郎、司勋兵部郎中、翰林学士的沈传师说:"学士、院长参天子密议,次为宰相,臣自知必不能,愿治人一方,为陛下长养之。"②检校工部员外郎是杜甫一生中担任的最高官职,且为朝廷正式任命的中朝官,陈尚君先生据此认为,去京师为郎履任是杜甫离蜀的直接原因。③ 张忠纲先生《论严杜交谊与杜甫之去蜀》则予以反驳。④ 看来目前学界对这一问题尚未达成一致意见,此问题的最终解决仍有待来者。

总之,我们通过杜诗及其他相关文献可以大致了解杜甫一生官职的递嬗过程,然而对其散阶的变化却一直缺乏相关的资料。由于杜甫在《奉谢口敕放三司推问状》后的结衔中署为"宣议郎",这是唯一关于杜甫散阶的文献记载,宋人遂将其作为杜甫终生未变之散阶,这其中存在很大疑问。和实授官职变迁的连续性一样,杜甫的散阶本品亦当存在一个不断递嬗的过

---

① 李肇:《唐国史补》卷下,古典文学出版社 1957 年版,第 49 页。

② 刘昫等:《新唐书》卷一百三十二,中华书局 1975 年版,第 4541 页。

③ 参见陈尚君:《杜甫为郎离蜀考》,《复旦学报》1984 年第 1 期。

④ 参见张忠纲:《论严杜交谊与杜甫之去蜀》,《草堂》1987 年第 2 期。

程，惜乎文献无征，已难以稽考，故我们只能在讨论杜甫职事官变迁的过程中对其散阶问题进行附带联想和猜测，而并不能真正予以确定。此外，通过以上梳理考辨可以看到，在杜甫官阶及其相关问题的研究中，目前学界存在不少误解和偏见，要真正澄清和解决这些问题，只有深入唐代具体的政治制度中加以考察，才能得出较为客观公允的结论。

附表：杜甫官职与唐代文官散阶品级

授职时间	杜甫官职	品级	散阶
		正六品上	朝议郎
		正六品下	承议郎
广德二年(764)六月	检校工部员外郎	从六品上	奉议郎
		从六品下	通直郎
		正七品上	朝请郎
广德元年(763)春	京兆功曹参军	正七品下	宣德郎
		从七品上	朝散郎
乾元元年(758)六月	华州司功参军	从七品下	宣议郎
		正八品上	给事郎
		正八品下	征士郎
至德二载(757)六月	左拾遗	从八品上	承奉郎
天宝十四载(755)冬	右卫率府兵曹参军	从八品下	承务郎
		正九品上	儒林郎
		正九品下	登仕郎
		从九品上	文林郎
		从九品下	将仕郎

杜甫四十一岁结婚考*

——兼论杜甫的思想性格

一、杜甫与杨氏结婚时间诸说述评

杜诗中没有关于其结婚时间的确切记载,而对杨氏夫人的生平我们亦了解甚少,目前可供我们利用的材料,仅元稹《唐故工部员外郎杜君墓系铭》中"夫人弘农杨氏女,父曰司农少卿怡,四十九年而终"这么一句简短的记载。宋以来的杜诗注本所载《杜甫年谱》,亦均不载其结婚时间。如钱谦益《钱注杜诗》就仅引杜甫开元二十九年(741)所作《祭远祖当阳君文》中"小子筑室,首阳之下"之文,证杜甫其时在偃师定居。其后闻一多在《少陵先生年谱会笺》中云:"是年有《祭当阳君文》曰:'小子筑室,首阳之下。不敢忘本,不敢违仁。庶刻丰石,树此大道。论次昭穆,载扬显号。'细词意,当是新居落成而昭告远祖。"①闻一多先生所说的"新居落成"被后来的学者进一步理解成了结婚,这大概是因为是年杜甫终于结束了历时五载的齐赵之游,"筑室于首阳山下",即已在偃师定居下来;既然杜甫

---

* 本文原载于《杜甫研究学刊》2011年第3期。

① 闻一多:《唐诗杂论》,上海古籍出版社1998年版,第48页。

已经"筑室"定居,那么自然应该考虑终身大事或是已经结婚。因此,新中国成立后的几种杜甫研究的著作中,始有杜甫约于开元二十九年结婚的推测。如冯至先生1951年撰写的《杜甫传》云:"他于是写了一篇《祭远祖当阳君文》,颂扬杜预的武功和智慧,表示他在这里居住,是'不敢忘本,不敢违仁'。他可能是在这时结婚的,夫人姓杨,司农少卿杨怡的女儿。"①1971年,郭沫若在《李白与杜甫》书后所附的《李白杜甫年表》中,便明确标明开元二十九年杜甫"与夫人杨氏结婚"②,郭氏所论极有可能受到冯至先生的影响。此后陈贻焮先生在《杜甫评传》卷下亦云:"老杜同夫人感情甚笃,集无悼亡诗,他作中亦丝毫不露鼓盆之戚,可见杨氏当卒于后,且较老杜小十岁有余(开元二十九年他们结婚时杜甫三十岁,杨氏当在十九岁左右)。"③

冯至、郭沫若、陈贻焮诸先生之所以将杜甫成婚时间定在开元二十九年,大概是将"筑室"理解成了盖结婚用新房。不过笔者认为,杜甫在《祭远祖当阳君文》中的这个"筑室",并不是要盖新房结婚,而是在首阳山先祖杜预墓前庐墓而居,以尽孝道。这个居室也就是杜诗中屡次提到的"土娄(即土屋)"、"尸乡土室"(《奉寄河南韦尹丈人》)、"土娄旧庄"(《凭孟仓曹将书觅土娄旧庄》)。古人在祭祀先人的时候特别注重庐墓守丧,孔子卒后,众弟子便守墓三年,子贡庐墓又守了三年,为后人所称道。庐墓之制起于先秦,大兴于东汉,至于唐代,此风更

① 冯至:《杜甫传》,百花文艺出版社1999年版,第26页。
② 郭沫若:《李白与杜甫》,人民文学出版社1971年版,第406页。
③ 陈贻焮:《杜甫评传》,北京大学出版社2003年版,第1152页。

是兴盛一时,新、旧唐书中关于士人庐墓的记载可谓连篇累牍,如《旧唐书·孝友传》载梁文贞在父母卒后"结庐墓侧,未尝暂离";《新唐书·韩思彦传》亦载:"张僧彻者,庐墓三十年。"不过像杜甫这样为先祖庐墓的却很少见,因此有学者进一步猜测,其父杜闲的卒年即在是年,《祭远祖当阳君文》当系杜甫为父守孝期间所作。[①] 杜甫为其远祖杜预庐墓,说明他有很强烈的功业心,这种功业心使他在事业未成之前不可能有成家的打算。因此,以《祭远祖当阳君文》中"筑室"的记载来证明杜甫已经定居结婚的说法,是一种想当然,尚缺乏有力的证据。另外,从杜甫的生平经历来看,开元二十九年结婚的推测也存在难以解释的问题,因为杜甫此后两年就又开始了快意的漫游生涯,新婚后长时间漫游不归,于情理不合。从杜甫浪迹的脚步中我们感觉到他此时还没有任何家庭观念,不像已经有家室拖累的样子,应该对婚姻问题还没有做充分的考虑。因此,杜甫结婚时间应该在他多次漫游彻底结束之后,即天宝五载之后,才更有可能。

其实在1962年,对杜甫结婚时间的问题,旅居美国的洪业先生曾有过另外的猜想。他在《我怎样写杜甫》[②]一文中提出,杜甫在天宝十一载(752)也就是41岁时才结婚。[③] 其后,又于

---

① 参见王辉斌:《杜甫研究丛稿》,中国文联出版社1999年版,第7页。

② 此文最早发表于《南洋商报》1962年元旦特刊,参见《洪业论学集》,中华书局1981年版,第444页。

③ 参见洪业:《我怎样写杜甫》,学海出版社1977年版,第33页。

《再说杜甫》一文中重申此论。[①] 此论在学界可谓曲高和寡,鲜有附和者,然其说较之开元二十九年说确实有了很大进步,极具启发意义。到了 20 世纪 80 年代,台湾学者陈文华对杜甫传记资料进行重新考订后又得出了新的结论,其云:“假如容许我们作自由的猜测,天宝十四载前,杜甫子女出生的情况是这样的:九载,宗文生;十载、十一载二女生;十二载,宗武生;十三载,幼子生。如此一来,其与杨氏夫人结婚,或即在天宝八载时。天宝八载冬,杜甫曾间归东都,或即为亲事之故;九载,于蹭蹬京华数载之后,乃献三大礼赋,或即迫于家计,无法不去寻求出仕的机会……我们也无法知道她在那一年去世,唯一可以确定的,必晚于杜甫,所以杜集中才无悼亡之作。”[②]如此,杜甫结婚时已 38 岁,杨氏恐怕还不到 20 岁。这比之洪业先生所论又稍有修正,其“天宝八载冬,杜甫曾间归东都,或即为亲事之故”的依据,大概就是作于天宝八载的《冬日洛城北谒玄元皇帝庙》诗。然而陈氏所论只是“自由的猜测”,还缺乏充分的科学论证。

当代学者王辉斌也从另一个角度对杜甫的结婚年龄提出异议。他认为杜甫三十岁才结婚,已经属于“大龄青年”,而《新唐书·食货志》规定:“诏男十五女十三以上得嫁娶。”这样的政府法令相当于当时的“婚姻法”,那么杜甫三十岁才结婚

---

① 参见洪业:《再说杜甫》,《洪业论学集》,中华书局 1981 年版,第 427 页。

② 陈文华:《杜甫传记唐宋资料考辨》,台北:文史哲出版社 1987 年版,页码不详。

有悖政府法令，当不可信。[1] 其实杜甫出生于一个“奉儒守官”的家庭，属于“生常免租税，名不隶征伐”（《自京赴奉先县咏怀五百字》）的阶层，是不在《新唐书·食货志》所规定的管辖范围之内的，参之王辉斌《唐代诗人婚姻研究》一书中所考李白首次结婚29岁、陈子昂27岁、韩愈29岁等[2]，则杜甫30岁结婚并不足为奇，不能说他违反了当时的“婚姻法”。但王辉斌先生还提出了新说，他指出杜、杨二人结合时间应在开元二十二年（734），杨氏的生年应在开元五年（717）前后，卒于大历元年（766）。开元二十二年，杨氏19岁（按，应为18岁），杜甫23岁。[3] 这样的结婚年龄确实是很合适，但只是一种主观猜测，无任何依据，因为从杜甫的行踪来看，开元二十二年杜甫尚在漫游吴越，根本没有“在长安（或洛阳）结婚”的可能。[4]

总之，冯至、郭沫若、陈贻焮等人所持的开元二十九年结婚说尚存值得商榷之处，王辉斌提出的开元二十二年结婚说则缺乏必要的依据，在解释杜诗的时候不能自圆其说。洪业、陈文华等人对此问题虽各有发见，然其结论尚缺乏充分的论证。为了彻底澄清这个问题，笔者认为可以从杜甫子女出生时间这个角度，来推断杜甫的结婚时间和杨氏的年龄。目前在没有其他

---

① 参见王辉斌：《杜甫研究丛稿》，中国文联出版社1999年版，第44页。

② 参见王辉斌：《唐代诗人婚姻研究》，群言出版社2004年版，第13、31、95页。

③ 参见王辉斌：《唐代诗人婚姻研究》，群言出版社2004年版，第49页。

④ 关于此问题的详细考辨，可参见拙文：《杜甫家室问题考辨——与王辉斌先生商榷》，《杜甫研究学刊》2005年第3期。

可供利用材料的情况下，此法尚不失为一种较为合理的研究方法。

二、从杜甫子女出生时间发现的问题和矛盾

杜甫非常疼爱自己的孩子，他经常在诗里提到自己的孩子们，算起来在杜甫笔下出现的孩子共有六个，即宗文、宗武、幼子、两小女，以及晚年漂泊湖湘时夭折的一个小女儿。可是如果我们从这些孩子出生时间仔细分析的话，就会发现其中存在一些难以解释的矛盾，以下我们分别看看这些孩子的出生时间。

先看杜甫长子宗文的情况。宗文，小名熊儿，至德二载(757)秋，杜甫在凤翔，《得家书》诗云："熊儿幸无恙，骥子最怜渠。"浦起龙注："熊儿，宗文小名；骥子，宗武小名。"(《读杜心解》卷五之一)宗文的生年不能确定，杜甫《秋雨叹》中有"稚子无忧走风雨"，这是杜诗中最早出现孩子身影的诗句。该诗一般系于天宝十三载，此"稚子"当即宗文，其时宗文已能"走风雨"，约莫已有两三岁的样子，往上逆推，则其约生于天宝十一载(752)前后。

再看次子宗武。杜甫在至德二载春身陷长安时，曾作《遣兴》诗怀念宗武："骥子好男儿，前年学语时。问知人客姓，诵得老夫诗。"一般说来，小儿周岁方能学语，"前年学语"，则应是大前年(即天宝十三载)出生。又大历三年(768)元旦，杜甫写下《又示宗武》对其进行劝勉："十五男儿志，三千弟子行。"大历三年宗武十五岁，可见宗武确实是天宝十三载(754)生。

宝应元年(762)秋,杜甫在梓州作《宗武生日》,诗云:“小子何时见?高秋此日生。”则其生日应在秋季。在杜甫的子女中,宗武是唯一能够准确考知出生年月的。

另外,杜甫还有一个幼子。作于天宝十四载(755)十一月的《自京赴奉先县咏怀五百字》云:“入门闻号咷,幼子饿已卒。吾宁舍一哀,里巷亦呜咽。所愧为人父,无食致夭折。岂知秋禾登,贫窭有仓卒。”杜甫没想到“秋禾登”以后自己家里还会发生“幼子饿已卒”的惨剧,惭愧自己没有尽到做父亲的责任。则此饿死的幼子,比宗武小一岁,当生于天宝十四载秋以后,死时也就是三四个月的样子,则其出生应该在夏天。

除了上述三个男孩之外,至天宝十三载杜甫至少已经有了一个女儿,因此年所作《桥陵诗三十韵因呈县内诸官》中已云:“荒岁儿女瘦。”首次提到了女儿。杜甫至德二载所作《北征》诗云:“床前两小女,补绽才过膝。”则此时他已经有了第二个女儿。《北征》诗云:“瘦妻面复光,痴女头自栉。学母无不为,晓妆随手抹。移时施朱铅,狼藉画眉阔。”从她这样顽劣稚气的行为看,可以大致推断此“痴女”应该是其小女儿,其年龄应该比宗武还小。据杜诗《彭衙行》,天宝十五载(756)六月,安史叛军攻陷潼关,杜甫携妻儿从白水逃往鄜州,他在诗中提到逃难中儿女情况时云:“痴女饥咬我,啼畏虎狼闻。怀中掩其口,反侧声愈嗔。小儿强解事,故索苦李餐。”这里又一次提到“痴女”。杜甫当时抱着这个年龄最小的女儿逃亡,饥饿的孩子还不怎么懂事,又哭又闹,看来这个不懂事的小女儿有可能仍处于哺乳期,也就是一岁左右的样子。如果此“痴女”是《北征》诗中提到的“两小女”之一的话,那她有可能和《自京赴奉先县咏怀五百字》中夭折的“幼子”生于同一年,为龙凤胎姐弟。不过我们也不能完全排除此幼女生于天宝十五载的可能，因为杜甫于天宝十四载十一月往奉先省亲，次年八月离开羌村，此女或出生于这此时。那么到了至德二载，这个幼女应该才两岁。但是《北征》中提到的“痴女”已然“学母无不为”，其年龄似乎已经不止两岁，因此杜甫幼女与“幼子”为双胞胎的可能性还是很大的。而比她大一点的姐姐的情况也可相应推知，即生于天宝十二载。为明晰起见，我们通过绘制图表来说明杜甫和杨氏在天宝间的生育情况(见表1)。

表1 杜甫子女生年表

生年	天宝十一载	天宝十二载	天宝十三载	天宝十四载夏	天宝十五载
子女	宗文生	长女生	宗武生	幼子生 次女生	次女或 生于本年

由上表可见，从天宝十一载到天宝十五载，短短五年间，杜甫竟然至少已经有过五个孩子，平均每年一个。那么假如杜甫果真是开元二十九年结婚的话，于是就出现了一个难以解释的问题：为什么杜甫结婚后十一年竟然没有生一个孩子(至少在杜诗中没有任何体现)，而在天宝十一载以后却突然频繁生育呢？况且这五个孩子出生时间非常接近，要把他们的生年前后进行排列，竟然因密度过大而发生一些问题，甚至只好用双胞胎、龙凤胎才能解释。这就让人不禁产生疑惑：生育能力如此旺盛的杜甫，怎么可能在结婚十余年间没有孩子呢？这不能说不是杜诗中存在的一个明显矛盾：一方面是天宝十一载之前对子女情况毫无记录，另一方面是天宝十一载后生育相当频繁，在诗中体现得很多也很具体。这两者之间的反差实在太大，足以让人产生怀疑。

关于开元二十九年至天宝十载间杜甫没有孩子的问题,也许有的学者会用杜诗早期诗篇多散佚不传这个原因来解释,但是杜甫后来的诗歌中也没有关于这些子女的任何记载,则可以反证其此前的确没有生育。除此之外,专家们可能会指出,此时正是杜甫困居长安十年时期,这段时间杜甫生活上是比较艰苦的,考虑到经济承受能力,为了减轻家庭负担而没有生孩子。不过只要与随后多个孩子的接连出生相对照,就可以发现这个理由并不能成立,因为杜甫直到天宝十五载授官之后经济状况才稍有好转,而其诗中提到的子女大都早于天宝十五载出生,所以以经济原因对这种情况做出的解释是不能令人信服的,因此这是杜甫婚姻问题中的一个非常可疑之处。

三、杜诗中有关晚婚的其他佐证

综上所论,对于由杜甫子女出生时间引发的杜甫结婚时间的疑问,笔者认为只有这样解释才较为合理,即杜甫和杨氏夫人结婚应在天宝十一载初,结婚时杜甫已经四十一岁,并且二人结婚以后很快生育了几个孩子。作于是年的《奉赠韦左丞丈二十二韵》云:“今欲东入海,即将西去秦。”又《奉留赠集贤院崔于二学士》云:“欲整还乡旆,长怀禁掖垣。”这些诗句都表明,天宝十一载春杜甫曾回洛阳,其与杨氏成婚当在此时。另外,笔者认为杜甫与杨氏的年龄差距约有二十岁,这也突破了陈贻焮先生在《杜甫评传》中关于杨氏“较老杜小十岁有余”的推测。再结合元稹《唐故工部员外郎杜君墓系铭》中“四十九年而终”的记载,则杨氏约生于开元二十一年(733),卒于建中二年(781)前后。

我们反观杜甫35岁至40岁困居长安的诗文,就会发现其中很多都可以作为杜甫晚婚的佐证。比如《今夕行》《杜位宅守岁》等诗,就是较为明显的例子。《今夕行》云:“今夕何夕岁云徂,更长烛明不可孤。咸阳客舍一事无,相与博塞为欢娱。冯陵大叫呼五白,袒跣不肯成枭卢。英雄有时亦如此,邂逅岂即非良图。君莫笑,刘毅从来布衣愿,家无儋石输百万。”此诗作于天宝五载除夕,刚到长安的杜甫在旅舍里神情专注地大赌而特赌,因孤注一掷而输得精光。诗人还用“英雄有时亦如此,邂逅岂即非良图”这样的话为自己放荡的行为辩解。在除夕这样一个本应阖家团圆的日子里,杜甫竟然寄居客舍,且豪赌无忌,看不出他有任何家庭观念,也根本不像已经结婚有五年的样子。这种情形一直持续到天宝十载,在《杜位宅守岁》中,我们同样看到杜甫在除夕这天并没有和家人团聚,而是独自在从弟杜位家中喝得烂醉,诗云:“守岁阿戎家,椒盘已颂花。盍簪喧枥马,列炬散林鸦。四十明朝过,飞腾暮景斜。谁能更拘束,烂醉是生涯。”已经四十岁的杜甫在除夕这天的行为,仍然没有表现出任何家庭观念,哪里像已经结婚十年的样子!写于此诗稍前几个月的《秋述》云:“秋,杜子卧病长安旅次,多雨生鱼,青苔及榻,常时车马之客,旧雨来,今雨不来。”又云:“不见我病色,适于我神会。我,弃物也,四十无位。”同样可侧证杜甫天宝十载秋独居长安旅舍的情形。这年杜甫因献《三大礼赋》被玄宗赏识,“诏宰相试文章”,上半年要准备参加这次特殊的考试,应该没有时间考虑婚姻问题,因此天宝十载杜甫确实没有结婚的可能。在天宝十载以前杜甫的诗文中,这样的例子还有不少,如“此生任春草,垂老独漂萍”(《赠翰林张四学士垍》)、“此身饮罢无归处,独立苍茫自咏诗”(《乐游园歌》)、“卖药都市,寄食友朋”(《进三大礼赋表》)等,这里就不一一列举了。

此外,我们在杜甫晚年的诗歌中还可以找到其他一些旁证。比如其绝笔诗《风疾舟中伏枕书怀三十六韵奉呈湖南亲友》中有“瘗夭追潘岳,持危觅邓林”之句,“瘗夭”乃是用潘岳丧女之典,杜诗注家一般认为杜甫晚年又遭遇了小女夭亡之痛,有人认为这个小女就是《入衡州》诗中提到的“犹乳女在旁”的那个小女儿。《入衡州》作于大历四年(769),杜甫已经58岁,若如此,这个尚在吃奶的小女儿年纪很小,也就是一两岁的样子。可是若按学界一般的说法,以杨氏只小杜甫十岁算的话,生此女时杨氏应已48岁,这样大的年龄恐怕已难以生育,这就从反方面证明杨氏有可能年龄远小于杜甫,杜甫与她结婚时间有可能很晚,而这正好间接支撑了我们对杜甫晚婚的推断。① 同样的例子在杜诗中还有一些。如杜甫在诗中屡屡称呼自己的夫人为“老妻”,如“老妻寄异县”(《自京赴奉先县咏怀五百字》)、“老妻画纸为棋局”(《江村》)、“昼引老妻乘小艇”(《进艇》)等。可是他晚年在《草阁》诗中突然有“泛舟惭小妇,飘泊损红颜”之句。那么,杜诗中提到的这个“小妇”到底是谁?是否是指杨氏夫人?如果是杨氏的话,为什么要称之

---

① 对此问题前辈学者朱东润已经有过认识和调查,陈尚君先生2006年为陈冠明《杜甫亲眷交游行年考》(上海古籍出版社2006年版)所作序云:“记得二十多年前,听本师朱东润先生谈《杜甫叙论》时,注意到杜甫入湘南行的诗中提到船上有婴儿的哭声,为其生母是否为杨氏,还特意请教过了解妇女生育年龄的专家,以确定古代年过四十的女性的生育能力。”

为"小妇"呢?《草阁》是杜甫在夔州所作,写于大历元年(766)秋,时杜甫已经55岁,杨氏夫人倘若只小杜甫十岁的话,也已经45岁。因此,若将此诗中的"红颜""小妇"解释为已届中年的杨氏夫人,显得实在有点牵强。前代的杜诗注者早已察觉到这个问题,所以他们对"小妇"何指纷作歧解。如宋代黄鹤《黄氏补千家集注杜工部诗史》、明邵宝《分类集注杜诗》均认为"小妇"应该是指"舟妇"。王嗣奭则认为"小妇"应该是指杜甫妻子,其《杜臆》云:"盖初发巴渝,便拟下江陵,今漂泊于云、夔者久,妇之颜亦非其初矣。故以为惭,其意极悲。而谭谓此老妩媚,可笑。"[①]仇兆鳌《杜诗详注》云:"公以旅泊损颜,故对舟妇而怀惭。末句用倒装法。"[②]看来仇氏同意"舟妇"说,但他又承袭明人谭元春所论,认为"红颜"是老杜自指。何焯《义门读书记》也认可"舟妇"之说,并解释道:"夔俗女当门户,泛舟其常。族父省斋谓是公之小妇,盖泥于'惭'字耳。"[③]"族父省斋",即何唐,号省斋,明正德时人。可见明人何唐已经提出"老杜有小妇"的说法,后来清人边连宝在《杜律启蒙》中就发挥了这种说法,其云:"按邵二泉以'损红颜'属舟妇,则'惭'字为无着。小妇自损红颜,于公何与?而公惭之?仇注又以'损红颜'属公,亦不妥。余疑公自有小妇,因漂泊之故,而惭其红颜之损耳。或应嫌其无据,然只此诗便可据,何必

① 王嗣奭:《杜臆》卷九,上海古籍出版社1983年版,第311页。

② 仇兆鳌注:《杜诗详注》卷十七,中华书局1979年版,第1469页。

③ 何焯撰,崔高维点校:《义门读书记》卷五十五,中华书局1987年版,第1196页。

更求据也?”[①]边连宝认为,从这两句诗中可以看出杜甫漂泊湖湘时又娶一妾。然而,此“小妇”在杜诗里这只是一个孤证,我们在杜诗中再也没有见到如此称呼,也没见到任何关于娶妾的记录,所以边氏此说只是不着边际的猜测,难以让人相信。如果我们先搁置“舟妇”说的正确与否不论,假定杜诗中提到的这个“小妇”真的是其家眷的话,那么笔者认为这个“小妇”指的其实就是夫人杨氏,而不是什么子虚乌有的小妾。如前所论,我们已经认定杨氏与杜甫年龄差距有二十岁,那么此时她应该才只有 35 岁,这样的年龄当然可以称为“红颜”和“小妇”。在漂泊的旅程中,杜甫看着自己方当盛年的妻子容颜憔悴而还乡无日,感到万分惭愧,故以“小妇”称之。所以,诗中“泛舟惭小妇”和杜甫在《自阆州领妻子却赴蜀山行三首》中“飘飘愧老妻”的意思应该是一样的,只不过“泛舟惭小妇”句透露出夫人杨氏的年龄罢了。由此可见,我们将杜、杨二人的年龄差距拉大至二十岁,还可以解释杜诗中存在的难以解释的现象,而这又从侧面证明了我们对杜甫晚婚推断的合理性。

四、杜甫晚婚的原因分析

杜甫四十一岁才与杨氏结婚,这个结婚年龄实在显得偏大,那么对这种异乎寻常的现象,我们该如何做出较为合理的解释呢?也许有人会猜测,杜甫在和杨氏结婚之前可能还有过

---

① 边连宝撰,韩成武等点校:《杜律启蒙》,齐鲁书社 2005 年版,第 286 页。

一次婚姻。因为按照常理来说,无论是从经济实力还是风俗习惯上,出生于一个世代"奉儒守官"家庭的杜甫都不至于如此晚婚。据考证,杜甫的父亲杜闲卒于天宝初年[①],这时杜甫已经三十多岁,作为父亲的杜闲,应该不会对长子的婚姻大事坐视不管。不过在杜诗中我们根本找不到任何线索和依据来证明这位夫人的存在,所以这种可能是根本不存在的。否定了第一种可能之后,我们才发现第二种解释其实是最为直接的解释,也有可能是最合理的解释,即杜甫就是在四十一岁才结婚,与杨氏结婚是其第一次婚姻。至于杜甫如此晚婚的原因,笔者认为,首先是他对"致君尧舜上"理想的苦苦坚持,使得他将主要精力放在干谒求仕方面,才将婚姻大事拖延至四十一岁。也许有人会质疑,既然杜甫对"致君尧舜上"的理想苦苦坚持,那么他为什么会在天宝十载以后又突然结婚了呢?笔者以为,杜甫天宝九载冬献《三大礼赋》之后[②],得到玄宗赏识,命待制集贤院,"诏学官试文章",因"名实相符",次年获"参列选序"(《进封西岳赋表》)的资格,虽然未实授官(按照唐制,要想授官职还需等待三年时间),但对在仕途上苦苦求索多年的杜甫来说,终于算是有了非同寻常的进展。而此时他年龄已偏大,也该是考虑婚姻大事的时候了,于是他终于在此后不久和杨氏

① 天宝三载(744)杜甫作《唐故范阳太君卢氏墓志》云:"薛氏所生子,适曰某,故朝议大夫、兖州司马。"某,即其父闲。称"故",则其父时已去世。

② 关于杜甫献《三大礼赋》的时间,现今学术界基本认定是天宝十载,此说乃是沿袭清钱谦益《钱注杜诗》之误。张忠纲先生《杜甫献〈三大礼赋〉时间考辨》(《文史哲》2006 年第 1 期)一文指出,杜甫实际上是在天宝九载冬预献《三大礼赋》的,这可从赋文本身和当时的历史文献资料中得到证明。

结婚，并很快生下了五个子女。或许正是这次献赋，使杜甫的知名度大大提高，司农少卿杨怡才会将女儿许配给他。[①] 另外，经济上的贫困也可能是导致杜甫晚婚的重要原因。据赵守俨先生《唐代婚姻礼俗考》，唐代婚礼所费甚巨，故家庭经济问题成为唐人晚婚的主要原因，这一现象甚至成为严重的社会问题。[②] 长安求仕时期的杜甫，在生活上极为贫困，过着“朝扣富儿门，暮随肥马尘”（《奉赠韦左丞丈二十二韵》）的生活。虽然他也曾表示“杜曲幸有桑麻田”（《曲江三章，章五句》），但这份微薄的田产显然并不能解救他在经济上的困窘，因此他才寄希望于仕途。我们注意到杜甫在向玄宗献赋之时曾屡次自诉贫困之状，《进三大礼赋表》云：“顷者，卖药都市，寄食友朋。”《进封西岳赋表》云：“臣本杜陵诸生，年过四十，经术浅陋，进无补于明时，退尝困于衣食，盖长安一匹夫耳。”《进雕赋表》云：“惟臣衣不盖体，尝寄食于人，奔走不暇，只恐转死沟壑，安敢望仕进乎？”又《投简咸华两县诸子》云：“饥卧动即向一旬，敝衣何啻联百结。”这些诗文表明，长安求仕时期的杜甫，在经济上相当困窘，个人温饱尚难以解决，更缺乏娶妻生子的经济实力。相比较而言，笔者认为杜甫晚婚的原因中，政治因素比之经济因素更具有说服力，因为婚后杜甫的经济状况并未有多大改观，故过分强调经济因素来解释杜甫晚婚问题是缺乏充分说服力的。

这样一来，我们对杜甫的思想、性格又从另外一个角度产

---

① 郁贤皓《唐九卿考》（中国社会科学出版社 2003 年版）于开元、天宝年间未载杨怡之名，当系缺考。

② 参见赵守俨：《赵守俨文存》，中华书局 1998 年版，第 30 页。

生了全新的认识。因为我们透过杜甫四十一岁结婚这件事,可以感受和触摸到杜甫性格中坚韧不拔的一面。他以超出常人的毅力,坚持在坎坷的仕途上苦苦等待和寻找机会,可谓不实现君圣臣贤的理想绝不罢休。我们再结合他在《祭远祖当阳君文》中"不敢忘本,不敢违仁"的誓言,就可以知道,杜甫对实现自己"致君尧舜"理想的坚持程度,远远超出了我们后人的想象。在长安求仕期间,他在近乎绝望的漫长等待中一直苦苦寻找机会,置家庭和个人幸福于不顾,用全部青春和生命去实现自己的追求,坚持了"不立业便不成家"的人生信条。汉代名将霍去病的豪言"匈奴未灭,何以家为"传达了历代志士的心声,与坚持实现"致君"理想、不愿早早结婚的杜甫真可说是异代同调。那么我们再回过头去看杜甫《白丝行》中"恐惧弃捐忍羁旅"的坚忍表白,《自京赴奉先县咏怀五百字》中"老大意转拙""取笑同学翁,浩歌弥激烈"的诗人形象,是不是对诗人的倔强性格又有了全新的认识呢?因此,我们通过对杜甫婚姻问题的考察,重新认识了困居长安时期杜甫的生平思想情况以及他的倔强个性,这也是考辨杜甫婚姻问题带给我们的最大启示。

《饮中八仙歌》源于汉代谣谚考*

杜甫《饮中八仙歌》云：

知章骑马似乘船，眼花落井水底眠。

汝阳三斗始朝天，道逢曲车口流涎，恨不移封向酒泉。

左相日兴费万钱，饮如长鲸吸百川，衔杯乐圣称避贤。

宗之潇洒美少年，举觞白眼望青天，皎如玉树临风前。

苏晋长斋绣佛前，醉中往往爱逃禅。

李白一斗诗百篇，长安市上酒家眠。天子呼来不上船，自称臣是酒中仙。

张旭三杯草圣传，脱帽露顶王公前，挥毫落纸如云烟。

焦遂五斗方卓然，高谈雄辩惊四筵。

全篇采用2—3—3—3—2—4—3—2这样参差不齐的句式结构，还有重复用韵等，使得这种文体形式显得极为罕见。如梁运昌在《杜园说杜》中即指出，杜诗中押重韵者，除《饮中八仙歌》外，“皆文同义异”，所以其押重韵就是一个特例。因而很多人认为此体是老杜自创之体，如高棅《唐诗品汇》引蔡絛

* 本文原载于《杜甫研究学刊》2003年第4期。

《西清诗话》云："此歌重叠用韵，古无其体。"李攀龙《唐诗广选》云："古无此体。"李沂《唐诗援》云："予谓此是老杜创体。"王嗣奭《杜臆》云："此创格，前无所因，后人不能学。"沈德潜《唐诗别裁》云："前不用起，后不用收，似八章仍似一章，格法古未曾有。"另外有人认为其主要由"柏梁体"变化而来，持论者有唐汝询《汇编唐诗十集》："柏梁诗，人各说一句；《八仙歌》，人各记一章，特变其体耳，重韵何害？"浦起龙《读杜心解》云："此格亦从季札观乐、羊欣论书及柏梁台体化出。"

柏梁诗是汉武帝元封三年（前 108）作柏梁台诏群臣以七言联句作诗而成，其也有重韵现象，沈德潜《古诗源》卷二曰："篇中三'之'字，三'治'字，二'哉'字，二'时'字，二'材'字，古人作诗不忌重复。"这与同样是七言的《饮中八仙歌》中二"眠"字、二"天"字、二"船"字、三"前"字的重韵现象的确有相似之处。而不同的是柏梁体是联句诗，清王兆芳《文体通释》云："联句者……作诗不一人，共以句相属也。主于众才合韵，属词接声。"[①]可见，"人各说一句"的柏梁体与"人各记一章"的《饮中八仙歌》毕竟是有着集体创作与独立创作的极大区别的。方世举《兰丛诗话》云："《饮中八仙歌》是学谢混品目子弟五字韵语，又学柏梁七字音调。"其论虽稍近，却并不确切。那么，《饮中八仙歌》还有没有更为直接的文体渊源呢？笔者认为，《饮中八仙歌》文体的真正直接来源应是汉末清议品评人物所用的谣谚。

已有学者指出，事数标榜的品藻方式，是由汉末清议名士

① 王兆芳：《文章释》，王水照编：《历代文话》第 7 册，复旦大学出版社 2007 年版，第 6319 页。

开创的。① 以人物品评为内容的谣谚在汉末清议之风中已形成一定的社会文化习惯。《后汉书·党锢列传》云：

> 海内希风之流遂共相摽搒，指天下名士，为之称号，上曰“三君”，次曰“八俊”，次曰“八顾”，次曰“八及”，次曰“八厨”，犹古之“八元”“八凯”也。窦武、刘淑、陈蕃为“三君”，君者，言一世之所宗也。李膺、荀翌、杜密、王畅、刘祐、魏朗、赵典、朱宇为八俊。俊者，言人之英也。郭林宗、宗慈、巴肃、夏馥、范滂、尹勋、蔡衍、羊陟为“八顾”。顾者，言能以德行引人者也。张俭、岑晊、刘表、陈翔、孔昱、苑康、檀敷、翟超为“八及”。及者，言其能导人追宗者也。度尚、张邈、王考、刘儒、胡母班、秦周、蕃向、王章为“八厨”。厨者，言能以财救人者也。②

“八元”“八凯”是指上古高辛氏、高阳氏的八个才子。《后汉书·党锢列传》中的“八俊”“八顾”“八及”“八厨”皆是模仿“八元”“八凯”共相标榜的群体。而汉末对人物的褒贬“以臧否为谈，名行善恶”是托以谣谚的形式来完成的，如“五经无双许叔重”“五经纵横周宣光”“解经不穷戴侍中”等。谣谚的押韵方式有四言二句互相押韵的，如“贾氏三虎，伟节最怒”（《后汉书·贾彪传》）；有五言二句互押的，如“徒见二千石，不如一逢掖”；七言韵语有一句中第四字与第七字押韵的，如“道德彬

---

① 参见范子烨：《中古文人生活研究》，山东教育出版社2001年版，第45页。

② 范晔：《后汉书》卷六十七，中华书局1965年版，第2187页。

彬冯仲文”(《后汉书·冯豹传》)、“德行恂恂召伯春”(《后汉书·召驯传》);有七言二句相互对称而各自押韵的,如“甑中生尘范史云,釜中生鱼范莱芜”(《后汉书·范冉传》)、“万事不理问伯始,天下中庸有胡公”(《后汉书·胡广传》);有七言二句互相押韵的,如“天下模楷李元礼(李膺),不畏强暴陈仲举(陈蕃)”(《后汉书·党锢列传》)、“车如鸡栖马如狗,疾恶如风朱伯厚”(《后汉书·陈蕃传》)、“汝南太守范孟博,南阳宗资主画诺。南阳太守岑公孝(岑晊),弘农成瑨但坐啸”(《后汉书·党锢列传》)。最后这种形式与《饮中八仙歌》最为相似:内容上是品评人物,形式上是每段直呼其名,七言,句句押韵。这较之与柏梁体的关系显然要密切得多。

另外,《饮中八仙歌》所表现的内容与汉末这些风谣韵语也是相一致的。汉末清议之风是针对宦官当权的黑暗政治形成的一种道德舆论批判力量,《后汉书·党锢列传》载:“逮桓、灵之际,主荒政缪,国命委于阉寺,士子羞与为伍,故匹夫抗愤,处士横议,遂乃激扬名声,互相题拂,品核公卿,裁量执政,婞直之风,于斯行矣。”可见这些互相标榜的清流名士的出现直接与政治污浊有关。“八俊”“八及”这些群体在当时是作为社会道德的中流砥柱形象出现的,批判的矛头直指朝廷。《饮中八仙歌》亦是如此。欲了解《饮中八仙歌》创作的时代背景,须考知其作年。《饮中八仙歌》的作年因“衔杯乐圣称避贤”之句可以推知。《旧唐书》载:“(天宝)五载,罢知政事……赋诗曰:‘避贤初罢相,乐圣且衔杯。’……七月,贬宜春太守,仰药而卒。”据此,可知《饮中八仙歌》创作的时间至早在天宝五载以后。[①] 天宝五

① 参见萧涤非选注:《杜甫诗选注》,人民文学出版社 1979 年版,第 14 页。

载以后的政治现实是：玄宗已经昏聩，李林甫独揽朝政，唐王朝的各种危机正渐渐显露出来。而此时“饮中八仙”的命运却是：李白于天宝三载赐金放还，李适之天宝五载贬宜春太守，贺知章天宝初请为道士归里。这些杜甫在创作《饮中八仙歌》时心里是清楚的，有学者归纳这篇作品时以“一个醒的和八个醉的”为题，指出《饮中八仙歌》的创作表明杜甫已开始对盛唐社会进行冷静的审视和反思。① 这些分析都是十分中肯的。杜甫此时看到贤人避路而不谈，却大声讴歌开元人物身上那强烈的盛唐精神，此时的追忆既是缅怀往昔之盛，更是慨叹今昔之不堪。抚今追昔，其所赞越热烈，对现实的批判意味也就越强烈，其谴责和批判意味是“意在言外”的。正如《唐诗解》所云：“藉令八人而当盛世，未必不为元恺之伦，今皆流落不偶，知章以辅太子而见疏，适之以忤权相而被斥，青莲则以触力士而放弃，其五人亦皆厌世之浊而托于酒，故子美咏之，亦有废中权之义云。”

“转益多师”的杜甫为了更好地表现内容，往往采用适当的形式，如王闿运《王志》卷二云：“维《北征》学蔡女，足称雄杰。”钱泳《履园谭诗》云：“杜之前后《出塞》《无家别》《垂老别》亦曹孟德《苦寒行》、王仲宣之《七哀》等作也。”同样是怀念人物的《八哀诗》，金启华《杜诗渊源论》认为：“追根穷源，我们说《八哀诗》出自《邺中集八首》和《五君咏》也是可以的。”② 这些都可看出杜甫对前人的着意继承之处。所以，严羽《沧浪

---

①　参见程千帆：《一个醒的和八个醉的——杜甫〈饮中八仙歌〉札记》，《中国社会科学》1984 年第 5 期。

②　金启华：《杜甫诗论丛》，上海古籍出版社 1985 年版，第 6 页。

诗话》曰:“少陵宪章汉魏而取材六朝。”有学者指出,杜甫十分注重向谣谚学习。[①] 杜诗中借用、化用谣谚者不乏其例,如《哀王孙》“长安城头头白乌,夜飞延秋门上呼”,即是用梁时童谣“白头乌,拂朱雀,还与吴”;《日暮》“日暮风亦起,城头乌尾讹”,用的是桓帝初京都童谣“城上乌,尾毕逋”。又如汉成帝时歌谣“故为人所羡,今为人所怜”,杜甫在《奉送苏州李二十五长史丈之任》中云“曾为人所怜”,在《遣兴》其三云“今为时所怜”。这些都可看出谣谚对杜诗的影响。而杜甫对汉魏以来品评人物多以“八”为单位的事数标榜传统是清楚的,对汉末品评人物中所常用的谣谚形式也是熟悉的,因而“宪章汉魏”的杜甫对谣谚这种形式的继承应该是自觉的。

刘勰在《文心雕龙·时序》中云:“原始以要终,虽百世可知也。”综之以上所论,从形式与内容两个方面看,《饮中八仙歌》与汉代的谣谚都很一致,应该说谣谚是《饮中八仙歌》文体更为直接的来源。然而,杜甫对谣谚这一形式并不是简单地模仿和继承,而是加以改造和创新,如对柏梁体重韵形式的借鉴以及采用歌行体等都使全篇的连贯性得到增强。正因为如此,他才在《饮中八仙歌》中实现了艺术形式和艺术形象的完美结合。

---

① 参见朱炯远:《杜甫对谣谚的学习》,《辽宁大学学报》(哲学社会科学版)2001 年第 5 期。

杜甫秦州《遣兴》诸诗与王梵志诗歌比较*

——兼谈王梵志生活时代的判定

胡适在《白话文学史》中指出,杜甫是盛唐时期最重要的白话诗人,而初唐的王梵志是以前少有人注意到的白话诗人。至于二者之间是否存在一些联系或影响,文学史研究者们却鲜有论及。比如张锡厚先生曾经指出,唐代诗人王维、皎然、顾况、白居易、杜荀鹤、罗隐等都多少受到以王梵志为代表的通俗诗派的影响,而寒山、拾得、丰干等诗僧则是王梵志的忠实信徒。① 谈到王梵志对其后唐代诗人的影响时,却单单没有提到同为著名白话诗人的杜甫。那么杜甫是否读到过王梵志的诗歌呢?假如他读到过王梵志那些"不守经典,皆陈俗语"的白话诗的话,这种训世讽世诗歌的内容和形式对于杜甫的创作是否产生过影响呢?要回答这些问题,首先还得到杜诗中去寻求答案。

杜甫在秦州创作了几组以"遣兴"为题的五言组诗,有《遣

---

* 本文原载于《天水师范学院学报》2005 年第 6 期。

① 参见张锡厚:《论唐代通俗诗的兴起及其历史地位》,《唐代文学论丛》第九辑,陕西人民出版社 1987 年版。

兴五首》(朔风飘胡雁)、《遣兴五首》(蛰龙三冬卧)、《遣兴二首》(天用莫如龙),共计12首,数量相当不少。笔者反复研读这些诗歌后,觉得无论在语言形式还是风格特色方面,它们都富有王梵志诗歌的风味,请看《遣兴五首》(朔风飘胡雁):

朔风飘胡雁,惨淡带砂砾。长林何萧萧,秋草萋更碧。北里富薰天,高楼夜吹笛。焉知南邻客,九月犹絺绤!(其一)

长陵锐头儿,出猎待明发。骍弓金爪镝,白马蹴微雪。未知所驰逐,但见暮光灭。归来悬两狼,门户有旌节。(其二)

漆有用而割,膏以明自煎。兰摧白露下,桂折秋风前。府中罗旧尹,沙道尚依然。赫赫萧京兆,今为时所怜。(其三)

猛虎凭其威,往往遭急缚。雷吼徒咆哮,枝撑已在脚。忽看皮寝处,无复睛闪烁。人有甚于斯,足以劝元恶。(其四)

朝逢富家葬,前后皆辉光。共指亲戚大,缌麻百夫行。送者各有死,不须羡其强。君看束缚去,亦得归山冈。(其五)

五首诗立意都在警世讽世,第一首写作者旅居悲秋,抒发贫富悬殊的浩叹;第二首忆长安旧事,慨叹权贵子弟的放纵习气;第三首借物托兴,言盛衰易变,以警趋炎附势之徒;第四首以猛虎被缚身死为喻,警告人间恶徒好自为之;第五首言富贵与贫贱,最后同归于尽,富贵不足羡,贫贱不足悲。

这些诗歌和王梵志诗歌的训世讽世内容极为相似，因为这些内容也都是王梵志诗歌中最为常见的题材。比如“北里富薰天，高楼夜吹笛。焉知南邻客，九月犹絺绤”，就和王梵志诗中《富饶田舍儿》《贫穷田舍汉》这样强烈对比的篇章非常相似。杜诗中“长陵锐头儿”的跋扈意气、萧炅京兆的赫赫威势都是时势使然，一旦失势，他们也只能像遭到急缚的猛虎一样，落得一个被食肉寝皮的悲惨下场。那些熏天富贵之人，无论葬礼多么奢华，最后也只能归于一抔黄土，连那些送葬的人们也不能逃脱这种命运。王梵志也曾用犀利的笔触，对皇帝乃至权贵做过同样辛辣的讽刺：“请看汉武帝，请看秦始皇。年年合仙药，处处求医方。结构千秋殿，经营万寿堂。百年有一倒，自去遣谁当？”（《请看汉武帝》）“饶你王侯职，饶君将相官。蛾眉珠玉佩，宝马金银鞍。锦绮嫌不着，猪羊死不食。口中气扑断，眷属不相看。”（《饶你王侯职》）王梵志甚至惊世骇俗地写道：“城外土馒头，馅草在城里。一人吃一个，莫嫌没滋味。”（《城外土馒头》）特别是王梵志的这首诗更值得我们注意：

> 遥看世间人，村坊安社邑。一家有死生，合村相就泣。张口哭他尸，不知身去急。本是长眠鬼，暂来地上立。欲似养儿毡，回干且就湿。前死深埋却，后死续即入。

我们将此诗和上面的杜诗《遣兴五首》（其五）相比较，就可以看出二诗表现的意思非常相似，只是语言风格上有些差异而已，模仿的痕迹相当明显。

除了内容上的一致之外，在表现手法方面，杜诗对王诗也有模仿的痕迹。王梵志在诗中运用比喻等手法，喻体也都是群众日常生活中常见的事物。我们看到，杜甫的秦州《遣兴》诸诗中所运用的一些比喻也具有这种特点，比如"漆有用而割，膏以明自煎。兰摧白露下，桂折秋风前"等都是明白如话。在这一点上，杜甫学习前辈的痕迹也很明显。杜甫在秦州还作有《遣兴二首》：

天用莫如龙，有时系扶桑。顿辔海徒涌，神人身更长。性命苟不存，英雄徒自强。吞声勿复道，真宰意茫茫。（其一）

地用莫如马，无良复谁记？此日千里鸣，追风可君意。君看渥洼种，态与驽骀异。不杂蹄啮间，逍遥有能事。（其二）

第一首以龙为喻，意在警告安史之徒积恶自毙，报应不爽，天道至公。如警钟长鸣，动人心魄。第二首以马为喻，意在劝告统治者宜专任贤者。既含蓄委婉，又警策动人。其一首句言"天用"，其二首句言"地用"，两相呼应，极具章法。蒋弱六曰："二诗一戒一劝，意亦寻常，而语最奇特。"①确实如蒋氏所言，这样通俗的劝诫诗歌出现在杜甫诗歌中显得非常奇特，难怪后人要对二诗所刺作出种种猜测。其实王梵志的诗歌最善于运用五言形式讲解人生态度和处世之道，如《鸿鹄尽飞扬》云：

鸿鹄尽飞扬，蝙蝠夜陵泊。幽显虽不同，志性不相搏。

① 杨伦笺注：《杜诗镜铨》卷五，上海古籍出版社 1998 年版，第 236 页。

> 他家求官宦，我专慕客作。斋得二斗米，铛前交脚坐。脱帽安怀中，坐儿膝头著。不羡荣华好，不羞贫贱恶。随缘适世间，自得恣情乐。无事强入选，散官先即著。年年愁上番，猕猴带斧凿。

我们将王梵志这首诗和杜诗相比较，可以看到"天用莫如龙"、"地用莫如马"和"鸿鹄尽飞扬，蝙蝠夜陵泊"都是用浅显的比喻起兴来阐发道理，在语言的通俗性上亦有承袭的痕迹。

众所周知，杜甫的陇右诗出现了新变的倾向。这个时期，杜甫由于远离了唐王朝政治旋涡的中心，开始进一步审视自己的人生理想和生活道路，对自己的创作也进入了一个总结和反思的阶段，比如他的《同谷七歌》就豪宕奇崛，风格上的新变因素就显得非常突出。有学者指出，杜甫秦州诗的新变，使其沉郁顿挫的风格更为成熟。① 项楚先生将王梵志诗与当时文人诗对观，认为王诗的长处在于弥补了文人诗歌的缺陷。王诗主要用白描、叙述和议论的方法再现生活，评价生活具有质朴、明快的特点。② 那么，杜甫对王梵志通俗辛辣的白话诗的学习，丰富自己诗歌创作语言和风格，应该也是这种新变尝试的一个重要组成部分。如此看来，"转益多师"的杜甫充分吸收了王诗简洁明快的特点，在秦州创作出《遣兴》这样浅近俚俗的诗歌，也就可以理解了。

那么，杜甫在秦州为什么突然有意模仿王梵志的诗歌呢？

---

① 参见黄小妹：《试论杜甫秦州诗的新变》，《安徽农业大学学报》（社会科学版）2004年第3期。

② 参见项楚：《王梵志诗论》，中华书局编辑部编：《文史》第三十一辑，中华书局1988年版，第230页。

笔者以为,是因为饥寒交迫的诗人此时和王梵志有了感同身受的经历。王梵志在诗中曾生动地描写了贫困生活给予自己的重压,《草屋足风尘》云:“草屋足风尘,床无破毡卧。客来且唤入,地铺稿荐坐。家里元无炭,柳麻且吹火。白酒瓦钵盛,铛子两脚破。鹿脯三四条,石盐五六课。看客只宁馨,从你痛笑我。”此诗可以说是穷形尽相地描绘了王梵志生活的窘迫,这种窘迫和杜甫在秦州“翠柏苦犹食,明霞高可餐”“不爨井晨冻,无衣床夜寒”(《空囊》)的艰苦生活可谓如出一辙,所以王梵志的诗才在大诗人杜甫那里引发共鸣,并进而模仿其风格,抒写自己的人生感受。

至于杜甫处在僻远的秦州如何能接触到王梵志诗的问题,笔者认为,在秦州和杜甫交往最为密切的赞公即赞上人,极有可能是王梵志诗歌的提供者。因为王梵志是僧侣诗人,其诗歌又往往宣扬佛教内容,多采取佛门偈子的形式,所以在释氏佛门备受推崇,流传甚广。《历代法宝记》中就记述了无住禅师曾引用王梵志诗“教戒诸学道者”的事。另外,宗密《禅源诸诠集都序》也称赞王梵志诗“或歌咏至道,或嗟叹凡迷,或但释义,或唯励行,或笼罗诸教,竟不指南,或偏赞一门,事不通众”。赞上人本是长安朱雀街南怀远坊大云寺的住持。至德二载(757),杜甫陷贼在长安,曾有《大云寺赞公房四首》。乾元二年(759)晚秋,杜甫在秦州有《宿赞公房》诗,原注:“赞,京师大云寺主,谪此安置。”诗云:“杖锡何来此,秋风已飒然。雨荒深院菊,霜倒半池莲。放逐宁违性,虚空不离禅。相逢成夜宿,陇月向人圆。”仇兆鳌《杜诗详注》卷七引赵汸曰:“杜公与房琯为布衣交。及房琯罢相,公上疏争之,亦几获罪,由此龃龉流落。赞亦房相之客,时被谪秦州,公故与之款曲如此。”又有

《西枝村寻置草堂地夜宿赞公土室二首》，其二云："大师京国旧，德业天机秉。从来支许游，兴趣江湖迥。数奇谪关塞，道广存箕颍。何知戎马间，复接尘事屏。"又有《寄赞上人》，诗云："与子成二老，来往亦风流。"十月，杜甫赴同谷，有《别赞上人》，诗云："赞公释门老，放逐来上国。还为世尘婴，颇带憔悴色。杨枝晨在手，豆子雨已熟。是身如浮云，安可限南北。异县逢旧友，初欣写胸臆……相看俱衰年，出处各努力。"由以上杜诗可见，赞上人和杜甫是相为莫逆的旧交，又加上他一生游历颇广，极有可能手中收藏了王梵志的诗歌，并在秦州请杜甫过目。另外，现已发现的王梵志诗歌有三十多种敦煌写本，写本的年代约由唐大历至北宋初年。地处西北边陲的敦煌能够有这么多王梵志诗歌写本流传，可见其诗在当地受僧俗群众欢迎的程度。而秦州地处丝绸之路的要冲，远比敦煌要靠近内地，当时必然也会有王梵志诗歌流传。已有学者注意到，杜甫生前可能读到过寒山子的诗歌。[①] 寒山子受到王梵志诗歌影响是非常明显的，那么杜甫受到王梵志影响的可能性也相当大。看来杜甫并不缺乏接触到王梵志诗歌的渠道。

学界一般认为，王梵志是初唐诗人，如张锡厚先生在《唐初民间诗人王梵志考略》一文中认为："无需更多地罗列对比，王梵志的创作实践有力地说明他是唐初的通俗诗人。"还有学者从诗歌内容反映的社会现实着手，根据王诗中所反映的中男的年龄、府兵制的情况、"开元通宝"钱的史实以及唐中央政府

---

① 参见陈耀东：《杜甫与寒山子索微》，《杜甫研究论集（中国杜甫研究会第二、三届学术研讨会汇集）》，（香港）天马图书有限公司 2001 年版，第 308—313 页。

与吐蕃间的冲突等,论证了"王梵志活动的上限是初唐武德年间,而最迟不晚于开元二十六年"①。在证明王梵志是初唐人的诸多证据当中,郑振铎先生指出,唐代著名诗人王维的《与胡居士皆病寄此诗兼示学人》两首诗题下均有"梵志体"字样,所以他认为王维学习过王梵志的诗。而任半塘认为"梵志体"系宋人刘须溪所加,其云:

> 郑振铎在《世界文库》第五册跋王梵志诗引及王维诗内《与胡居士皆病寄此诗兼示学人》二首,曾有注云"梵志体",以为是王维自注,因曰"梵志诗在唐,不仅民间盛传之,即大诗人们也都受其影响",实则"梵志体"三字,仅见于刘须溪本《唐王右丞集》,移在题目一行之下端,曰:'二首梵志体,他本皆未见。五字始出刘须溪所注,不能据此证明,盛唐时梵志诗曾流行于大诗人间。且维诗五言古体,又谈佛理,二点同梵志诗所有;至于不用口语,不短峭(二首各二十句),则非梵志体,宋人粗略,郑氏亦未详省耳。(任半塘《敦煌歌辞集总编》手稿本,转引自张锡厚编《王梵志诗辑校》附编)

关于"梵志体"三字是王维还是刘辰翁(须溪)所加,后世已经不能遽定。但是根据王维二首五言诗的篇幅比王梵志诗略长一些,便认为不能说是效仿王梵志的说法却未必令人信服。况且诗中"一兴微尘念,横有朝露身。如是睹阴界,何方置我人"

---

① 赵和平、邓文宽:《敦煌写本王梵志诗校注》,《北京大学学报》(哲学社会科学版)1980 年第 6 期。

“因爱果生病,从贪始觉贫。色声非彼妄,浮幻即吾真”这样的诗句,虽是演绎佛法,但确实富有王梵志白话诗的风味,故窃以为并不能排除《与胡居士皆病寄此诗兼示学人》二首中“梵志体”字样乃是王维所加的可能。也就是说,王梵志的诗歌极有可能对大诗人王维产生过直接影响。那么我们再结合上述杜甫秦州《遣兴》诸诗中模仿王梵志诗的痕迹,可见与王维同时的杜甫当然也极有可能从王梵志诗中汲取了艺术营养。因此,笔者认为杜甫秦州诗中类似《遣兴》这样的白话诗为判定王梵志为初唐诗人又提供了一可供参照的佐证。

杜甫《两当县吴十侍御江上宅》作时作地考辨*

杜甫《两当县吴十侍御江上宅》诗云：

寒城朝烟澹，山谷落叶赤。阴风千里来，吹汝江上宅。鹍鸡号枉渚，日色傍阡陌。借问持斧翁，几年长沙客？哀哀失木狖，矫矫避弓翮。亦知故乡乐，未敢思宿昔。昔在凤翔都，共通金闺籍。天子犹蒙尘，东郊暗长戟。兵家忌间谍，此辈常接迹。台中领举劾，君必慎剖析。不忍杀无辜，所以分白黑。上官权许与，失意见迁斥。仲尼甘旅人，向子识损益。朝廷非不知，闭口休叹息。余时忝诤臣，丹陛实咫尺。相看受狼狈，至死难塞责。行迈心多违，出门无与适。于公负明义，惆怅头更白。

吴侍御，即吴郁，排行十，凤州两当县（今属甘肃）人。天宝中，为雍县尉。至德二载（757），在侍御史任，因为民辩诬，取忤朝贵被谪。上元二年（761）放还，居成都，杜甫往访之，有《范二

---

* 本文原载于《杜甫研究学刊》2017 年第 1 期，转载于《杜甫读书会论文集》，中国社会科学出版社 2017 年版。

员外邈吴十侍御郁特枉驾阙展待聊寄此作》诗。据敦煌写本《历代法宝记》,永泰二年(766)十月,吴郁为青苗使在蜀。大历中,迁金部员外郎。杜甫任左拾遗时,吴郁任侍御史,同在凤翔行在供职。当时为肃清叛军间谍,抓捕了一些人,吴郁为其中的良民理冤,得罪上司被贬谪。杜甫时因疏救房琯忤旨正遭困境,对于吴郁的遭贬,未能仗义执言,深感愧疚,自觉有负于明义。乾元二年,诗人经过吴郁的故宅,想起几年前的这件事,遂作此诗。

杜甫由秦州至同谷的纪行诗的时地班班可考,只有这首《两当县吴十侍御江上宅》的作时作地歧见纷纭,因此有必要对这个问题进行详细梳理,以厘清杜甫作此诗的真正时间和地点。

一、旧注对《两当县吴十侍御江上宅》作时作地的歧见

宋本《杜工部集》将此诗编于《发秦州》之前、《万丈潭》之后。然而,赵次公却不同意这种编次,其曰:

> 此篇旧在秦州诗下,合迁入于此。题盖言两当县人吴侍御宅在江上,而身谪长沙,不得去也。诗云:“借问持斧翁,几年长沙客?”正言其客于潭州矣。……首四句以秦地之时候景物,言其宅在两当之江上,用引下段“亦知故乡乐”之句。自“鹍鸡号枉渚,落日傍阡陌”,又以楚地之时候景物如此,而乃在长沙也。

> 旧本见题是“两当县吴侍御江上宅”，故置之发秦州往同谷间，然亦自非所由之路矣。[①]

今按，赵次公将此诗编入大历四年潭州诗内，实是出于对“几年长沙客”的误解所致，此句杜诗明显是用贾谊贬谪长沙之典，不一定是确指吴郁之贬所；赵次公又将此诗下文所云“枉渚”坐实为长沙地名，遂将此诗移编于潭州诗内，更是错上加错。不过他指出，由秦州至同谷并不经过两当倒是没错。王嗣奭《杜臆》曰：“时侍御尚在长沙，公过其空宅，思及往事而赋此。”[②]所论良是，此后王嗣奭此说成为理解此诗的通行之论，然他将“长沙”坐实为吴郁贬所，亦有疑问。此后的杜诗学界几乎没有赞同赵次公之说者，不过赵次公将此诗编次随意移置的做法对明清的杜诗学者仍产生了一定影响，如清初的黄生即又主张将此诗编于成都诗内，其曰：

> 编诗者因题中“两当县”字，遂次于秦州诗后，此可笑也。吴是此县人，故书其籍，而“江上宅”自在成都，时亦携家寓蜀者，故云：“借问持斧翁，几年长沙客？”“亦知故乡乐，未敢思宿昔。”此其以两当为故乡，而身在谪籍亦明矣。然则编诗者止看题而不看诗耶？此诗宜与《范员外藐吴侍御郁特枉驾》诗相次。[③]

---

① 赵次公撰，林继中辑校：《新定杜工部古诗近体诗先后并解(修订本)》己帙卷六，上海古籍出版社 2012 年版，第 1449—1450 页。

② 仇兆鳌：《杜诗详注》卷八引，中华书局 1979 年版，第 669 页。

③ 黄生撰，徐定祥点校：《杜诗说》卷十一，黄山书社 1994 年版，第 412 页。

可见黄生是因为注意到杜甫成都诗中有《范二员外邈吴十侍御郁特枉驾阙展待聊寄此作》一诗，遂又以为《两当县吴十侍御江上宅》应作于成都，然而此说于诗意难以契合，既然吴郁“身在谪籍”，远贬长沙，为何又忽然跑到成都来了呢？这些问题黄生都不能圆满地解释，故其说实属误解，不能采信。

黄鹤曰：“两当县，在凤州城西。凤州亦西至成州二百七十里，殆是公自秦西至同谷时，道经两当，故作此诗，乾元（二年）十月也。”应该指出的是，黄鹤终于改正了赵次公的错误，将此诗大致归入由秦州至同谷之间。然而黄鹤并未详考秦州、同谷、两当的相对位置，其“道经两当”之说亦不准确。朱注曰：“《旧唐书》：凤州两当县，汉故道县地，晋改两当，取水名。《水经注》：两当水，出陈仓县之大散岭西南，流入故道川，谓之故道水。”今人李济阻等《杜甫陇右诗注析》指出，同谷在秦州西南，两当在秦州东南，三地相距甚远，杜甫自秦州赴同谷，是经西和县折向西南，根本不经过两当，①所论良是。若无李济阻等地方学者通过实地考察予以纠正，旧注中的此类明显失误很难被人察觉。然而，黄鹤此说仍然被许多明清杜诗注家所沿袭，如仇兆鳌《杜诗详注》曰：“殆是公自秦西至同谷时，道经两当，故作此诗。盖乾元二年十月也。”②但是，仇兆鳌、浦起龙等人虽然接受了黄鹤的“道经两当”之说，却又矛盾地均将此诗编于秦州诗之最末、《发秦州》之前。浦起龙对此解释曰：“此

---

① 参见李济阻等：《杜甫陇右诗注析》，甘肃人民出版社 1985 年版，第 305 页。

② 仇兆鳌注：《杜诗详注》卷八，中华书局 1979 年版，第 669 页。

系发秦州后所经,但不得混入纪行诗内,故先编此。”①也就是说,虽然《两当县吴十侍御江上宅》肯定作于《发秦州》之后,但是为了保持秦州至同谷十二首纪行诗的完整独立性,注家只能把这首诗的编次提前,这实际上等于搁置了此诗的作时作地问题。这样一来,《两当县吴十侍御江上宅》便成为秦州至同谷诗编年中一颗久未排除的地雷,以至于后人议论纷纭,迄无定论。

图1 杜甫陇右行迹

① 浦起龙:《读杜心解》卷一之二,中华书局1962年版,第73页。

二、今人对《两当县吴十侍御江上宅》作时作地的推测

李济阳等人在纠正了黄鹤、仇兆鳌关于此诗作地的失误之后，进而提出此诗是从同谷赴蜀途中专门去两当县看望吴郁故居所作，其云：

> 杜甫离开同谷以后，是从现在的徽县、两当交界处（嘉陵江与永宁河、田家河会合地——合河口）沿嘉陵江而下入蜀的。这儿离吴郁江上宅（现在甘肃两当县西坡公社境内）较近，诗人很可能是从这里专门看望吴郁去的。（从当时的交通条件来考虑，诗人在秦州居住期间专门去两当的可能性极小）。①

因此，李济阳等人认为，这首诗似应定为“赴蜀途中访吴郁两当故居”的作品。另外，严耕望《唐代交通图考》又提出：

> 两当在今两当县东三十五里，西北至秦州数百里，自不当列入秦州诗无疑；然杜翁自秦州至同谷，取上禄道，已见前考，绝非经两当，故鹤注亦非。盖公至河池，未即时南行入蜀，而曾因事枉道先东至两当耳。河池、两当皆在散

---

①　李济阳等：《杜甫陇右诗注析》，甘肃人民出版社 1985 年版，第 305 页。

关入蜀驿道上，详《通典所记汉中通秦州驿道》篇，故此诗当编《木皮岭》之后。[①]

此说与李济阻等人的说法较为相似，似是受到了李济阻的影响。吴郁嘉陵江边的“江上宅”遗址在今两当县西坡乡琵琶洲附近。因此，从距离来看，无论是从徽县、两当的合河口还是河池的入蜀驿道，距两当县西坡乡都很近，所以杜甫由同谷入蜀途中前往两当县的可能性确实存在。然而，李济阻等人将距离远近作为考量《两当县吴十侍御江上宅》作时作地的唯一标准，未能综合考虑杜甫在同谷生活及创作的实际情况，故仍有继续探讨之必要。

另外，仍有学者坚持黄鹤、仇兆鳌的“由秦州去两当”之说，只是对旧注进行了一定程度的修订，如徽县学者孙士信认为，杜甫去两当寻访吴郁故宅是在寓居秦州期间，此行在发秦州之前。此说的主要理由是，各种版本的杜集中此诗都次于《秦州杂诗》。[②] 高天佑亦同意孙士信此说，并提杜甫出此行的具体路线应是秦州—皂郊堡—娘娘坝—李子原—徽县高桥乡—太白乡—两当(今杨店乡)。[③] 然而，据《九域志》，秦州至同谷265里，秦州至两当约500里，杜甫仅是由秦州至同谷就艰苦卓绝地走了月余，则由秦州往返更为偏远的两当应不会短于这个时间，而杜甫从乾元二年七月末至十月初前后在秦州也

---

① 严耕望：《唐代交通图考》，上海古籍出版社2007年版，第838页。

② 参见孙士信：《杜甫客秦州赴两当县考》，吕兴才主编：《杜甫与徽县》，甘肃人民出版社1994年版，第52页。

③ 参见高天佑：《杜甫赴两当县路线杂考》，高天估编著：《杜甫陇蜀纪行诗注析》，甘肃民族出版社2002年版，第232—239页。

就住了三个月左右,若在此期间还要花一两个月往返两当,是不可想象的,当然也是不可能的。

三、《两当县吴十侍御江上宅》作时作地平议

综上可见,除了赵次公、黄生因对诗意的理解有误故而得出错误结论之外,由宋迄清的杜诗注家均将此诗编于秦州至同谷纪行诗中,殊不知杜甫至同谷的路线并不行经两当县。然而,悬揣古人将此诗编于此的主要理由,恐怕还是诗中表现的时令。《两当县吴十侍御江上宅》开头曰:"寒城朝烟澹,山谷落叶赤。阴风千里来,吹汝江上宅。鹍鸡号枉渚,日色傍阡陌。"从诗中描写的景物来看,无疑是深秋初冬之景。而杜甫在秦州至同谷纪行诗《寒硖》《石龛》中已经有"况当仲冬交""仲冬见虹霓"之句。因此,对杜诗中时间季节信息颇为敏感的注家感到此诗中"山谷落叶赤"之景似乎比《寒硖》《石龛》中的节令还要早一些,便只好将此诗编于秦州诗之最末、《发秦州》诗之前。其实杜诗注家在这里明显过于拘泥,《两当县吴十侍御江上宅》中的景物既可以说是深秋,也可以说是初冬,只从景物所表现的时令来看,实在与其他纪行诗难以区分先后。而当代学者李济阻等人在指出旧注的失误之后,又提出此诗应移到杜甫由同谷入蜀纪行诗中的新说。学界对这种说法目前尚少有讨论者,笔者以为此说虽有一定道理,但仍然存在以下几个难以解决的问题。

第一,从纪行诗的角度看,杜甫由秦州至同谷纪行诗有十二首,由同谷至成都纪行诗亦为十二首。若非巧合的话,这两

组诗应是诗人有计划的创作，当不可增添移易。在宋本《杜工部集》中，《发秦州》题下原注曰："乾元二年，自秦州赴同谷县纪行十二首。"《发同谷县》题下原注曰："乾元二年十二月一日，自陇右赴剑南纪行。"这些题注若真是所谓"公自注"的话，似乎也可佐证我们上面的猜测。而《两当县吴十侍御江上宅》却并不属于两组纪行诗，因此从这个角度来看，李济阻、严耕望等先生将此诗随意移动到第二组纪行诗之中就打乱了两组纪行诗在数量上的整齐性。若再考虑到此诗应不晚于《发同谷县》，如此一来，此诗便只能作于寓居同谷这短短的二十多天之内。曹鹏雁先生早就提出杜甫由栗亭赴两当县的可能性。① 刘雁翔先生也已经指出，杜甫过访吴郁宅，只能在寓居同谷、栗亭时。② 曹、刘两位先生之论，可谓先得我心。

第二，李济阻等人提出的杜甫从同谷入蜀途中前往两当县的说法，从距离来看虽然确实较近，但杜甫此行入蜀，"首路栗亭西"之后，便须折而向南，此时距两当县虽比在同谷时近些，但若真的趁此时机去两当的话需要折而向西北，与目的地正好反向而行。杜甫这次由同谷出发，"辛苦赴蜀门"，有行李家小的拖累，有衣食寒窘的促迫，故出发后在途中专程折返前去两当，在情理上是不易说通的，所以李济阻先生这种推测尚欠斟酌。

第三，从时间来看，杜甫《发同谷县》题下原注曰："乾元二

① 参见曹鹏雁：《杜甫由同谷县栗亭赴两当县吴郁宅的可能性》，聂大受主编：《杜甫流寓陇右 1250 周年纪念专刊》，天水杜甫研究会，2009 年，第 106—110 页。

② 参见刘雁翔：《杜甫陇上萍踪》，甘肃教育出版社 2014 年版，第 126 页。

年十二月一日，自陇右赴成都纪行。”十二月已属于季冬，这与《两当县吴十侍御江上宅》诗中描绘的深秋初冬景象已难相符，故主张杜甫入蜀初期前往两当县的说法在时间上亦考虑不周，存在明显瑕疵。

总之，李济阻等人提出的新说尚存不少问题，难以自圆其说，恐非定论。不过李济阻先生已经对自己的说法进行反思，其云：

> 我们在撰写《杜甫陇右诗注析》时也选择了自同谷入蜀绕道两当的说法，然而书出版后反复琢磨，觉得仍有两个疑团：第一，杜甫沿木皮岭至飞仙阁间蜀道赴成都，这条路上任何一点距吴郁故宅也在一百里以上，路途中绕那么大的弯子去访友，总是不大便当，况且诗人是举家前往呢，还是寄家小于客舍只身过访呢？第二，杜甫是十二月一日离开同谷南下的，但《两当县吴十侍御江上宅》劈头就说：“寒城朝烟淡，山谷落叶赤。”尽管两当地气较同谷略暖，可是寒冬腊月也难见到“山谷落叶赤”景象。①

李济阻先生敢于自我质疑、自我否定的精神令人钦佩，这也说明杜甫入蜀途中由合河口前往两当之说实难成立。此后梁晓明、曹鹏雁、刘雁翔、孟永林等先生陆续提出，杜甫曾有栗亭之游，栗亭属于徽县，距两当县不远，则《两当县吴十侍御江上

① 李济阻：《走出陇右及其他——杜甫陇右行踪通考系列论文之五》，天水师专中文系编：《杜甫陇右诗研究论文集》，甘肃人民出版社1995年版，第102页。

宅》应作于栗亭之游的同时。需要指出的是，关于杜甫前往栗亭的时间，目前仍存在两种说法：一种说法认为是在杜甫寓居同谷期间，如嘉庆《徽县志》曰："杜公祠，在县西三十里栗亭镇，唐杜甫居同谷，避暑栗亭元观峡。明御史潘公按部栗亭，梦甫，乃为建祠。""杜甫钓台，元观峡内，唐乾元中，甫居同谷过夏，栗亭垂钓于此。"按，杜甫于乾元二年十月发秦州，至十二月一日离开同谷，故县志所谓"杜甫曾去栗亭过夏避暑"云云明显有误，不过其中称杜甫是寓居同谷期间前往栗亭之说则值得引起注意。另一种说法认为是杜甫由同谷入蜀时途经栗亭，如梁晓明《杜甫自秦州入蜀行踪补证》说："杜甫乾元二年(759)十二月一日从同谷出发，东入栗亭并寄家眷于此地，然后单骑东去两当探访吴郁不遇返回后，即率全家开始了赴蜀之行。"①其依据当是杜甫的《木皮岭》："首路栗亭西，尚想凤凰村。"按，以上这两种说法本来难以区分正误，不过杜甫除了在《发秦州》和《木皮岭》中提到栗亭外，还曾作《题栗亭》诗。咸通十四年(873)，成州刺史赵鸿《栗亭》诗曰："杜甫栗亭诗，诗人多在口。悠悠二甲子，题纪今何有？"注云："赵鸿刻石同谷曰：工部《题栗亭十韵》不复见，盖鸿时已无公诗矣。"②如前所述，杜甫由秦州至同谷及由同谷至成都纪行诗均为十二首，数量非常整齐，故《题栗亭》明显不属于这两组纪行诗，则其只能和《万丈潭》等诗一样属于寓居同谷期间之作。同样，《两当县吴十侍御江上宅》亦应系杜甫由同谷去栗亭、两当县考察时所

① 梁晓明：《杜甫自秦州入蜀行踪补证》，吕兴才主编：《杜甫与徽县》，甘肃人民出版社 1994 年版，第 81 页。

② 彭定求等编：《全唐诗》卷六〇七，上海古籍出版社 1986 年版，第 464 页。

作,而非作于入蜀途中。如此来看,《两当县吴十侍御江上宅》亦只能置于两组纪行诗之间,次于《发同谷县》之前为妥。

综合以上各方面情况,《两当县吴十侍御江上宅》应作于杜甫寓居同谷期间。然而诗人在同谷的生活极为困顿,《同谷七歌》甚至给人以“惨绝人寰”之感,那么处于如此境况之中的杜甫是否还有可能前往两当县探访吴郁故宅呢?答案是肯定的,因为杜甫在此期间仍然曾去栗亭游览,栗亭距两当县较近,则杜甫顺路前往两当县的可能性极大。不过由于对杜甫困居同谷的印象过于深刻,所以才有学者反对《两当县吴十侍御江上宅》作于此时,甚或有人提出此诗只是悬想怀人之作,因为诗人似乎毫无必要前往一座遥远的空宅。[①] 殊不知,这正是杜甫人格的伟大之处,孟永林先生说:“杜甫毅然的两当之行,其实是杜甫人生中非常人所能理解的一次抒情行为。”[②]此言得之。杜甫寓居同谷期间生活虽极为困顿,前往两当县吴郁故宅也并不顺路,需要经过长途跋涉,但他仍坚持去造访老朋友那座遥远的江上空宅,种种不同寻常的情况正好表明,诗人是多么重视此次两当之行,此举体现了杜甫对吴郁被贬事件的深深自责与愧悔,可见他在《两当县吴十侍御江上宅》中“至死难塞责”“于公负明义”云云并不是什么客气话,而是发自心底的不安与愧疚。虽然吴郁被贬时他自身亦处于被肃宗冷落排斥的境遇之中,但杜甫却并不能因此原谅自己,所以在故友尚在贬

---

① 参见李子伟:《杜甫客陇右赴两当县考辨》,聂大受主编:《诗圣与陇右:天水杜甫研究会首届学术研讨会文集》,中国文史出版社 2008 年版,第 111 页。

② 薛世昌、孟永林:《秦州上空的凤凰——杜甫陇右诗叙论》,中国社会科学出版社 2013 年版,第 319 页。

所的情况下，他仍克服诸般困难和阻碍，不顾一切、步履踉跄地来到吴郁的江边空宅，细语倾诉衷肠，真诚道歉忏悔，从中可见杜甫笃于情义的敦厚个性与他人难以企及的高尚人格。这正是隐藏在《两当县吴十侍御江上宅》作时作地问题背后的丰富隐情，值得后世读者仔细品味。

杜诗“铁马汗常趋”用典考*

杜甫《行次昭陵》诗云:“旧俗疲庸主,群雄问独夫。谶归龙凤质,威定虎狼都。天属尊尧典,神功协禹谟。风云随绝足,日月继高衢。文物多师古,朝廷半老儒。直词宁戮辱,贤路不崎岖。往者灾犹降,苍生喘未苏。指麾安率土,荡涤抚洪炉。壮士悲陵邑,幽人拜鼎湖。玉衣晨自举,铁马汗常趋。松柏瞻虚殿,尘沙立暝途。寂寥开国日,流恨满山隅。”围绕此诗的作年、主旨及某些词句的含义,历史上曾产生过很大争议,其中对“铁马汗常趋”句所用何典的争论尤为激烈。为了解决这个问题,我们首先需要对这句诗注解的历史过程做简要的梳理和分析。

一、“铁马汗常趋”句注解及争议的历史过程

对杜甫《行次昭陵》诗中“玉衣晨自举,铁马汗常趋”二句的含义,我们从较早的杜诗注本中还看不到用典的说法,如郭知达《新刊校定集注杜诗》引赵次公曰:“玉衣,贵人死者珍异

---

* 本文原载于《文学遗产》2014 年第 5 期,系河北省社科基金项目“杜甫文赋研究”研究成果之一。

之衣。《汉仪注》:以玉为衣,如铠状,连缀之,以黄金为缕。太宗虽死矣,玉衣如铠,晨则自举,此以意度鬼神之事。铁马,非战莫用也,所像之铁马,犹汗以趋,则太宗勤兵之意,瞑目而未终矣。”①可见此时还未出现昭陵石马助战那样的解释。此说最早见于唐姚汝能《安禄山事迹》载天宝十五载六月哥舒翰在潼关为贼将崔乾祐所败事:“阵之既败也,乾祐领白旗引左右驰突往来,我军视之,状若鬼神。又见黄旗军数百队,官军潜谓是贼,不敢逼之。须臾,又见与乾祐斗,黄旗不胜,退而又战者不一,俄然不知所在。后昭陵奏:是日灵宫石人马流汗。”②最早将姚汝能此说引进杜诗注释中的应是北宋的王洙,王洙之子王钦臣《王氏谈录》引王洙之论曰:“公言杜甫诗多用当时事,所言‘玉鱼蒙葬地’者,事见韦述《两京记》云云。有言‘铁马汗常趋’者,昭陵陵马助战是也。此类甚多,此篇不全。”吴曾《能改斋漫录》卷六“玉鱼铁马”条所载略同。胡仔《苕溪渔隐丛话》前集卷七引《蔡宽夫诗话》的记载更为详细:“安禄山之乱,哥舒翰与贼将权乾祐战潼关,见黄旗军数百队,官军以为贼,贼

---

① 郭知达编:《新刊校定集注杜诗》卷十七,中华书局1982年版,第7页。

② 姚汝能撰,曾贻芬点校:《安禄山事迹》卷下,中华书局2006年版,第103页。按,姚汝能的生平事迹不详,陈振孙《直斋书录解题》卷五《杂史类》著录该书时署作“唐华阴尉姚汝龙撰”,按语曰:“《唐书·艺文志》作‘姚汝能’。”(上海古籍出版社1987年版,第144页)《四库全书总目》卷六十四《史部·传记类存目六》曰:“陈振孙《书录解题》称其官华阴尉,未详里居,则宋时已无可考矣。”(中华书局1965年版,第576页)。今人韩理洲据西安出土的姚汝能所撰《赵文信墓志》,考出其为会昌六年(846)乡贡进士,则其确为晚唐人。参见韩理洲:《新增千家唐文作者考》,三秦出版社1995年版,第241页。

以为官军，相持久之，忽不知所在。是日，昭陵奏陵内前石马皆汗流。子美诗所谓'玉衣晨自举，铁马汗常趋'盖记此事也。李晟平朱泚，李义山作诗，复引用之，云：'天教李令心如日，可待昭陵石马来。'此虽一等用事，然义山但知推美西平，不知于昭陵似不当耳。乃知诗家使事难，若子美，所谓不为事使者也。"①在宋代的杜诗注家中，鲁訔是较早吸收和接受这种说法之人，元姚桐寿《乐郊私语》曰："杜少陵集自《游龙门》至《过洞庭》，诗目次第，为此州先正鲁訔季钦编定，大都一循少陵生平行迹，亦可以见其诗法升降，亦随其年，自少而壮，而老愈入于细而化也。注脚多所补益，极为后学借资。第音切类多吴音，其他注释，如以'铁马汗常趋'为昭陵石马果常有汗……不免为杜集增累。"②鲁訔的《编次杜工部诗》虽已散佚，但是我们还是由《乐郊私语》所载获知它是较早采录"陵马助战"说的注本。此后蔡梦弼《杜工部草堂诗笺》亦简略地征引了此说："言神无所不游也。《天宝故事》：安禄山反，昭陵奏石人马皆有汗流。"③此后的历代注家多沿袭此说，只是逐渐订正了《蔡宽夫诗话》中的文字讹误，如将"权乾佑"改为"崔乾祐"。明代杨慎《升庵集》卷五十九、钱谦益《钱注杜诗》卷十亦均引此说，并产生了较大影响。《钱注杜诗》曰："《唐会要》：上欲阐扬先帝徽烈，乃令匠人琢石，写诸蕃君长十四人，列于陵司马北门内。又

---

① 胡仔纂集，廖德明校点：《苕溪渔隐丛话》前集卷七，人民文学出版社 1962 年版，第 43 页。

② 姚桐寿：《乐郊私语》，《学海类编》第 114 册，上海涵芬楼据清道光十一年（1836）木活字排印本影印，1920 年，第 12 页。

③ 蔡梦弼编：《杜工部草堂诗笺》卷十一，《续修四库全书 · 集部 · 别集类》第 1307 册，上海古籍出版社 1979 年版，第 93 页。

刻石为常所乘破敌马六匹于昭陵阙下也。《安禄山事迹》：潼关之战，我军既败，贼将崔乾祐领白旗，引左右驰突。我军视之，状若神鬼。又见黄旗军数百队，官军潜谓是贼，不敢逼之。须臾，又见与乾祐斗，黄旗军不胜，退而又战者不一，俄不知所在。后昭陵奏，是日灵宫前石人马汗流。李义山《复京》诗：‘天教李令心如日，可要昭陵石马来。’韦庄诗：‘兴庆玉龙寒自跃，昭陵石马夜空嘶。’盖咏此事也。‘铁马’，当从《英华》作‘石马’。”①由于《钱注杜诗》的巨大影响，“昭陵石马助战”说得以被广泛接受，几乎成为定论。此后的注家朱鹤龄、张远、仇兆鳌、吴瞻泰、浦起龙、杨伦等皆从钱注，虽也有顾炎武、卢元昌、黄生、史炳等少数注者曾先后提出异议，却均未引起当时学界的充分注意。现当代学者中，日人吉川幸次郎较早对《行次昭陵》的编年提出疑问，力主此诗乃安史之乱前所作，对“铁马”句的注释也相应提出见解，此后李华、何振球等学者也都阐发过类似见解。以下我们便对“昭陵石马助战”说中存在的问题和疑点加以总结和分析。

二、以“昭陵石马助战”说注释“铁马汗常趋”存在的问题和疑点

随着时间的推移，以钱注为代表的“昭陵石马助战”说存

---

① 钱谦益笺注：《钱注杜诗》卷十，上海古籍出版社 1979 年版，第 322 页。按，钱氏所引《安禄山事迹》的文字，与今传本《安禄山事迹》存在较大差异，比较来看，钱注所引文字更加详细，则钱氏绛云楼或许藏有与通行本不同之《安禄山事迹》。

在的问题也逐渐暴露出来。总结起来,主要体现在以下五个方面。

第一,“昭陵石马助战”故事的主角是“石马”,而“铁马汗常趋”的主语乃是“铁马”,二者存在明显差异。顾炎武就曾尖锐地指出:“钱氏谓此诗天宝乱后作,而改‘铁马’为‘石马’,以合李义山‘昭陵石马’之说,非矣。”“今昭陵六马见存,皆琢石为屏,而刻马于上,其文凸起,非金马也,乾陵石雁亦然。”①可见以“石马”之典来注“铁马”之句,实在难以令人信服。不过明清以后的杜集中,“铁马汗常趋”常刻作“石马汗常趋”,这极有可能是受到“昭陵石马”之事的影响而做出的改动,那么在早期的杜集中,“铁马”到底有没有“石马”的异文呢?检“二王本”《杜工部集》的底本便作“铁马”,其他宋本杜集中也并无“石马”的异文,其中甚至包括将此诗编于《北征》诗后的宋百家本和蔡梦弼本。② 仅有《文苑英华》卷三零六作“石马”,下有小字校语曰:“集作铁。”可见《文苑英华》中“石马”异文的出现时间要晚于其他宋本杜集,且《文苑英华》并未标明“石马”这一异文的版本依据或来源。因此,钱谦益、朱鹤龄等注家欲以昭陵石马助战的典故注释此句,在寻找版本依据时只能对众多宋本全作“铁马”的事实装作视而不见,勉强依从版本存疑的《文苑英华》,改“铁马”作“石马”,但是为了迁就史事就如此随意改动底本,其做法本身是不严谨的。清人施鸿保曾

---

①　顾炎武撰,黄汝成集释:《日知录集释》卷二十七,岳麓书社 1994 年版,第 973 页。

②　笔者对全部存世宋本杜集做了调查,其中包括钱曾抄本、赵次公本、宋九家本、宋百家本、宋千家本、宋分门本、蔡梦弼本(蔡甲本、蔡乙本、蔡丙本),宋十注本、南宋残本未收此诗。

一针见血地指出:“以‘铁’为‘石’,恐后人因昭陵事而改诗字耳。”[①]此论真是点中了钱氏等人的要穴。

第二,《行次昭陵》的编年问题。若认定“铁马汗常趋”句确实是用《安禄山事迹》中昭陵石马助战之事的话,则此诗的作年必在安史之乱以后,而这又涉及历代杜诗注本中《行次昭陵》的编年情形。宋代的杜诗注家大多将《行次昭陵》系于安史之乱以前,如黄鹤便将《行次昭陵》系于天宝五载,其曰:“今诗题云‘行次昭陵’,当是天宝五年,自东都归长安时作。诗云‘幽人拜鼎湖’,则是未奏赋授官前也。”[②]黄鹤将“幽人”理解为诗人自己[③],故得出“诗歌作于未奏赋授官前”的结论。而只有托名王十朋的《王状元集百家注编年杜陵诗史》和蔡梦弼的《杜工部草堂诗笺》则将此诗编于《北征》诗后。王本前署“嘉兴鲁訔编年并注”,蔡本前亦署“嘉兴鲁訔编次”,可见二本均吸收了鲁訔《编次杜工部诗》的编年成果。如前所述,鲁訔本虽已散佚,但它是较早采录“昭陵石马助战”说的注本,所以在宋代的杜诗编年中,对《行次昭陵》诗的处理方法,鲁本、蔡本和宋百家注本(即王状元本)应该算是少数和异类,它们对此诗编年加以改动的依据,也都是受了“昭陵石马”说的影响。值得注意的是,在宋代其他注本中,此诗均编于安史之乱以前。直至清代的钱谦益、朱鹤龄等人方承继发扬了鲁訔、蔡梦弼的

---

① 施鸿保:《读杜诗说》卷五,中华书局 1962 年版,第 46 页。

② 黄希、黄鹤:《黄氏补千家注纪年杜工部诗史》卷十七,《中华再造善本·金元编·集部》影印山东省博物馆藏元至元二十四年(1287)詹光祖月崖书堂刻本,北京图书馆出版社 2006 年版。

③ 颜洽茂等认为,“幽人”应训解为“怨愤之人”。参见颜洽茂、章志华:《〈行次昭陵〉“幽人”辨释》,《绍兴师专学报》1991 年第 2 期。

编年结论。由于采信了《安禄山事迹》中石马助战之事，他们都支持《行次昭陵》作于安史之乱以后的说法。钱谦益《读杜小笺》曰："此诗《草堂诗笺》叙于《北征》之后，盖肃宗收京后作也。"其引《安禄山事迹》中石马流汗之事后又曰："黄鹤叙于天宝五年，今人多仍其谬，故正之。"①又于《钱注杜诗》中曰："旧本载在天宝初，安得先举昭陵石马之事？《草堂诗笺》次于《北征》之后，当从之。"②朱鹤龄曰："昭陵在醴泉，近泾阳，直京师之北。《草堂诗笺》序于《北征》诗后，良是。盖省家鄜州，道经此也。黄鹤编在天宝五载，谓西归应诏时作，大谬。"③朱鹤龄认为，昭陵在长安之北，黄鹤所云"自东都归长安时"是不应经过昭陵的，因此否定了黄鹤将此诗系于天宝五载之说，并提出此诗乃是杜甫疏救房琯后回鄜州省亲所作，故次于《北征》诗后。这样一来，不仅"铁马"句用昭陵石马助战事可以讲通，似也符合杜甫行迹路线。但是为了牵合史事而随意改易诗之作年，这种做法本身也是极不严肃的。黄生就曾质疑道："禄山之乱，率土翻覆、九庙震惊，何诗中略无一语叙及？"又评《重经昭陵》诗曰："重经作此，尚见承平口吻，益知前诗非乱后之作矣。"④黄生在对杜甫两首昭陵诗的情感内容进行分析后指出，既然《重经昭陵》中尚未见悲伤之语，那么《行次昭陵》更

---

① 钱谦益：《牧斋初学集》卷一〇六，上海古籍出版社1985年版，第2162、2163页。

② 钱谦益笺注：《钱注杜诗》卷十，上海古籍出版社1979年版，第322页。

③ 朱鹤龄撰，韩成武等点校：《杜工部诗集辑注》卷四，河北大学出版社2009年版，第148页。

④ 黄生撰，徐定祥点校：《杜诗说》卷十，黄山书社1994年版，第393、394页。

是乱前所作了。此论无疑是对钱笺的有力驳斥。吉川幸次郎也认为:“没有必要把它当作乱后之作,不一定非崇奉旧本不可。”并且他从首句“旧俗疲庸主”与《朝享太庙赋》“衮服纷纷,朝廷多闰者,仍亘夫魏晋。臣窃以自赤精之衰歇,旷千载而无真人。及黄图之经纶,息五行而归厚地”在语意上的相似性推断,此诗作于天宝九载以后,天宝十四载以前。① 另何振球也说:“从本诗内容、诗人所表达的感情来看,诗歌作于安史之乱前比较可信。”②只要我们仔细核对一下史实和诗歌作年,就会发现《安禄山事迹》所载昭陵石马助战之事发生在天宝十五载(755)六月,而杜甫写作《北征》之时乃肃宗至德二载(757)闰八月以后,差距仅有两年,显得过于简短。对此种情况,吉川幸次郎评曰:“杜在北征旅途中就把前年或大前年的奇迹入诗,不是太过神速了吗?且‘铁马汗常趋’的‘常’字也无着落。”③可见清钱谦益、朱鹤龄等人更改此诗编年的做法很是牵强,虽然黄鹤的天宝五载说存在明显失误,但宋人将此诗系于安史之乱以前的说法恐怕还是不宜轻易否定的。若此诗果真作于乱前,那么“昭陵石马助战”之说就不攻自破了。

第三,杜甫北征的线路问题。杜甫此次北征行经的路线是凤翔—麟游—邠州—鄜州。而太宗昭陵在醴泉,距麟游有一百二十里,不在杜甫北征的路线之内,诗人不太可能绕这么大的

---

① 参见[日]吉川幸次郎:《〈行次昭陵〉诗注》,武晋煊译,《北京师范学院学报》(社会科学版)1986年第2期。

② 何振球:《杜甫〈行次昭陵〉一诗作于何时》,《贵州民族学院学报》(社会科学版)1984年第4期。

③ [日]吉川幸次郎:《〈行次昭陵〉诗注》,武晋煊译,《北京师范学院学报》(社会科学版)1986年第2期。

圈子专门去瞻仰昭陵；更何况此时昭陵所在地醴泉因距长安甚近，靠近前线，诗人若此时前去，人身安全也没有保证。因此，陈贻焮先生质疑道："老杜为什么要舍近求远、去安即危，绕道到这个两军对阵、时有战斗的京兆府的远郊区醴泉县来呢？百思不得其解。"[①]其实清人对此问题早已有认识，只是其说隐而不彰而已。史炳《杜诗琐证》曰："公以至德二载闰八月自凤翔行在所东北行，途经邠州、坊州而至鄜，无东向长安而次昭陵之理，其误一也。昭陵距长安只一百三十余里，是时长安犹为安庆绪所据，四出寇掠，岂有士夫送死到此？其误二也。"[②]此外，陈贻焮先生还发现，杜甫北征途中曾前去昭陵的说法，存在一个无法解释的矛盾现象。这是因为杜甫此行经邠州时曾向李嗣业借马，有《徒步归行》诗："青袍朝士最困者，白头拾遗徒步归。人生交契无老少，论心何必先同调。妻子山中哭向天，须公枥上追风骠。"诗后原注："赠李特进，自凤翔赴鄜州，途经邠州作。"陈贻焮先生注意到，《九成宫》篇末云："天王狩太白，驻马更搔首。"表明他到麟游时已经有了马，麟游在邠州西南七十里，从凤翔到鄜州先经麟游，后过邠州，一般情况不会到邠州借了马然后再骑回麟游瞻仰九成宫。[③] 这个矛盾情况的存在，足以令人开始怀疑《玉华宫》《九成宫》《行次昭陵》《重经昭陵》均非此次北征时所作，亦非同时之作，似仍按旧编次于安史之乱以前为宜。李华先生曾推测，杜甫早年曾往奉先县省

① 陈贻焮：《杜甫评传》上卷，北京大学出版社 2003 年版，第 336 页。

② 史炳：《杜诗琐证》卷上，清道光五年（1825）句俭山房刊本影印本，上海书店 1988 年版，第 71 页。

③ 参见陈贻焮：《杜甫评传》上卷，北京大学出版社 2003 年版，第 329 页。

父，奉先县在醴泉西北四十里，《行次昭陵》或作于此时，[1]可谓先得我心。

第四，“石马助战”之事发生在安史之乱期间，杜诗若果用此典，乃是当时事，而非古事，而上句“玉衣晨自举”乃是用汉代之典，因此这一联对仗便成了以今对古，有些不伦不类。这里又涉及“玉衣”句的用典问题。关于上句“玉衣晨自举”所用之典，程大昌《演繁露》卷十二之“玉衣”条曰：“老杜诗‘玉衣晨自举，铁马汗常趋’，皆言昭陵神灵也。《三辅故事》：高庙中御衣从箧中出，舞于殿上，冬衣自下在席上。”[2]蔡梦弼《杜工部草堂诗笺》便采纳了这种说法，只是将文献来源的《三辅故事》修订为《汉武故事》。此说随后也由于蔡本的流传被广泛采纳。朱鹤龄《杜工部诗集辑注》便吸收了这条注释并加以发展，其曰：“《汉武故事》：高皇庙中御衣自箧中出，舞于殿上。《王莽传》：杜陵便殿乘舆虎文衣废藏在室匣者，出自树立外堂上，良久乃委地，莽恶之。”[3]仇注由此进一步推测下句“铁马汗常趋”所用典故曰：“按，玉衣既用汉事，则铁马亦当援引古典。考《南史》，萧猷为益州刺史，遇齐苟儿反，众十万攻城，猷兵粮俱尽，遥祷楚王庙神，请救。是日，有田老逢一骑，浴铁从东方来，俄有数百骑如风，一骑过饮，田老问为谁，曰：吴兴楚王来救临汝侯。此时庙中侍卫土偶，皆泥湿如汗。是月，猷大破苟儿。

---

① 参见李华：《杜甫〈行次昭陵〉诗略说》，《首都师范大学学报》（社会科学版）1995年第1期。

② 程大昌：《演繁露》卷十二，影印《文渊阁四库全书》第852册，台北：台湾商务印书馆1986年版，第171页。

③ 朱鹤龄：《杜工部诗集辑注》卷四，河北大学出版社2009年版，第149页。

铁马汗趋，疑用此事。”“‘铁马汗常趋’用楚王庙事，闻之友人费遴勖者，及阅《南史》，确为可凭。”①仇兆鳌认为，既然上句“玉衣晨自举”确系用《汉武故事》之典，那么下句“铁马汗常趋”“亦当援引古典”，故仇注弃“昭陵石马”说，又找到《南史·萧猷传》中楚王助战事作为“铁马汗常趋”的注脚。至于此说之优劣，我们将于下文再行评述。

第五，其他附带的问题。无论是《安禄山事迹》，还是《南史·萧猷传》，注家所引二书之事，皆坐实了杜诗之喻指。不过也有人认为“玉衣”二句并非使事，而是泛泛怀想太宗生前英姿。如宋代张戒《岁寒堂诗话》就认为“铁马”句“盖叹其威灵如在”②。明唐元竑亦曰：“或引《禄山事迹》云云，为‘铁’当作‘石’。按马汗，犹《朝享太庙赋》云：‘弓剑皆鸣，汗铸金之风马’耳，与上句皆是虚用，见神灵常如在也。必欲纽合附会，胸中更着不得一故事矣。”③何焯《义门读书记》卷五十三所论与唐氏全同，当属袭用。这里唐元竑、何焯等人反对注家们征引《安禄山事迹》以坐实“铁马”的做法，认为“汗铸金之风马”与“铁马汗常趋”皆是虚用，而非实指。其“见神灵常如在”这种论调，似乎又回到了张戒《岁寒堂诗话》中“叹其威灵如在”的说法，并重新主张诗句并无史实为依据。此说虽未必确，然他们首次将《行次昭陵》“铁马汗常趋”与《朝享太庙赋》“弓剑皆鸣，汗铸金之风马”进行比较，具有极大的启发意义。

---

① 仇兆鳌注：《杜诗详注》卷五，中华书局1979年版，第410、411页。

② 张戒撰，陈应鸾笺注：《岁寒堂诗话》卷下，四川大学出版社1990年版，第124页。

③ 唐元竑：《杜诗攟》卷四，黄永武编：《杜诗丛刊》，台北：大通书局1974年版。

这是因为《朝享太庙赋》中的“汗铸金之风马”句,用事亦不详,然其字面上与《行次昭陵》中“铁马汗常趋”句颇为相似,故唐元竑怀疑二者用了同一典故。顾炎武亦曰:“其《朝享太庙赋》曰:‘弓剑皆鸣,汗铸金之风马。’在此未乱之前,又将何说? 必古记有此事,而今失之尔。”①确实如此,若“汗铸金之风马”果真与“铁马汗常趋”用的是同一个典故,那么《朝享太庙赋》的作年很明确,乃天宝九载冬②,不可能随便改至安史之乱以后,那也就不可能用昭陵石马助战之事进行注释了。既然如此,那么历代注家不就陷入了顾此失彼、自相矛盾的境地了吗?

三、对“铁马汗常趋”注释史的反思与总结

纵观历代注家对《行次昭陵》中“铁马汗常趋”句注释的历史过程,我们可以发现,以钱谦益为代表的众多注家秉持杜诗“无一字无来处”的观念,一直力图为“铁马”句所用典故落实出处。然而,以《安禄山事迹》中的“石马助战”说注解“铁马”句存在几个明显的问题,诸如“铁”与“石”的文字之异、诗歌编年的疑问、杜甫经昭陵的时地等。另外,上句“玉衣晨自举”用汉代典故,而下句“铁马汗常趋”却用当时事,也令人生疑。秉

---

① 顾炎武撰,黄汝成集释:《日知录集释》卷二十七,岳麓书社 1994 年版,第 973 页。

② 关于杜甫《三大礼赋》的作年,有天宝十三载、天宝十载、天宝九载冬三种说法,应以后说为是。其详可参见张忠纲:《杜甫献〈三大礼赋〉时间考辨》,《文史哲》2006 年第 1 期。

持此说的注家们为了切合昭陵石马助战之事，首先得改底本之“铁马”为“石马”，其次得改易诗歌的编年，这些都是强杜以从我的明显表现。即便如此，由于《朝享太庙赋》中“汗铸金之风马”与“铁马汗常趋”非常相似，而赋作于安史乱前，这又使得注家们难以自圆其说，因此“昭陵石马助战”说的疑点就显得非常突出了。

那么，有没有比“石马助战”更为贴切的典故来说明“铁马”句的用事来源呢？如前所述，顾炎武《日知录》就认为“必古记有此事，而今失之尔”，这就为后人提供了一个思路，即到杜甫之前的文献中去寻找典源。仇兆鳌于是找到《南史·萧猷传》中楚王庙土偶侍卫帮助萧猷之事以落实之。施鸿保对此论赞同曰：“玉衣既用汉事，则楚王铁马事亦在前，可用作对，不必定用昭陵石马，转觉下句事实，上句事虚矣。”[1]然而，我们同样可以质问，既然昭陵石马之典与“玉衣晨自举”相比显得过实，那么改用楚王铁马的典故难道就不实了吗，这不是换汤不换药吗？其实神灵助战的故事在典籍中所在多有，如《南史·曹景宗传》中也有类似记载：“（梁天监六年）先是旱甚，诏祈蒋帝神求雨，十旬不降。帝怒，命载荻欲焚蒋庙并神影。尔日开朗，欲起火，当神上忽有云如伞，倏忽骤雨如泻。台中宫殿，皆自振动。帝惧，驰诏追停，少时还静……于是备法驾将朝臣修谒。是时魏军围攻钟离，蒋帝神报敕，必许扶助。既而无雨水长，（曹景宗）遂挫敌人，亦神之力焉。凯旋之后，庙中人马，脚尽有泥湿。”《新唐书·五行志二》中亦有类似记载：“至德二载，昭陵石马汗出。昔周武帝之克晋州也，齐有石像，

---

① 施鸿保：《读杜诗说》卷五，中华书局1962年版，第46页。

汗流湿地,此其类也。”①《新唐书》中昭陵石马流汗的时间与《安禄山事迹》所载稍有出入,其史料当本之于《安禄山事迹》。检《北史·周武帝本纪》中并无石像流汗的记载,其文献来源,疑出自小说野史,故此条记载并不为仇兆鳌这样严谨的注家所取。但将《南史·曹景宗传》中蒋帝神助战事与《南史·萧猷传》中楚王助战事相比较就可以发现,二者虽很相似,但由于楚王助战事中毕竟提到了“浴铁”,与杜诗中的“铁马”从字面上更为接近。不过所谓“浴铁”是指披挂铁甲的骑兵和战马,在古籍中多泛指精锐士兵,并未见其与帝王神灵有关的记载;况且此典中描写的是“泥像流汗”而非“铁马流汗”,与诗意贴合得并不十分紧密。因此,仇注以楚王铁马说代替昭陵石马说,虽比之钱注有了进步,但仍存疑问。

既然一般都认为“汗铸金之风马”和“铁马汗常趋”用典相同,那我们不妨先从《朝享太庙赋》中“汗铸金之风马”句的注释开始,来寻找解决这一问题的突破口。为此我们需要先征引《朝享太庙赋》中的相关段落:“于以奏永安,于以奏王夏。福穰穰于绛阙,芳霏霏于玉罘。沛枯骨而破聋盲,施殀胎而逮鳏寡。园陵动色,跃在藻之泉鱼;弓剑皆鸣,汗铸金之风马。霜露堪吸,祺祥可把。曾宫歔欷,阴事俨雅。薄清辉于鼎湖之山,静余响于苍梧之野。”这段文字主要是描写祭祀即将结束时音乐的影响和效果。从骈赋对仗的角度看,只有将“汗”字理解成动词“使出汗”,“汗铸金之风马”与“跃在藻之泉鱼”的对仗才算工整,可见这两句的结构乃是1—7

① 欧阳修、宋祁等:《新唐书》卷三十五,中华书局1975年版,第914页。

式。而“铸金之风马”，是神灵乘骑之华丽马匹。则此句意谓：使铸金之风马出汗，意即神灵乘马疾速来临，致使乘骑流汗不止。风马，语见《汉书·礼乐志》载《郊祀歌》：“灵之下，若风马。左仓龙，右白虎。”师古注：“言速疾也。”将两句合起来看，是说《永安》《王夏》这些祭祀音乐感动了园陵中的神灵，使得弓剑皆鸣，金马频来。因此，“汗铸金之风马”的中心词是“风马”而非“汗”，其出处应是《汉书·礼乐志》中的《郊祀歌》。若从“汗铸金之风马”来看“铁马汗常趋”，就可以发现“铁马”极有可能就是“铸金之马”的省称。如果从这个角度反思钱谦益等人的注释，就会发现他们似乎都过分偏重于对“汗”字的解释，而忽略了“铁马”中的“马”才是真正的主语，这个“马”极有可能是“风马”的省称。这样一来，他们就陷入对“石马流汗”故事的迷恋而不能自拔，甚或出现改易底本文字、更动诗歌编年以迁就史事的非常之举。其实“汗”字在杜甫这两句诗文中都是形容语，并非用典。真正的典故应出在“马”而非“汗”字上。那么如果我们试着把注释的重点由“汗马”转向“铁马”，是不是就可以接近事情的真相了呢？

从诗意和文意本身来看，“铁马汗常趋”与“汗铸金之风马”均是描写帝王的威灵赫赫，那么典籍中是否有关于“铁马”与神灵有联系，且又早于杜甫所处时代的文献记载呢？经不断搜检，笔者发现下面两例文献似符合这样的条件。《北史·李景传》曰：“先是，府内井中甃上，生花如莲，并有龙见，时变为铁马甲士。又有神人，长数丈，见城下，迹长四尺五寸。景问巫者，巫者曰：‘此不祥之物，来食血耳。’景大怒，推出之。旬日而兵至，死者数万。”[1]按，此事亦见《隋书·李景传》。又《隋书·五行志下》曰：“仁寿四年，龙见代州总管府井中，其龙或变为铁马甲士弯弓上射之象。变为铁马，近马祸也。弯弓上射，又近射妖，诸侯将有兵革之变，以致幽囚也。是时汉王谅潜谋逆乱，故变兵戒之。谅不悟，遂兴兵反，事败，废为庶人，幽囚数年而死。”[2]这两条文献中都有井中龙形幻化为铁马甲士之事，“铁马”代表神灵降临。那么杜甫在诗文中将其移植化用，裁汰和过滤了原典故中的妖孽不祥成分，强化了唐代帝王神灵降临的赫赫威势，也算是恰切适当的。另有一个旁证，就是《朝享太庙赋》中还有“云气何多，宫井之蛟龙乱上”之句，也使用了井龙之典，说明杜甫对此典是熟悉的。以上这两条文献是关于“铁马”的，既是古事，又与神灵降临有关，而龙又常作为帝王化身，因此笔者认为《北史·李景传》和《隋书·五行志》中井龙幻化为铁马甲士之事，或许才是杜甫诗文的真正来源和出处。通过比较可以发现，这个出处至少比之《安禄山事迹》和《南史·萧猷传》的相关事迹更为合理和贴切。只是由于“井龙铁马”之事为僻典（上句‘玉衣’亦然），并不为杜诗注家熟悉，乃寻出昭陵石马之事为之作注。但注家为了迁就昭陵石马助战之典而将《行次昭陵》一诗的底本、编年全部改动的一系列做法不仅实在勉强，而且仍与《朝享太庙赋》“汗铸金之风马”的解释相抵牾，可谓破绽百出。后世学者虽然不断有质疑，但均未找到该句诗真正的典源，现在是到了该彻底澄清这一问题的时候了。

---

① 李延寿：《北史》卷七十六，中华书局2000年版，第1726页。

② 魏征等：《隋书》卷二十三，中华书局2000年版，第453页。

《哀王孙》“朔方健儿”的学术史考察

杜甫的《哀王孙》是历来为人传诵的名篇之一，此诗后半云：“豺狼在邑龙在野，王孙善保千金躯。不敢长语临交衢，且为王孙立斯须。昨夜东风吹血腥，东来橐驼满旧都。朔方健儿好身手，昔何勇锐今何愚。窃闻天子已传位，圣德北服南单于。花门剺面请雪耻，慎勿出口他人狙。哀哉王孙慎勿疏，五陵佳气无时无。”然而，关于此诗中“朔方健儿好身手，昔何勇锐今何愚”二句究竟何所指，历代注家的解释颇存疑问。

一、旧注对“朔方健儿”的解释

关于诗中“昨夜东风吹血腥，东来橐驼满旧都”二句所指，旧注以为是指安禄山派出的运送长安珍宝的驼队。钱谦益曰：“《史思明传》：禄山陷两京，以骆驼运御府珍宝于范阳，不知纪极。”①而对“朔方健儿”所指，《分门集注杜工部诗》引师古曰：

① 钱谦益笺注：《钱注杜诗》卷一，上海古籍出版社 1979 年版，第 44 页。

"哥舒翰领朔方兵守潼关,一日为贼败,如入无人之境。昔御吐蕃,称精兵;今何败北,皆归于贼,故云云。"①黄鹤《黄氏补千家集注杜工部诗史》卷二、元佚名《集千家注杜工部诗集》卷三皆承其说,钱谦益亦曰:"哥舒翰将河陇朔方兵及蕃兵共二十万拒贼,败绩于潼关。"②可见师古、钱谦益均认为"朔方健儿"是指哥舒翰的朔方军。故而"昔何勇锐今何愚",就被相应地理解为哥舒翰的潼关之败。那么关于"朔方健儿"与上面"东风吹血"之间是什么关系,师古和钱谦益却并未予以说明。若按照师古、钱氏这种解释,这四句诗就变得忽而说叛军,忽而又说哥舒翰,语序颇为突兀跳跃,不禁让人产生这样的疑问:诗人在安慰王孙之时怎么会突然提及哥舒翰的潼关之败呢?况且若将"朔方健儿"理解成哥舒翰的朔方军,则"昔何勇锐今何愚"一句就变成了哀叹,这与诗人安慰王孙的本意不就矛盾了吗?然而,由于钱注的巨大影响力,此后朱鹤龄、仇兆鳌、浦起龙、杨伦等注家均未加考辨地沿袭了这种说法。如仇兆鳌曰:"'昨夜'四句,禄山猖獗,而恨哥舒之失计。"③浦起龙《读杜心解》曰:"'东风''橐驼',惕以贼形也。'健儿''何愚',追慨失守也。"④但是,杜甫安慰落难王孙时为什么要和他先说敌人正在运送皇都珍宝以及去年哥舒翰兵败之事呢?这些事显然并不能给这个落难王孙以任何希望和安慰。对此,明末王嗣奭

---

① 佚名:《分门集注杜工部诗》卷九,《四部丛刊初编》本,商务印书馆1929年版,第160页。

② 佚名:《分门集注杜工部诗》卷九,《四部丛刊初编》本,商务印书馆1929年版,第160页。

③ 仇兆鳌注:《杜诗详注》卷四,中华书局1979年版,第312页。

④ 浦起龙:《读杜心解》卷二之一,中华书局1961年版,第247页。

《杜臆》分析道:“不敢长语,又立斯须,所欲语者,太子传位,北虏报效事,而先插入‘东风吹血’等语,盖以足‘善保金躯’之意。而文势迂回,不致浅促,此局阵之妙。‘慎勿出口’,又致丁宁,盖因贼势方盛,根‘吹血腥’来。”又曰:“通篇哀痛顾惜,潦倒淋漓,似乱似整,断而复续。”①可见,王嗣奭也已经注意到“东风吹血”等四句诗的突兀难解,他于是从章法布局和文势的角度试图进行解释,但是既然“贼势方盛”,又如何能教王孙“善保金躯”?这二者之间到底有何关联呢?遗憾的是,王嗣奭并未能真正圆满地解释这一矛盾,故其说仍难以令人信服。当代杜诗学界的多数学者对“昨夜东风”以下四句的突兀性仍然习焉不察,其注释大都延续着钱谦益以来传统的解释,甚至未加任何怀疑。如陈贻焮先生在《杜甫评传》中指出,“朔方健儿”二句表明“他批评了哥舒翰将河陇朔方兵拒贼败绩于潼关”②。应该说这种认识和理解对诗意的连贯性是麻木的,这都是轻信旧注、受到旧注的蒙蔽所致。更有甚者,吕思勉先生则将此诗中“朔方健儿”所指又从哥舒翰转移到了朔方军将领郭子仪、李光弼身上,他说:“然则朔方之兵力,实非范阳之敌,所以然者,侈为之也……杜陵之诗曰:‘朔方健儿好身手,昔何勇锐今何愚’,岂无故哉?”③这种解释虽能避免旧注所持哥舒翰说存在的问题,但将“朔方健儿”坐实为郭、李,万难切合诗中的情境。试想当此性命攸关、间不容发之际,诗人怎么能向落难王孙絮絮叨叨地说起朔方军将领们生活奢侈这样毫不相

① 王嗣奭:《杜臆》卷一,上海古籍出版社 1983 年版,第 42 页。

② 陈贻焮:《杜甫评传》,北京大学出版社 2003 年版,第 286 页。

③ 吕思勉:《吕思勉读史札记》丁帙,上海古籍出版社 1982 年版,第 996 页。

干的事呢？由此可见，厘清诗中“朔方健儿”与“朔方军”之间的关系，已经成为正确理解诗意的关键问题。

二、“昔何勇锐今何愚”说的不是哥舒翰的潼关之败

其实以师古、钱谦益为代表的杜诗注家，将“朔方健儿”说成是哥舒翰领导的朔方军是一种想当然。考史实，哥舒翰在安史之乱前身兼河西、陇右节度使，长期统兵河陇，虽在某些战役中（如石堡城之战）时曾指挥增援的朔方军一部，但却从未担任过朔方节度使。斯时朔方节度使是安思顺，安思顺与安禄山为堂兄弟，与哥舒翰素不相能。天宝十五载二月，哥舒翰诬指安思顺潜通安禄山，安思顺遂被玄宗赐死，制造了一桩冤案，其事详见《旧唐书·王思礼传》。同样，杜诗注家将“昔何勇锐今何愚”理解成哥舒翰的潼关之败，也违背了基本史实。安史乱初起之时，玄宗命哥舒翰抱病出守潼关。对于当时潼关守军的组成，《旧唐书·哥舒翰传》曰：“河、陇、朔方及蕃兵与高仙芝旧卒，共二十万，拒贼于潼关。”①《安禄山事迹》曰：“以河西、陇右节度使、平西王哥舒翰为副元帅，领河、陇诸蕃部落奴剌、颉、跌、朱耶、契苾、浑、蹛林、奚结、沙陀、蓬子、处蛮、吐谷浑、思结等一十三部落，督蕃汉兵二十一万八千人，镇于潼关。”②在

① 刘昫等：《旧唐书》卷一百四，中华书局 1975 年版，第 3213—3214 页。

② 姚汝能：《安禄山事迹》卷中，中华书局 2006 年版，第 97 页。

以上两种文献中,《旧唐书·哥舒翰传》中提到哥舒翰的潼关守军中确有朔方军,而《安禄山事迹》中没有提及。又据《旧唐书·高仙芝传》,"(天宝十四载十一月)仙芝领飞骑、彍骑及朔方、河西、陇右应赴京兵马,并召募关辅五万人,继封常清出潼关进讨。"[①]可见包括朔方军在内的诸镇兵马,当时都曾分兵赴京讨逆。在封常清、高仙芝退守潼关被杀以后,这支赴京的朔方军转由哥舒翰指挥。因此出现在潼关的所谓朔方军,只是朔方军之一部。据史料可知,守卫潼关的主力乃是河、陇镇兵及其所属诸蕃部落,多为哥舒翰之旧部。而当时郭子仪、李光弼统率之朔方军主力已经深入河北,正与叛军鏖战于井陉、常山一带。[②]《旧唐书·玄宗本纪下》载:"(天宝十五载)二月丙戌,李光弼、郭子仪将兵东出井陉,与贼将史思明战,大破之,进取郡县十余。""(六月)庚寅,哥舒翰将兵八万与贼将崔乾佑战于灵宝西原,官军大败,死者十六七。其日,李光弼与贼将史思明战于常山东嘉山,大破之,斩获数万计。"[③]所以旧注将"朔方健儿"想当然地理解成"朔方军",并由朔方军又进一步联及哥舒翰和潼关之败,实属大谬,是注释者望文生义、不求甚解的产物。即使退一步来讲,哥舒翰军在潼关的失败也不能说成是将士的愚蠢造成的。潼关之战失败的主要原因乃是不扼守险要、仓促出师。关于这一点,杜甫《潼关吏》所云"胡来但自守,岂

---

① 刘昫等:《旧唐书》卷一百四,中华书局1975年版,第3206页。

② 对于当时潼关守军中是否有朔方军的问题,艾尚连先生在《从"朔方健儿"说到阿布思之死——杜诗〈哀王孙〉"朔方健儿"句史实释证》(《实事求是》1987年第1期,第59页)一文中说:"哥舒翰所统镇守潼关的二十万军队实不包括朔方士兵在内。"未能详考史实,其说显误。

③ 刘昫等:《旧唐书》卷九,中华书局1975年版,第231—232页。

复忧西都”，说得已经很清楚。虽然他在诗中不敢直接指斥玄宗的昏庸促战，只是笼统地说“慎勿学哥舒”，但杜甫非常清楚这场战役失败的主要原因在于高层决策者的失误，特别是由于玄宗昏庸，听信了杨国忠的谗言，不断督促哥舒翰出战。杜甫显然不认为哥舒翰所属的部下是愚蠢的，也万不会将潼关之败的责任归之于守卫潼关的将士，且不管这些守关将士是否属于朔方军。师古认为“昔何勇锐今何愚”是说潼关守军“昔御吐蕃，称精兵；今何败北，皆归于贼，故云云”，而杜甫《潼关吏》云：“潼关百万师，残害为异物。”既然潼关守军都已经战死，又怎么谈得上还存在一个由“勇锐”到“愚”的转变过程呢？所以，《哀王孙》中“朔方健儿好身手，昔何勇锐今何愚”说的并不是哥舒翰潼关战败之事，这种谬见最早是由宋人师古提出的，此后历代的杜诗注释者对此说均未能详查，并对其说沿袭株守，致使谬种流传，贻误至今。

三、清初金圣叹、何焯曾另出新解，认为“朔方健儿”系指安史叛军

清初金圣叹已经注意到旧注所释“东风吹血”数句在语意上的不畅，于是他在《杜诗解》中作出了新的解释：“此一解说贼无大志也。唱乱健儿，久闻好手，乘势席卷，猝亦难制。今却有绝好消息：昨夜风吹血腥，却是橐驼东来，驮载所劫珍宝。志既在此，勇锐尽矣！此一快闻也。”①金圣叹认为

---

① 金圣叹：《杜诗解》卷一，上海古籍出版社1984年版，第43页。

诗中所谓“东来橐驼”之事，是说敌人忙着运送所劫珍宝之事，从中可以看出敌人并无大志，即将溃败，杜甫的目的是以此来安慰王孙，让他继续忍耐和等待。应该说金圣叹的解释虽是在钱注的基础上进行的，但对于“朔方健儿好身手”二句的解释却已经突破了钱注所持之哥舒翰说，对诗意的把握比钱氏更为深入细致。因为金圣叹此说巧妙地解决了“昨夜东风吹血腥”二句安插在这里的必要性问题，也切合杜甫《哀王孙》安慰王孙的语意，但是他并未解释将“朔方健儿”理解为安史叛军的原委。大概金圣叹只是出于解诗的直觉，且在串解中无暇详细申说，故其论仍显单薄。比如将“昔何勇锐今何愚”理解为“勇锐尽矣”，金圣叹就只是阐释了“勇锐”，却完全忽略了对“愚”字内涵的解读，人们不禁要追问，勇锐尽失的叛军应该以“怯懦”称之，诗人为何要冠以“愚”字？他们究竟“愚”在何处呢？然而不管怎样，应该说金圣叹这种解释毕竟使得诗歌上下文之间的语意贯畅，是《哀王孙》诗意解读史上的一个突破，遗憾的是，后人对金氏的此番用心一直未能充分地理解和体察。金圣叹之后，何焯在《义门读书记》中对旧注之成说也提出过异议：“朔方健儿好身手，此朔方谓幽燕，非朔方军也。”①可见何焯也是把“朔方健儿”看成安史叛军的一部分，然而何焯此说亦未见任何响应、拥护者。

---

①　何焯撰，崔高维点校：《义门读书记》卷五十一，中华书局 1987 年版，第 1005 页。

四、陈寅恪先生提出，“朔方健儿”应指同罗部落士兵

1953年，陈寅恪先生对《哀王孙》中“朔方健儿”所指提出了质疑，其《书杜少陵哀王孙诗后》云：“杜少陵《哀王孙》诗为世人所习诵，自来笺释之者众且详矣，何待今日不学无术，老而健忘者之饶舌耶？然于家塾教稚女诵此诗，至‘朔方健儿好身手，昔何勇锐今何愚’之句，则瞠目结舌，不能下一语，而思别求一新解。”陈寅恪先生在家中教稚女读杜诗时发现“朔方健儿”数句在解释上存在的问题，于是想寻求更为通达之解。凭借着对唐史的熟稔，他考出诗中的“朔方健儿”应是指同罗，其曰：“然则‘朔方健儿’一词，果何所指耶？鄙意实指同罗部落而言也。何以得知‘朔方健儿’之名乃指同罗部落者？因同罗部落本属于朔方军，安禄山诱害其酋长阿思布，袭取其兵卒，而此种兵卒，后遂成为禄山所统军队之主力者也。”①又曰：“同罗仆骨及回纥种类甚相近，其勇健善斗，为中国当时东方及北方诸外族所最畏惮者。此三种族所居之地，或直隶于朔方军，或与朔方军政区相邻近，概可称为与朔方军关系密切之外族也。安禄山虽久蓄异谋，然不得同罗部落为其军队主力，恐亦未敢遽发大难。盖禄山当日所最畏忌者，为朔方军。同罗部落乃朔方军武力之重要部分，既得袭取此部落以为己用，更可为所欲

① 陈寅恪：《金明馆丛稿二编》，生活·读书·新知三联书店2001年版，第61页。

为矣……鄙意‘昨夜东风吹血腥，东来橐驼满旧都’二句，与‘朔方健儿好身手，昔何勇锐今何愚’二句，应是同咏一事，不可分为两截。盖同罗部落，其初入长安时，必与骆驼队群偕来，故少陵牵连及之。同罗昔日本是朔方军劲旅，今则反复变叛，自取败亡，诚可谓大愚者也。”①陈寅恪指出：同罗部落原属朔方军，安禄山诱害其首领阿思布后收取其兵卒，作为其精锐部队“曳落河”之一部。此后同罗士兵遂屡为安史之徒冲锋陷阵，充当鹰犬。而安史之乱前，同罗在阿思布统率下隶属于朔方军，一直是唐军的一支生力军。故杜诗“昔何勇锐今何愚”之语，是针对这支胡族军事力量前后顺逆变化发出的慨叹。如果我们再结合金圣叹“志既在此，勇锐尽矣，此一快闻”的解释，就可以体会到诗人一方面是将敌人无心恋战的消息传递给落难王孙以安慰之，另一方面也对同罗这个贪婪部族附逆叛唐的短视行为表示不解和愤慨。这样一来，“昨夜东风吹血腥，东来橐驼满旧都。朔方健儿好身手，昔何勇锐今何愚”四句说的都是同罗叛军，诗人看致同罗部族以大批橐驼携其所劫财物调防长安，在讽其贪婪的同时又进一步断言，此辈必无心久战，安慰王孙忍死以待其变，这种解释比之旧注将“朔方健儿”解作哥舒翰军之说无疑更为贯畅和贴切。陈寅恪先生又进一步申述：“此四句应与下文‘窃闻天子已传位，圣德北服南单于。花门剺面请雪耻，慎勿出口他人狙’四句，一气连读，不可隔断。少陵之意，盖谓同罗部落夙畏回纥，既已叛去，不复为安氏守长安矣。今唐兵又将引回纥部众以收西京，长安精锐守兵，

---

①　陈寅恪：《金明馆丛稿二编》，生活·读书·新知三联书店2001年版，第63—64页。

唯余甚畏回纥之奚部落,回纥一至,奚必奔溃也。综合八句,其文理连贯,逻辑明晰,非仅善于咏事,亦更善于说理也。"①可见,如果我们将"朔方健儿"解作附逆之同罗部落,再联系"窃闻"以下八句,就会发现不仅文意颇为通顺,条理亦颇为清晰连贯,也就根本就不再有王嗣奭所云"似乱似整,断而复续"的问题。

五、结论

杜甫撰写《哀王孙》之时,正身陷长安,因未受羁押,尚能各处走动,因而他格外留意观察叛军内部的各种动向,对刚刚调防长安的同罗叛军的情形也颇为了解,甚至还从其他渠道打听到了玄宗已经正式传位给肃宗、唐军已向回纥借兵等消息,这从杜甫日后能于叛军防守严密的长安脱身西走凤翔的举动中都可以得到验证。那么,杜甫此诗是从同罗部落志在劫掠财物的举动判断出敌人胸无大志、即将溃逃的种种端倪,从而对这位窜伏草间的落难王孙予以宽慰。从中我们可以悬揣当日之诗人对于同罗部落原本名隶朔方军的事实是非常清楚的,只是由于时代久远,这一事实才逐渐为人所淡忘,使得对杜诗此句的注释和理解出现了偏差。而从常理来看,在如此危机四伏的情况下,诗人与王孙之间的对话应颇为简短,故当时根本无暇去慨叹两年前哥舒翰在潼关的那次军事失败。因此,杜诗

① 陈寅恪:《金明馆丛稿二编》,生活·读书·新知三联书店2001年版,第61页。

“朔方健儿”二句的原意是慨叹同罗部族叛唐从逆之短视与愚蠢。但是由于对历史真相的隔膜，由宋迄清乃至当代，注家多辗转沿袭宋人师古望文生义之说而未察其误。虽然清初金圣叹曾破除成说，另出新解，然未暇申论，其说一直隐而不彰。直到到陈寅恪先生最终窥破玄机，对诗中“朔方健儿”的解读才终于回到正确的轨道上来。然而，杜诗学界的主流对陈寅恪的解释却似乎仍然置若罔闻，多数注本仍然延续着钱注的错误说法。所以，《哀王孙》“朔方健儿”的解读史正好可以作为杜诗注释史上一个由误到正的标本。而陈寅恪先生《书杜少陵哀王孙诗后》中所使用的“以史证诗”研究方法以及对文本反复研读的细致精神，都特别值得引起学界的重视和反思。从中可见，只有做到对史实深入细致的了解，最大限度地还原诗人当时的创作情境，才不会在使用“以史证诗”研究方法时掉进肤浅联系和牵强比附的泥沼中，也只有这样才真正能够做到正确地解读诗歌的本义，而不是望文生义地随意附会或肆意歪曲。还有就是对诗句之间的相互关联和前后逻辑要格外细心体察，应保持对诗意的敏感和独立思考能力，这样才不会为旧注的成说所误导而对诗意的顺畅和连贯性麻木不仁。

杜诗"陶侃胡奴"用典考辨*

杜甫《示獠奴阿段》曰:"山木苍苍落日曛,竹竿袅袅细泉分。郡人入夜争余沥,竖子寻源独不闻。病渴三更回白首,传声一注湿青云。曾惊陶侃胡奴异,怪尔常穿虎豹群。"从宋代开始,历代的杜诗注家们围绕此诗尾联中"陶侃胡奴"到底使用何典的问题进行了长期的争论,对此典故的注解甚至已经影响到对整首诗的理解问题,因此我们需要首先梳理杜诗学史上对"陶侃胡奴"的诸种说法,以便对其正误进行详细考辨。

一、早期杜诗注家对"陶侃胡奴"所用典故的追寻和争论

从杜诗注释史来看,早期的注家对"陶侃胡奴"所用典故的出处并未能进行确认,如《分门集注杜工部诗》引王洙曰:"此诗全章皆引泉事,惟陶侃胡奴,传记不录。"①最早给出答案

---

* 本文系与王新芳合撰,原载于《东亚文献研究》第十四辑,(首尔)CHINA HOUSE 出版社 2014 年版。王新芳,齐鲁师范学院教授。

① 佚名:《分门集注杜工部诗》卷二十五,《四部丛刊初编》本,上海商务印书馆 1929 年版,第 416 页。

的是宋代的薛苍舒(字梦符),《九家注》引薛梦符曰:“《晋书·陶侃传》:媵妾数十人,家僮千余。《世说》:王修龄曰:‘修龄若饥,自当问谢仁祖索食,不须陶胡奴米船。’注:胡奴,陶范小字。《侃别传》曰:范,侃第十子也。”[①]薛梦符指出,陶侃之子陶范,小字(即乳名)胡奴,则诗中“陶侃胡奴”似应是指陶范。那么,对“曾惊陶侃胡奴异”之“异”字应该如何落实呢?看来只有去陶范的生平中搜寻了。《九家注》又引师古曰:“陶侃有十七子,见本传者止九人。惟《袁宏传》载,胡奴于密室抽刀逼宏,以宏作《东征赋》皆载过江诸公名德,而不及侃。宏窘急,遂口占六句答之,胡奴乃止。亦不见穿虎豹群事。胡奴名惟见于此。”[②]师古于《晋书·袁宏传》中只是找到陶范以刀威胁袁宏之事,然此事虽也称得上“异”,但杜甫诗中是对獠奴阿段能够“常穿虎豹群”啧啧称奇,而陶范以刀威胁袁宏之事与此并不甚类似,故颇使人生疑。赵次公乃云:“次公以彼(薛梦符)不能参考其义,以逆杜诗之意。陶侃既家僮千余,则奴仆之多如此,其子胡奴必有所称异之者。如今日阿段能穿虎豹群以寻水源,其在陶侃家僮千余之中,必亦可异者矣。意似如此,而事未显见,以俟博闻。”[③]赵次公认为,不能以陶范小字胡奴便非得将“陶侃胡奴”之典落实到陶范身上,此事还是应该出在陶侃的千余奴仆身上,但是由于找不到相关的记载,于是认为相关文献

① 郭知达:《新刊校定集注杜诗》卷二十八,中华书局 1982 年影印瞿镛铁琴铜剑楼本。

② 郭知达:《新刊校定集注杜诗》卷二十八,中华书局 1982 年影印瞿镛铁琴铜剑楼本。

③ 赵次公撰,林继中辑校:《杜诗赵次公先后解辑校》戊帙卷三,上海古籍出版社 1994 年版,第 961—962 页。

或许早已失传。应该说赵次公在这里是清醒的,其阙而存疑的态度也是严谨与客观的。通过比较我们可以发现,赵次公和薛梦符、师古等人的分歧主要在于是应将“陶侃胡奴”理解为“陶侃之胡族奴仆”,还是应理解为“陶侃之子陶胡奴”?其后对此典故注释的争论,也大都是围绕这个问题展开的。

二、吴曾、陈之壎等误以为“陶侃胡奴”是指杜甫之子

宋吴曾《能改斋漫录》曰:“杜诗有《示獠奴阿段》云:‘曾经陶侃胡奴异,怪尔常穿虎豹群’,盖谓其子也。按《世说》:陶胡奴为乌程令。注云:胡奴,陶范小字。《侃别传》曰:范,字道则,侃第十子。侃诸子中最知名,历尚书秘书监。何法盛以为第九子。”①吴曾认为,既然“胡奴”为陶范小字,而陶范为陶侃之子,所以杜诗用“陶侃胡奴”之典指的就是自己儿子。吴曾这种说法当然是极端错误的,不过因为杜甫《示獠奴阿段》“竖子寻源独不闻”中的“竖子”在宋代杜集(如宋百家本)中还有异文作“稚子”者,这样一来,后世的注者难免也会产生类似的迷惑,于是亦有和吴曾一样认为“胡奴”是指杜甫之子者。如清初陈之壎曰:“诗曰‘稚子’,又五言古诗题《女奴阿稽、竖子阿段往问》,则阿段为公之稚子无疑。只缘诗与题两‘奴’字,伪苏遂撰出‘海山使者’一段,附会流传,至今惑乱。抑知陶侃第十子名范者,字胡

---

① 吴曾:《能改斋漫录》卷七,上海古籍出版社1979年版,第191页。

奴,公正引用父子事以自况也。獠奴,当是阿段小名。”①然而,杜甫此诗题目上已明确标明“獠奴阿段”,诗中又曰“陶侃胡奴”,则阿段绝非其子。《北史》载:“獠者,盖南蛮之别种,自汉中达于邛、笮、川洞之间,所在皆有。种类甚多,散居山谷,略无氏族之别。又无名字,所生男女,唯以长幼次第呼之。其丈夫称阿謩、阿段,妇人阿夷、阿等之类,皆语之次第称谓也。”②据此可知,阿段实乃獠人,为杜甫仆隶,故称“獠奴”,非杜甫之稚子明矣。吴曾、陈之壎等人在此问题上的迷惑,其根源仍是注释者在对“陶侃胡奴”典源的理解上存在分歧,因陶侃之子陶范小字胡奴,那么“胡奴”就从奴仆身份转为父子身份,将这种关系移之于对杜诗的理解,就容易导致误解。

三、刘敬叔《异苑》所载陶侃胡奴为“海山使者”说

自薛梦符等人将对“陶侃胡奴”典故的追寻落实到陶侃之子陶范身上以后,似将问题引向了歧途。不过伪苏注很快给出了另外的答案,并由此引发了又一番争论。佚名《分门集注杜工部诗》引伪苏注曰:

> 侃得胡奴,甚不喜语言,常默坐。侃一日出郊,执鞭随

① 陈之壎:《杜工部七言律诗注》卷三,清康熙二十二年(1683)刻本。

② 李延寿:《北史》卷九十五,中华书局2000年版,第2092页。

> 之,胡僧见而惊礼曰:“此海山使者也,因念堕下。”侃异之。至夜,失其所在。①

伪苏注伪撰故实的习气,自宋代以来一直为有识之士所诟病。然此条伪苏注表面上看来似乎并非伪造,因为注中所谓“海山使者”之事确实见于刘敬叔《异苑》,文曰:

> 侃家僮千余人,尝得胡奴,不喜言,常默坐。侃一日出郊,奴执鞭以随,胡僧见而惊礼云:“此海山使者也。”侃异之。至夜,失奴所在。②

将《异苑》此条文字与伪苏注所引文字进行比较后就可以发现,二者内容几乎完全一致,仅有几个字稍有出入,这不禁令人怀疑《异苑》的原本中是否真有此条记载?是不是存在有人将伪苏注所引“海山使者”之事掺入《异苑》的可能呢?清初钱谦益就坚信所谓“海山使者”云云乃是有人将伪苏注抄入《异苑》所致,其曰:“陶侃胡奴,未详所出。旧引伪坡注,今削之。有人云见刘敬叔《异苑》,考之,仍是伪苏注也。《异苑》是流俗刻本,或缮写人剿入耳,不足援据。”③虽然钱谦益如此言之凿凿,但纪昀在《四库全书总目》中却认为刘敬叔《异苑》的传本是相对完整的,其曰:“疑已不免有所佚脱窜乱,然核其大致,尚为

---

① 佚名:《分门集注杜工部诗》卷二十五,《四部丛刊初编》本,上海商务印书馆 1929 年版,第 416 页。

② 刘敬叔撰,范宁点校:《异苑》卷五,中华书局 1996 年版,第 43 页。

③ 钱谦益笺注:《钱注杜诗》卷十四,上海古籍出版社 1979 年版,第 487 页。

完整。与《博物志》《述异记》全出后人补缀者不同。且其词旨简澹,无小说家猥琐之习,断非六朝以后所能作,故唐人多所引用。如杜甫诗中'陶侃胡奴'事,据《世说新语》但知为侃子小名。勘验是书,乃知别有一事,甫之援引为精切,则有裨于考证亦不少矣。"[1]纪昀认为刘敬叔《异苑》一书"断非六朝以后所能作",并特别引"陶侃胡奴"一事为例,以说明该书对杜诗注释的重要参考价值。不过现当代学者的研究表明,纪昀所言实不可靠。鲁迅先生曰:"《异苑》今存者十卷,然亦非原书。"[2]李剑国指出,今本《异苑》的 382 条中,有 60 余条滥取他书,说明它是一个半真半假的辑本。其中"陶侃胡奴"条出自《古今事文类聚》后集卷十七、《古今合璧事类备要》前集卷五十四。[3]莫砺锋先生已经考出伪苏注出现的时间大致在南宋绍兴十二年至十七年(1142—1147)之间。[4] 而《古今事文类聚》《古今合璧事类备要》二书的编纂要远晚于伪苏注[5],所以其中关于"陶侃胡奴"的记载,极有可能就是来自伪苏注。应该承认的是,假若不是有伪造故实的嫌疑,《异苑》所载"海山使者"事对

① 永瑢等:《四库全书总目》卷一百四十二,中华书局 1965 年版,第 1208 页。

② 鲁迅:《中国小说史略》,齐鲁书社 1997 年版,第 43 页。

③ 参见李剑国:《唐前志怪小说史》,天津教育出版社 2005 年版,第 406 页。

④ 参见莫砺锋:《杜诗"伪苏注"研究》,《唐宋诗歌论集》,凤凰出版社 2007 年版,第 46 页。

⑤ 《古今事文类聚》后集,为南宋祝穆所编。据《新安学系录》"祝和父,名穆,初名丙,直清从子。父康国,与晦庵先生为内弟",则祝穆为朱熹晚辈。且《古今事文类聚》为祝穆暮年所编,则其成书时间,要晚于伪苏注出现的时间。《古今合璧事类备要》前集,为南宋建安人谢维新所辑,该书成于宝祐五年(1257),也远晚于伪苏注出现的时间。

于解释杜诗中“陶侃胡奴”的典故确实是非常恰切的。因为此说避免了薛梦符等旧注中将“陶侃胡奴”理解为陶侃之子陶范的难通之处,由原来的父子之典又重新还原为主仆之典,而且诗句中的“惊”“异”字也均可以落实。不过由于此说涉嫌伪苏注,后世的杜诗注家对其保持着足够的警惕,又加上钱谦益的坚决反对,人们对此说多不予采信,于是对此典的笺释又不断出现了其他一些说法。

四、陈廷敬改“陶侃”为“陶岘”,并寻出《甘泽谣》所载“昆仑奴”之事

清初陈廷敬另辟蹊径,为“陶侃胡奴”找到了另外的出处,其《杜律诗话》云:

> 陶侃之奴,伪苏注及刘敬叔《异苑》,其不可信,人皆知之,然其事卒不知所出。思旧有臆解:陶侃或是陶岘。岘,彭泽之孙,浮游江湖,与孟彦深、孟云卿、焦遂共载,人号“水仙”。有昆仑奴名摩诃,善泅水,后岘投剑西塞江水,命奴取,久之,奴支体形裂,浮于水上。岘流涕回棹,赋诗自叙,不复游江湖。岘既公同时人,其友又公之友,异事新闻,故公用之耳。陶奴入水,卒死蛟龙;公奴入山,宜防虎豹,事相类。“侃”“岘”音相近,但岘事僻,人因改作侃也。①

① 陈廷敬:《杜律诗话》,《午亭文编》卷五十,清康熙四十七年(1708)刻本。

陈廷敬所云陶岘“昆仑奴”事，见于袁郊《甘泽谣》之“陶岘”条：

> 海舶昆仑奴，名摩诃，善泅水而勇捷……及回棹下白芷，入湘江，每遇水色可爱，则遗环剑于水，令摩诃下取，以为戏笑也……摩诃不得已，被发大呼，目眦流血，穷泉一入，不复出矣。久之，见摩诃支体磔裂，浮于水上，如有示于岘也。岘流涕水滨，乃命回棹，因赋诗自叙，不复议游江湖矣。①

陈廷敬认为“曾惊陶侃胡奴异”中之“陶侃”应作“陶岘”，因为陶岘有善泅水之“昆仑奴”。其说前所未见，确实新人耳目。应该承认的是，《甘泽谣》中“昆仑奴”之事比之《异苑》“海山使者”之事更加切合杜诗诗意。因为杜诗是说獠奴有穿虎豹群之异能，《甘泽谣》中的“昆仑奴”则善于泅水，有水中取剑之能，两事正可相类比。而在《异苑》所载“海山使者”事中，陶侃之胡奴并未显示出任何令人惊诧的非凡本领，其特异之处只是通过胡僧的“见而惊礼”进行了侧面表现。虽然如此，陈廷敬此说仍存在很大疑问。首先，陈氏将“陶侃”改作“陶岘”并无任何版本依据。遍检早期的杜集，“陶侃”均无“陶岘”之异文，故而陈氏此处校改，明显属于臆改。此外，陶岘与杜甫为同时人，这样一来杜诗中的“陶岘胡奴”便非用典，而是用当时人之事了。然而，杜诗中很少用此类“新闻”入诗，因而让人感到陈

---

①　袁郊：《甘泽谣》，《丛书集成初编》本，商务印书馆 1939 年版，第 4 页。

氏此说恐怕难以成立。但陈廷敬的《杜律诗话》却颇为当时所推重，仇兆鳌《杜诗详注》、浦起龙《读杜心解》均征引了陈氏此说。不过其后也有一些注家表示反对，如边连宝曰：“陶侃胡奴，事无确据。陈泽州谓‘陶侃’当作‘陶岘’，引昆仑奴事太僻。且岘与公同时，不可从，阙之可也。”①杨伦曰：“引陶岘《甘泽谣》事，谓‘侃’字当作‘岘’，亦恐未合，姑存疑。”②边连宝、杨伦对陈说提出质疑，主张在寻不到“陶侃胡奴”的合适典源之前应“阙而存疑”，二人上承宋代赵次公之见，持一种客观冷静的治学态度。可见陈廷敬其说虽新异，却存在文献依据不足的明显缺陷。

五、顾炎武以为“陶侃胡奴”乃杜甫误用典故

假若确定陶侃之子陶范小字胡奴，那么“陶侃胡奴”说的应是父子关系，而用这个典故来解释《示獠奴阿段》的主仆关系时就显得扞格难通，既然如此，顾炎武认为不如干脆承认杜甫对典故的运用存在失误，不必曲为之讳，其云：

> 古人经史，皆是写本，久客四方，未必能携，一时用事之误，自所不免，后人不必曲为之讳。子美《寄岳州贾司马六丈、巴州严八使君》诗“弟子贫原宪，诸生老伏虔”，本

---

① 边连宝撰，韩成武等点校：《杜律启蒙》七律卷三，齐鲁书社 2005 年版，第 450 页。

② 杨伦笺注：《杜诗镜铨》卷十二，上海古籍出版社 1998 年版，第 593 页。

> 用济南伏生事。伏生名胜，非虔。后汉有服虔，非伏也。《示獠奴阿段》诗“曾惊陶侃胡奴异”，盖谓士行有胡奴，可比阿段。胡奴，侃子范小字，非奴也。[①]

顾炎武此论表现出极为大胆的怀疑精神，可是在他所举的这两个例子中，第一例其实是不恰当的，陈仅在《竹林答问》中即指出：“古‘服’‘伏’通用。《文选》江文通《别赋》，李善注引服虔《通俗文》，正作‘伏虔’，此其的证也。陆士衡诗‘谁谓伏事浅’，善注：‘伏与服同，古字通。’老杜《昔游》诗‘伏事董先生’，即本此，亦可互证。历来注家，均未及之。”[②]按，陈仅所论极是，故此例应是顾炎武考证未密之处。然而对于第二例即“陶侃胡奴”之典，顾炎武认为，既然薛梦符等人已经考出“胡奴”为陶侃之子陶范之小字，则“胡奴”并非奴仆，那么杜诗中以此来形容獠奴阿段是驴唇不对马嘴，应属于杜甫误用。对顾炎武此说，王利器先生亦表示赞同。[③] 笔者认为，也许我们对顾炎武的质疑应该从反面来理解，假如杜甫没有用错典故的话，那是不是说明《九家注》中薛梦符以陶范小字胡奴之事来注释“陶侃胡奴”之典存在某些问题呢？

---

① 顾炎武撰，黄汝成集释：《日知录集释》卷二十七《杜子美诗注》，上海古籍出版社 1985 年版，第 2259 页。

② 陈仅：《竹林答问》，《清诗话续编》本，上海古籍出版社 1983 年版，第 2259 页。

③ 参见王利器：《杜集校文释例（下）》，《西北大学学报》（哲学社会科学版）1980 年第 3 期。

六、对杜诗“陶侃胡奴”注释史的总结与反思

总之,通过杜诗《示獠奴阿段》的注释史可以看出,经过历代注家的努力追寻,对“陶侃胡奴”所用典故出现了几种完全不同的解释。在这些说法中,最早出现的薛梦符关于“陶范小字胡奴”的注释,将后来的注者数次引入歧途,乃致吴曾等人竟错以为阿段为杜甫之子。究其原因,是因为陶侃与陶胡奴是父子关系,而杜诗所云却是主仆关系,二者之间存在很大差距,所以顾炎武等人干脆认为是杜甫用典有误。但是,除了赵次公之外,宋代的注家一直没有意识到,杜甫既然使用的是“陶侃胡奴”之典,就应该在陶侃奴仆身上而不是在其子陶范身上去寻找典源。可偏偏事有凑巧,陶侃之子陶范小字恰作“胡奴”,这与杜诗“陶侃胡奴”在字面上正好一致。所以平心而论,陶范之字“胡奴”或许只是偶然与杜诗在字面上巧合罢了,然而没想到正是这点巧合,竟然造成了杜诗学史上聚讼千年的一桩公案。宋代许多注家之所以抓住陶范小字胡奴之事不放,归根到底还是宋代的注释者秉持着杜诗“无一字无来处”的观念,顽固地在注释中努力追寻杜诗中出现的每个语词的文献来源。在这个追寻的过程中,竟逐渐忽略了诗意的真正所指,出现了释事忘意的偏颇。

在关于“陶侃胡奴”典源的其他几种说法中,伪苏注所引刘敬叔《异苑》“海山使者”一事,与杜诗诗意关合得最为恰切。然而可惜的是,由于伪苏注的臭名昭著,即使今传本《异苑》中确载有“海山使者”之事,后世注家亦对其保持着相当的警惕

而不予相信，而且目前我们确实也不能排除《异苑》中此条文字系后人据伪苏注抄入的可能。假如《异苑》所载“海山使者”事确乎出自伪苏注，而陶范小字胡奴与杜诗的“陶侃胡奴”又确乎是一种巧合，那么似乎只有赵次公、边连宝、杨伦等人阙而存疑的说法才算现实和严谨。而根据诗意，我们只能凭空猜测陶侃当有一个令人惊异的胡奴，只是相关文献已经散佚无征，后人遂对杜诗所云感到费解。而杜诗必有所本，当非误用。

除此之外，如果我们再换一个角度来看此问题，也许还能得到一些新的认识。在上述几种注解中，将“陶侃胡奴”或是解作“陶侃之胡奴”，或是解作“陶侃之子陶胡奴”。可以看出，注家对“胡奴”二字过分关注，他们努力追寻其出处和典故，而对“陶侃”二字来说则相对忽略。那么，陶侃与胡奴之间的关系除了主仆、父子这样的关系还有没有其他的关联呢？这其实又涉及陶侃的族属问题。关于陶侃之族属，《晋书·陶侃传》称其“望非世族，俗异诸华。拔萃陬落之间，比肩髦俊之列”①。陈寅恪先生也已考出陶侃出于溪族，陶氏家族所居住之鄱阳郡，为溪族杂居之地。② 陶侃如此低贱的异族出身颇为当时世族所不齿，据《世说新语·容止》载，温峤就在背后称陶侃为“溪狗”③。《晋书·陶侃传》又载，陶侃曾与杨晫同乘，吏部郎温雅便对杨晫说：“奈何与小人共载？”④可见在当时华族世胄

---

① 房玄龄等：《晋书》卷六十六，中华书局 1974 年版，第 1782 页。

② 参见陈寅恪：《魏书司马睿传江东民族条释证及推论》，《金明馆丛稿初编》，生活·读书·新知三联书店 2000 年版，第 90—91 页。

③ 刘义庆撰，余嘉锡笺疏：《世说新语笺疏》卷下之上，中华书局 1983 年版，第 617 页。

④ 房玄龄等：《晋书》卷六十六，中华书局 1974 年版，第 1769 页。

眼里,陶侃及其家族被视为出身低贱的异族小人。因此,从这个角度来看,杜甫所用“陶侃胡奴”的典故,无论是说“陶侃之胡奴”,还是“陶侃及其子陶胡奴”,都还有强调陶氏家族的少数民族身份之意。而且,无论是以胡奴的胡族身份还是以陶范的溪族身份来类比阿段的獠族身份,都是颇为切合诗意的。可见,倘若我们不再拘执于陶胡奴与陶侃的父子关系,而是改从陶氏的少数民族身份去理解“陶侃胡奴”之典,诗意就会变得顺畅无碍,而且可以跳出旧注的窠臼。还应指出的是,杜诗中的“陶侃胡奴”一事属于僻典,不仅在全部杜诗中是孤例,而且在《全唐诗》中也是仅此一例,未见其他诗人使用过此典,说明此典并不为一般诗人所熟悉。不过读破万卷的杜甫对陶侃的事迹是熟悉的,这里有一个旁证可以说明,即杜诗《送重表侄王砅评事使南海》中介绍王珪之妻时云:“隋朝大业末,房杜俱交友。长者来在门,荒年自糊口。家贫无供给,客位但箕帚。俄顷羞颇珍,寂寥人散后。入怪鬓发空,吁嗟为之久。自陈剪髻鬟,市鬻充杯酒。”此事与陶侃之母的事迹颇为相似,据《晋书·列女传》载,“鄱阳孝廉范逵寓宿于侃,时大雪,(侃母)湛氏乃彻所卧新荐,自剉给其马。又密截发,卖与邻人,供肴馔。逵闻之,叹息曰:非此母不生此子”①。陶侃母湛氏“剪发待宾”之事亦见《晋书·陶侃传》、刘义庆《世说新语·贤媛》,文字稍异。所以,清初朱鹤龄认为《送重表侄王砅》乃“暗使陶侃母剪发具酒食为侃留客事以形容之,未必实然也”②。若果真如此

---

① 房玄龄等:《晋书》卷九十六,中华书局 1974 年版,第 2512 页。

② 朱鹤龄:《杜工部诗集辑注》卷二十,河北大学出版社 2009 年版,第 819 页。

的话,说明杜甫对陶侃及其家庭应是相当了解的,故而他对陶侃及其子陶范的溪族身份也应是了然于胸的。不过历代的杜诗版本中并无作“陶侃溪奴”者,故“胡奴”与“溪奴”之间关合得并不算紧密,陶侃的溪族身份与“胡奴”之间也存在一定的距离。然而,假若我们不愿退回到赵次公或者顾炎武那样保守的说法,同时也不想上伪苏注的当,而又苦于没有新的文献出土作为佐证,那么“陶侃胡奴”这则典故或将成为杜诗注释史上的一个永恒之谜。

登峰造极　垂范后世

——杜甫绝笔诗《风疾舟中伏枕书怀三十六韵奉呈湖南亲友》述论

轩辕休制律，虞舜罢弹琴。尚错雄鸣管，犹伤半死心。
圣贤名古邈，羁旅病年侵。舟泊常依震，湖平早见参。
如闻马融笛，若倚仲宣襟。故国悲寒望，群云惨岁阴。
水乡霾白屋，枫岸叠青岑。郁郁冬炎瘴，蒙蒙雨滞淫。
鼓迎非祭鬼，弹落似鸮禽。兴尽才无闷，愁来遽不禁。
生涯相汩没，时物正萧森。疑惑樽中弩，淹留冠上簪。
牵裾惊魏帝，投阁为刘歆。狂走终奚适，微才谢所钦。
吾安藜不糁，汝贵玉为琛。乌几重重缚，鹑衣寸寸针。
哀伤同庾信，述作异陈琳。十暑岷山葛，三霜楚户砧。
叨陪锦帐坐，久放白头吟。反朴时难遇，忘机陆易沉。
应过数粒食，得近四知金。春草封归恨，源花费独寻。
转蓬忧悄悄，行药病涔涔。瘗夭追潘岳，持危觅邓林。
蹉跎翻学步，感激在知音。却假苏张舌，高夸周宋镡。
纳流迷浩汗，峻趾得嵚崟。城府开清旭，松筠起碧浔。
披颜争倩倩，逸足竞骎骎。朗鉴存愚直，皇天实照临。
公孙仍恃险，侯景未生擒。书信中原阔，干戈北斗深。
畏人千里井，问俗九州箴。战血流依旧，军声动至今。

葛洪尸定解，许靖力难任。家事丹砂诀，无成涕作霖。

这首《风疾舟中伏枕书怀三十六韵奉呈湖南亲友》为唐代伟大诗人杜甫的绝笔诗。大历五年(770)冬，杜甫由长沙赴岳阳，船经洞庭湖时，因患风疾卧病舟中的他强撑病体，拼尽最后一丝气力，用颤抖的手写下这首长达三十六韵的五言排律。诗中诗人对自己将不久于人世有了明确的预感，追溯了生平种种经历，向湖南亲友诉说羁旅贫病的苦况，并请求他们帮助，隐隐有托孤之意。此后不久，诗人便病死在湘江的一条破船之上。浦起龙称此诗"絮絮叨叨，纯是老人病惫时，追思历历寄谢种种情状。然细寻之，条理仍复楚楚"(《读杜心解》卷五之四)。循诗意的发展脉络来看，全诗可以分为三段，以下我们分别进行详细解析。

一、"羁旅病年侵"

自开头至"时物正萧森"为第一段，记"风疾舟中"的情状，抒发老病羁旅的难遣愁绪。诗的前四句"轩辕休制律，虞舜罢弹琴。尚错雄鸣管，犹伤半死心"破空而来，后代的解诗者对这几句诗的含义众说纷纭，莫衷一是。我们先疏解其中的典故。"轩辕"即黄帝，相传黄帝曾制律以调八方之风。《汉书·律历志》载："黄帝使泠纶，自大夏之西、昆仑之阴，取竹……制十二筒以听凤之鸣，其雄鸣为六，雌鸣亦六，比黄钟之宫，而皆可以生之，是为律本。至治之世，天地之气合以生风。天地之风气正，十二律定。"《礼记·乐记》载，虞舜弹五弦之琴以歌

《南风》之诗，而天下治。半死心，典出枚乘《七发》“龙门之桐，高百尺而无枝”，“其根半死半生”，“于是背秋涉冬，使琴挚斫斩以为琴，野茧之丝以为弦”。这里诗人是以半死桐犹能制琴发音，来形容自己临终写作此诗的心情。所以开头四句乃是点明身染疾而气失调，故而难“制律”，亦“罢弹琴”。浦起龙曰：“发端奇绝，言轩律、虞琴，本以调八风而应熏风者，乃今此之风，足以致疾，必其有管错心伤处也。则不如勿制也，勿弹也。由其以风得疾，故诡为追咎之语。”（《读杜心解》卷五之四）萧涤非先生指出：“这一个开头，相当离奇，但正是说的风疾。风疾和轩辕（即黄帝）制律、虞舜弹琴有什么相干呢？这是因为相传黄帝制律以调八方之风，虞舜弹五弦之琴以歌南风，然而现在我却大发其头风，这岂不是由于他们的律管有错，琴心有伤吗？既然如此，那就大可不必制、不必弹了。这种无聊的想法，无理的埋怨，正说明风疾给杜甫的痛苦。”①廖仲安先生指出，本诗前四句的语气和形式，盖仿庾信《拟咏怀诗》之发端：“步兵未饮酒，中散未弹琴。索索无真气，昏昏有俗心。”他进一步认为：“制律、弹琴即比喻吟诗作文，用轩辕、虞舜将休止制律弹琴，即比喻自己临终将停止写诗，也就是说他的这首‘伏枕书怀’的诗是他临终绝笔的咏怀之作，好比轩辕临终所制的律管，虞舜临终所弹的琴曲，难免‘错管’‘伤心’了。”②

“圣贤名古邈，羁旅病年侵”二句，言轩辕、虞舜那些古代圣贤之事已经非常遥远，而诗人的现实生活是羁旅贫病，年甚

① 萧涤非选注：《杜甫诗选注》，人民文学出版社 1998 年版，第 331 页。

② 廖仲安：《杜甫〈风疾舟中伏枕书怀三十六韵奉呈湖南亲友〉注释商榷与增补》，《文学遗产》2004 年第 1 期。

一年。其中,“羁旅病年侵”这句诗真可以作为杜甫晚年生活最具概括力的写照。“舟泊常依震,湖平早见参”,是以八卦中的震卦和冬月昏见南方的参宿来表明自己漂泊所处的方位。“如闻马融笛,若倚仲宣襟”二句又是用典。马融,字季长,东汉扶风茂陵(今陕西兴平东北)人。才高学博,曾著《长笛赋》,其序云:“有洛客舍逆旅吹笛……融去京师逾年,暂闻其悲。”王粲,字仲宣,“建安七子”之一,其名篇《登楼赋》中有“人情同于怀土兮”“凭轩槛以遥望兮,向北风而开襟”之句。萧涤非先生认为,这两句“是写风疾发作时的耳鸣和手战”①,这样解释虽是注意到了联系诗题中的“风疾”字样,但稍嫌拘泥和穿凿。马融、王粲之典皆含去国怀乡之悲,再联系下文“故国悲寒望”云云,这两句当系诗人怀恋故土之意。

“故国悲寒望”以下六句,写舟中伏枕所思所见:时当岁末,阴云不散,遥望故乡,悲从中来。异地漂泊,烟水茫茫,茅屋模糊一片,岸旁的枫林与青青的山峦交相掩映,冬日细雨绵绵,滞淫不止。这几句妙在写出了情与景的疏离与对峙:一方面是深切的思乡之情,另一方面是独特的水乡风光,二者互相排斥、互相映衬,令诗句充满张力。“鼓迎非祭鬼,弹落似鸮禽”二句写所见湖南当地的土俗。“非祭鬼”,指当地的淫祀之风。“鸮禽”,即猫头鹰。贾谊曾在长沙见猫头鹰,感到不祥,遂作《鵩鸟赋》。这里诗人是因见土人捕获鸮鸟而兴不祥之预感。这种不祥的预感自从诗人漂泊入湖湘之后,我们在他的诗中就常常可以见到。比如这年四月,避臧玠之乱的杜甫在乘舟逃往衡

---

①　萧涤非选注:《杜甫诗选注》,人民文学出版社 1998 年版,第 332 页。

州(今湖南衡阳)时作《逃难》诗,诗中就有“归路从此迷,涕尽湘江岸”的句子。如今诗人又因见鹗鸟而想到贾谊命终湖湘,再由贾谊联想到自身,真可谓一语成谶。“兴尽才无闷,愁来遽不禁”二句,是说刚刚因兴尽而开怀,转瞬又感到无尽的哀愁。“生涯相汩没,时物正萧森”承上言悲愁之因,因生事沉沦,景物萧条,正足增旅人伤感。

二、“十暑岷山葛,三霜楚户砧”

由“疑惑尊中弩”至“得近四知金”为第二段。诗人因漂泊而追忆往事,指出疏救房琯触怒肃宗为自己奔走窜逐之由,以“十暑”“三霜”计其因丧乱而蜀楚浪游之迹,哀叹漂泊生活之潦倒不堪,希望湖南亲友能够扶危救困。

“疑惑樽中弩”是用“杯弓蛇影”的典故,言因世事险恶,自己不免多疑。《风俗通义·怪神》载:应郴为汲令,请主簿杜宣饮酒,北壁悬赤弩,照于杯中,影似蛇,宣恶之,及饮得疾。后郴知之,复延宣于旧处饮酒。乃谓曰:“此乃弩影耳。”宣病遂瘳。“淹留冠上簪”,言自己长期漂泊流落,难得归朝。冠上簪,指代自己的官职。杜甫因严武表荐,这时还有着检校工部员外郎的虚衔。“牵裾惊魏帝”,用了辛毗谏曹丕的典故。辛毗,字佐治,颍川人,是三国时一位有胆识的谋士。初事袁绍父子,后归曹操,很受器重。辛毗为人刚正,能犯颜直谏。有一次,曹丕准备把冀州十万户民迁往河南,当时河南遭蝗灾,群司以为不可,群谏,丕不听,辛毗牵着曹丕的袍角苦谏,终于说服了曹丕。事见《三国志·魏书·辛毗传》。此句杜甫回忆自己为左拾遗时疏救房琯之事,当时杜甫言辞激烈,触怒肃宗,故以辛毗“牵裾”之事自比。“投阁为刘歆”,用扬雄事。《汉书·扬雄传》载:扬雄,字子云,博学多才,曾教弟子刘棻作奇字。王莽时,刘棻因献符命得罪,雄受牵连。当使者来收捕时,扬雄从天禄阁上“自投下,几死”。刘歆为刘棻之父,扬雄投阁,乃为刘棻,大概杜甫此处是为了趁韵,而在诗中将刘棻改为刘歆。“狂走终奚适,微才谢所钦”是说自己终身漂泊却不知道哪里才是自己真正的归宿,在漂泊的旅程中,多谢湖南亲友们的慷慨解囊,帮助我渡过难关。“吾安藜不糁”,言自己安于贫穷困顿。“糁”,以米和羹。《庄子·让王》载,孔子绝粮于陈蔡之间,曾“七日不火食,藜羹不糁”。“汝贵玉为琛”,乃是对湖南亲友的恭维话。“琛”,即宝玉。《晋书·宋纤传》载:酒泉太守马岌,造宋纤不得见,铭诗于石壁曰:“其人如玉,维国之琛。”杜甫在晚年的漂泊中到处依人,在诗中常发出“苦摇求食尾,常曝报恩鳃”(《秋日荆南述怀三十韵》)那样无奈的哀叹。我们从“汝贵玉为琛”这样的诗句,可以想见艰难生活给诗人带来的巨大心理折磨。

“乌几重重缚,鹑衣寸寸针”二句描写的是漂泊生活中的苦况。杜甫有一个乌皮几案,因日久损坏,故用绳子层层缚牢。“鹑衣”,形容衣服破烂不堪。鹑是小鸟之名,其尾短秃。“寸寸针”,说明如此破旧的衣服尚要补了又补,可见其晚年生活的窘况。“哀伤同庾信,述作异陈琳”二句,以庾信和陈琳自比。是说自己不能回归故乡,十分哀伤,就如同写作《哀江南赋》的庾信,才思却比不上陈琳。庾信,字子山,初仕南朝,后奉使西魏,被留不放。被迫身仕北朝,官至骠骑大将军。信虽位高,常怀南朝,曾作《哀江南赋》,中云:“天意人事,可为凄怆伤心者矣。”陈琳,字孔璋,“建安七子”之一。初为何进主簿,后归袁绍,当时为袁绍作讨曹操檄文,曹操读后,风疾豁然而愈。“十暑岷山葛,三霜楚户砧”二句,凝练而生动地总结了诗人十几年来萍踪浪迹的漂泊生涯。“岷山”,代指蜀地。杜甫自乾元二年(759)入蜀,至大历三年(768)出峡,共经十年,故曰“十暑”;自大历三年出峡至今已经三载,故曰“三霜”。“叨陪锦帐坐,久放白头吟”二句,言自己曾有幸承地方长官接待,得以在锦帐中陪坐,还每每以年老之身吟诗助兴。“反朴”,即“还淳反朴”。杜甫的志向是“致君尧舜上,再使风俗淳”,在生命的最后一刻,杜甫意识到实现自己理想的时机是终生难遇了,自己终生为之奋斗的理想看来难以实现了,故云“反朴时难遇”。“忘机陆易沉”是说既然放弃了对理想的执着,过起归隐生活,则不禁令人有陆沉之感。“陆沉”,典出《庄子·则阳》:“与世违而心不屑与之俱,是陆沉者也。”“应过数粒食”,是说自己的要求本来是很微薄的,大概不会超过数粒之食,希望亲友们能够满足自己微薄的要求。“数粒食”,极言困窘之情,典出张华《鹪鹩赋》:“巢林不过一枝,每食不过数粒。”“得近四知金”的“得近”,亦是否定之意,即不得近、难得近。“四知金”,乃是申明自己没有接受过非分之财。《后汉书·杨震传》载:昌邑令王密夜怀十斤金遗杨震,曰:“暮夜无知者。”震曰:“天知、神知、我知、子知,何谓无知!”遂不受。这两句阐明自己虽飘零憔悴,食不果腹,然从未接受过非分之财。穷途之际尚敢于这样自剖心迹,可见老杜的磊落胸怀。虽是末路求人,但毫不露乞儿之态。

三、“战血流依旧，军声动至今”

由“春草封归恨”至最后为第三段。诗写入湖南后自己形如飘蓬、病身行药、小女夭亡、行须扶杖的苦况，抒发了衰年留滞之感，继而又称美湖南亲友的大德峻才，感激他们的高谊厚情，最后慨叹乱离时事：“战血流依旧，军声动至今。”诗人这哀伤沉疴之身，哪堪继续乱离漂泊，恐不久于人世，再灵的“丹砂诀”于身已无补，于绝望中再致“奉呈”之意，即望湖南亲友怜顾，施以援手。这一段写得极尽款曲，我们仿佛可以感受到诗人即将割舍深爱的家国妻儿时的莫名悲痛，仿佛也能看到他颤抖的笔尖洒落的点点墨痕，千载之下，读之犹能感人肺腑。

“春草封归恨，源花费独寻”二句，言春草隔断归乡之路，于是想在湖南找个“桃花源”似的安身之处，却很难找到。杜甫大历三年春出峡至江陵，本可北归，不知因何未果，后遂漂泊湖湘，故云“归恨”。“转蓬忧悄悄，行药病涔涔”二句，以蓬草随风飘转形容自己晚年辗转漂泊，未得安居，因而常常感到“忧悄悄”。而服用治疗风疾、消渴诸病的中草药感到毫无药效，病痛依然。“瘗夭追潘岳”，是悲痛自己的小女在旅途中夭亡。西晋诗人潘岳在去往长安途中，小女儿生数月夭亡。其《西征赋》云：“夭赤子于新安，坎路侧而瘗之。”杜甫《入衡州》诗云：“犹乳女在旁。”可见晚年杜甫有一个尚在吃奶的小女儿，则此句之“瘗夭”，当指此女。杜甫晚年得女，可谓老蚌生珠，定然视若掌上明珠；然而竟又突遭晚年丧女之痛，其痛不欲生之情可以想见。“持危觅邓林”写自己之老病，须拄杖而行。

持危，即行走不便。邓林，用夸父逐日之典，《山海经·海外北经》载："夸父与日逐走……道渴而死，弃其杖，化为邓林。""蹉跎翻学步"，承上"持危"而来，是说自己老年腿脚不便，反倒像刚学步的孩童一般步履蹒跚。"学步"，暗用"邯郸学步"事。于此艰难之中，能有湖南亲友相知相助，让诗人感激不已。"知音"，指湖南亲友。这里暗用伯牙、子期事。"却假苏张舌，高夸周宋镡"是说湖南亲友对自己的夸赞，实在让人既感激又惭愧。苏张舌，指苏秦、张仪的辩才。苏秦、张仪都是战国时著名的纵横家，二人均辩才无碍，这里借指湖南亲友。周宋镡，本指天子之剑，这里指湖南亲友对自己的称许。镡（xín），剑鼻，典出《庄子·说剑》："天子之剑，以燕溪石城为锋，齐岱为锷，晋卫为脊，周宋为镡，韩魏为铗。""纳流迷浩汗，峻趾得嵚崟"则是恭维湖南亲友的大度和宽容。"浩汗"，水大貌。"嵚崟（qīn yīn）"，山高貌。杨伦曰："纳流、峻址，言诸公能包容而合小以成大也。二句即'泰山不让土壤，故能成其高；河海不择细流，故能就其深'意。"（《杜诗镜铨》卷二十）"城府开清旭，松筠起碧浔"二句，美称幕府所在地，说幕府的大门向着朝阳敞开，苍松翠竹掩映着潺潺流水。"披颜争倩倩，逸足竞骎骎"，言湖南亲友都带着倩倩的笑容，在幕府施展出众的才华。"倩倩"，形容笑容。"骎骎"，奔驰貌。"逸足"，即良马，是美称幕府诸公才华出众。"朗鉴存愚直，皇天实照临"，是说因自己生性拙直，常以此得罪人，而湖南亲友却能包容其愚直之性，此恩此德，皇天在上，实照临之。这里表达了对湖南亲友的感激之情。"朗鉴"，明亮的镜子，喻湖南亲友见识高超。"愚直"，是杜甫自称。"公孙仍恃险，侯景未生擒"这两句写杜甫对安史之乱平后军阀割据、战乱不休现实的无限忧虑。公孙，指公孙述。东汉初,公孙述据蜀自称白帝。因蜀中地形险要,故曰“恃险”。这里指那些割据不臣的藩镇势力。侯景,南朝梁叛将,曾破建康,围梁武帝萧衍于台城,使之饿死,并自立为汉王,到处烧杀掳掠,后兵败被杀。这里指当时作乱的军阀。“书信中原阔,干戈北斗深”:因家乡遥远,战乱频仍,与家乡音问不通,故曰“阔”。“阔”,阔绝;因战乱不止,归朝无期,遥望长安,深感遥不可及,故曰“深”。“北斗”,指朝廷所在地长安。“畏人千里井,问俗九州箴”二句用典。“千里井”,见唐李匡义《资暇集》卷下:“谚云:‘千里井,不反唾。’盖由南朝宋之计吏泻剉残草于公馆井中,且自言相去千里,岂当重来? 及其复至,热渴汲水,遽饮,不忆前所弃草,草结于喉而毙。俗因相戒曰:‘千里井,不反剉。’复讹为唾耳。”“问俗”,见《礼记·曲礼上》:“入境而问禁,入国而问俗。”“九州箴”,见《汉书·扬雄传赞》:“(雄以为)箴莫善于《虞箴》,作《州箴》。”注引晋灼曰:“九州之箴也。”古代中国有九州,问俗而至于九州,可见漂泊异地之频繁与艰辛。“战血流依旧,军声动至今”二句,谓自安史之乱以来战乱不休,时闻军声,时见流血,令人扼腕长叹。这表达了杜甫经历长期乱离,在垂暮病危之时仍处于战乱时局的悲伤绝望的心情,从中可见杜甫崇高而深挚的爱国主义精神,深沉的忧国忧民的忧患意识。这是杜甫精神最为可贵之处,虽然自己身处逆境,却情系国家,心想人民,一颗爱国爱民、忧国忧民的赤子之心从未停止跳动。“葛洪尸定解,许靖力难任”二句谓:不能效法葛洪尸解成仙,携家逃难,有如许靖,然途穷力尽,亦恐难胜任。“葛洪”句,以“尸定解”喻自己绝无生理。葛洪,自号抱朴子,东晋道教理论家、炼丹术家,曾在罗浮山炼丹,积年而卒。其亡时,颜色如平生,体亦软弱,举尸入棺,其轻如空衣,时咸以为尸解得仙。许靖,字文休,汝南平舆人。《三国志·蜀书·许靖传》曰:“孙策东渡江,皆走交州以避其难。靖身坐岸边,先载附从,疏亲悉发,乃从后去,当时见者莫不叹息。”“(许靖)每有患急,常先人后己,与九族中外同其饥寒。其纪纲同类,仁恕恻怛,皆有效事。”“家事丹砂诀,无成涕作霖”二句,承上言丹诀难学,最终无成,令人悲泣成霖。“丹砂诀”,指成仙之方。浦起龙曰:“结联语妙,思之失笑。家事只靠丹砂,则将登仙乎?况又无成也!作霖乃活人之本,而以涕为之,则是饮泣待毙耳。言外若曰:亲友亦念之否?”(《读杜心解》卷五之四)

全诗述风尘奔走之故、乱中凄惶窘迫的苦况、晚年饱经丧乱的心伤苦泪,并追溯当年疏救房琯的谠论,暗中透露出肃宗的猜忌与刻薄才是诗人晚年漂泊依人的真正缘由,真是笔笔哀婉,语语凄凉。中间部分盛赞湖南亲友的宽容大度、乐善好施,希望他们念及友情,再施援手。最后,诗人对他深爱着的苦难深重的家国极尽缱绻留恋之情,读后让人不胜唏嘘泣零。整首诗忧怀国事、自悲身世、慨叹世情炎凉,满腹心事,千回百折,流宕开阖,既沉郁顿挫,又不失流利飘逸。写完此诗后不久,在一个寒风呼啸的冬日,诗人在湘江的舟中溘然长逝。北归故乡的愿望最终也没能实现,诗人的尸骨仍然漂泊湖湘多年。直到元和八年(813),杜甫的孙子杜嗣业才“收拾乞丐,焦劳昼夜”,把停在岳阳的灵柩运回偃师,葬在首阳山下,紧靠着其祖父杜审言、远祖杜预之墓。就这样,诗人的遗骨漂泊了四十三年才回到生前魂牵梦萦的故乡。

四、垂范古今的排律艺术

这首诗最大的艺术特点就是用典,除了少量写景和抒情的句子,全诗几乎步步用典,典故的数量很多,密度很大。排律在所有古典诗歌体式中是最难的,因为写作排律一方面需要注意遵守严整的格律,另一方面又需要注意对仗的工整。然而老杜在如此困难的诗体中又讲究用典,这无疑使得本诗的写作变得难上加难。但是杜甫却能在奇险中做到从容不迫、娓娓道来,这更加显示出杜诗超乎寻常的森严整肃和举重若轻的不凡气度。现在看来,有些典故如果不借助注释,读起来会有吃力的感觉,于是会觉得老杜这种“无一字无来处”的做法妨碍了诗意的顺畅表达。但是我们应该了解,在杜甫的时代,五言排律这种体式是参加进士考试时官方要求的唯一正规体式,因此用这种诗体来投赠亲友或权贵,就包含了郑重其事的意味,可以表示对投赠方的尊重。正因为如此,五言排律在唐代逐渐发展成专门用于投赠的华丽诗体,诗人为了极力展示自己的才学,往往会在这种体式中大量用典,使得诗歌富瞻华美,诗意含蓄凝练。这就是病入膏肓的杜甫于伏枕临终之际仍然选择这种超难体式进行创作的时代原因。

杜甫这篇五言排律长达三十六韵,他以垂暮之年,将殁之躯,犹能成此扛鼎力作,让人惊叹诗人艺术腕力的强劲。元稹在《唐故工部员外郎杜君墓系铭》中论及杜甫排律艺术时说:“铺陈始终,排比声韵,大或千言,次犹数百,辞气豪迈而风调清深,属对律切而脱弃凡近。”清人浦起龙《读杜心解·发凡》

称赞杜甫的排律云:“千言、数百言长律,自杜而开,古今圣手无两。”他们都指出杜甫在排律创作方面所达到的无人企及的高度。杜甫的长篇排律如《夔府书怀四十韵》《赠王二十四侍御四十韵》《秋日夔府咏怀奉寄郑监李宾客一百韵》以及《风疾舟中伏枕书怀三十六韵奉呈湖南亲友》,都是我国古典诗歌中登峰造极的鸿篇巨制,这些排律语言典雅,对仗整肃,学力深厚,情感深沉,思想博大精深,是诗歌艺术的辉煌殿宇,充分显示出杜甫海涵地负般的艺术功力和读破万卷的富瞻才学。杜甫首开的写作长律之风,对后人产生了巨大的影响。

最后需要指出的是,除了声律、对仗、用典等诸多因素的重重制约之外,在押韵方面,杜甫选择了一个极窄的韵部。全篇所押之“侵”韵,乃是韵字极少的窄韵,韵字只有四十余个,其中还有很多是不常用的生僻字。以如此狭小局促的韵部作波澜壮阔的长篇排律,在艺术上回旋的余地是很小的。假若庸手写来,往往会捉襟见肘,丑态毕露。可是在杜甫笔下,竟能做到履险如平,一韵到底,且三十六韵无一重复,这也显示出老杜迎难而上、因难见巧的艺术魄力,让人惊服诗人登峰造极的艺术造诣!可以说杜甫在此诗中为我们展示了汉语所能达到的艺术表现的极致,只可惜这是他为我们所做的最后一次示范。清人夏力恕评此诗云:“暮年诗格严整如此,思之深而运之熟也。诗家每称杜律,谅哉!”(《杜诗增注》卷二十)杜甫自称“晚节渐于诗律细”,通过这篇绝笔排律,我们确实可以领略到杜律的森严整肃,从而窥到杜诗炉火纯青的艺术境界。如此鸿篇巨制,格律如此严谨,对仗如此精工,用典如此繁富,韵律如此险仄,而又能气势贯通,波澜顿挫,实属唐代排律中的绝唱,在中国古典诗歌史上是一篇罕见的佳作。

从杜诗"龙蛇"意象看历代注家之穿凿*

从宋代开始，杜诗注家在解释杜诗中描写自然景物的诗句时特别喜欢进行随意歪曲，认为这些景物皆有所托喻，常常犯影射附会的错误。如杜甫《乾元中寓居同谷县作歌七首》其六云："南有龙兮在山湫，古木巃嵸枝相樛。木叶黄落龙正蛰，蝮蛇东来水上游。我行怪此安敢出，拔剑欲斩且复休。呜呼六歌兮歌思迟，溪壑为我回春姿。"此诗诗意本来甚为显豁，然对诗中的"龙蛇"是否有喻指、所指为何，历代的注家可谓众说纷纭。宋代以"伪苏注"为代表的杜诗注家对《同谷七歌》中的"龙蛇"意象进行了穿凿和比附，后代注者亦不断在此说的基础上进行申说和坐实，直到清代张溍、杨伦等人方对这些穿凿之论予以反驳与纠正。此类凿深倾向是宋人将阐释六经的方法移植到杜诗注释中的体现，并对后世的杜诗注释产生了极为深远的负面影响。

一、"伪苏注"将"龙蛇"意象与玄宗劫迁西内事件进行比附

因为诗在开头提到了"龙"，故宋代的注家便将"龙"与下

* 本文原载于《铜仁学院学报》2015年第3期。

面的“蝮蛇”联系起来。如《分门集注杜工部诗》卷二十五引敏修曰:“龙蛰,喻天子失势。蝮蛇东来,喻禄山从山东来。”①蔡梦弼《杜工部草堂诗笺》曰:“龙蛰而蛇游,时之乱甚矣,叹无力以救之也。”②封建时代,诗文中的“龙”往往都会被解为帝王,故伪苏注又将此诗之“龙蛰”和唐玄宗进行了联系,作出史事之比附,其曰:“《六歌》一篇,为明皇作也。明皇以至德二年至自蜀居兴庆宫,谓之南内。明年,改元乾元。时持盈公主往来宫中,李辅国常阴候其隙,间之,故上元二年常迁西内。”③这里注者虽已经注意到史实与诗作时间上存在差异,对其事并未完全坐实,但其牵强之处却是显而易见的。这是因为李辅国将玄宗劫迁西内之事发生在上元二年(761),此诗作于乾元二年(759),那么杜甫作此诗时怎会预先知道两年以后的事呢?因此,这是非常明显的牵强附会。对此,清初姜宸英驳曰:“公才居同谷而明皇亦始居兴庆,安能逆料其然?按史:兴庆宫在皇城东南,距京城之东,开元初置。至十四年,又增广之,谓之南内。则南内之名,自开元已然,何谓自蜀居之始有此称耶?龙翔后,大明宫谓之东内,而以太极宫为西内,南内盖配两宫而言也,非始于明皇幸蜀之后明矣。按史:持盈侍太上皇,见之《李辅国传》,而本传不载。《辅国传》又载,万安、咸宜二公主,视膳西宫。而本传皆略之,惟《楚国公主传》云:上皇居西宫,独

① 佚名:《分门集注杜工部诗》卷二十五,《四部丛刊初编》本,商务印书馆1929年版,第419页。

② 蔡梦弼:《杜工部草堂诗笺》卷十八,《续修四库全书》本,上海古籍出版社2002年版,第132页。

③ 题王十朋:《王状元集百家注编年杜陵诗史》,江苏广陵古籍刻印社1981年版。

主得入侍。《辅国传》又不载。但公主入侍，与此诗毫不相涉，仅一‘南’字，与南内相附会耳。”①所论甚是。

二、后代注家对“伪苏注”的申说与坐实

伪苏注此说虽然有如此明显的缺陷，但仍对其后的杜诗注家产生了较大影响，如清初吴冯栻《青城说杜》便继续对此进行申说，其云：

> 六首明指玄宗幸蜀，禄山叛逆之事。蜀在同谷之南，言我之所以不得魂归故乡者，非以龙失其窟，蛇反来游故乎？龙之飞天，岂可在山湫者。想严冬木叶暂黄落，而适当蛰时耳。然龙蛰而蝮蛇来矣。蝮蛇游水上，我方畏其毒螫矣，安敢轻出哉！不受伪命意自见。我欲拔剑斩蛇，而又苦于力之不足。且复休者，非竟休也。不见拥护蛰龙，彼山湫之古木，方枕枞耶？我但少休以俟之，将溪壑一回春，而木叶之黄落者复盛，蛰龙随起，蝮蛇自灭矣，安足污吾剑？以龙喻帝，以蛇喻贼，自明。以古木喻李、郭，诸公恐少见及。叶虽黄落，枝则相樛，喻材本足有为，而遵时养晦也。春回则大运转，即可乘时而奋矣。故方歌而迟迟有所思者，思大运之急为我而转，古木之急为我生新叶，而辅蛰龙以升，不欲其久在山湫也。不曰天而托喻溪壑，立言

---

① 姜宸英：《湛园札记》，文渊阁《四库全书》本。

微婉。回春姿，紧对木叶黄落，言乱极思治之意恝然。①

吴冯栻不仅同意伪苏注所论，且又将诗中的“古木”和郭子仪、李光弼进行比附，真可谓百尺竿头更进一步，在穿凿的道路上比伪苏注走得更远。浦起龙虽然也表示反对伪苏注，但他仍相信此诗中提到的“龙蛇”不是泛泛歌咏，必有所指，其曰：“六歌，悲值乱也，申‘归不得’。伪苏注以龙喻明皇在南内，《博议》非之，谓咏万丈谭之龙。愚按：牵扯玄、肃父子，固为不伦；泛咏龙湫，更没交涉。七歌总是身世之感，何容无慨世一诗。值乱乃作客之由也，不敢斥言五位，故借南湫之龙为比。‘龙在山湫’，君当厄运也。‘枝樛’‘龙蛰’，干戈森扰也。‘蝮蛇东来’，史孽寇逼也。‘我安敢出’，所以远避也。‘欲斩且休’，力不能殄也。是皆‘归不得’之故也。各首结句多说悲，此独言‘溪壑回春’，为厌乱故，指望太平也。如此看，无一语落空矣。”②应该说吴冯栻、浦起龙的说法或进一步坐实伪苏注，或迂曲地进行解释，都是宋人穿凿附会的隔代翻版。

三、清代杜诗注家对“龙蛇”意象的泛化解释倾向

也许是注意到了伪苏注及其追随者将此诗中的“龙”和玄宗联系的穿凿难通，后来的杜诗注者开始出现了将此诗中

① 吴冯栻：《青城说杜》，清道光十三年（1833）宝荆堂刻本。

② 浦起龙：《读杜心解》卷二之二，中华书局1961年版，第264页。

“龙”和“蝮蛇”的喻指进行泛化的倾向。如清初张溍曰:“此叹帝室蒙蔽凌夷,盗贼纵横,欲翦灭而权不在己也。每每关心君国,忠爱之至。”[①]沈德潜曰:“言外有君子潜伏,小人横行之意。”[②]何焯甚至大胆提出此“龙”乃杜甫自指,其曰:“龙之蛰也,时至则伸,自比也。蝮蛇东来水上游,比盗贼小人。”[③]这些说法虽然比之伪苏注无疑是前进了一大步,但是终究未能跳出汉人以君子小人说《诗》之窠臼。仇兆鳌乃于此基础上又提出了诗中的“龙蛇”本无寓意之说,这在历代注杜者中可谓石破天惊之论,其曰:“解杜者,诗中本无寓言,而必欲傅会时事,失之穿凿;诗中本有寓意,而必欲抹杀微词,谓之矫枉。此章托讽显然,盖借景以寓意。”[④]仇兆鳌之所以有此卓识,是因为他已经认识到历代的喻指之说过于坐实,穿凿附会明显,断不可从。但是仇氏也不否认诗中明显有“托讽”和“寓意”,只是诗人并未将其讽意明显说出,故而引得历代注家苦心求索,各以为探骊得珠并深信不疑,其实都不免于穿凿附会,这是历代注家所犯穿凿之弊的根源所在。有鉴于此,杨伦乃评此诗曰:“《匪风·下泉》之旨。”[⑤]《匪风·下泉》,是指《诗·曹风·下泉》,诗云:“洌彼下泉,浸彼苞稂。”用以兴贼臣作乱,周京

---

① 张溍撰,聂巧平点校:《读书堂杜工部诗文集注解》卷六,齐鲁书社2014年版,第416页。

② 沈德潜:《杜诗偶评》,清乾隆十二年(1747)潘承松赋闲草堂刻本。

③ 何焯撰,崔高维点校:《义门读书记》卷五十一,中华书局1987年版,第1031页。

④ 仇兆鳌注:《杜诗详注》卷八,中华书局1979年版,第693页。

⑤ 杨伦笺注:《杜诗镜铨》卷七,上海古籍出版社1998年版,第299页。

受害之意。杨伦这种解释显然既不废意象之讽喻性，又没有坐实意象所指，故较为周全妥当，杨伦《杜诗镜铨》在清代的杜诗全集笺注本中最为晚出，此解之得出，应该是吸取了前代注杜的教训。

四、清代注家对诗人未斩蛇之因的解释及其驳正

那么还有一个问题，就是蝮蛇本是充满阴森之物，凡其在诗中出现，都代表黑暗、邪恶等，而杜诗看到同谷溪水中有蝮蛇出游，为何还"拔剑欲斩且复休"呢？若按照旧注的说法，此"蝮蛇"是指安史之徒的话，难道诗人对这些令他深恶痛绝的叛臣贼子还抱有一丝怜悯之情吗？答案当然是否定的。众多注家于是又纷纷给出自己的解释，如吴见思曰："龙德以象君子，正当天行云从，霖雨四海，乃在此山湫古木之下，蛰而未伸，故蝮蛇出而偃蹇耳。初而欲斩，继而且止，所谓不足污我刃也。前五歌只言一身，此则推及世事。"①仇兆鳌曰："此章咏同谷龙湫也。古木巃嵸，树覆湫潭，神龙蛰伏，而蝮蛇肆行，此阳微阴胜之象。拔剑且休，诛之不胜诛也。溪壑回春，盖望阳长阴消，回造化于指日，其所慨于身世者大矣。《易传》以潜龙比君子，蔡琰谓暴猛如虺蛇，此君子小人之别也。时在仲冬，而曰春回者，天气晴和有似春意耳。"②

---

① 吴见思：《杜诗论文》，清康熙十一年（1672）岱渊堂刻本。
② 仇兆鳌注：《杜诗详注》卷八，中华书局1979年版，第698页。

既然将“蝮蛇”解释为安史之徒，与诗中“拔剑欲斩且复休”存在难以解释的矛盾，于是又有注者建议改变这种解释，有人便提出，此“蝮蛇”乃是指同谷县令。因为从杜诗中可知，杜甫一家经过长途跋涉来到偏僻的同谷谋食，乃是受到同谷县令的邀请。杜甫《积草岭》中云：“邑有佳主人，情如已会面。来书语绝妙，远客惊深眷。食蕨不愿余，茅茨眼中见。”但是显然这位“佳主人”并未尽到地主之谊，杜甫至同谷后在诗中无一语提及，似可从侧面进行证明。这种说法虽然避免了诗人“未斩蛇”种种难以解释之处，但是仍未跳出坐实所指这一传统解诗思路，其穿凿附会与伪苏注等并无二致。故清吴农祥曰：“《发同谷》章法止而复起，有两山连合之势。以同谷之有佳主人也，故别而泪再滴，先生之于交情，深念旧恩也至矣。近人有以《七歌》中‘蝮蛇’喻同谷主人者，吾不信也。”①

那么，对诗人为何见到蝮蛇而拔剑未斩，除了以上“不足污吾刃”“诛之不胜诛”“苦于力之不足”这些令人难以满意的解释之外，还能找到更为合理通达的解释吗？韩成武先生指出：“因为蝮蛇出游，说明天气变暖，而天气变暖对无衣御寒的杜甫一家来说，是天大的喜事。正因为这喜讯是蝮蛇传报的，故杜甫不忍斩之，迂曲地表达了他对春讯的盼爱，也正好反映出他过冬的艰难。”②应该说这种解释不仅切合杜甫在同谷的生活处境和心境，而且注意到了诗意的前后照应，较为完满地解释了长期以来诗中“龙蛇”喻指中难以说通的问题。

---

① 刘濬：《杜诗集评》卷二，《杜诗丛刊》本，台北：大通书局 1974 年版，第 273 页。

② 韩成武：《诗圣：忧患世界中的杜甫》，河北大学出版社 2000 年版，第 122 页。

五、结论

通过上述分析可见，在对杜诗中景物意象的阐释中，对历代注家坐实凿深之论应该保持充分警惕，在理解时应首先将景物意象理解为诗人实录所见之景，而尽量和旧注中的过度生发与过度阐释保持距离，这样方可最大限度地贴合诗意，以意逆志，得诗人之所用心。对诗句中的景物意象进行凿深和比附，其实已经形成宋人的一种根深蒂固的文化习惯。黄庭坚在《大雅堂石刻杜诗记》中对这种倾向批评道：“彼喜穿凿者，弃其大旨，取其发兴于所遇林泉人物、草木鱼虫，以为物物皆有寄托，如世间商度隐语者，则子美之诗委地矣。”①这确实道出了宋人对杜诗动辄凿深的附会之弊。由于杜诗在宋代受到异乎寻常的尊崇，处于等同于儒家六经的地位，因而在阐释杜诗时自然地将阐释六经的方法移植过来，努力钩稽文本背后的微言大义和纲常伦理等道德内涵，而宋人这些凿深倾向开了后世对杜诗影射比附的先河，其影响经元明清一直持续到现在。

---

① 黄庭坚撰，刘琳等校点：《黄庭坚全集》卷十六，四川大学出版社2001年版，第437—438页。

重读杜甫*

——《杜甫全集校注》读后

杜甫的诗歌是中华民族文学宝库中永恒的经典，今年人民文学出版社出版了萧涤非先生主编的《杜甫全集校注》，捧读厚厚的十二册杜集，重温这永恒的经典，不禁感慨万千。作为世界文化名人，杜甫的盛名，早已为世人所熟知。然而世俗对杜甫的理解，常有一些偏颇和误解，这些误解制约着我们真正了解真实的杜甫。而重读《杜甫全集》，对于我们全面了解这位伟大的诗人，是一个很好的机会。兹将阅读过程中的些许心得拉杂写下，愿与读者分享。

《杜甫全集校注》除了收录杜甫诗集二十卷外，还收录了杜甫文赋二卷。我们若将杜甫的文赋与整部杜诗对读，就可以更为全面地认识和了解杜甫的文学成就。我将杜文与杜诗对读以后，有了以下几点粗浅的认识：

第一，宋人对杜诗已经有了“无一字无来处”的认识，这种认识甚至极大地影响了江西诗派的创作。其实说杜诗“无一字无来处”尚有些偏颇，因为杜诗中并不是所有的诗篇都是如此，比如一些咏物抒怀之作就不使用典故，多用白描。但是要

---

* 本文原载于《博览群书》2014 年第 8 期。

把“无一字无来处”这个评价移到对杜甫文赋的评价上来，实在是太恰当了。杜甫在其文赋中用典的密度极高，几乎达到了一步一典、一步数典的程度。特别是在《三大礼赋》中，杜甫苦心营造出一个辉煌典雅的艺术世界，明显表现出对西汉赋家扬雄的追踪与模拟，其自称“赋料扬雄敌”当非虚语。他还在赋中大量化用《周礼》之语，说明他对《周礼》的熟稔与推尊，当然其中亦寄寓了杜甫儒家礼乐治国的崇高理想。

第二，杜甫当时的诗名为赋名所掩。杜甫在当时诗坛是颇为寂寞和尴尬的，不仅当时几个著名的诗歌选本中没有只字提及，甚至同辈知交中也少有称誉其诗才者。其诗名不仅远远比不上李白，就连高适、岑参也不如，甚至薛据、储光羲也不见得看得起这个黑瘦的诗人。他们在天宝十一载一同登上长安的慈恩寺塔，各赋一诗，却均未提到杜甫，可见杜甫在当时诗坛上极有可能是不入流的小角色。但要是说杜甫在当时默默无闻，倒也并非事实。杜甫在当时虽无诗名，但却有赋名。天宝九载冬，杜甫因献《三大礼赋》而倾动人主，命待制集贤院，这使得杜甫声名鹊起。不过需要指出的是，这次献赋给杜甫带来的名声并非诗名，而是赋名。所以，我们看到当时人对杜甫的称誉多是关于文赋的，并常以汉代文学家扬雄、司马相如称赞他。如《壮游》诗曰：“往昔十四五，出游翰墨场。斯文崔魏徒，以我似班扬。”《送顾八分文学适洪吉州》曰：“视我扬马间，白首不相弃。”高适《赠杜二拾遗》曰：“草《玄》今已毕，此外复何言？”杜甫的答诗《酬高使君相赠》云：“草《玄》吾岂敢，赋或似相如。”杜甫《堂成》云：“旁人错比扬雄宅，懒惰无心作《解嘲》。”严武《寄题杜二锦江野亭》云：“莫倚善题《鹦鹉赋》，何须不著鵕鸃冠。”另外，杜甫《宾至》云：“岂有文章惊海内，漫劳车马驻江干。”看来这位来宾一定是先对杜甫说了“久仰文章大名”之类的话,杜甫才会以“岂有文章惊海内”来作答。这也从侧面说明杜甫当时在社会上的名声是和其“文章”密切相关的,特别是为玄宗所赏的《三大礼赋》。同样地,杜甫在名篇《旅夜书怀》中亦云:“名岂文章著,官应老病休。”萧涤非先生在《杜甫诗选注》中解释道:“这是不服气的话。一般人都认为我献赋蒙赏,以文章著名,哪知我的志愿并不在文章呢。”此论可谓胜解。正是由于赋名的光芒过于耀眼,乃至出现了“灯下黑”的现象,使得杜甫在诗歌方面所取得的辉煌成就一度被掩盖,并一直为当时人所忽略。所以杜甫在《南征》诗中哀叹道:“百年歌自苦,未见有知音。”可见这种社会认知的错位让诗人觉得是多么的无奈与孤独!

第三,《唐故万年县君京兆杜氏墓志》中记载的幼年经历对诗人思想性格的形成具有不可估量的影响。杜甫的思想不像李白那样庞杂,是纯正的儒家思想,这一点无需多言。至于他如何形成这种思想,学界一般都只是从其“奉儒守官”的家庭出身来解释。但是仔细研读杜甫为自己二姑所撰《唐故万年县君京兆杜氏墓志》,就可以发现幼年时代发生的一件事,对杜甫思想的形成有很大的刺激作用。杜甫幼年丧母,父亲杜闲便把他寄养在洛阳仁风里二姑家中,因此二姑实际上扮演了杜甫母亲的角色,杜甫对二姑的感情亦颇为深厚。《唐故万年县君京兆杜氏墓志》中说,二姑也有个儿子,和杜甫年龄大致相仿,有一次小哥俩同时得了病,二姑请来了巫医,巫医说只有把孩子放在楹门东边才能活下来。然而,二姑家楹门以东只能放一张狭小的床,这就意味着两个孩子只能救一个,而此时二姑之子就躺在那里。二姑闻言后立即把儿子和侄子杜甫更换了位置，结果放在楹门东边的杜甫果真捡回了性命，而二姑的儿子却不幸夭折了。长大以后杜甫才听别人说起此事，这件事对他触动很大。可以说，杜甫后来同情弱小、怜悯民瘼、侠义刚烈思想性格的形成，与二姑的言传身教有很大的关系。

第四，杜甫母系家族的皇室血统是杜甫忠君思想的重要成因。杜甫具有浓厚的忠君思想，他在《自京赴奉先县咏怀五百字》中说："葵藿倾太阳，物性固难夺。"《柳司马至》云"恋主寸心明"，《散愁二首》其二云"恋阙丹心破"。到了宋代，苏轼在《王定国诗集叙》中更是将杜甫的忠君思想概括为著名的"一饭不忘君"说，并在封建时代得到了广泛的共鸣。对于杜甫忠君思想的成因，学界一般是从杜甫对儒家思想的服膺这一角度进行解释。其实若我们能够深入解读涉及杜甫家世的《祭外祖祖母文》等相关文献，就会发现杜甫母系家族的皇室血统是其忠君思想形成的最直接原因。杜甫外祖母的父亲李琮，是唐太宗李世民第十子纪王李慎的次子，被封为义阳王。武则天执政时期，大肆屠戮李氏皇族。越王李贞起兵讨伐武则天失败后，纪王李慎也受到牵连，被捕入狱，改姓虺氏，流放岭外，最后死于途中。他的儿子李琮被拘于河南狱，李琮之妻则被关在司农寺。此时杜甫的外祖母李氏年纪尚幼，但是非常懂事，她每天穿着布衣草鞋，形容憔悴地徒步往来于关押父母的两处监狱，为父母送饭。当时洛阳的百姓见这个小姑娘如此孝顺，都非常感动，称赞她"勤孝"。杜甫外祖父的母亲是豫章王李亶的女儿。李元名在武后永昌年间为后党田神�陷害，被流放到利州（今四川广元），不久被杀。为清楚起见，特绘下表以见杜甫母系与李唐皇室的血缘关系：

李世民—李慎（纪王）—李琮（义阳王）—杜甫外祖母李氏

李渊—李元名（舒王）—李亶（豫章王）—李亶之女—杜甫外祖父崔氏

可见，杜甫的外祖母和外祖父两支都是李唐皇室直系血统，在武后对李氏宗族的屠杀中，他的外祖父母所处的两支中，都惨遭荼毒，充满了血腥之气。知道了这层家世渊源，我们就更容易理解杜甫的忠君思想，因为杜甫本人就是李唐皇族的直系血亲，自然对李唐王室格外忠诚。安史之乱初起时，许多未来得及随玄宗逃走的皇族子弟惨遭杀戮，杜甫曾作《哀王孙》表示深切同情，如果我们从杜甫母系家世这个角度去看，也许就能更为真切地理解杜甫对王孙受难感同身受的原因，那就是杜甫本人其实也是王孙之一。另外，杜甫于广德二年在阆州作《滕王亭子二首》，诗曰：

君王台榭枕巴山，万丈丹梯尚可攀。春日莺啼修竹里，仙家犬吠白云间。清江锦石伤心丽，嫩蕊浓花满目斑。人到于今歌出牧，来游此地不知还。（其一）

寂寞春山路，君王不复行。古墙犹竹色，虚阁自松声。鸟雀荒村暮，云霞过客情。尚思歌吹入，千骑拥霓旌。（其二）

阆州之滕王亭子，乃唐高祖第二十二子滕王李元婴于高宗调露中为隆州刺史时所建。检《新唐书·李元婴传》《旧唐书·李元婴传》，发现滕王李元婴为满足个人私欲，毫不顾惜民力，所到之处，大肆修建楼堂馆所，《旧唐书》中甚至还有“屡出畋游，以弹弹人，将为笑乐”这样荒淫无道的记载。既然李元婴如此恶迹昭著，作为一个关心民众疾苦的诗人，杜甫照理说应该在诗中对其骄奢淫逸应予以痛斥才对。然而细读《滕王亭子二首》，却仅可见吊古之情，并未看到对滕王有任何指斥，这与杜甫一贯的仁民爱物思想存在明显的矛盾。正是由于存在这样的矛盾，杜诗学史上的注家对此诗之主旨出现了很大的分歧与争议，有人甚或不惜进行深文周纳的曲解。其实若明了杜甫与李唐王室之间密切的血缘关系以及其对皇室的特殊感情，便不难理解杜甫《滕王亭子二首》中这种为亲者讳的做法。

总之，经典总是常读常新。其实整个杜诗学史就是一部杜诗被不断解读和阐释的历史。“诗史”“集大成者”“一饭不忘君”“诗圣”“人民诗人”，杜甫及其诗歌在不同时代不断地被赋予新的内涵，杜甫就在这种嬗变中不断被重新认识与接受。倘若诗人地下有知，或许早已对人间的毁誉荣辱不惊。然而，面对一部历尽劫波的杜集，人们仍然感到心情难以平静。研究者们应该将平凡而又伟大的诗人如实地介绍给读者，原原本本地还给始终热爱他的人民，既不掩饰他身上的瑕疵，也不能歪曲或抹杀他的伟大。相信随着《杜甫全集校注》的出版，普通读者又一次获得了深入细致了解杜甫的契机，人们对杜甫的认识将会越来越清晰，杜甫研究也必将迈向更高的境界。

从唐代历史文化与职官制度看今人对杜甫生平的误解*

随着近几十年来唐代文学研究的日趋深入，特别是出土文献的日新月异，学界对唐人生平事迹的考证取得了不少突破，刷新和扭转了此前不少模糊或错误的认识。兹就个人视野所及，试着从唐代历史文化与职官制度的角度，对有关杜甫生平的几个相关问题进行总结评述，以期就正于海内方家。

一、诸种年谱中关于杜甫生于“先天元年正月”的说法有误

关于杜甫的生年，从古至今绝大多数《杜甫年谱》都说是先天元年(712)，又因为《杜位宅守岁》中有“四十明朝过”之句，遂有一些年谱称杜甫生于“先天元年正月初一”，此类说法其实是存在很大问题的，表现出对先天元年的历史极为隔膜。先天元年是个很不平凡的年头，这年睿宗被尊为太上皇、太子李隆基诛灭韦后集团之后正式即位，由于处于一个颇为混乱的

---

* 本文原载于《光明日报》2019 年 12 月 23 日。

交接期，所以一年里频繁改元，先后出现景云、太极、延和、先天四个年号。这年年初，本是唐睿宗景云三年，正月十九改元太极元年，至五月又改元延和元年，八月方改元先天元年，李隆基即位。可见根本就不存在所谓的“先天元年正月”，若杜甫果真是先天元年出生的话，那他也绝不会是正月出生，而只能是八月以后。实际上我们对杜甫的出生月份和生日是不清楚的，《杜位宅守岁》中“四十明朝过”之句并不能证明杜甫的生日是正月初一，道理很简单，因为我们中国人每逢除夕守岁都会习惯性地说自己又长了一岁，所以并不能据此确定杜甫的生日。历代注家之所以在景云、太极、延和、先天这四个年号中不约而同地选取“先天元年”作为杜甫的生年，可能是下意识地认为杜甫应该是属于玄宗朝的，而不愿意他和睿宗朝产生瓜葛，这种选择当然是可以理解的。不过若不能详考先天元年的历史，便会忽略其后连带隐藏着的月份问题，从而犯下“先天元年正月”这样的常识错误。目前我们只能根据元稹《墓系铭》中关于杜甫卒于大历五年(770)年五十九的记载逆推，得到杜甫生于公元712年的结论，至于到底是景云元年、太极元年、延和元年、先天元年中的哪一个，其实并不能确定。

二、关于杜甫开元二十九年结婚之说，实系不懂“庐墓”风气而产生的误解

关于杜甫的结婚时间，目前学界有几种说法，分别是开元二十二年说、开元二十九年说、天宝九载说、天宝十一载说，其中以开元二十九年说最为流行，甚至被写入《中国文学

史》之中，因而被广为接受。然而，考察这种说法的由来，却发现其中存在很大的问题。此种说法的基本文献依据乃是杜甫的《祭远祖当阳君文》，此文作于开元二十九年，文曰：“小子筑室，首阳之下。不敢忘本，不敢违仁。庶刻丰石，树此大道。”闻一多、郭沫若、陈贻焮、冯至等先生均将祭文中的“小子筑室，首阳之下”理解为盖新房娶媳妇，因此推断杜甫于是年与杨氏夫人在首阳山下的偃师结婚。这其实是以现代人的思维方式去理解古人，犯了以今律古的错误。我们现在农村的年轻人盖房子一般是为结婚做准备，而杜甫开元二十九年在首阳山下“筑室”却并不能这么理解，因为这篇祭文是杜甫在杜预墓前昭告远祖，期望继承先祖遗志，有所建树，因此祭文中的“小子筑室，首阳之下”并不是要盖新房娶妻结婚，而是在先祖墓前庐墓而居，以尽孝道。汉唐以来的“庐墓”之风较为盛行，作为一种事亲以孝的行为受到政府及社会舆论的褒奖和提倡，唐代史籍中关于士人庐墓的记载很多。例如，《旧唐书·陈子昂传》载，陈子昂在其父陈元敬死后曾为之庐墓；《旧唐书·孝友传》载，梁文贞在父母卒后“结庐墓侧，未尝暂离”；《新唐书·韩思彦传》载：“张僧彻者，庐墓三十年。”因此，目前学界杜甫开元二十九年结婚一说是站不住脚的，此说的出现是源于对《祭远祖当阳君文》中某些文句的误解，是禁不起推敲的，而将这种误解作为结论写入文学史教材之中更是不妥。

三、杜甫释褐获右卫率府兵曹参军后作诗自嘲，并不是嫌官小

杜甫困守长安十年，方获右卫率府兵曹参军一职，他在授官后写了《官定后戏赠》："不作河西尉，凄凉为折腰。老夫怕趋走，率府且逍遥。耽酒须微禄，狂歌托圣朝。故山归兴尽，回首向风飆。"学界在解读此诗时往往都会征引《奉赠韦左丞丈二十二韵》"自谓颇挺出，立登要路津。致君尧舜上，再使风俗淳"，认为许身甚高的杜甫如今只得了从八品下阶的兵曹参军，对其真是"极大的嘲讽，是恶意的作弄"。这种解读有简单化的嫌疑，实际上"致君尧舜上"只是诗人的伟大理想，这种理想与其初任官职的低微之间并不存在矛盾，作为一位现实主义诗人，难道杜甫还不懂既要心怀远大理想又要脚踏实地这个简单道理吗？若按这种逻辑类推的话，那么抱有"使寰区大定，海县清一"理想的李白只能做宰相，让他做翰林院供奉对他同样也是极大的嘲讽，这显然是站不住脚的。赖瑞和《唐代基层文官》一书指出："经常抱怨'达不到伟大政治抱负'的，其实不是唐代诗人本人，而是不了解唐代官制的文学研究者。"①其实杜甫在《官定后戏赠》中已经表示认可了右卫率府兵曹参军这一官职，称"率府且逍遥"，不再想归隐山林，但他仍然用"回首向风飆"的举动表达了他接收这个官职后的复杂心情，那么杜甫倘若不是嫌弃官小，他是对什么感到不满意呢？这就涉及杜

① 赖瑞和：《唐代基层文官》，中华书局 2008 年版，第 97—98 页。

甫对自己官职的预期问题。此前杜甫在《进雕赋表》中向玄宗表明自己的志愿时说:“明主傥使执先祖之故事,拔泥涂之久辱,则臣之述作,虽不足以鼓吹六经,先鸣数子,至于沉郁顿挫,随时敏捷,而扬雄、枚皋之流,庶可跂及也。”也就是说,他想和祖父杜审言一样做皇帝的文学侍从之臣。另外,杜甫在《天狗赋》中还曾表示想做一个像天狗那样负责“触邪”“却妖孽而不得上干”的皇帝近臣,所司之职似乎近于殿中侍御史或者拾遗、补阙之类的官职。而右卫率府兵曹参军是负责太子东宫武官簿书的闲职,这与杜甫做皇帝近臣的期望之间存在一定的落差,而他又不得不接受这个现实,所以得官后才会有摇头叹息之举。

四、很多人认为左拾遗的官阶过低,表明皇帝对言官的轻视,实际情况恰恰相反

至德二载(756)四月,杜甫由叛军盘踞的长安窜归凤翔,肃宗下诏任命他为左拾遗。此前杜甫所任右卫率府兵曹参军的品阶是从八品下,而左拾遗是从八品上,仅仅高出一阶,因此冯至等学者认为,这表明皇帝对杜甫是并不重视的,只是拿来做个点缀罢了。其实这是不了解唐代官制而产生的误解,白居易在《初授拾遗献书》中早就解释过唐代拾遗一职官秩低微的原因:

> (拾遗)其选甚重,其秩甚卑,所以然者,抑有由也。大凡人之情,位高则惜其位,身贵则爱其身。惜位则偷合

> 而不言，爱身则苟容而不谏，此必然之理也。故拾遗之置，所以卑其秩者，使位未足惜，身未足爱也。所以重其选者，使上不忍负恩，下不忍负心也。夫位不足惜，恩不忍负，然后能有阙必规，有违必谏，朝廷得失无不察，天下利病无不言，此国朝置拾遗之本意也。①

可见唐代官制中故意将拾遗的品阶设置得较低，目的就是使任此职者敢于直言谏诤，不要惜位保身，不能因为其品阶低就认为皇帝对言官轻视。左拾遗的品阶虽不高，但却是皇帝的近臣，时时在皇帝左右，参与机密事务，其地位无疑要比右卫率府兵曹参军清贵得多，封演《封氏闻见记》中便将拾遗列为“八隽”之一，“言此八者尤加隽捷，查登宰相，不要历绾余官也”。也就是说，左拾遗这个从八品上的微官可以直接登上宰相的高位，不需要一步步慢慢往上爬。需要指出的是，唐代左右拾遗这一官职一般是由品行清正和文词典美者出任，所以能出任此职者多是品行文学兼善之人，陈子昂、张九龄、王维、高适、杜甫、元稹、白居易这些大诗人都曾出任过这一官职并不是偶然的。因此，肃宗授予杜甫左拾遗之职不仅没有任何轻视之意，实是对他忠贞爱国精神的一种赞许和褒扬，同时对其文学才能也是一种肯定，这种肯定应与杜甫献《三大礼赋》为玄宗所赏有直接关系。杜甫当然也明白肃宗将他擢拔为左拾遗是何等恩遇，所以才在诗中感激涕零地说：“泣涕受拾遗，流离主恩厚。”

---

① 白居易撰，顾学颉校点：《白居易集》卷五十八，中华书局2008年版，第1228—1229页。

五、学界多以为杜甫在东川并未接受“京兆功曹”一职，从官制的角度来看亦属误解

广德二年(764)春,杜甫在阆州作《奉寄别马巴州》:“勋业终归马伏波,功曹非复汉萧何。扁舟系缆沙边久,南国浮云水上多。独把渔竿终远去,难随鸟翼一相过。知君未爱春湖色,兴在骊驹白玉珂。”题下原注:“时甫除京兆功曹,在东川。”杜甫认为唐代的功曹一职已远非汉代可比,已经很难再像萧何那样建立不世的勋业,在诗中表现出对“京兆功曹”一职的鄙弃态度,故学界均据此认为杜甫并未担任此官。其实杜甫未去赴任并不等于未接受此官,杜甫在自注中已经明确说明吏部除授的命令已经颁布,告身当已下达,或已辗转送至东川。杜甫于乾元二年(759)弃华州司功参军,至广德二年算起来已经守选整整五年,按照唐代的铨选制度,也正是应该除授新职之时。另外,元稹《唐故工部员外郎杜君墓系铭》亦曰:“出为华州司功参军,寻迁京兆功曹。”若将杜甫自注与元稹《墓系铭》合起来看,也可证明杜甫是接受了此官的,只是由于战乱频仍,自身流离西南,难以前往京兆府赴任而已,所以《新唐书·杜甫传》才说他“补京兆功曹参军,不至”,而非“不就”。可见杜甫“功曹非复汉萧何”云云,只是发发牢骚而已,并不能当真。杜甫不久后被严武表荐为检校工部员外郎,品阶为从六品上。从华州司功参军的从七品下,一下子跳到从六品上的检校工部员外郎,中间相差五阶(从七品下、从七品上、正七品下、正七品上、

从六品下),若是没有京兆功曹这一正七品下阶的前资官作为铺垫,就显得太突兀了,那几乎是不可能的。所以,杜甫检校工部员外郎的官阶,也可侧面证明杜甫确实曾接受过京兆功曹一职。

由上可见,今人之所以对杜甫生平问题产生种种误解,主要还是由于对唐代的历史文化与职官制度不熟悉、不了解。研究者若以今人所处的社会状况和思维方式想当然地去理解古人,便容易犯以今律古的错误。只有尽量深入了解唐代社会的文化制度情况,才能够更加客观地贴近历史的真实,从而得出相对正确的结论。

唐代文学研究

杜审言佚文《大周故朝散郎检校潞州司户参军琅邪王君墓志铭并序》考释*

由于南宋时十卷本《杜审言集》便已经散佚，致使杜审言文章竟无一留存，后世学者论析杜审言的文学地位与贡献时，只能仅就其诗歌而论。新近出土的《大周故朝散郎检校潞州司户参军琅邪王君墓志铭并序》（简称《王绍文墓志铭》）是目前所能见到的杜审言唯一文章，填补了杜审言存世文章的空白，对全面了解杜审言的文学成就是至关重要的文献材料。该墓志中的某些记载可补史书之阙，其“无一字无来处”的文风对杜甫文赋的创作也有一定的影响。

一、《杜审言集》流传考略

杜审言为初唐“文章四友”之一，在当时深负文名，然而除了四十余首诗歌传世外，其文章之作竟无片纸留存。正因为如此，诸种文学史上论析杜审言的文学地位与贡献时，多数仅据

* 本文原载于《杜甫研究学刊》2018 年第 2 期。

其现存诗歌而论述其文学成就，却完全忽略了杜审言以“文章”傲于当时的史实。之所以会出现如此偏颇，与杜审言文集的散佚不彰有着极大的关系。《旧唐书·经籍志》《新唐书·艺文志》皆曾著录十卷本《杜审言集》，可见至五代及北宋初杜审言文集仍未散佚，这个十卷本文集中除了诗歌之外，文章的数量当亦不少。然而，至南宋时，这个十卷本《杜审言集》即已经难觅踪影。杨万里《杜必简诗集序》称，吉州户曹掾赵彦法喜审言诗，“近已旁搜远摭，得其诗四十二首，将刻枣印，印以传诸好诗者”[①]。可见此时十卷本杜审言文集应已彻底散佚不传，故赵彦法只能对杜审言诗歌重新进行搜集，共得诗歌四十二首，其篇幅恰好也就是一卷。在南宋晁公武《郡斋读书志》、陈振孙《直斋书录解题》中，《杜审言集》中皆著录为一卷，如《郡斋读书志》曰：“集有诗四十余篇而已。”[②]这个一卷本《杜审言集》共收诗四十余篇，与赵彦法重辑本收诗数量接近，极有可能就是赵彦法所辑之本。后来元代辛文房《唐才子传》称审言“有集十卷，今不存，但传诗四十余篇而已”[③]，其说当本之于晁公武《郡斋读书志》。此后，明嘉靖间铜活字本《杜审言集》、张逊业《十三家唐诗》本《杜审言集》均为二卷，然其收诗总数，皆与宋本相同，则此二卷本应系由宋一卷本衍生而来。至清代席启寓刻《唐百家诗》本《杜审言集》及彭定求《全唐诗》所编

① 杨万里撰，辛更儒校笺：《杨万里集校笺》卷八十二，中华书局2007年版，第3305页。

② 晁公武撰，孙猛校证：《郡斋读书志校证》，上海古籍出版社1990年版，第836页。

③ 辛文房撰，傅璇琮主编：《唐才子传校笺》卷一，中华书局1987年版，第74页。

杜审言诗均为一卷,收诗数量亦基本相同。至于对杜审言之佚文,历代学者均未能辑出。当代学者徐定祥"曾力图搜摭补遗,但终无发现"①,看来杜审言的文章已经彻底湮没于历史的烟尘之中,若想获睹其残篇断章,只能寄希望于新出土之文献了。

二、杜审言《大周故朝散郎检校潞州司户参军琅邪王君墓志铭并序》辑录

近世唐代碑志不断出土,杜审言之佚文也终于现世。2007年前后,洛阳出土了杜审言所撰《大周故朝散郎检校潞州司户参军琅邪王君墓志铭并序》,该墓志宽8厘米,长9厘米,共计942字(脱一字),为宋之问书丹并篆额。此墓志的拓片现已被《河洛墓刻拾零》《新出唐代墓志百种》等书收录。经反复研读核对,可以确认实系杜审言所撰,则此墓志应为目前所见杜审言唯一存世之文,从中约略可窥其文章之风范,故弥足珍贵,今乃誊录全文如次。

大周故朝散郎检校潞州司户参军琅邪王君墓志铭并序

吉州司户参军杜审言撰

洛州参军宋之问书兼撰额

公讳绍文,字义藻,琅邪临沂人也。征其本系,叙其中

---

① 杜审言撰,徐定祥注:《杜审言诗注》,上海古籍出版社1980年版,第6页。

叶。周年命氏，笙凤始游于洛滨；晋日承家，貂蝉代兴于江左。人英族望，百世于今。太保以忠孝在躬，誉称家国；将军以风流冠俗，声驰毫翰。备诸图史，可略而言。曾祖昙，选梁散骑常侍，太子左卫率，轻车将军，吴宁县子，陈车骑将军，青、冀、杨三州刺史，建安郡公，食邑二千户。纪纲百行，藉甚两朝。入则丹极近臣，出则青宫禁卫。将军旧号冯异，有坐树之威；刺史通仗贾琮，有褰帷之美。祖修，陈长沙王国侍郎，给事中，羽林监随，左武侯大将军，右光禄大夫，鄱阳郡公。贾谊工其词藻，即傅长沙；伏滔擅其文学，还登给事。羽林寄重，将军任切。升朝践光禄之荣，锡土食鄱阳之封。父守节，唐凉州总管，上柱国，吴兴郡开国公。荷公侯之盛业，复青紫之崇班。家声载隆，堂构弥远。公秉河岳之殊气，合云雷之异精。识洞天几，学穷史氏。王子师，一日千里；嵇叔夜，龙章凤姿。孤挺不群，虚舟独远。年甫弱冠，以贞观中应辟，射策高第，授朝散郎，检校潞州司户参军事。金门擢秀，已见抽其一枝；潞国求□，且从游于十部。贱职非美，闲居可乐。登高累叹，远嘉梁竦之言；归去长怀，载发陶潜之兴。适将满岁，遽循君服。延想一丘，独留三径。春林从赏，骞彩凤于词条；秋水谈玄，跃雕龙于笔海。侣霞月，狎云松。平怀古人，抗志当代。悲夫百年多务，西山之秘药未寻；两竖延灾，东岱之游魂俄逝。以大周天授二年正月十八日遘疾，终于温柔里之私第，春秋七十有八，呜呼哀哉！惟公体符上德，道洽中和。生而有知，动不逾礼。方冀永乘三乐，长绝四愁。呜呼！天不辅仁，竟歼良士。夫人汝南袁氏，即唐洺州总管、上柱国、郜国公子幹之孙，赵州司功权之女也。门承珪组，地积膏腴。四德六行,不僭于女史;闻诗阅礼,寔光乎母仪。宜家之道克隆,福善之征何爽。以延载二年八月廿五日,终于温柔里,春秋六十有九。即以圣历二年十月三日,合葬于洛阳县平阴乡之原,礼也。树即新阡,茔非旧里。斜临北墓,穷卜兆于三原;近接东郊,合风云于巩洛。三泉永閟,两剑同归。延陵之达人,自合孔丘之礼;伯鸾高士,终托要离之坟。嗣子嶷、嵚、岳、宗玄等,攀昊天而罔极,俯寒泉而流恸。哀积岁时,孝无终始。将恐德音交丧,旋征下客之词;陵谷代迁,思勒穷泉之石。式甄清范,敢述铭云:

係州子晋,肇称王兮。本枝茂密,祚灵长兮。自秦历晋,代弥昌兮。太保将军,功业彰兮。乃祖乃考,袭轩裳兮。挺生才子,为国光兮。大君有命,纲罗张兮。贤人就絷,鹓鹭行兮。柱下漆园,疲老庄兮。游神乐道,心所臧兮。朅来无事,息文房兮。得志穷欢,岁月将兮。天道何负,忽歼良兮。人生共尽,君云亡兮。卜其宅兆,洛之阳兮。北邙东陌,非故乡兮。佳城郁郁,野苍苍兮。双魂万古,閟玄堂兮。我之符彩,配鸾凰兮。我之令德,如珪璋兮。叙人无愧,拟中郎兮。勒铭泉户,庶流芳[兮]。①

① 赵君平、赵文成:《河洛墓刻拾零》,北京图书馆出版社 2007 年版,第 148 页;赵文成、赵君平:《新出唐代墓志百种》,西泠印社 2010 年版,第 64—65 页。

三、杜审言《大周故朝散郎检校潞州司户参军琅邪王君墓志铭并序》考释

（一）墓志撰写时间考

杜审言于《王绍文墓志铭》前署“吉州司户参军”之官衔，则其撰碑文时正于吉州司户任上。考《新唐书·杜审言传》《旧唐书·杜审言传》，其中关于杜审言任吉州司户参军的时间均语焉不详。傅璇琮先生乃据陈子昂《送吉州杜司户审言序》中“苍龙阉茂，扁舟入吴”“载笔下僚，三十余载”等语以及近世出土的《杜并墓志铭》（见罗振玉《邙洛冢墓遗文续补》），考出其被贬吉州司户在圣历二年（699），至长安二年（702）由吉州北返洛阳。① 陈冠明先生进而指出，杜审言被贬吉州司户应为圣历元年（698）。圣历二年七月至长安二年三月，杜审言一直免官在洛阳。② 现据《大周故朝散郎检校潞州司户参军琅邪王君墓志铭并序》可知，王绍文卒于天授二年（691），其夫人卒于延载二年（695），夫妇合葬于圣历二年。墓志当作于二人合葬后不久，杜审言其时正在洛阳，由于尚在吉州任上，故于墓志前仍署“吉州司户参军”之衔。可见《王绍文墓志铭》的记载，可以佐证学界对杜审言圣历二年前后行止的考证，故而具有独特的史料价值。

---

① 参见傅璇琮：《杜审言考》，傅璇琮：《唐代诗人丛考》，中华书局1980年版，第31页。

② 参见陈冠明：《杜审言年谱》，《杜甫研究学刊》2001年第3期。

另外，此墓志中称王绍文夫人袁氏卒于“延载二年”，检史籍可知，长寿三年(694)五月改元延载，次年正月即改元证圣元年(695)，则延载元年这一年号仅持续了七个月，且并无延载二年之号。赵君平《琳琅贞珉镂镌书史——略谈洛阳出土唐代墓志对唐代书史的贡献》一文中提到有人便据此判定此墓志为赝品。[1] 其实文献中延续使用旧年号而不称新元者不乏其例。如《新唐书·后妃上》即有“延载二年，武三思率蕃夷诸酋及耆老请做天枢，纪太后功德，以黜唐兴周”[2]之记载，可见史籍中关于纪年改元的记载亦不甚严格，特别是武氏当政时，由于频繁改元，民众误记旧元或滞后使用新元的情况十分普遍。如咸通六年佚名《莫高窟记》中亦有“延载二年”造像的记载，李富华等人指出：“延载只有一年，二年当为证圣元年，可能因中原已改元，边塞之地敦煌仍使用旧的纪年所致。”[3]这说明滞后使用年号的情况确实存在。然墓主王绍文与墓志撰写者杜审言均在神都洛阳，并非敦煌那样的僻远之地，故“延载二年”之称当系年岁迁移造成撰写者记忆之误，但这一失误并不足以作为判定墓志为赝品的确切证据。

（二）可补史书之阙

雷闻指出，王绍文乃唐代茅山道教宗师王远知的侄孙，据

---

① 参见文物出版社编：《第六届中国书法史论国际研讨会论文集》，文物出版社2007年版，第206页。

② 欧阳修、宋祁等：《新唐书》卷七十六，中华书局1975年版，第3483页。

③ 李富华、姜德治编：《敦煌人物志》，甘肃人民出版社2009年版，第170页。

《王绍文墓志铭》可以基本还原王远知的家族谱系，对于认识这一具有道教背景的文化家族具有重要意义。[①] 此外，杜审言《王绍文墓志铭》中的一些记载，或可补史书之阙，或可与史传相互印证，极具文献价值。如王绍文之父王守节之生平事迹，在史籍中未见任何记载。而现据墓志，可知其曾任唐凉州总管、上柱国、吴兴郡开国公。又墓志云："夫人汝南袁氏，即唐洺州总管、上柱国、郜国公子幹之孙，赵州司功权之女也。"洺州总管袁子幹之事迹，见《旧唐书·窦建德传》："（窦建德）攻陷洺州，虏刺史袁子幹，迁都于洺州，号万春宫。"[②]又《新唐书·高祖本纪》云："（武德二年八月）甲子，窦建德陷洺州，执总管袁子幹。"[③]又《资治通鉴·唐纪一》云"（大业十四年五月）李密遣徐世勣讨之（王德仁），德仁兵败，甲寅，与武安通守袁子幹皆来降。"[④]检《文苑英华》有祖君彦《为李密与袁子幹书》，是代李密招降袁子幹之作，文曰："今授公上柱国、东平公，告身随送至。"[⑤]至于袁子幹入唐后何时被封为郜国公，史籍中未见有记载，故杜审言《王绍文墓志铭》所记不仅可与以上史料相互印证，同时也可补充史料之阙略。另外，此篇墓志铭还可以佐证杜审言与宋之问之间的密切关系。杜、宋二人不

① 参见雷闻：《茅山宗师王远知的家族谱系——以新刊唐代墓志为中心》，黄正建主编：《隋唐辽宋金元史论丛》第四辑，上海古籍出版社 2014 年版，第 147—150 页。

② 刘昫等：《旧唐书》卷五十四，中华书局 1975 年版，第 2239 页。

③ 欧阳修、宋祁等：《新唐书》卷一，中华书局 1975 年版，第 9 页。

④ 司马光等：《资治通鉴》卷一百八十五，中华书局 1956 年版，第 5791 页。

⑤ 李昉等编：《文苑英华》卷六百八十三，中华书局 1966 年版，第 3520 页。

仅在政治上同附张易之、张昌宗兄弟，而且私交亦甚为笃厚。《新唐书·杜审言传》中即有“审言病甚，宋之问、武平一等省候何如”[①]的记载。杜审言卒后，宋之问作《祭杜学士审言文》，从文中“使君孤之有余，宁我家之不足”[②]等语推断，杜审言临终前对宋之问当有托孤之嘱。而《王绍文墓志铭》中由杜审言撰文，宋之问书丹、题额，正可作为二人密切关系之物证。值得指出的是，此墓志乃宋之问书法少量传世真迹之一，故其书学价值亦弥足珍贵。

（三）“无一字无来处”的文风

杜审言《王绍文墓志铭》最大的特色便是高密度地使用典故，颇有“无一字无来处”之倾向。如墓志中称美琅琊王氏历代著名人物时曰：“太保以忠孝在躬，誉称家国；将军以风流冠俗，声驰毫翰。”“太保忠孝”云云，是指“二十四孝”之一、卧冰求鲤的西晋王祥。据《晋书》本传记载，魏代晋后，王祥曾被拜为太保，晋爵为公。至于“声驰毫翰”的将军，当是指曾任右军将军的王羲之。王祥与王羲之均为琅琊王氏之著名人物，故以为比。又据墓志，王绍文之曾祖王昙曾任梁轻车将军，陈车骑将军，青、冀、杨三州刺史，墓志乃赞曰：“将军旧号冯异，有坐树之威；刺史通仗贾琮，有褰帷之美。”这是用东汉冯异、贾琮之典。《后汉书·冯异传》载：“（冯异）每所止舍，诸将并坐论

---

① 欧阳修、宋祁等：《新唐书》卷二〇一，中华书局 1975 年版，第 5736 页。

② 宋之问撰，陶敏、易淑琼校注：《宋之问集校注》卷八，中华书局 2001 年版，第 741 页。

功，异常独屏树下，军中号曰‘大树将军’。”[1]《后汉书·贾琮传》载：“乃以琮为冀州刺史。旧典，传车骖驾，垂赤帷裳，迎于州界。及琮之部，升车言曰：‘刺史当远视广听，纠察美恶，何有反垂帷裳以自掩塞乎？’乃命御者褰之。百城闻风，自然竦震。”[2]又据墓志，王绍文之祖父王脩曾任陈长沙王国侍郎、给事中，墓志乃赞曰：“贾谊工其词藻，即傅长沙；伏滔擅其文学，还登给事。”用贾谊为长沙王太傅之事，显然是切王脩所任长沙王国侍郎之职。伏滔擅于文学之事，见于《晋书·文苑传》。[3]《王绍文墓志铭》又曰：“王子师，一日千里；嵇叔夜，龙章凤姿。孤挺不群，虚舟独远。”“王子师”，即王允。“一日千里”，语见《后汉书·陈王传》：“王允，字子师……同郡郭林宗尝见允而奇之，曰：‘王生一日千里，王佐才也。’”[4]“龙章凤姿”，语见《晋书·嵇康传》：“人以为龙章凤姿，天质自然。”“虚舟”，语本《庄子·山木》：“方舟而济于河，有虚船来触舟，虽有惼心之人不怒。”[5]“登高累叹，远嘉梁竦之言”，乃用东汉梁竦之典。《后汉书·梁竦传》载：“竦生长京师，不乐本土，自负其才，郁郁不得意，尝登高远望，叹息言曰：‘大丈夫居世，生当封侯，死当庙食。如其不然，闲居可以养志，诗书足以自娱，州郡之职，徒劳人耳。’”[6]这里，杜审言是以梁竦不乐“州郡下

---

① 范晔：《后汉书》卷十七，中华书局 1965 年版，第 642 页。

② 范晔：《后汉书》卷三十一，中华书局 1965 年版，第 1112 页。

③ 参见房玄龄等：《晋书》卷九十二，中华书局 1974 年版，第 2399 页。

④ 范晔：《后汉书》卷六十六，中华书局 1965 年版，第 2172 页。

⑤ 郭庆藩辑：《庄子集释》卷七上，中华书局 1961 年版，第 675 页。

⑥ 范晔：《后汉书》卷三十四，中华书局 1965 年版，第 1172 页。

职”之典，来比拟王绍文不乐于潞州司户参军这样的“贱职”。总之，《王绍文墓志铭》中大量使用经史典故，形成了典雅厚重的风格。这种“无一字无来处”的文风，对于杜甫的文赋创作有直接影响。

（四）对杜甫碑版文写作的示范和影响

杜审言在此篇墓志铭中的某些思想与写作方法，对杜甫碑版文的写作也产生了显著影响。例如，杜审言在此墓志中说：“叙人无愧，拟中郎兮。”意思是说要学习汉代的蔡邕，凡碑版之文要据实书写，不为腴墓之词。而我们在杜甫所撰墓志中也可见到对腴墓行为的批评，当是对祖父家训之恪守。如杜甫为其二姑撰写的《唐故万年县君京兆杜氏墓志》曰：“甫以世之录行踪、示将来者多矣，大抵家人贿赂，词客阿谀，真伪百端，波澜一揆。夫载笔光芒于金石，作程通达于神明，立德不孤，扬名归实，可以发皇内则，标格女史，窃见于万年县君得之矣。”①这里杜甫同样对墓志碑文撰写中的“家人贿赂，词客阿谀”的风气表示鄙夷。经过对比还可以发现，祖孙两人在墓志中称赞女性时，措辞和语气也极为相似。如杜审言《王绍文墓志铭》曰：“门承珪组，地积膏腴。四德六行，不僭于女史；闻诗阅礼，寔光乎母仪。宜家之道克隆，福善之征何爽。”而杜甫《唐故万年县君京兆杜氏墓志》曰：“以阴教为己任，执妇道而纯一，与礼法而始终，可得闻也”，“维其矜庄门户，节制差服，功成则运，有若四时，物或犹乖，匪逾终日。黼画组就之事，割烹煎和之

① 仇兆鳌注：《杜诗详注》卷二十五，中华书局1979年版，第2228—2229页。

宜,规矩数及于亲姻,脱落颇盈于岁序。”[1]两相对比,语气极为相似。此外,《王绍文墓志铭》中叙述与咏叹相结合的手法也值得引起注意。一叙一咏虽是唐人墓志的一般写法,但杜审言《王绍文墓志铭》却将叙述与咏叹照应得颇为紧密与整齐,从而增强了墓志的文学性和艺术感染力,我们在杜甫《唐故德仪赠淑妃皇甫氏神道碑》中同样可以找到类似的表现手法。

四、余论:“文章四友”的文章成就应引起学界足够重视

李峤、杜审言、苏味道、崔融作为“文章四友”,在当时以“文章”“文笔”得名,其最为时人所重视的体式并非诗歌,而主要是诏诰策表等文体。杜审言曾自负地说:“吾之文章,合得屈宋作衙官;吾之书迹,合得王羲之北面。”[2]可见他主要是以“文章”而得重名,并且对此颇为自负,这一点从同时人对他的评价中也可以得到证实。如陈子昂《送吉州杜司户审言序》曰:“杜司户炳灵翰林,研几策府,有重名于天下,而独秀于朝端……群公爱祢衡之俊,留在京师;天子以桓谭之非,谪居外郡。”[3]又武平一《请追赠杜审言官表》曰:“审言誉郁中朝,文高前列……收贾谊于长沙,返蔡邕于左校。审言获登文馆,预

---

① 仇兆鳌注:《杜诗详注》卷二十五,中华书局1979年版,第2229—2230页。

② 刘昫等:《旧唐书》卷一百九十上,中华书局1975年版,第4999页。

③ 陈子昂撰,徐鹏校点:《陈子昂集》卷七,上海古籍出版社2013年版,第182—183页。

奉属车,未献长卿之辞,遽启元瑜之悼。”①可以看到,陈子昂、武平一以祢衡、桓谭、贾谊、蔡邕、司马相如、阮瑀等来比拟杜审言,显然并不仅以诗人目之。此外,李峤、苏味道、崔融三人也均以文章驰名当时。因此“文章四友”在当时享有盛名主要是由于文章之才,并非因为诗歌成就,故应加强对“文章四友”文章成就特色的研究,从而促进对“文章四友”文学成就的全面认识。杜审言《王绍文墓志铭》的出土,填补了杜审言存世文章的空白,对于全面了解杜审言的文学成就以及对杜甫文赋创作的影响,无疑提供了极为重要的文献材料。

① 董诰等编:《全唐文》卷二六八,中华书局 1985 年版,第 2722 页。

陈子昂“怒碎胡琴”故事的文献解读*

青年陈子昂初入长安时，为了推销自己，曾花费重金购买了一把胡琴，借机延请长安文士到居所宴会，在宴席上怒碎胡琴，将自己的诗文遍送客人，由此文名大盛，此事颇具传奇色彩，最为人所津津乐道，然其文献之真伪颇值得怀疑，下面我们对这个故事的文献来源作一梳理。

一、陈子昂“怒碎胡琴”的文献来源

关于陈子昂“怒碎胡琴”一事，最早见于李昉《太平广记》卷一七九《陈子昂》：

> 陈子昂，蜀射洪人，十年居京师，不为人知，时东市有卖胡琴者，其价百万，日有豪贵传视，无辨者。子昂突出于众，谓左右：“可辇千缗市之。”众咸惊问曰：“何用之？”答曰：“余善此乐。”或有好事者曰：“可得一闻乎？”答曰：“余

---

* 本文原载于《古典文学知识》2020年第2期，转载于李宝山、胡亮编：《关于陈子昂：献诗、论文与年谱》，成都时代出版社2021年版。

居宣阳里。指其第处,并具有酒,明日专候,不唯众君子荣顾,且各宜邀召闻名者齐赴,乃幸遇也。"来晨,集者凡百余人,皆当时重誉之士。子昂大张讌集,具珍羞,食毕,起捧胡琴,当前语曰:"蜀人陈子昂,有文百轴,驰走京毂,碌碌尘土,不为人所知。此乐,贱工之役,岂愚留心哉!"遂举而弃之,舁文轴两案,遍赠会者。会既散,一日之内,声华溢都。时武攸宜为建安王,辟为记室,后拜拾遗,归觐,为段简所害。出《独异志》。①

后来南宋计有功《唐诗纪事》卷八"陈子昂"条亦引此事,文字与《太平广记》所载稍异,其文曰:

《独异记》载,子昂初入京,不为人知。有卖胡琴者,价百万,豪贵传视,无辨者。子昂突出,谓左右曰:"辇千缗市之。"众惊问,答曰:"余善此乐。"皆曰:"可得闻乎?"曰:"明日可集宣阳里。"如期偕往,则酒肴毕具,置胡琴于前,食毕,捧琴语曰:"蜀人陈子昂,有文百轴,驰走京毂,碌碌尘土,不为人知。此乐贱工之役,岂宜留心!"举而碎之。以其文轴,遍赠会者,一日之内,声华溢郡。②

在陈子昂"怒碎胡琴"的两个文献来源中,《太平广记》的时间要早于《唐诗纪事》,二者都注明了文献出处,《太平广记》

---

① 李昉等编:《太平广记》卷一七九,中华书局 1961 年版,第 1331 页。

② 计有功:《唐诗纪事》卷八,上海古籍出版社 1985 年版,第 102—103 页。

称此故事出自《独异志》，而《唐诗纪事》却说出自《独异记》。计敏夫所谓《独异记》，当即《独异志》，乃晚唐李冗编纂的志怪小说集。因此，从文献出现的时间来看，最早提到陈子昂“怒碎胡琴”故事的应是晚唐李冗的《独异记》。关于《独异志》的作者，文献记载多有不同，《崇文总目》题作李元，《新唐书·艺文志》题作李亢，《通志略》题作李元，《宋史·艺文志》则作李亢，《徐氏红雨楼书目》又作李冗。明抄本《独异志》序称“前明州刺史赐紫金鱼袋李冗纂”，而据《宝庆四明志》，曾任明州（今浙江宁波）刺史的实为李伉，所以今人程毅中及李剑国等均疑李亢乃李伉之讹。据王齐洲考证，李伉曾任夏州节度掌书记，咸通六年（865）为明州刺史，曾被贬谪宜阳。此书原为十卷，然已不传，今传本乃后人所辑，中华书局以《稗海》三卷本为底本进行点校整理。关于陈子昂“怒碎胡琴”之事，《稗海》三卷本并未收录，中华书局整理本据《太平广记》所引《独异记》收入了该书卷末的“补佚”。张永钦、侯志明在《点校说明》中考出，此书成书于唐宣宗至僖宗乾符元年之间，即846—874年。我们试以陈子昂中进士之年（睿宗文明元年，公元684年）与之相比，可知《独异记》成书时间距陈子昂“怒碎胡琴”已经有一百六十年至一百九十年。陈子昂是初唐人，而其青年时代的事迹竟然过了一百几十年后才有文献记载，因此是存在很大疑问的，也并不可信。

二、唐代百万钱的价值几何

除了来源和出处有问题外，那么《太平广记》中这则故事在内容上是否有值得怀疑的地方呢？笔者认为，文献中提到的百万钱也存在问题，这就需要先了解一下百万钱在唐代究竟价值如何，陈子昂时代的百万钱是个什么概念。为了搞清楚这个问题，我们可以试着从百万钱折合物品的角度衡量一下其价值。首先，我们可以先从最常用的米价角度来看一下百万钱的购买力。陈子昂生活的武周时期，米价上涨，均价为斗米百钱左右，则百万钱可购米约一万斗。唐代的一斗，折合现在的12.5市斤，故一万斗为12.5万斤。不过这里还有个前提，即我们假设陈子昂购买胡琴使用的是官钱，倘若陈子昂使用的是蜀地私铸钱的话，三枚蜀钱方能折合一枚官钱，则百万蜀钱也只能折合米3300斗。那么，一百万官钱倘若折合成金价又怎样呢？文献中关于唐代黄金与铜钱之间折合比例的记载多有不同，这大约是金价不断波动的缘故。其中，《太平广记》卷四十五引《广异记》曰：

> 衡山隐者，不知姓名，数因卖药，往来岳寺寄宿……会乐人将女诣寺，其女有色，父母求五百千，莫不引退，隐者闻女嫁，邀僧往看，喜欲取之，仍将黄金两挺，正二百两，谓女父曰：此金直七百贯，今亦不论。付金毕，将去。①

卖女儿的人要价“五百千”，即五十万钱，这位衡山隐者出价二百两黄金，说其值“七百贯”，即七十万钱。按此比例，则一百两黄金约值35万钱。若按此折合比例计算，那么陈子昂的一百万钱折合黄金285.7两。因为唐代的“两”是“小两”，

---

① 李昉等编：《太平广记》卷五，中华书局1961年版，第283页。

十六两为一斤,则285.7两约为8928克。总的来看,陈子昂购买胡琴花费百万在当时确实是天文数字,其购买力也是惊人的,这反过来也透露出这则文献造假的可能性。据《旧唐书·李蔚传》载,武则天时修筑佛寺曾营造巨大佛像,"功费百万",狄仁杰谏止之。这个"功费百万"没说单位,若是百万钱而不是缗的话,也说明百万钱在当时是怎样一笔巨款,连女皇想要花费这样大一笔款项时都会遭到大臣的反对,知此,再返观陈子昂百万钱购胡琴之事,更觉得应属子虚乌有的杜撰故事,陈子昂个人即使拥有如此丰厚的财力,也不可能用来购买一把为了推销自己用的胡琴。

三、杜撰"怒碎胡琴"故事的文献依据推测

一般来说,晚唐五代笔记小说中的杜撰故事往往也都有一些文献依据,那么《独异志》中陈子昂"怒碎胡琴"故事依据的又是哪些文献呢?检索几种相关文献后可以发现,以下材料极有可能是这个杜撰故事的文献来源。

第一,几种文献中关于陈子昂之父陈元敬事迹的记载。如卢藏用《陈子昂别传》曰:

> (陈子昂)世为豪族,父元敬,瑰伟倜傥,年二十,以豪侠闻。属乡人阻饥,一朝散万钟之粟而不求报,于是远近归之,若龟鱼之赴渊也。①

---

① 董诰等编:《全唐文》卷二三八,中华书局1983年版,第2412页。

另外,赵儋《大唐剑南东川节度观察处置等使户部尚书兼御史大夫梓州刺史鲜于公为故拾遗陈公建旌德之碑》亦云:

> 辩生元敬,瑰伟倜傥,弱冠以豪侠闻,属乡人阻饥,一朝散粟万斛以赈贫者而不求报。①

《新唐书·陈子昂传》曰:

> 陈子昂,梓州射洪人,家世富豪……父元敬,世高赀,岁饥,出粟万石赈乡里。②

陈子昂《我府君有周居士文林郎陈公(元敬)墓志铭》云:

> 四方豪杰,望风景附,朝廷闻名,或以君为西南大豪。③

我们从陈子昂之父陈元敬在饥荒中一朝散万钟之粟而不求回报的豪侠行为中,似乎可以看到陈子昂"怒碎胡琴"的影子,因此那些杜撰者应该是读过陈元敬的相关事迹的。

第二,文献中关于陈子昂"轻财好施"的记载。卢藏用《陈子昂别传》曰:"刚果强毅,而未尝忤物;好施轻财,而不求报。"

---

① 董诰等编:《全唐文》卷七三二,中华书局1983年版,第7548页。

② 欧阳修、宋祁等:《新唐书》卷一〇七,中华书局1975年版,第4067页。

③ 董诰等编:《全唐文》卷二一六,中华书局1983年版,第2186页。

“尤重交友之分，意气一合，虽白刃不可夺也。”《新唐书·陈子昂传》曰：“子昂资褊躁，然轻财好施。”元代辛文房《唐才子传》卷一也说：“子昂貌柔雅，而性褊躁，轻财好施。”《新唐书》和《唐才子传》关于陈子昂轻财好施的记载显然都来自卢藏用的《陈子昂别传》。不过上述文献中虽然有关于陈子昂轻财好施的记载，却并无相关事迹，难以给人留下深刻印象，于是好事者便杜撰出陈子昂“怒碎胡琴”的故事作为其性情褊躁、轻财好施的佐证，这便是这则传奇故事出现的文献逻辑。

第三，陈子昂晚年遭受县令段简诬陷，家人曾为营救其出狱捐二十万缗，事见卢藏用《陈子昂别传》：

> 属本县令段简贪暴残忍，闻其家有财，乃附会文法，将欲害之。子昂荒惧，使家人纳钱二十万，而简意未塞，数曳舆就吏，子昂素羸疾，又哀毁，杖不能起。①

《新唐书·陈子昂传》载：

> 县令段简贪暴，闻其富，欲害子昂，家人纳钱二十万缗，简薄其赂，捕送狱中。子昂之见捕，自筮，卦成，惊曰：“天命不祐，吾殆死乎？”果死狱中，年四十三。②

古代一缗即一千文，二十万缗就是两亿文，这个数字看起来也

① 董诰等编：《全唐文》卷二三八，中华书局1983年版，第2413页。

② 欧阳修、宋祁等：《新唐书》卷一〇七，中华书局1975年版，第4077页。

是惊人的,然而段简竟然“薄其赂”,其原因似无人解释过。陈寅恪先生在《元白诗中俸料钱问题》中就曾指出,史书中关于钱币单位的错误屡见不鲜,不足为怪。当然,这二十万缗也极有可能是蜀钱,并非官钱。实际上比《新唐书》更早的《陈子昂别传》中没有提单位,只说“纳钱二十万”,这个数字倒有可能更接近事实。可不管怎样,二十万缗在当时也不是个小数目,这个数字对杜撰者应该是个刺激和启发,他们看到这个数字后,再联系陈子昂“轻财好施”的记载,于是自然生发联想,杜撰出他以百万钱购买并胡琴的故事,便也就顺理成章了。

总之,通过文献追踪可见,陈子昂“怒碎胡琴”的故事出现得较晚,在早期文献不见任何记载,故而杜撰的可能性大。在文献传承的链条中,凡是后起的文献中信息和细节比前代文献记载都更为丰富,是值得引起警惕的,因为这些新的信息和细节往往都是后人杜撰编造的,陈子昂“怒碎胡琴”的故事也正是如此。

严武的死因及其后事*

严武，字季鹰，华州华阴（今属陕西）人，中书侍郎严挺之之子。他不仅是杜甫政治上的同道，而且堪称杜甫平生第一知己，杜甫的"检校工部员外郎"之衔便是由严武表奏朝廷所授。杜集中赠严武的诗歌多达三十多首，从中可见二人的友谊之深。永泰元年（765）夏四月，剑南节度使严武暴卒，年仅四十岁，朝廷下诏追赠尚书左仆射。至于严武为何暴卒，他究竟死于什么疾病，史籍中根本没有任何记载，相应地，关于严武后事的处理情况，史籍中也没留下只言片语。然而，《云溪友议》等"伪典小说"却对严武的死因及后事杜撰了许多故事，均不可信。而杜诗向称"诗史"，通过杜诗及其他相关文献的点滴记载，似可大致还原其梗概。

恰在严武病卒前后，杜甫带领全家乘舟离蜀，这到底是不是巧合，目前学界尚无定论。有人说正是因为严武英年早逝，杜甫失去了生活依靠才选择离去。也有人认为严武病逝和杜甫离蜀时间接近纯属巧合，杜甫离开时严武尚未去世，杜甫离蜀和严武之死并没有什么关联。以杜甫笃于友情的性格来看，倘若在其离去之前严武已经病重，他是断不会抛下好友而离开

---

* 本文原载于《文史知识》2022年第1期。

的。若其离开前严武还在世，他应该是生龙活虎的，而不是卧病在床，这似乎也可以反证严武确是"暴卒"，他是在健康状况很好的情况下突然病逝的。然而令人困惑的是，杜甫这次离开严武，竟然没有留下一首告别诗，即便是严武已死，杜甫也没留下一首哭悼诗，这一情况到底该如何解释呢？业师韩成武先生曾经从创作心理的角度提出一种新的解释，他在《此时无声胜有声——杜甫无即时哭悼严武之作新解》一文中指出，人在遭受巨大精神打击的情况下是写不出诗歌来的，面对挚友的突然离世，杜甫悲痛万分，以至于无法作诗，遂留下了这段创作空白，可谓此时无声胜有声。[①] 其论值得参考。

史籍留下的空白，往往是小说家可以进行发挥的地方。或许是觉得严武暴卒实在太过离奇，后世的小说家们便试图杜撰一些故事对其死因进行解释，如《太平广记》就中有一则"严武盗妾"的故事：

> 唐西川节度使严武，少时仗气任侠，尝于京城与一军使邻居，军使有室女，容色艳绝，严公因窥见之，乃赂其左右，诱至宅。月余，遂窃以逃，东出关，将匿于淮泗间。军使既觉，且穷其迹，亦讯其家人，乃暴于官司，有诏遣万年县捕贼官专往捕捉。捕贼乘递，日行数驿，随路已得其踪矣。严武自巩县方雇船而下，闻制使将至，惧不免，乃以酒饮军使之女，中夜乘其醉，解琵琶弦缢杀之，沉于河。明日制使至，搜捕严公之船，无迹乃已。严公后为剑南节度使，病甚，性本强，尤不信巫祝之类，有云云者，必罪之。忽一

① 参见韩成武：《杜甫新论》，河北大学出版社 2007 年版，第 110 页。

日亭午,有道士至衙门,自云从峨眉山来,欲谒武……女子曰:"公亦太忍,某从公,是某之失行,于公则无所负。公惧罪,弃某于他所即可,何忍见杀!"武悔谢良久,兼欲厚以佛经纸缗祈免,道士亦恳为之请,女子曰:"不可。某为公手杀,上诉于帝,仅三十年,今不可矣,期在明日日晚。"言毕却出,至阁子门,拂然而没,道士乃谢去,严公遂处置家事,至其日黄昏而卒。出《逸史》。①

这则故事宣扬了因果报应,认为严武暴卒乃因为其年轻时枉杀了和他私奔的军使之女,故死得毫无征兆、极其突然,这明显是为解释严武死因进行的杜撰。然而,从文献传承的角度来看,这则故事不可能凭空出现,我们在《太平广记》之前的文献中搜寻便可发现《云溪友议》中记载的一则"严武杀父妾"的故事与其颇有相似之处。

定之薄其妻而爱其子,严武年八岁,询其母曰:"大人常厚玄英(玄英,定之妾也),未常慰省阿母,何至于斯乎?"母曰:"吾与汝,母子也。以汝尚幼,未之知也。汝父薄幸,嫌吾寝陋,枕席数宵,遂即怀汝,自后相弃如离妇焉。"其母悽咽,武亦愤惋难处。候父既出,玄英方睡,武持小铁锤击碎其首,及定之归,惊愕,视之,乃毙矣。左右曰:"小郎君戏运铁锤而致之。"定之呼武至曰:"汝何戏之甚矣?"武曰:"焉有大朝人士厚其侍妾、困辱儿之母乎?

① 李昉等编:《太平广记》卷一百三十,中华书局 1961 年版,第920—922 页。

故须击杀，非戏之也。”父曰：“真严定之之子。”①

以上这两个故事的情节虽有差异，但均是关于严武残杀女人之事，二者的关联性相当明显，因此我们有理由怀疑《太平广记》和《云溪友议》中“严武杀妾”的故事有着同一来源，《太平广记》此条当从《云溪友议》沿袭而来，只不过在流传的过程中情节发生了某些变异而已。其实后晋刘昫编纂的《旧唐书·严武传》中并没有严武杀父妾的记载，仅云：“严武，中书侍郎挺之子也。神气儁爽，敏于闻见，幼有成人之风，读书不究精义，涉猎而已。”而后起的文献比之早期文献无端增加了丰富的故事情节，这往往是作伪的征兆，故《太平广记》中严武杀军使之女的真实性非常值得怀疑，以此来解释严武的死因亦不可信。

按，《新唐书》不仅吸收了“严武杀父妾”的故事，关于杜甫死因还采纳了《云溪友议》的“牛肉白酒”说，关于严、杜关系又采纳了民间流传的“乘醉登床”“冠钩欲杀”等故事情节，所以《新唐书》中的史料多不可信，这已为学界所熟知。而杜诗最具实录精神，所以在很多情况下，我们宁愿相信杜诗的记载，也不愿相信富含小说成分的《新唐书》。其实杜甫在《八哀诗·赠左仆射郑国公严公武》中明确提到了严武的死因，诗云：“炯炯一心在，沉沉二竖婴。颜回竟短折，贾谊徒忠贞。”“二竖”即指疾病，可见严武确实是因病去世而非其他原因。

严武死后，杜集中最早的一首哀悼诗是《哭严仆射归榇》，诗云：

① 范摅撰，阳羡生校点：《云溪友议》卷上，《唐五代笔记小说大观》（下），上海古籍出版社 2000 年版，第 1270 页。

素幔随流水，归舟返旧京。老亲如宿昔，部曲异平生。风送蛟龙匣，天长骠骑营。一哀三峡暮，遗后见君情。

这时已是永泰元年秋天，杜甫的小船已经漂泊到了忠州（今重庆忠县），正准备前往云安。在三峡中他见到了严武的灵柩正由其老母护送沿水路运回故乡，遂登舟致哀，其与严武生死不渝的友谊令人动容。诗中“老亲如宿昔，部曲异平生”二句写严武的老母亲身体依然硬朗，而护送灵柩的部下却与其生前大不相同，世情之冷暖不禁令人唏嘘。然而并不是说就没有一个部下为严武护送灵柩，其实此时在护送严武灵柩返乡的船上应该有一个叫“萧十二”的人，他是严武的幕府参谋，我们从杜甫另一首《奉赠萧十二使君》诗中可知，萧十二使君曾先后为严武及其老母的后事尽力操劳，保家抚孤，事迹颇为感人，诗云：

昔在严公幕，俱为蜀使臣。艰危参大府，前后间清尘（原注：严再领成都，余复参幕府）。起草鸣先路，乘槎动要津。王凫聊暂出，萧雉只相驯。终始任安义，荒芜孟母邻。联翩匍匐礼，意气死生亲（严公没后，老母在堂，使君温凊之问，甘脆之礼，名数若己之庭闱焉。太夫人倾逝，丧事又首诸孙主典，抚孤之情，不减骨肉，则胶漆之契可知矣）。张老存家事，嵇康有故人。食恩惭卤莽，镂骨抱酸辛。巢许山林志，夔龙廊庙珍。鹏图仍矫翼，熊轼且移轮。磊落衣冠地，苍茫土木身。埙篪鸣自合，金石莹逾新。重忆罗江外，同游锦水滨。结欢随过隙，怀旧益沾巾。旷绝含香舍，稽留伏枕辰。停骖双阙早，回雁五湖春。不达长卿病,从来原宪贫。监河受贷粟,一起辙中鳞。

这首诗最值得注意的是“联翩匍匐礼,意气死生亲”二句后的杜甫自注:“严公没后,老母在堂,使君温凊之问,甘脆之礼,名数若己之庭闱焉。太夫人顷逝,丧事又首诸孙主典,抚孤之情,不减骨肉,则胶漆之契可知矣。”据此条“公自注”可知,这个萧十二使君在严武死后一直尽心照顾其老母的起居生活,后来老夫人病逝,他又和严氏后人一起料理其后事。可见严武之母返回故乡不久即病逝,而萧十二使君则先后主持了严武及其母亲的葬礼,当然一场在成都,另一场则在华阴。需要指出的是,杜甫此时正漂泊湖湘,那他对严武母亲的后事怎么知道得如此清楚呢?只有一种可能,那就是萧十二使君亲口向他讲述,因为大历五年(770)春,萧十二使君由尚书员外郎出为潭州刺史,二人又一次在潭州(今长沙)相逢,杜甫从他口中才得知严母去世后的详细情况并记录下来。

杜甫在自注中提到萧十二使君是与严氏“诸孙”一起主持严武之母的葬礼的,这些“诸孙”应即严武之子侄,那么严武死后其后人的情况如何呢?史籍中同样不见任何记载。晚唐冯贽《云溪友议》卷上“严黄门”条甚至说:“支属刺史章彝,因小瑕,武遂棒杀。后为彝外家报怨,严氏遂微焉。”因为严武重新镇蜀时杖杀了东川留后章彝,所以章彝的“外家”亲属为其报仇,亦杀了严武子嗣,竟然导致了严氏一族的衰微,那么这条记载的真实性如何呢?杜甫《奉寄章十侍御》云:“淮海维扬一俊人,金章紫绶照青春。”“淮海维扬”语出《尚书·禹贡》“淮、海惟扬州”,可见章彝是扬州人。章彝之“外家”亲属距蜀地甚远,若未随章彝入蜀,不可能迅速知闻严武暴卒的消息,更不太可能跋山涉水来蜀地找严武家人报复。且严武卒后，由其老母护送灵柩归葬故里华阴，章彝的“外家”若想报仇的话，只有一路追踪至华阴才有可能。其实严武有儿子，并未为仇家所害。吴钢主编《全唐文补遗 · 千唐志斋新藏专辑》中唐诗僧清江所撰《唐故安国寺清源律师墓志并序》云：

> 律师讳清源，俗姓严氏，其先河南人。易叶冠盖，远代不纪。祖挺之，唐中书侍郎。父武，黄门侍郎。本家清贵，外戚卢氏……大历十一年十月廿七日，右胁累足，终于本院，春秋廿八，僧腊有九。慈母主丧，垂白祭子，哀哉！①

这个“清源律师”正是严武之子、严挺之之孙。他曾在洛阳安国寺出家为僧，法号清源，一直活到大历十一年（776）方病卒，其丧事为其母（严武之妻）主持，所谓白发人送黑发人，令人凄绝。这说明当初严武再次镇蜀之时，仅有老母相随，并未携妻儿前往，其妻儿都留在了长安或华阴，故杜甫在忠州作《哭严仆射归榇》时仅言及其老母，而未言及其妻子。后世那些杜撰者可能是在杜诗中看到严武的灵柩仅有老母相从，遂有严武子嗣衰微之联想，其实是毫无根据的猜测，所以《云溪友议》中“彝外家报怨，严氏遂微”之说至此也就不攻自破。此外，需要补充的是，陈尚君先生《吴钢主编〈全唐文补遗 · 千唐志斋新藏专辑〉》一文指出，《宋高僧传》和皎然《唐杭州灵隐山天竺寺故大和尚塔铭》（《文苑英华》卷七八六）均称严武之子清源为

---

① 吴钢主编：《全唐文补遗 · 千唐志斋新藏专辑》，三秦出版社 2006 年版，第 258 页。

越州人,这“对于了解严武一家的实际占籍,也提供了重要线索”①。若果真如此的话,严武之母护送其灵柩出峡,或许并不是前往华阴,而应是东下越州,其论亦可资参考。

① 陈尚君:《汉唐文学与文献论考》,上海古籍出版社 2008 年版,第 512 页。

韩愈《祭十二郎文》中“有知无知”渊源考*

韩愈的名篇《祭十二郎文》中有这样一段话：

> 虽然，吾自今年来，苍苍者或化而为白矣，动摇者或脱而落矣。毛血日益衰，志气日益微，几何不从汝而死也。死而有知，其几何离；其无知，悲不几时，而不悲者无穷期矣。汝之子始十岁，吾之子始五岁。少而强者不可保，如此孩提者又可冀其成立邪？呜呼哀哉！呜呼哀哉！①

这段文字感人至深，特别是其中关于人死后是否有知的思辨，令人动容。在得知十二郎死讯后，处于极度悲痛中的韩愈希望自己也尽早死去，因为他觉得人死后无论是有知还是无知对自己而言总归都是好的：假若人死后有知的话，自己就可以马上与十二郎在地下重逢，向其诉说心事，从而解忧；倘若人死后是无知无觉的，以自己这么孱弱的体质恐将很快死去，那么也就

---

* 本文原载于《古典文学知识》2016 年第 4 期。

① 韩愈撰，马其昶校注，马茂元整理：《韩昌黎文集校注》卷五，上海古籍出版社 1986 年版，第 338—339 页。

悲伤不了几天了，反而将获得长久之解脱。一般认为这种痛不欲生的思辨是韩愈独创的，并无所出，正因如此，古今诸种韩集注本中对“死而有知，其几何离；其无知，悲不几时，而不悲者无穷期矣”几句均未加任何注释，可见历代学者都认为韩愈这里关于人死后是否有知的思辨乃其自创，并无所本，故无须注释。然而通过翻检文献，却发现事实并非如此。

早在《战国策·秦策二》中就已经有了关于人死后是否有知的思辨，文曰：

> 秦宣太后爱魏丑夫。太后病将死，出令曰：“为我葬，必以魏子为殉。”魏子患之。庸芮为魏子说太后曰：“以死者为有知乎？”太后曰：“无知也。”曰：“若太后之神灵，明知死者之无知矣，何为空以生所爱，葬于无知之死人哉？若死者有知，先王积怒之日久矣，太后救过不赡，何暇乃私魏丑夫乎？”太后曰：“善。”乃止。[1]

秦宣太后想在死后将情人魏丑夫殉葬，庸芮替魏丑夫说情时便运用了人死后是否有知的逻辑思辨。庸芮指出，假若人死后是无知的，秦宣太后将魏丑夫殉葬去陪伴她是毫无意义的；而若人死后有知，秦惠王一定已经对其私于魏丑夫之事积怒日久，定将找宣太后算账，因此她也不可能再与魏丑夫交好。庸芮这一有力的逻辑思辨终于打消了秦宣太后欲将魏丑夫殉葬的荒唐想法。

另外，汉代刘向《说苑·奉使》中亦有关于人死后无知有

---

① 刘向集录：《战国策》卷四，上海古籍出版社 1985 年版，第 167 页。

知的一段论辩，与韩愈《祭十二郎文》中的思辨亦颇为相似，文曰：

> 秦楚毂兵，秦王使人使楚，楚王使人戏之曰："子来亦卜之乎？"对曰："然。""卜之谓何？"对曰："吉。"楚人曰："噫！甚矣！子之国无良龟也。王方杀子以衅钟，其吉如何？"使者曰："秦楚毂兵，吾王使我先窥。我死而不还，则吾王知警戒，整齐兵以备楚，是吾所谓吉也。且使死者而无知也，又何衅于钟？死者而有知也，吾岂错秦相楚哉？我将使楚之钟鼓无声，则将无以整齐其士卒而理君军。夫杀人之使，绝人之谋，非古之通议也，子大夫试孰计之。"使者以报楚王，楚王赦之。此之谓造命。①

在这段话中，秦使面对楚王发出的死亡威胁，从容指出：若其"死而无知"，衅钟亦无益；若其"死而有知"，必将令楚国之钟鼓无声，反而于楚有损。如此辛辣犀利的思辨，终于迫使楚王收回成命，真乃"造命"之语。可以看到，上述两种文献中的庸芮与秦使都是战国时人，而其议论则与韩愈《祭十二郎文》中的思辨几乎如出一辙，当是《祭十二郎文》之所本。

如果我们从战国再往前推的话，可以发现孔子已经有过关于人死后是否有知的思辨，《说苑·辨物》中记载了孔子与子贡的一段对话：

---

① 刘向撰，向宗鲁校证：《说苑校证》卷十二，中华书局 1987 年版，第 306 页。

> 子贡问孔子:“死人有知无知也?”孔子曰:“吾欲言死者有知也,恐孝子顺孙妨生以送死也;欲言无知,恐不孝子孙弃不葬也。赐欲知死人有知将无知也,死徐自知之,犹未晚也。”①

其实孔子是一直不愿意回答人死后是否有知这个问题的,《论语·先进》载:“季路问事鬼神,子曰:‘未能事人,焉能事鬼?’曰:‘敢问死?’曰:‘未知生,焉知死?’”这次面对子贡的诘问,孔子解释了自己不能明确回答这个问题的两难苦衷:假若自己说人死后有知,则怕孝子顺孙厚葬死人,从而损害活人;若说人死后无知,又怕那些不肖子孙将其父母弃而不葬。因此,孔子幽默地对子贡说,假如你真想知道这个问题的答案,等你慢慢死了,你也就知道了。

通过对历代文献的仔细检寻可以发现,到了汉代,关于人死后是否有知的思辨已经非常普遍,如《汉书·元后传》曰:

> 莽以太后好出游观,乃车驾置酒长寿宫,请太后。既至,见孝元庙废彻涂地,太后惊泣曰:“此汉家宗庙,皆有神灵与?何治而坏之?且使鬼神无知,又何用庙为?如令有知,我乃人之妃妾,岂宜辱帝之堂以陈馈食哉?”私谓左右曰:“此人嫚神多矣,能久得祐乎?”饮酒不乐而罢。②

---

① 刘向撰,向宗鲁校证:《说苑校证》卷十八,中华书局 1987 年版,第 474—475 页。

② 班固:《汉书》卷九十八,中华书局 1964 年版,第 4034 页。

王莽为了讨好汉元后，拆毁了汉元帝的宗庙为其修了长寿宫，元后看到之后感到非常震惊与悲痛，她说：假若汉朝历代皇帝的神灵是无知的，也就根本用不着宗庙来岁时祭祀了；假若其神灵有知的话，我作为汉代皇帝的妃妾，怎么可以在先帝的庙堂里饮食呢？先帝之灵一定会降罪责罚的。再如《后汉书·任末传》曰：

> 任末，字叔本，蜀郡繁人也。少习齐诗，游京师，教授十余年。友人董奉德于洛阳病亡，末乃躬推鹿车，载奉德丧，致其墓所，由是知名。为郡功曹，辞以病免。后奔师丧，于道物故，临命，敕兄子造曰："必致我尸于师门。使死而有知，魂灵不惭；如其无知，得土而已。"造从之。①

死于奔师丧途中的任末在临死之前要求侄子任造一定要将自己的尸体带回师门安葬，因为他认为假若人死后有知，则自己能陪伴老师于地下，灵魂就不会感到惭愧；假若人死后并无知觉，那么自己能葬于老师之墓侧，可得入土为安，亦并无什么不妥。

唐代文献中亦不乏类似的思辨，我们这里举两个早于韩愈的例子。《旧唐书·封伦传》曰：

> 高祖尝幸温泉，经秦始皇墓，谓伦曰："古者帝王，竭生灵之力，殚府库之财，营起山陵，此复何益？"伦曰："上之化下，犹风之靡草。自秦、汉帝王盛为厚葬，故百姓众庶

---

① 范晔：《后汉书》卷七十九下，中华书局1965年版，第2572页。

> 竞相遵仿。凡是古冢丘封，悉多藏珍宝，咸见开发。若死而无知，厚葬深为虚费；若魂而有识，被发岂不痛哉！”高祖称善，谓伦曰：“从今之后，宜自上导下，悉为薄葬。”①

封伦向李渊指出厚葬之无益：因为人死后若无知，厚葬便属于浪费钱财；若有知的话，见到自己的坟墓被发掘岂不感到痛心！另外，盛唐顾况《筑城二章》中亦有类似的辨析，诗序曰：“筑城，刺临戎也。寺人临戎，以墓砖为城壁。”诗曰：

> 筑城登登，于以作固。咨尔寺兮，发郊外冢墓。死而无知，犹或不可。若其有知，惟上帝是愬。
>
> 筑城奕奕，于以固敌。咨尔寺兮，发郊外冢甓。死而无知，犹或不可。若其有知，惟上帝是谪。②

总之，上述这些文献中关于人死后有知无知的辨析，都和韩愈《祭十二郎文》较为接近，且都远早于韩愈。然在历代的韩愈文集注本中，多注重对字句出处的钩稽，而对某种逻辑思辨却鲜有追踪者。即或有些注家明了韩文之所本，但由于《论语》《说苑》乃古代士子必读之经典，他们以为无须加注，故亦付之阙如，而这个注释空白无疑会对当代读者理解韩文造成一定障碍。另外，由于《祭十二郎文》通篇以泪写成，当代学者一般也不愿意过多地从用典、艺术手法等方面对该文进行总结分析，

---

① 刘昫等：《旧唐书》卷六十三，中华书局 1975 年版，第 2396 页。

② 中华书局编辑部点校：《全唐诗（增订本）》卷二百六十四，中华书局 1999 年版，第 2921 页。

故对文中"有知无知"之所本亦未有抉出者。其实"宪章汉魏、熔经铸史"的韩愈,不可能在艺术上对前代文学没有任何借鉴而自铸伟辞。因此,《战国策·秦策》《说苑·奉使》《说苑·辨物》《汉书·元后传》《后汉书·任末传》中这些文字或可补韩文注释之不备,故特为拈出,以供学者参考。

《明皇杂录》佚文拾遗*

晚唐郑处诲所撰《明皇杂录》一书，是唐人笔记中影响较大的一种，是研究盛唐历史的重要参考资料。该书递经清代学者纪昀、张海鹏、钱熙祚等人辑校，中华书局 1994 年又出版了田廷柱先生点校整理本，收入《历代史料笔记丛刊》之中，堪称目前通行的最善之本。中华书局本《明皇杂录》是在清张海鹏《墨海金壶》本、钱熙祚《守山阁丛书》本的基础上辑录整理的，然而该整理本尚存辑而不全、辑而未辨、参校失当、沿袭前人之误等问题。尚有散落于宋代类书《绀珠集》、明末清初《钱注杜诗》等文献中的佚文。此外，类书、诗话、丛书等文献对《明皇杂录》的征引多与今传本不同，因此将对这些文献和今传本进行比勘，亦可以参订差异，校正讹误。为了说明《明皇杂录》整理过程中的问题，下面先从其传本与辑佚过程进行梳理。

一、《明皇杂录》的传本与辑佚考述

郑处诲《明皇杂录》成书以后，在流传过程中散佚相当严

---

* 本文系与王新芳合撰，原载于《中国典籍与文化》2011 年第 3 期。王新芳，齐鲁师范学院教授。

重。田廷柱先生在中华书局本《辑佚》和《点校说明》中指出,《明皇杂录》的“今传本既非原本,也非完帙”[1],“传至宋代已无完本,几经后人辑佚,仍是残缺不全”[2]。较早对《明皇杂录》一书进行征引的是宋代的几部类书《太平御览》《太平广记》《事文类聚》《类说》《绀珠集》《白孔六帖》等,但征引得都不完整。此外,欧阳修、宋祁纂《新唐书》和司马光编《资治通鉴》也都大量征引《明皇杂录》。所以,田先生“至宋代已无完本”的判断或许并不确切,因为若并无完本依据,进行如此多的征引是不可想象的。《明皇杂录》至少到北宋时还未散佚,必有全本流传,当是一种常见书。不过目前所见的文献中,除了类书、史书的征引和几种书目的著录之外,未见完整宋本《明皇杂录》的留存。元末明初陶宗仪的《说郛》卷三十二亦征引了《明皇杂录》10条,所引虽漏略过甚,却是后代类书中较早的节录,其中的“象愤贼不拜舞”“鹦鹉冢”条,后代的传本中皆无。明末清初陈世熙编纂的《唐人说荟》也辑录了《明皇杂录》25条[3],虽非全本,但其条目也为后代的辑校者所重视。《明皇杂录》的第一个较为完整的版本是文澜阁《四库全书》本,对于这个本子的来源,据《四库全书总目提要》称,是“兵部侍郎纪昀家藏本”,极有可能是乾隆朝流传的一个写本,其后《明皇杂录》的流传,基本都是根据这个本子,其中比较著名的是嘉庆

---

① 郑处诲:《明皇杂录》,《历代史料笔记丛刊》本,中华书局1994年版,第63页。

② 郑处诲:《明皇杂录》,《历代史料笔记丛刊》本,中华书局1994年版,第4页。

③ 此丛书为清初桃源居士辑,凡一百四十四种,嗣后山阴人莲塘居士陈世熙又从刻本《说郛》中补入二十种,稍广其传。

间张海鹏[①]《墨海金壶》本。道光间钱熙祚《守山阁丛书》本《明皇杂录》则在张海鹏《墨海金壶》本的基础上校订文字，补辑了散见于诸书的31条佚文而成。此后，张元济《丛书集成初编》本即据钱熙祚《守山阁丛书》本排印。中华书局田廷柱点校本也主要是以《守山阁丛书》本为底本并参校他本而成。此外，《明皇杂录》的版本还有民国间刊印的吴增祺编《旧小说乙集·唐》，该本的来源和依据已不可考，共辑录了《明皇杂录》17条，虽甚为简略，但所收条目和今传本比较起来颇有异同。

纵观《明皇杂录》的版本流传与辑佚过程，可以发现以下规律：(1)宋代的类书、诗话等文献作为《明皇杂录》较早的征引者，是辑录其佚文的最主要来源。如钱熙祚《守山阁丛书》本辑录的31条佚文，就来源于《太平御览》《太平广记》《事文类聚》《证类本草》《玉海》《白孔六帖》《碧鸡漫志》《海录碎事》《能改斋漫录》。今人田廷柱则以钱熙祚《守山阁丛书》本为底本对《明皇杂录》进行了整理点校，在钱氏补辑本的基础上重加补辑，又得12条佚文，主要是从《太平御览》《通鉴考异》《类说》《诗话总龟》《海录碎事》《唐人说荟》等文献中辑得。而《太平御览》《海录碎事》等书正是当年钱熙祚补辑《逸文》的主要来源，从中也可见钱氏当年辑佚之疏漏。(2)除了类书、诗话的部分征引之外，丛书丛刻成为保存《明皇杂录》的主要载体。《墨海金壶》《守山阁丛书》《唐人说荟》《旧小说》这几部丛书中的《明皇杂录》成为后代整理点校本的底本和参

① 张海鹏(1755—1816)，原名荣基，字若云，号子瑜，昭文(今江苏常熟)人，清代刻书大家，曾刊刻《学津讨原》《墨海金壶》《借月山房汇钞》等丛书。

校本也证明了这一点。不过陶宗仪《说郛》、陈世熙《唐人说荟》、吴增祺《旧小说》等文献对《明皇杂录》的载录都是不完整的，然而其中的条目内容与今传本存在较大差异，极有可能是在流传过程中辗转众手，文字被不断点窜删削导致的，由此可见该书流传的复杂性。

钱熙祚《守山阁丛书》本《明皇杂录》并未认真参校《太平御览》《类说》等书，这是因为钱氏认为“至字句间小小异同，恐伤琐屑，不复识别。类书援引，往往删节成文，间加点窜，要不足为据也。”①至于陶宗仪《说郛》本及陈世熙《唐人说荟》本，钱氏则完全未加参校，可谓失之眉睫。另外，中华书局点校本从《唐人说荟》等丛刻中辑录佚文也存在很多问题。《唐人说荟》之不可据，鲁迅、汪辟疆、周勋初诸先生早已言之多矣，②因此据以辑录佚文，更当慎加考辨。例如，中华书局本《明皇杂录》据《唐人说荟》辑录的唯一一条佚文“碧芬之裘”云：

> 玄宗与贵妃避暑兴庆宫，命进碧芬之裘。碧芬出林氏国，乃驺虞与豹交而生，大如犬，碧于黛，香闻数十里，太宗

---

① 钱熙祚：《明皇杂录校勘记序》，郑处诲：《明皇杂录》，《历代史料笔记丛刊》本，中华书局1994年版，第89页。

② 汪辟疆《唐人小说序例》指出：“《唐人说荟》等丛刻，或擅改篇名，或妄题撰者，概不据录。”鲁迅《唐宋传奇集序例》云：“如《唐人说荟》，如《艺苑捃华》，为欲总目烂然，见者眩惑，往往妄制篇目，改题撰人，晋唐稗传，黔劓几尽。”周勋初《唐人笔记小说的崛兴与传播》也指出，《唐人说荟》存在篇章割裂、假托名人、删改篇名等问题，参见周勋初：《唐人笔记小说考索》，江苏古籍出版社1996年版，第54—60页。

时贡,名曰鲜渠上沮。鲜渠,华言碧;上沮,华言芬也。①

检《唐人说荟》本《明皇杂录》末条即此条,然其中“上沮”均作“土沮”,这样的问题的存在,让人不禁要对辑录者依据的版本产生疑问。② 明周家胄《香乘》卷七、徐应秋《玉芝堂谈荟》卷二十八亦征引此条,然其中的“香闻数十里”,均作“香闻数里”。《香乘》卷七于“玄宗与贵妃避暑于兴庆宫”下尚多出“饮宴于灵阴树下,寒甚”等字。应该指出,《香乘》《玉芝堂谈荟》这些文献还要早于《唐人说荟》,甚至有可能是《唐人说荟》辑录的文献来源之一,本应加以参校。除此之外,中华书局本《明皇杂录》对从宋代其他文献中辑出的佚文,亦缺乏文献之间的相互比较参订,下面试举一例加以说明。中华书局本之《辑佚》据《诗话总龟》收录“明皇吟傀儡诗”条云:

明皇在南内,耿耿不乐,每自吟太白《傀儡诗》曰:“刻木牵丝作老翁,鸡皮鹤发与真同。须臾弄罢浑无事,还似人生一世中。”③

检宋计有功《唐诗纪事》、元陶宗仪《说郛》本均有此条,文字颇有异同。如《唐诗纪事》卷二十九引《明皇杂录》云:

---

① 郑处诲:《明皇杂录》,《历代史料笔记丛刊》本,中华书局 1994 年版,第 63 页。

② 中华书局本所据之《唐人说荟》为清末扫叶山房石印本,本文所据之版本为清同治八年(1869)冬刻本。

③ 郑处诲:《明皇杂录》,《历代史料笔记丛刊》本,中华书局 1994 年版,第 66 页。

李辅国矫制,迁明皇西宫,力士窜岭表,帝戚戚不乐,日一蔬食,吟诗云:“刻木牵丝作老翁,鸡皮鹤发与真同。须臾弄罢浑无事,还似人生一梦中。”①

陶宗仪《说郛》本《明皇杂录》之“明皇移居西宫”条云:

上既自蜀还京,居南内,其后李辅国矫制,移上西宫,玉真公主徙居于外,高力士而下悉放逐岭表。上因蔬食,或饵药辟谷,肃宗泣涕切谏,自是日不过一食。上常怀戚戚,但吟:“刻木牵丝作老翁,鸡皮鹤发与真同。须臾弄罢寂无事,还是人生一梦中。”②

三者相较,虽内容相似,但文字差异较大。且此诗的作者,阮阅《诗话总龟》称李白,计有功《唐诗纪事》称梁锽,洪迈《万首唐人绝句》则题明皇本人作。可见到了宋代,“刻木牵丝作老翁”一诗的作者已经相当混淆。不过,若从文献校勘的角度来看,《唐诗纪事》《诗话总龟》《万首唐人绝句》《说郛》本的这些差异之处,正可互为参订,由此可见中华书局整理本的工作还是不够细致。

---

① 计有功《唐诗纪事》于此诗后注曰:“不知明皇作,或咏(梁)锽诗也。”《文苑英华》卷二百一十二题作《窟磊子人》,作者署为“梁钟”。《全唐诗)卷二〇二则为梁锽作,诗题作《咏木老人》,题下注云:“一作《傀儡吟》,一作《咏窟磊子人》。”

② 陶宗仪:《说郛》卷三十二,中国书店 1986 年版,第 30 页。

二、宋朱胜非《绀珠集》卷二征引《明皇杂录》之佚文

中华书局本《明皇杂录》依据的《守山阁丛书》本虽比较完整，又经过清代校勘学家钱熙祚的校勘辑佚，然而钱氏本相对晚出，在辑校过程中又相当草率，参校文献范围比较狭窄，宋代许多类书虽加参校却并未作为佚文辑出。虽然经过当代点校者的进一步整理，但毕竟是屋下架屋，辑佚工作并未臻于至善，散落于其他文献的佚文，仍有待辑录和拾遗。笔者经检索发现，宋代类书《绀珠集》对《明皇杂录》的征引，仍有上述各本均未收录的佚文。

宋朱胜非《绀珠集》卷二引《明皇杂录》39 条，次序和条目均与今本不同。经过和中华书局本对勘，发现这 39 条与中华书局本中的 31 条相关。其中“爇帝须”“笏囊”“象笏盈榻”“霓裳”“五色鹦鹉”诸条，中华书局本失收，当为《明皇杂录》佚文。“爇帝须”本与“五王帐”为同一条，中华书局本《逸文》据《六帖》征引曰：“帝友爱至厚，殿中设五幄，与五王处①，号五王帐。”而《绀珠集》卷二“五王帐”“爇帝须”条曰：“帝友爱至厚，殿中设五幄，与诸王更起卧，号五王帐。薛王病，亲设药，误爇其须。”比中华书局本多出“更起卧”“薛王病，亲设药，误爇其须”等字，当据补。又《绀珠集》之“象笏盈榻”条曰：“崔琳族盛，每群从内集，象笏堆盈榻。”中华书局本缺载，然于《逸文》中据《事

---

① “五王”，文澜阁《四库全书》本《白孔六帖》卷十四作“诸王”。

文类聚》前集卷五十二收“崔琳少缌麻之丧”条云:“崔琳三十年间,无中外缌麻之丧。”《类说》卷十六“三十年无缌麻丧”条亦云:“崔林群从,多至大官,每宴集,组绶相辉,设一榻,置象笏,犹重迭其上,三十年间无中外缌麻之丧。”可见《绀珠集》所录“象笏盈榻”条,应与中华书局本“崔琳少缌麻之丧”为同一条佚文,《类说》所引文字则相对较为完整。又《绀珠集》之“五色鹦鹉”条云:“开元中,有五色鹦鹉,能言而惠。”中华书局本缺载。又《绀珠集》之“霓裳”条云:“法善引上至月宫,因聆天乐归,传其音为《霓裳羽衣曲》。”此条本列于《绀珠集》之“游凉州”条后,中华书局本亦有“玄宗夜游凉州”条云:“正月望夜,上与叶法善游西凉州,烛灯十数里,俄顷还,而楼下之歌舞未终。”《绀珠集》之“霓裳”与“游凉州”条内容均为叙叶法善之仙术,应为一条而割裂为二。再如“笏囊”条云:“故事:朝臣搢笏乘马,张九龄体弱,常令持之,由是设囊。”①钱熙祚《守山阁丛书》本失收,中华书局本从缺。除了上述失收条目外,《绀珠集》征引的39条《明皇杂录》均标有题目。② 虽不能确定《明皇杂录》原帙是否每条都拟好了标题,但这些题目似也可作为参校内容之一,而钱熙祚、田廷光等人均未参校,竟至自拟标题,殊为遗憾。众所周知,《类说》和《绀珠集》等类书转引他书文字时往往大加删改,殊失原貌,但作为宋代较早收录《明皇杂录》的类书,对于散佚严重的《明皇杂录》而言仍是珍贵的文献来源,因此钱熙祚以至田廷杜先生校勘《明皇杂录》时未能加以参校是不应有的失误。

---

① 按,此条内容为《旧唐书·张九龄传》所采:“故事皆搢笏于带而后乘马,九龄体羸,常使人持之,因设笏囊,笏囊之设,自九龄始也。”

② 曾慥《类说》、陶宗仪《说郛》本、吴增祺编《旧小说》本《明皇杂录》亦均有标题。

三、《钱注杜诗》征引的《明皇杂录》佚文

明末清初钱谦益所著《钱注杜诗》卷七《观公孙大娘弟子舞剑器行并序》注引《明皇杂录》云：

> 天宝中，上命宫女数百人为梨园弟子，皆居宜春北苑。上素晓音律，时有马仙期、李龟年、贺怀智，皆洞晓音度。安禄山从范阳入觐，亦献白玉箫管数百事，皆陈于梨园。自是音响，遂不类人间。诸公主洎虢国以下，竞为贵妃弟子。每授曲之终，皆广有进奉。时有公孙大娘者，善舞剑，能为邻里曲及裴将军满堂势、西河剑器、浑脱遗，妍妙皆冠绝于时也。又曰：开元中，有公孙大娘，善舞剑器，僧怀素见之，草书遂长，盖壮其顿挫势也。①

中华书局本《明皇杂录》正文中并未辑录此条，而于《逸文》之“怀素书取法公孙大娘剑舞”条云：

> 舞者，乐之容也。有大垂手、小垂手，或象惊鸿，或如飞燕。婆娑，舞态也；蔓延，舞缀也。古之能者，不可胜纪。开元中，有公孙大娘善剑舞，僧怀素见之，草书遂长，盖壮其顿挫势也。②

---

① 钱谦益：《钱注杜诗》，上海古籍出版社 1979 年版，第 217 页。

② 郑处诲：《明皇杂录》，《历代史料笔记丛刊》本，中华书局 1994 年版，第 51 页。

另外,《逸文》之“杨贵妃擅琵琶”条云:

> 天宝中,上命宫女子数百人为梨园弟子,皆居宜春北院。上素晓音律,时有马仙期、李龟年、贺怀智,洞知音律。安禄山自范阳入觐,亦献白玉箫管数百事,安皆陈于梨园。自是音响,殆不类人间。有中官白秀贞,自蜀使回,得琵琶以献。其槽以逻逤檀为之,温润如玉,光辉可鉴,有金缕红文蹙成双凤。贵妃每抱是琵琶奏于梨园,音韵凄清,飘如云外。而诸王贵主洎虢国以下,竞为贵妃琵琶弟子,每授曲毕,广有进奉①。

其实《太平御览》对《明皇杂录》的相关条目早有征引,但文字差异较大:

> 上御勤政楼,大张声乐,罗列百伎。时教坊有王大娘,善戴百尺竿,竿上施木山,状瀛洲、方丈,仍令小儿持绛节出入其间,而舞不辍。时刘晏为秘书省正字,年方幼小,形状狞劣,而惠悟过人。上召于楼上帘下,贵妃置于膝,为施粉黛,与之巾栉。上令咏王大娘戴竿,晏应声曰:“楼前百戏竞争新,惟有长竿妙入神。谁谓绮罗翻有力,犹是嫌轻更着人。”因命牙笏及黄纹袍以赐晏。时有公孙大娘者,善剑舞,能为邻里曲及裴将军,士谓之春秋设。大张伎乐,

---

① 郑处诲:《明皇杂录》,《历代史料笔记丛刊》本,中华书局 1994 年版,第 51 页。

虽小大优劣不同，而极其华侈，遐方僻郡，欢纵亦然。①

天宝中，上命宫女数百人为梨园弟子，皆居宜春北院。上素晓音律，时有马仙期、李龟年、贺怀智，洞知律，安禄山自范阳入觐，亦献白玉箫管数百事，安皆陈于梨园，自是音响，殆不类人间。有中官白秀贞，自蜀使回，得琵琶以献，其槽以逻逤檀为之，清润如玉，光辉可见。有金缕红文蹙成双凤，贵妃每抱是琵琶奏于梨园，音韵凄清，飘如云外，而诸王贵主洎虢国以下，竞为贵妃琵琶弟子，每授曲毕，皆广有进贤。其后龟年流落江南，每遇良辰胜景，常为人歌数阕，坐客闻之，莫不掩泣罢酒。②

中华书局本《明皇杂录》卷上"神童刘晏"条"因命牙笏及黄文袍以赐之"后清钱熙祚校记云："《御览》'文'作'绫'，此下有'时有公孙大娘者，善剑舞，能为邻里曲及裴将军，士谓之春秋设。大张伎乐，虽小大优劣不同，而极其华侈，遐方僻郡，欢纵亦然'四十九字，今本无之。然语多不可晓，疑亦有脱误。"③可见钱熙祚参校《太平御览》时已经注意到有关公孙大娘的一段话，但是钱熙祚认为有"脱误"而未采，中华书局本亦加沿袭而未能补辑。我们将《太平御览》《钱注杜诗》中对公孙大娘舞剑器的一段文字征引和中华书局本相关条目进行对比就可以发现，《钱注杜诗》和《太平御览》所引内容大致相同，而中华书局本所引《逸文》疑有脱漏。诸家征引的这两段《明皇杂录》文

① 李昉等编：《太平御览》卷五百六十九，文渊阁《四库全书》本。

② 李昉等编：《太平御览》卷五百八十三，文渊阁《四库全书》本。

③ 郑处诲：《明皇杂录》，《历代史料笔记丛刊》本，中华书局 1994 年版，第 20—21 页。

字,颠倒错乱的情况较为严重。《太平御览》作为较早征引《明皇杂录》的文献,虽对所引内容多加点窜删削,但在辑佚时无疑仍值得重视。这一点正好在《钱注杜诗》更为翔实的征引中得到证实,因此这段文字当是《明皇杂录》中的一段佚文。

四、《钱注杜诗》征引《明皇杂录》内容的文献价值

《钱注杜诗》所引《明皇杂录》中有关公孙大娘舞剑器的这段文字颇具文献价值。杜甫《观公孙大娘弟子舞剑器行并序》云:"开元三载,余尚童稚,记于郾城观公孙氏舞剑器、浑脱,浏漓顿挫,独出冠时。自高头宜春、梨园二伎坊内人,洎外供奉舞女,晓是舞者,圣文神武皇帝初,公孙一人而已。"①对于诗序中的"剑器""浑脱"为何物,历代杜诗注家有过连篇累牍的考证,说法不一,然而注者多引《明皇杂录》为证,其所引有关公孙大娘舞剑器的一段文字,均不见于今传本。近代学者陈寅恪和任二北先生对"剑器舞"是不是"舞剑"的问题也都有详细的考证,而二人得出的结论却是不同的。陈寅恪先生认为,"舞剑器"就是"舞双剑"。② 任二北先生则认为"剑器舞"并不是舞剑,其云:"不知《杂录》明明将剑与剑器,分作两事举之,中间

① 钱谦益笺注:《钱注杜诗》,上海古籍出版社1979年版,第216页。

② 参见陈寅恪:《元白诗笺证稿》,上海古籍出版社1978年版,第154—155页。

隔有‘邻里曲’与‘满堂势’,文意无牵混可能,何从强合二者为一?”①不管怎样,陈、任二位先生在书中都征引了《明皇杂录》“上素晓音律……时有公孙大娘者,善舞剑,能为邻里曲及裴将军满堂势、西河剑器、浑脱遗,妍妙皆冠绝于时也”这段文字,只是二人均未能直接从《明皇杂录》传本中找到上述文字,因此只能通过《钱注杜诗》进行转引,由此也可见钱注所引《明皇杂录》这段佚文弥足珍贵的文献价值。再证以《太平御览》中“时有公孙大娘者,善剑舞,能为邻里曲及裴将军”的类似记载,已足可以说明钱注所引并非向壁虚构,必有所据。那么,钱谦益作为明末清初著名的藏书家,其绛云楼中是否藏有《明皇杂录》之稀世珍本呢?笔者遍检《绛云楼书目》,并未发现曾有著录,即使其族孙钱遵王的《述古堂书目》亦未著录是书,这实在让人感到蹊跷。不过已有学者指出,钱谦益《绛云楼书目》乃是绛云一炬后钱氏凭记忆追记而成,当有很多遗漏。②

这就进一步启发我们,《钱注杜诗》是否可以作为《明皇杂录》佚文的另外一个文献来源呢?笔者经过比勘后发现,钱谦益《钱注杜诗》中共征引《明皇杂录》14 条,虽然这 14 条虽并非佚文,均见于点校本《明皇杂录》,但二者文字互有异同,正可作为参校。如《钱注杜诗》卷八《聂耒阳以仆阻水书致酒肉疗饥荒江诗得代怀兴尽本韵》注引《明皇杂录》云:

杜甫客耒阳,游岳祠,大水遽至,涉旬不得食,县令具

① 任二北:《敦煌曲初探》,上海文艺联合出版社 1954 年版,第 178 页。

② 参见元尚:《绛云楼书目的前世今生》,《中华读书报》2009 年 11 月 11 日。

舟迎之。令尝馈牛炙白酒。后漂寓湘潭间，羁旅憔悴于衡州耒阳县，颇为令长所厌。甫投诗于宰，宰遂致牛炙白酒以遗甫，甫饮过多，一夕而卒，集中犹有《赠聂耒阳》诗也。①

而中华书局本《明皇杂录补遗》之“杜甫之死”条云：

杜甫后漂寓湘潭间，旅于衡州耒阳县，颇为令长所厌。甫投诗于宰，宰遂致牛炙白酒以遗，甫饮过多，一夕而卒，集中犹有《赠聂耒阳》诗也。②

将这两段文字相互对照可见，点校本比之《钱注杜诗》所引要简略很多，这也进而证明了钱谦益征引之《明皇杂录》极有可能别有所据，明末清初流传的《明皇杂录》与今传本在文字上是有很大差异的，而这个本子比乾隆中期才出现的《明皇杂录》写定本要早一百多年，所以《钱注杜诗》对《明皇杂录》的征引对于厘正和校订今传本的文字甚有帮助，当引起整理者的重视。

五、余论

既然《明皇杂录》的刻本出现较晚，又非完本，因此对其进

---

① 钱谦益笺注：《钱注杜诗》，上海古籍出版社1979年版，第274页。

② 郑处诲：《明皇杂录》，《历代史料笔记丛刊》本，中华书局1994年版，第47页。

行辑佚时宋代类书与诗话的征引值得引起特别重视。辑佚实践也证明，《明皇杂录》的绝大多数佚文都蕴藏在这些文献中。此外，至少到明末清初，该书定还有别本流传，因此对这个时代的文献征引情况也应进行甄别比较，这对于最大限度地辑录《明皇杂录》的佚文以及参订今本的讹误，都具有至关重要的作用。不过，除了对《明皇杂录》继续进行辑佚之外，对已经辑出的条目尚需进行辨析。如中华书局本《辑佚》之“明皇赐虢国照夜玑”条，乃据《海录碎事》卷十五辑录，文云：“明皇赐虢国照夜玑，盖希代之宝也。”[①]又《绀珠集》之“玉叶冠”条云：“玉真公主玉叶冠、虢国夫人夜光枕、杨国忠锁子帐，皆为奇世之宝也。”《太平御览》卷八百零一亦引，文字稍异。中华书局本《明皇杂录》卷下“唐玄宗华清宫汤池之豪奢”条云：“太平公主玉叶冠、虢国夫人夜光枕、杨国忠锁子帐，皆稀代之宝，不能计其直。”[②]通过比较可以发现，《海录碎事》所载“照夜玑”云云并非《明皇杂录》佚文，应即为今传本卷下“唐玄宗华清宫汤池之豪奢”条中有关“夜光枕”的内容。[③] 此外，今传本《明皇杂录》有钱熙祚据《六帖》《碧鸡漫志》所辑《逸文》：

---

① 郑处诲：《明皇杂录》，《历代史料笔记丛刊》本，中华书局 1994 年版，第 66 页。

② 郑处诲：《明皇杂录》，《历代史料笔记丛刊》本，中华书局 1994 年版，第 29 页。

③ 曾慥《类说》卷十六征引《明皇杂录》时将上述内容割裂为“取乐富贵”“玉叶冠、夜光枕、锁子帐”二条，中华书局本则与“唐玄宗华清宫汤池之豪奢”内容并为一条。宋乐史《杨太真外传》云：“赐虢国照夜玑、秦国七叶冠、国忠锁子帐，盖希代之珍，其恩宠如此。”盖由《明皇杂录》转引而来。

兴庆宫帝潜邸，于西南隅起花萼、相辉二楼，与诸王游处。禄山犯顺，乘遽以闻，议欲迁幸，置酒楼上，命作乐，有进《水调歌》者，曰："山川满月泪沾衣，富贵荣华能几时！不见只今汾水上，惟有年年秋雁飞。"上问谁为此词，曰："李峤。"上曰："真才子也。"遂不终而去。①

此条下又有钱氏据《六帖》《鸡肋》所辑《逸文》：

羯胡犯京，上欲迁幸，复登花萼楼，置酒四顾，乃命进玉环。玉环者，睿宗所御琵琶也。异时上长乐宫中，常置别榻，以帕覆之，不以杂他乐器，而未尝持用。至是，命乐工贺怀智取调之，又命禅定僧段师弹之。②

其实上述内容《次柳氏旧闻》已有载录，且径为一条：

兴庆宫，上潜龙之地，圣历初五王宅也。上性友爱，及即位，立楼于宫之西南垣，署曰："花萼相辉"。朝退，亟与诸王游，或置酒为乐。时天下无事，号太平者垂五十年。及羯胡犯阙，乘传遽以告，上欲迁，幸之，登楼置酒，四顾凄怆，乃命进玉环。玉环者，睿宗所御琵琶也。异时，上张乐宫殿中，每尝置之别榻，以黄帕覆之，不以杂他乐器，而未尝持用。至，俾乐工贺怀智取调之，又命禅定寺僧假师取

① 郑处诲：《明皇杂录》，《历代史料笔记丛刊》本，中华书局1994年版，第56页。

② 郑处诲：《明皇杂录》，《历代史料笔记丛刊》本，中华书局1994年版，第57页。

弹之。时美人善歌从者三人,使其中一人歌《水调》。毕奏,上将去,复留眷眷,因使视楼下,有工歌而善《水调》者乎? 一少年心悟上意,自言颇工歌,亦善《水调》。使之登楼且歌,歌曰:"山川满目泪沾衣,富贵荣华能几时? 不见只今汾水上,唯有年年秋雁飞。"上闻之潸然出涕,顾侍者曰:"谁为此词?"或对曰:"宰相李峤。"上曰:"李峤真才子也。"不待曲终而去。①

通过对比可见,钱氏辑出的这两条《明皇杂录》佚文不仅不如《次柳氏旧闻》完整连贯,而且其中《水调歌》一段文字比《次柳氏旧闻》还要稍为简略,这和《旧唐书》所载郑处诲以为《次柳氏旧闻》记事不详、过于简略,乃撰此书的初衷是相矛盾的。②《明皇杂录》作为《次柳氏旧闻》的续作,有些内容虽与《次柳氏旧闻》相同,但是往往更为详细,如《次柳氏旧闻》叙及张果事,《明皇杂录》卷下亦叙张果事甚详。因此,钱氏所辑这两条佚文虽或经转引失真,不能排除出自《明皇杂录》原帙的可能性,但出自《次柳氏旧闻》的可能性更大。这是由于李德裕《次柳氏旧闻》与郑处诲《明皇杂录》成书时间既近,关联又相当紧密,因此在辗转流传过程中相互混杂。类书和诗话中对二书的征引并未做严格区分,遂终致混淆。其实这种情况在唐代说部文献的流传过程中并非个别现象,而是极为普遍,因此根据类书、诗话等文献进行辑佚时,尤须进行细致的甄别和判断。

---

① 李德裕:《次柳氏旧闻》,《丛书集成初编》本,上海商务印书馆1937年版,第6页。

② 《旧唐书·郑余庆传附郑处诲传》云:"先是,李德裕撰《次柳氏旧闻》,处诲谓未详,更撰《明皇杂录》,为时盛传。"

《唐诗鼓吹》版本刍议*

《唐诗鼓吹》为金代元好问编选的唐七律选集，其版本系统历元、明、清三代注家之手，十分复杂。大致可按朝代次序分为三：即元郝天挺注本，明廖文炳注解本，及清钱朝鼒、王俊臣、陆贻典、王清臣笺注本。试分论之。

郝天挺注本只释出典，只注而不解，简略平实。此书最早有元至大元年（1308）江浙路学刻本，即《四库全书总目》提到的“江浙儒司刊本”。前有赵孟頫、武乙昌及姚燧序，此本已佚。陆心源《皕宋楼藏书志》曾著录郝注本的元刊元印本，其版式为：

> 每页二十行，每行二十字，小字双行，板心有字数及刻工姓名，卷首有子昂手书序，刻手极粹，颇有神肖。

另北京图书馆藏有元代刘氏日新堂刻本残卷二册，版式为：“十三行二十二字，小字双行同黑。”（《北京图书馆善本书目》）可知其为福建建安私家刻本。北京图书馆所藏还有另一种元刻本《注唐诗鼓吹》残卷一册，凡存卷五、卷六两卷，版式

---

* 本文原载于《古籍整理研究学刊》2001年第4期。

为:“十行二十字(22×15.2)。”(见王重民《中国善本书提要》)李盛铎《木犀轩藏书题记及书录》曾著录郝注本之元刊大字本,其版式为:

> 半页八行,行二十字,注双行,行三十字。黑口,左右双边,板心上有字数,每卷标题低四格题“资善大夫中书左丞郝天挺注”,“天挺”二字傍注。前有至大戊申(1308)六月武乙昌序,至大元年(1308)九月赵孟頫序,序文皆以手书上板,后有至大辛亥(四年,1311)杨升云后序。

郝注本又有明刻本,北京图书馆藏有该本四册,版式为:“九行十六字,黑口四周双边。”(《北京图书馆善本古籍目录》)傅增湘《藏园群书经眼录》所录明刻本版式为:

> 十行二十字,注双行同,白口左右双阑,版心鱼尾上记字数(大若干小若干),下记人名一字(或作某某刊三字),版匡约高七寸余,字体方整,犹有宋意,厚皮纸,初印,纸幅活大。前有赵孟頫序,又西蜀武乙昌序,又一序,祇题燧字。

另外,四库全书采用本及日本静嘉堂所藏《唐诗鼓吹》均为郝注本。

明万历己卯(1579),新会人廖文炳在郝注的基础上对《唐诗鼓吹》增以诠解,名为《唐诗鼓吹注解大全》(或称《唐诗鼓吹注解》),傅增湘《藏园群书经眼录》录其卷首版式为:

新刊唐诗鼓吹注解大全卷之一(首行)古冈后学廖文炳注解(二行)翰林院庶吉士同年马象乾校正(三行)弟廖文焌阅编(四行)闽书林郑世魁绣梓(五行)

前有万历五年马象乾连城序,卷八末有幡式牌子,文曰:万历壬辰年孟夏月书林郑氏云斋绣梓。①

《唐诗鼓吹注解》有清顺治十六年(1659)刻本②,版式为:"十一行二十一字,小字双行同。"(见《北京图书馆普通古籍总目》)另有清道光间修竹斋刻本(陈伯海编《唐诗汇评》所参本)。廖解本一直被斥于善本之外,邵懿臣《增订四库全书简明标注》即斥之曰"劣本"。大致因为明人喜欢臆改古书,颇遭后世指摘,另外也是由于解诗之难,易招非议,然廖解本在郝注本与钱朝鼒、陆贻典笺注本之间起到了过渡作用,对《唐诗鼓吹》一书的传播亦功不可没。

清初常熟人陆贻典、钱朝鼒等人在廖解本的基础上对其进行了删订校正,这就是钱朝鼒、王俊臣注,王清臣、陆贻典笺的笺注本。此本之版本系统较为复杂,试详论之。

检北京图书馆所藏《唐诗鼓吹笺注》[清康熙二十七年(1688)刻本],其即是民国八年(1919)上海文明书局石印本《钱牧斋、何义门唐诗鼓吹评注》的祖本。该本前后解评风格体例一致,只保存了部分廖解。而今人陈伯海先生编著《唐诗

① 《四库全书总目提要》及《中国大百科全书·文学卷》均称为"明万历己卯刊本",而万历壬辰为1592年,刊刻与作序时间相差13年,则傅氏所著录者或为另一刻本。

② 《唐诗鼓吹注解》有陆贻典等人做了参校工作,仍称注解而不称笺注。

汇评》所参本有清乾隆十一年(1746)怀德堂刻本《唐诗鼓吹笺注》,其解评非纯是像《唐诗鼓吹评注》中那样的串讲,而是有批评,有感慨,有赏叹,且出现了“我最喜”(参见《石城》之评)字样,这样的解评从语气和风格上都似是一人所为,当即是经四人“正定”后的廖解。这就给人一种印象,即陆贻典等人的《唐诗鼓吹笺注》本有两种版本,这也开始让人产生怀疑:诸家著录中标有陆贻典等四人参校之本但仍称明廖文炳补注本与四人的笺注本是否为同一版本。那么,《唐诗汇评》所参清乾隆十一年怀德堂刻本的版本渊源何在呢?

检清康熙二十七年刻本《唐诗鼓吹笺注》前的钱牧斋序,作于“岁在屠维大渊献余月”,即清顺治十六年(1659)四月,钱牧斋(谦益)在序中称四人“刻成而请序于余”,可见1659年前后即已有了一个四人参校本,而这个本子是四人“重为校雠,兼正定廖解”(见钱序)而成,并未对廖解进行彻底的删改,四人工作重点放在校雠上。北京图书馆即藏有清顺治十六年陆贻典、钱朝鼒等刻本十册,题为《唐诗鼓吹注解》十卷,元郝天挺、明廖文炳撰,何焯批校,何煌笺注并跋。版式为:“十一行二十一字,小字双行同。”(《北京图书馆善本书目》)而在时隔29年后的康熙戊辰刻本中,陆贻典撰《唐诗鼓吹注解题词》云:

> 有廖君者起而窜郝之旧文,缀全诗之解意,亦自谓抽精啜髓矣。然多以附会穿穴为擅场,伪造假设为长技。由慧眼观之,则犹鬼家之活计,日下之孤灯耳。

对廖解的不满十分强烈。另题为顺治堂主人的《凡例》云:

> 廖君新会人，举孝廉，为琼山学博。其于是编也，窜取原注，杂以荒陋鄙俗之说。茅苇盈前，率皆削去。而其每诗附以解义，往往与注同辙，然而推其志意，实切婆心，故一一更定，以附篇末，未必无小补于初学也。其有驳正一二处，非敢好为抉摘，亦效古人攻玉之义云。

对廖解的不满也是明显的。所以，在近三十年后，钱牧斋已去世二十四年，四人对清顺治十六年笺注本又做了较大的删改（主要是对廖文炳的解评），仍旧冠以钱谦益之序进行刻印，就给人两种《唐诗鼓吹笺注》本并行的错误印象。清乾隆十一年怀德堂刻本即应是清顺治十六年钱氏当初为之作序的笺注本的重刻本，此本比清康熙二十七年所刻笺注本更多地保存了廖解本的原貌，是由廖解本到四人新解的笺注本的一个过渡，这也说明四人的“服习鼓吹”是有一个过程的。

清康熙二十七年刻本《唐诗鼓吹笺注》成为“通行本”（《四库全书总目提要》）影响较大。中国人民大学所藏《东岩草堂评定唐诗鼓吹》十卷即此本的一个批校本①，其版式为：“十一行二十一字，小字双行同，白口，单鱼尾，四周双边。”（《中国人民大学图书馆古籍善本书目》）1919 年上海文明书局出版的《钱何评注唐诗鼓吹》石印本也是康熙戊辰刻本的翻刻本，那么此本为何冠以钱谦益、何焯之名出版呢？

原来钱谦益的著作在乾隆朝遭禁毁，有钱氏作序的《唐诗

① 中国人民大学所藏只是康熙戊辰刊本的一个名家批校本，与陈伯海《唐诗汇评》所参清康熙二十七年刻本《东岩草堂评定唐诗鼓吹》完全不同。

鼓吹》亦因之遭禁。雷梦辰《清代各省禁书汇考》中就记有乾隆四十二年(1777)、四十七年(1782)湖广、山西等省进缴的《唐诗鼓吹笺注》本,孙殿起《清代禁书知见录》亦有带钱序的康熙戊辰刊《鼓吹》被抽毁的记录,清光绪时姚觐元在《禁书总目》中对朱三锡《评订唐诗鼓吹》注曰:

> 廖文炳为之解,国朝康熙中朱三锡又加以评论……外省盖因坊间别有陆贻典所刻本,前载有钱谦益序文,见此书名目相同,遂致牵连并毁,未加分别,应请勿庸销毁。至陆贻典本应令查明,将钱谦益序文抽毁,其郝天挺本书,仍毋庸一概销毁。(《清代禁毁书目四种》)

有此一厄,《唐诗鼓吹笺注》的流传受到了很大影响。如四库本采取了郝注本,而仅将《唐诗鼓吹笺注》列入存目中;又如道光间泰兴潘人麟的修竹斋印行《唐诗鼓吹》时,便只翻刻了廖文炳的《唐诗鼓吹注解》以避文禁。所以,直到1919年上海文明书局出版石印本时,方敢再把钱序加在书前刊行,因所翻刻的又是校勘名家何焯的《唐诗鼓吹笺注》的批校本(此本现藏北京图书馆),所以名之曰《钱牧斋、何义门唐诗鼓吹评注》以自标榜。其实它既不是钱谦益当初为之作序的本子,也不是何焯对注解进行了改动,只是把康熙戊辰刊的笺注本翻刻后又重新加上了钱序,刻上了何义门的眉批而成。

《唐诗鼓吹》的注本另有清康熙二十七年朱三锡《东岩草堂评定唐诗鼓吹》和1925年南宫邢氏刻本之吴汝纶《桐城先生评点唐诗鼓吹》,兹不赘述。

学术创作两峥嵘：冯沅君先生《四余诗词稿》刍论*

冯沅君先生是中国古典文学研究大家，和陆侃如先生一起在学术上取得了辉煌成就。学界除了关注其学术成就外，对其小说创作的成就也颇为注目，相关论著众多，不暇一一备举。其实冯沅君先生还是一位诗人、词人，《冯沅君创作译文集》中收录其《四余诗稿》《四余词稿》《四余续稿》及《拾遗》数篇，共计古近体诗135题168首，词作105阕。然而，学界对其古典诗词的创作却少有关注者，研究者颇为寥寥。① 有鉴于此，兹不揣谫陋，试对冯沅君先生的《四余诗词稿》进行简要论析，以彰显其古典诗词创作的成绩。

---

* 本文原载于《2021山东省古典文学学会年会暨陆侃如、冯沅君学术研讨会学术论文集》上册，2021年4月，第125—130页。

① 关于冯沅君先生诗词的研究，笔者于中国知网仅检索到以下论文：姜德明：《冯沅君的诗》，《山东文学》1985年第7期；杨华丽：《抗战时期冯沅君在三台的个性书写》，《新文学评论》2014年第4期；杨华丽：《漂泊体验与冯沅君抗战时期的文学书写》，李建平、张中良主编：《抗战文化研究》第八辑，广西师范大学出版社2014年版；赵郁飞：《游吟新旧文学间：论冯沅君的旧体诗词写作》，《第九届中国词学研究会年会暨词学国际学术研讨会论文集》（第二组），2021年9月；许菊芳：《冯沅君旧体诗词创作探析》，《郑州航空工业管理学院学报》2023年第3期。

一、冯沅君古体诗词创作的师承渊源

推原冯沅君先生古典诗词创作的师承渊源,大概有以下两个方面:第一,来自家学。河南唐河祁仪镇冯氏家族是名门世家,冯沅君先生的祖父、父亲、伯父、叔父、姑母都擅长诗文。其祖父冯玉文诗文甚工,著有《梅村诗稿》。其父辈昆仲三人在冯玉文的训诲下俱力攻诗文。伯父冯云异著有《知非斋诗集》,姑母冯士均作文飘飘有凌云之气,尤长于诗,著有《梅花窗诗草》。父亲冯台异,字树侯,号复斋,著有《复斋诗集》。冯沅君之母吴清芝和兄长冯友兰是她最早的启蒙老师。吴清芝,字静宜,通文墨,曾任唐河县端本女学学监。她非常重视孩子的教育,每天亲自向冯沅君口授"四书五经"和古典诗词。1915 年,冯友兰考上北京大学,选修了黄侃的《文心雕龙》和《文选》课,暑假回家时曾从《文选》和《三国志》中选出片段讲给妹妹听。冯友兰先生回忆说:"她真是绝顶聪明,只用了一个暑假,不但能读懂那些文章,而且还能摹拟那些文章,写出作品。"①冯沅君出生在这样的文化世家,亲人的言传身教无疑为她的古典诗词写作打下了坚实的基础。第二,北京女子高等师范学校及北京大学读书期间师从众名家。冯沅君于 1917 年考入北京女子高等师范学校,当时李大钊、胡适、周作人、陈钟凡、胡小石、陈衡哲等都曾在此校任教,特别是她两届级主任陈钟凡、胡小石先生都是国学基础深厚的大师,胡小石更是诗词名

---

① 冯友兰:《沅君幼年轶事》,《文史哲》1985 年第 6 期。

家。冯沅君于抗战中所作《得夏庐师书寄近作小幅》也透露出其与胡小石之间密切的师生关系。在这些老师的教导下，冯沅君开始进行诗词古文的创作，接二连三地在校刊上发表。袁世硕先生《文学史学大师冯沅君先生》云："当时女高师的刊物《文艺会刊》《文艺观摩录》上常常见到冯淑兰的名字。其中有诗词创作，如《中秋对月》《吊新战场文》《杨柳枝》等。"①按，冯沅君这些诗文山东人民出版社1983年版《冯沅君创作译文集》未予收录，后收入《陆侃如冯沅君全集》第15卷。从这些诗文作品来看，冯沅君先生早期的创作体式既有诗、词，还有赋和古文，这应是她较早的文学作品，也是其集中精力转向小说创作之前的一个过渡。冯沅君先生1922年从北京女子高等师范学校毕业后，考入北京大学研究所国学门读研究生，新文化运动的旗手胡适便是国学门的导师之一。冯沅君当时常向胡适先生请教，后来与陆侃如先生结婚后，夫妇二人仍与胡适保持着师友联系。《胡适论学往来书信选》中便收有冯沅君、陆侃如与胡适之间往来的书信，其中1936年3月7日《冯沅君致胡适》载，冯沅君曾向胡适借阅王氏《四印斋汇刻词》和江氏《灵鹣阁汇刻词》中的宋人词集，分别是潘阆《逍遥词》、黄裳《演山词》、葛郯《信斋词》、向镐《乐斋词》等。② 关于冯沅君学生时代的情况，可参其《我的学生时代》一文，载《妇女新运》第4卷第5期（1942年5月）。

---

① 袁世硕：《文学史学大师冯沅君先生》，《文史哲》2011年第5期。

② 参见杜春和等：《胡适论学往来书信选》，河北人民出版社1998年版，第370页。

二、冯沅君《四余诗词稿》的思想内容及创作背景

陆侃如先生曾提到冯沅君先生的诗词稿“主要是抗战期间在西南大后方各省所写的旧诗词,抒写了反蒋、抗日、忧国哀民的情绪和对祖国西南美丽山水的歌颂”①,这是对冯沅君诗词内容的较早概括。袁世硕、严蓉仙《冯沅君传略》云:“在抗日战争的八年中,沅君先生足迹遍及云贵川广各省,饱受流离奔波,不服水土,以及病魔的折磨;反动政府统治下的‘肮脏乾坤’,也造成许多困厄和苦痛;母亲滞留故乡,亲属天各一方,又怎能不时时牵动心肠?这就难怪她发出‘身世百年陌上尘,七哀五噫太酸辛’的慨叹了。她更关心国家民族的危难,如战局的变化,一些城市的沦陷,豫鲁大饥等,都情动于衷,发而为诗,或悲、或欢,或怒、或嘲,表现了赤诚的爱国忧民的情感。”②袁世硕、张可礼主编《陆侃如冯沅君合集》之《前言》曰:“抗战伊始,从卢沟桥事变发生之时,爱国之情撞击着心灵,她重发吟咏之兴,凡所经历闻见,大都形之于诗词,出脱内心的忧愤,数年间作有三百余首,先后编为《四余诗稿》《四余词稿》《四余续稿》,存于箧中。这部分旧体诗词都因时而作,缘事而发,记载着冯沅君先生漂泊西南天地间的经历,反映着她关心民族安危

① 陆侃如:《忆沅君——沉痛悼念冯沅君同志逝世四周年》,《新文学史料》1979年第3期。

② 袁世硕、严蓉仙:《冯沅君传略》,《晋阳学刊》1982年第2期。

悯时忧世的爱国情怀,直是一段自叙传。”①

冯沅君先生确实是用诗歌的形式记录了抗战以来的许多重大历史事件,由于是亲身经历,故这些诗歌既有以诗存史之功,同时又是一部知识分子于国破家亡之际的心灵史,具有极高的认识价值。例如1937年卢沟桥事变爆发,冯沅君先生因病滞留北平,作《北平事变》:

> 地室避兵朝复夕,亲朋生死两茫茫。相逢事后无他语,骨肉平安谢上苍。
>
> 正欣失地俱收复,忽报大军去析津。两日悲欢浑一梦,河山梦里属他人。
>
> 将军雄略识安危,忍把中原付岛夷!最后牺牲应记取,幽燕父老望旌旗。②

卢沟桥事变爆发后,二十九军虽奋力抵抗,却最终寡不敌众,副军长佟麟阁、师长赵登禹相继阵亡,余部被迫撤至保定,日军占领北平。1937年7月17日,蒋介石在庐山发表了著名的“最后关头”讲话,称:“全国国民最要认清,所谓最后关头的意义,最后关头一至,我们只有牺牲到底,抗战到底,唯有牺牲到底的决心,才能博得最后的胜利。”冯沅君先生诗中所云“最后牺牲应记取”,应即指蒋介石这次讲话。“河山梦里属他人”“忍把

---

① 陆侃如、冯沅君著译,袁世硕、张可礼主编:《陆侃如冯沅君合集》第1卷,安徽教育出版社2011年版,第16—17页。

② 陆侃如、冯沅君著译,袁世硕、张可礼主编:《陆侃如冯沅君合集》第15卷,第333—334页。按,本文所引冯沅君先生诗词均据此本,下不出注。

中原付岛夷”“幽燕父老望旌旗”等诗句表现出冯沅君先生对国土沦于异族的痛心与悲愤。又《书燕京大学事》云:

日落秋郊试马回,象棋六博又相催。谁言冀北无春色,曷向勺园领略来!

连天萧鼓日喧喧,不数国仇不数恩。华屋春深人似海,中宵犹奏窦娥冤。

塞北江南羽书驰,寇师已迫蒋山陲。华灯高馆明如月,珠袢歌喉颂圣时。

金爵翠盘纵以横,燕国何处不歌声。可怜圣诞狂欢里,万姓椎心哭历城!

日军渡过黄河占领济南的时候,学校通知教员们多备茶点,欢度圣诞,以示庆贺。日寇的铁蹄正迫近南京,南北羽书交驰,百姓椎心痛哭,而沦陷区的燕京大学中还有一些纨绔子弟却毫不以国事为念,竟整日高馆华灯,弈棋走马,欢歌颂圣,醉生梦死,诗人对其丑恶嘴脸予以无情的鞭挞和讽刺。又如《闻海门失守》云:

消息传来哪忍听,屠焚见说遍郊垌。故园三月音书绝,断魂宜舫同寿亭。

注曰:“宜舫与同寿亭并外子陆侯老人颐养之所。”《台儿庄大捷》云:

鲁南一战树奇勋,万姓欢呼处处闻。范氏平吴前例在,范金合铸众将军。

《厦门失守》云:

生死成败不须论,誓以微躯殉厦门。沙尾江头明月夜,几多忠烈未招魂。

从这些诗歌可以看出,在国破家亡之际,冯沅君先生时刻关注国家局势的安危、人民百姓的痛苦,充分展现了一个爱国知识分子的家国情怀。

《四余诗稿》中的大部分诗歌虽均未标作年,但作者从内容上分为"纪事诗"和"续纪事诗",可见冯沅君有着以诗纪事、以诗存史的意识。从诗题、写作内容和自注来看,这些诗作的连续性较强,甚至可以看成大型纪行组诗,如《过香港》《河内病院见大兄》《抵昆明》《滇越道上》《都城山中》《夜宿白石》《成都薛涛故居》《过百鸡岭》《嘉州乌尤寺》《望峨眉》《渝州生园》《嘉陵江》《西川见杜鹃花》《澂江春感》《曹溪寺》《滇池》《澂昆道上》《贵阳甲秀楼》等。另外,《四余词稿》的题目中也同样有着纪行的特点,如《点绛唇·曲靖待车却寄》《点绛唇·黄果树观因忆嘉州滩声》《点绛唇·阳朔道中》《清平乐·曹邺读书处》《踏莎行·滇黔道中》《踏莎行·篆塘泛登三清阁》《减字木兰花·渡湘水》《减字木兰花·宿上封寺》《鹧鸪天·管埠秋晚用胡韵》《醉落魄·晓行自坪石渡武水至塘口》《浣溪沙·骑岭晚春》等。这些诗词的题目中都包含着地名,清晰地记录了诗人于抗战初期颠沛流徙的行进路线,可供治冯沅君先生年谱者参考。

在《黄昏》至《再题》等十首诗后,作者自注作于民国三十年(1941)除夕。这年春天,冯沅君偕夫随中山大学迁到广东坪面,蒿目时艰,作《偶成》:

> 中宵风雨剧堪哀,心比寒炉燃复灭。肮脏乾坤行欲遍,不知怀抱向谁开。

题下注曰:"粤北冬春多雨,午夜愁听,万感茫茫。"1942年春,河南、山东闹大饥荒,冯沅君先生作《冻桐子》:"春日狡桧勒桐子,怪雨狂风过往频。敢怒连朝寒到骨,中原何限忍饥人。"题下注曰:"豫鲁大饥,冷气又自北而南,故云。"

1942年夏,陆侃如、冯沅君夫妇到四川三台的东北大学任教,前后历时三年。冯沅君先生在三台作诗词60余首,杨华丽已经指出,这些诗歌主要是抒发幽居的苦闷寂寥之情和对家乡和亲人的思念。[①] 如《得夏庐师书寄近作小幅》云:"巴西荒僻智井比,流人会当寂寞死。"《庭禽》云:"屏迹荒城里,寂寥退院僧。"《九日登东山》云:"杂珮光陆离,佳人在空谷。契阔绝音尘,哀吟当歌哭。的的盈掬泪,托汝江鱼腹。"《听风》云:"撼屋风狂烛影微,何来秋气苦侵衣。中原满眼玄黄血,痴绝羁魂犹望归。"《闷极》云:"心死谁忧乱,肠回更望乡。"1944年除夕,冯沅君得到其兄书信,得知母亲正要下葬,痛于"幽明永隔,长夜不寐,听四邻欢笑声,五内为崩摧也",遂作《岁除篇》:

① 参见杨华丽:《抗战时期冯沅君在三台的个性书写》,《新文学评论》2014年第4期。

儿辈窜梁益，母也滞乡县。南北两相望，三千六百日。生离成死别，因缘更谁诘。天路云幂幂，墓门柏森林。泪湿泉下土，识儿此夜心。

其生死离别之情令人读之泪下。冯沅君先生在《身世》一诗中云：

身世百年陌上尘，七哀五噫太酸辛。西南天赐好山水，莫作行吟泽畔人。

“七哀”是指汉末“建安七子”之一王粲的《七哀诗》，“五噫”是指东汉梁鸿的《五噫歌》，均属忧国忧民之作。这首小诗记录了她漂泊西南的总体感受，无疑具有总结意味。

冯沅君先生在新中国成立以后的诗词存世不多，值得注意的有《题李易安纪念堂》：

凭将血泪洒山河，家破国危感慨多。更有新词昭日月，雌黄信口欲如何。

黄花秀句播才名，谁识游仙顾视清。并世诸贤应俯首，评论创作两峥嵘。

三面红旗迥绝俦，无边春色动神州。九原争得斯人起，健笔一支居上游。

1960年5月，中共中央将社会主义建设总路线、“大跃进”和人民公社称为“三面红旗”，诗中提到了“三面红旗”，则此诗必作于1960年以后。诗中所谓“雌黄信口”，是指历代论者对李清照的批评之声。如宋代王灼《碧鸡漫志》曾批评李清照曰:“作长短句能曲折尽人意,轻巧尖新,姿态百出,闾巷荒淫之语,肆意落笔,自古搢绅之家能文妇女,未见如此无顾籍也。”①这当然是出于儒家礼教的偏见。对词人再嫁张汝舟之事,明清人出于贞洁观念亦多有道德谴责,其详可参艾朗诺《才女之累:李清照及其接受史》②。此外,许昂霄《词综偶评》甚至还批评李清照的《声声慢》曰:“此词颇带伧气,而昔人极口称之,殆不可解。”③对这些加之于李清照身上的污水谰言,冯沅君先生斥之为“雌黄信口”,认为易安之词可昭日月,正如杜甫《戏为六绝句》所云:“尔曹身与名俱灭,不废江河万古流。”这也表现出她作为新女性对封建传统思想的叛逆精神。

三、冯沅君《四余诗稿》的诗学宗尚

冯沅君先生是文学史研究大家,她对文学史上的各种优秀传统都极其熟悉,所以她的诗歌取径较广,对魏晋南北朝唐宋元明清文学均有学习和模仿。如早年所作《杨白花》云:

杨白花,飘零向天涯。金屋璧台春欲暮,宫柳和烟受

---

① 王灼撰,岳珍校正:《碧鸡漫志校正》卷二,巴蜀书社 2000 年版,第 41 页。

② [美]艾朗诺:《才女之累:李清照及其接受史》,夏丽丽、赵惠俊译,上海古籍出版社 2017 年版,第 205—211 页。

③ 查慎行撰,张载华辑:《初白庵诗评》附录,上海六艺书局民国间石印本。

风斜。凤城日落啼鸦起，绵绵山更茫茫水。长歌未已泪阑干，点点化作相思子。

《杨白花歌辞》最早见于郭茂倩《乐府诗集·杂曲歌辞》，乐府解题称此歌乃出于胡太后爱恋杨华之事，《梁书》称其"凄婉"，《南史》称其"凄断"，柳宗元亦有《杨白花》："杨白华，风吹渡江水。坐令宫树无颜色，摇荡春光千万里。茫茫晓日下长秋，哀歌未断城鸦起。"①《许彦周诗话》称其"言婉而情深"。冯沅君先生显然对《杨白花歌辞》的风格体式和抒情传统非常了解，故这首《杨白花》亦柔婉深情，颇得乐府风味。另如《岁除篇》"欲报三春晖，相彼原上草"系化用孟郊《游子吟》"谁言寸草心，报得三春晖"。《岁除篇》结尾云："天路云幂幂，墓门柏森林。泪湿泉下土，识儿此夜心。"诗人本欲表达对亡母之思念与哀恸之情，却不直接写出，而是偏从母亲一方说来，称母亲在九泉之下非常理解女儿的悲痛心情并为之下泪，沾湿了泉下之土。这样写悲痛，便能透过一层，正所谓"诗从对面来"，加倍地表现出诗人的深哀剧痛。况且这样写来，说明在诗人的精神世界里母亲并未离去，尚和生前一样疼爱关心着女儿，这便消泯了生死界限，表现出对母亲的至亲至爱，故而感人至深，读者若能对照苏轼的《江城子·乙卯正月二十日夜记梦》便可自知其来历。

冯沅君先生为学专治宋元戏剧，其诗歌对宋元诗亦有所学习。如《台儿庄大捷》"范氏平吴前例在，范金合铸众将军"便是模仿元好问《论诗绝句三十首》"论功若准平吴例，合着黄金

---

① 柳宗元：《柳宗元集》卷四十三，中华书局1979年版，第1251页。

铸子昂”。其《读山谷诗》云:“我爱山谷诗,意象孤且直。突兀写寒山,败毫濡枯墨。”这说明她很喜欢黄庭坚的诗歌。另外,其《放歌行》云:

> 自高格调惜娉婷,空谷已甘老此生。却悔年时通一顾,至今恩怨不分明。

诗后自注曰:“效山谷。”按,陈师道《放歌行二首》其一曰:“春风永巷闭娉婷,长使青楼误得名。不惜卷帘通一顾,怕君着眼未分明。”其二曰:“当年不嫁惜娉婷,拨白施朱作后生。说与旁人须早计,随宜梳洗莫倾城。”①则冯沅君先生此诗之立意,是模仿山谷对陈师道诗的回应和翻转。不过冯沅君先生虽然喜爱山谷诗,但这种喜爱只是对其风格的欣赏,并不能代表她在诗歌创作上真要取法黄庭坚及江西诗派的瘦硬拗峭,冯沅君诗歌中像黄庭坚诗歌那样瘦硬生新的句子是很少见的。

通读冯沅君先生之诗可以发现,她对杜甫诗歌的学习和模拟占有较大比重。例如,《四余诗稿》中有一组五律全部学杜,分别是《黄昏》《得书》《掩扉》《涧水》《黄垆》《昔昔》《病起》《趁墟》《香岛》《再题》。冯沅君于《再题》后注曰:“岁暮苦疟,病榻读杜诗一通,并得右诗前八章,三十年除夕沅君记。”可见这组诗作于民国三十年除夕。这年冯沅君先生在云南澄江的中山大学任教,虽体弱多病,但赋诗甚多。这组诗是她读杜集后的模拟之作,故对杜诗的模仿痕迹相当明显。从冯沅君先生

---

① 陈师道:《后山居士文集》卷四,上海古籍出版社1984年版,第285页。

这组诗的所拟系列题目来看,窃以为模仿的是杜甫大历二年(767)秋旅居夔州所作《洞房》《宿昔》《能画》《斗鸡》《历历》《洛阳》《骊山》《提封》等八诗。杜甫这组诗俱追忆开元、天宝时事,思往戒今,俯仰盛衰,语兼讽刺,浑然不露。而冯沅君先生的组诗亦仿照杜诗取两字为题,共计十首,其诗注中说明前八首便是病疟时读杜所作。总的来看,这组诗从思想内容到艺术手法都和杜诗非常接近。如《浣衣》"浣衣秋江上,水清鉴毛发"化自杜甫《前出塞》"磨刀呜咽水,水赤刃伤手"①。《掩扉》"鞭声知犊过,鸟哢羡禽飞",化自杜甫《放船》"青惜峰峦过,黄知橘柚来"。《涧水》"涧水尔何恨",化自杜甫"道屈尔何为"(《赠崔十三评事公辅》)、"报主尔何迟"(《有感五首》)。《昔昔》"泰否天难问,疮痍乱未平",来自杜甫"天意高难问"(《暮春江陵送马大卿公恩命追赴阙下》)。《再题》"封豕终谁剪,胡星正自明",化自杜甫"燕蓟奔封豕"(《奉送郭中丞兼太仆卿充陇右节度使三十韵》)、"胡星一彗孛,黔首遂拘挛"(《秋日夔府咏怀奉寄郑监李宾客一百韵》)。《成都薛涛故居》云:"乱里偷生强作欢,枇杷门巷一盘桓。亭亭千个临风竹,翠袖无人倚暮寒。"诗中薛涛"翠袖无人倚暮寒"的形象,来源于杜诗《佳人》:"绝代有佳人,幽居在空谷……天寒翠袖薄,日暮倚修竹。"《夜起》"四夜三梦君,梦梦杂悲喜",出自杜甫《梦李白二首》其二"三夜频梦君,情亲见君意"。同诗"胡羯方构患",系化用杜甫《彭衙行》"胡羯仍构患"。

冯沅君先生的其他诗歌中学杜诗之处也很多,如《偶成》

---

① 仇兆鳌注:《杜诗详注》卷二,中华书局1979年版,第120页。按,本文所引杜诗均据此本,下不出注。

"不知怀抱向谁开"来自杜甫《奉待严大夫》"一生襟抱向谁开",《岁除篇》"烽青人骨白"化自杜甫《悲青坂》"青是烽烟白是骨","生离是死别,因缘更谁诘"来自杜甫《垂老别》"孰知是死别,且复伤其寒"。《惆怅词》"灼灼当户星,弦弦经天泪"后作者自注云,来自杜诗"辉辉当户星""辉辉星近楼","后期安可论,带甲满天地"亦化用杜甫《送远》"带甲满天地,胡为君远行"。《病中得家书感赋》"飘泊干戈际"系化用杜甫《丹青引》"即今飘泊干戈际"。《题李易安纪念堂》"谁识游仙顾视清"化自杜甫《韦讽录事宅观曹将军画马图歌》"顾视清高气深稳"。1944 年所作五古长篇《不寐闻雁,长谣述哀三十韵》在遣词和命意上都是模仿杜甫的《自京赴奉先县咏怀五百字》。《自京赴奉先县咏怀五百字》揭露当时社会的不公与黑暗时云:"况闻内金盘,尽在卫霍室。中堂舞神仙,烟雾蒙玉质。暖客貂鼠裘,悲管逐清瑟。劝客驼蹄羹,霜橙压香橘。朱门酒肉臭,路有冻死骨。"而冯沅君《不寐闻雁,长谣述哀三十韵》云:"辇金归私门,台鼎出孽孽。战士饥欲死,狗彘食人食。上下殉财福,国斩更何恤!"可见冯沅君先生不仅继承了杜甫批判现实的精神,其诗歌构思亦直接取自杜诗。另外,冯沅君先生此诗中有很多句子亦模仿杜诗,如"芜莞北堂上,谁与共饥渴"便直接来自《自京赴奉先县咏怀五百字》"谁能久不顾,庶往共饥渴","家书胜万金,书绝连百日"系仿杜甫《春望》"烽火连三月,家书抵万金"。诗的最后说"蹙蹙安所聘,澒洞妖氛合。拊膺一叹息,涕下不可雪",亦模仿《自京赴奉先县咏怀五百字》的结尾"忧端齐终南,澒洞不可掇"。

冯沅君先生将其一生的主要精力投入学术研究,诗词创作只是遣兴抒怀,偶尔为之,然亦足以名家。业师张忠纲先生在

《冯沅君先生的古典文学研究》一文中说:“(冯沅君)先生曾有诗赞李清照曰:‘评论创作两峥嵘。’我们借此以赞先生,更是再恰当不过了。”[①]“评论创作两峥嵘”是冯沅君先生对李清照一生成就的高度概况,若将此评移之于冯沅君先生自己的话,似可以改为“学术创作两峥嵘”,这是因为她一生在学术和创作上都取得了非凡的成就。如果将冯沅君先生的学术成果比拟为令人仰止的高山的话,其古典诗词的创作便是高山下一弯潺湲的溪流,是了解冯沅君先生学术生活的重要窗口。冯沅君先生的《四余诗稿》《四余词稿》历经战乱、运动和斗争,能保存下来非常不易,据说冯沅君先生在“文化大革命”中还曾为这些诗词吃了很多的苦头。[②] 如今审视这些诗词,不仅可以管窥冯沅君先生的心路历程,而且可以近距离感受到与看到她批判现实的勇气、深厚的古典文学功底以及娴熟的艺术技巧,无论是思想内容还是艺术特色都值得进行深入研讨,故敬考述如上。

---

① 张忠纲:《作家作品散论》,齐鲁书社 1996 年版,第 341 页。

② 参见高夙胜:《一代才女冯沅君》,《文史精华》2007 年第 10 期。

山东大学儒学高等研究院教授自选集

◎王绍曾　《文献学与学术史》
◎吉常宏　《古汉语研究丛稿》
◎龚克昌　《中国辞赋学论集》
◎董治安　《先秦两汉文献与文学论集》
◎孟祥才　《学史集》
◎张忠纲　《耘斋古典文学论丛》
◎徐传武　《古代文学、文化与文献》
◎马来平　《追问科学究竟是什么》
◎郑杰文　《墨家与纵横家论丛》
◎冯春田　《〈文心雕龙〉研究》
◎孙剑艺　《里仁居语言论丛》
◎王学典　《史料、史观与史学》
◎黄玉顺　《生活儒学与现象学》
◎张其成　《国学之心与国医之魂》
◎杨朝明　《洙泗文献征信》
◎戚良德　《〈文心雕龙〉与中国文论话语》
◎李平生　《中国近现代史研习录》
◎赵睿才　《唐诗纵横》
◎杜泽逊　《文献探微》
◎叶　涛　《民俗文化与民间信仰》
◎张士闪　《民俗之学：有温度的田野》
◎宋开玉　《语文丛考》

◎徐庆文　《儒学的现代化路径》

◎王承略　《古典文献与学术史论丛》

◎刘　培　《思想、历史与文学》

◎聂济冬　《汉唐文史论集》

◎周纪文　《和谐美散论》

◎赵卫东　《道教历史与文献研究》

◎何朝晖　《书与史》

◎孙　微　《杜诗的阐释与接受》

◎陈　峰　《重访中国现代史学》

◎王加华　《农耕文明与中国乡村社会》

◎龙　圣　《山河之间：明清社会史论集》